Die Bonus-Seite

Ihr Vorteil als Käufer dieses Buches

Auf der Bonus-Webseite zu diesem Buch finden Sie zusätzliche
Informationen und Services. Dazu gehört auch ein kostenloser
Testzugang zur Online-Fassung Ihres Buches. Und der besondere
Vorteil: Wenn Sie Ihr **Online-Buch** auch weiterhin nutzen wollen,
erhalten Sie den vollen Zugang zum **Vorzugspreis**.

So nutzen Sie Ihren Vorteil

Halten Sie den unten abgedruckten Zugangscode bereit und
gehen Sie auf **www.galileocomputing.de**. Dort finden Sie den
Kasten **Die Bonus-Seite für Buchkäufer**. Klicken Sie auf **Zur
Bonus-Seite / Buch registrieren**, und geben Sie Ihren **Zugangscode** ein. Schon stehen Ihnen die Bonus-Angebote zur Verfügung.

Ihr persönlicher
Zugangscode

g95h-fda4-qu3m-tkwp

Thomas Pfeiffer, Andreas Wenk

PostgreSQL

Das Praxisbuch

Galileo Press

Liebe Leserin, lieber Leser,

Es gibt viele gute Gründe, die PostgreSQL und keine andere Datenbank einzusetzen. Sicherlich kennen Sie diese Gründe oder zumindest einige davon und sind zum Schluss gekommen, es den zahlreichen Experten gleichzutun, die seit Jahren mit Überzeugung auf das beste Open-Source-Datenbanksystem setzen.

Thomas Pfeiffer und Andreas Wenk sind zwei dieser Experten. Sie kennen sich nicht nur mit PostgreSQL aus, sondern verfügen zudem über das seltene Talent, technische Texte über IT nicht automatisch langweilig zu vermitteln. Wenn Sie in dieses Buch hineinlesen, werden Sie merken, was ich meine. Daher freue ich mich besonders, dass die beiden Fachleute und sympathischen Autoren sich bereit erklärt haben, dieses Buchprojekt anzugehen.

Warum sollten Sie dieses Buch kaufen? – Da ich es selbst nicht besser sagen kann, zitiere ich hier Peter Eisentraut aus dem PostgreSQL Core Team, der über dieses Buch sagt: »Wenn Sie Theorie langweilt und Referenzdokumentation verwirrt, dann finden Sie hier den Stoff, der wirklich funktioniert und der Ergebnisse bringt, auf die Sie auch in Zukunft noch mit Zufriedenheit zurückblicken können.«

Dieses Buch wurde mit großer Sorgfalt geschrieben, lektoriert und produziert. Sollte dennoch etwas nicht so funktionieren, wie Sie es erwarten, dann scheuen Sie sich nicht, sich mit mir in Verbindung zu setzen. Ihre Anregungen und Fragen sind jederzeit willkommen.

Ich wünsche Ihnen viel Vergnügen beim Lesen und viel Spaß beim Arbeiten mit PostgreSQL!

Jan Watermann
Lektorat Galileo Computing

jan.watermann@galileo-press.de
www.galileocomputing.de
Galileo Press · Rheinwerkallee 4 · 53227 Bonn

Auf einen Blick

1 Vorwort 13

2 Werkzeuge 17

3 Praxis 1: Die Grundlagen 47

4 Praxis 2: Fortgeschrittene Funktionen 131

5 User Defined Functions 225

6 Praxis 3: Textsuche, Performance, Administration 299

7 Installation 405

Der Name Galileo Press geht auf den italienischen Mathematiker und Philosophen Galileo Galilei (1564–1642) zurück. Er gilt als Gründungsfigur der neuzeitlichen Wissenschaft und wurde berühmt als Verfechter des modernen, heliozentrischen Weltbilds. Legendär ist sein Ausspruch *Eppur se muove* (Und sie bewegt sich doch). Das Emblem von Galileo Press ist der Jupiter, umkreist von den vier Galileischen Monden. Galilei entdeckte die nach ihm benannten Monde 1610.

Gerne stehen wir Ihnen mit Rat und Tat zur Seite:
jan.watermann@galileo-press.de bei Fragen und Anmerkungen zum Inhalt des Buches
service@galileo-press.de für versandkostenfreie Bestellungen und Reklamationen
julia.bruch@galileo-press.de für Rezensions- und Schulungsexemplare

Lektorat Jan Watermann
Fachgutachten Stefan Reimers
Korrektorat Heike Jurzik
Typografie und Layout Vera Brauner
Einbandgestaltung Barbara Thoben, Köln
Herstellung Iris Warkus
Satz III-satz, Husby
Druck und Bindung Bercker Graphischer Betrieb, Kevelaer

Dieses Buch wurde gesetzt aus der Linotype Syntax Serif (9,25/13,25 pt) in FrameMaker. Gedruckt wurde es auf chlorfrei gebleichtem Offsetpapier.

Bibliografische Information der Deutschen Bibliothek
Die Deutsche Bibliothek verzeichnet diese Publikation in der Deutschen Nationalbibliografie; detaillierte bibliografische Daten sind im Internet über http://dnb.ddb.de abrufbar.

ISBN   978-3-8362-1346-2

© Galileo Press, Bonn 2010
1. Auflage 2010

Inhalt

Geleitwort von Peter Eisentraut 11

| 1 | Einleitung | .... | 13 |

| 2 | Werkzeuge | .... | 17 |

2.1   Das mitgelieferte Kommandozeilenprogramm psql 17
    2.1.1   psql unter Windows 17
    2.1.2   Einige wichtige psql internen Befehle näher
           betrachtet 22
    2.1.3   psql mit SQL-Befehlen nutzen 24
    2.1.4   SQL-Befehle aus einer externen Datei aufrufen 26
2.2   pgAdmin III – das Standard-PostgreSQL-Frontend 27
    2.2.1   Verbindung zu einem Datenbank-Cluster
           herstellen 30
    2.2.2   Eine Datenbank erstellen 33
2.3   Weitere Features von pgAdmin III 39
    2.3.1   Der Grant Assistent 40
    2.3.2   Werkzeuge 43

| 3 | Praxis 1: Die Grundlagen | .... | 47 |

3.1   Herausforderung und Modell: Unsere kleine Firma 47
3.2   Theorie und Praxis: Was ist SQL? 55
    3.2.1   SQL – Structured Query Language 55
    3.2.2   Wie fing es an? 56
    3.2.3   Der SQL-Sprachkern 57
3.3   Relationale Datenbanken und das Entity-Relationship-
    Modell 60
    3.3.1   Relationale Datenbanken 60
    3.3.2   Das Entity-Relationship-Modell (ER-Modell) 63
3.4   Die Umsetzung 65
    3.4.1   Erstellen und Löschen einer Datenbank
           [CREATE DATABASE, DROP DATABASE] 65
    3.4.2   Tabellen erstellen [CREATE TABLE,
           DROP TABLE] 68
    3.4.3   Nichts ist von Bestand – Daten aktualisieren
           [UPDATE] 77

3.4.4   Weg damit – Daten löschen [DELETE] 79

3.4.5   Her mit den Daten! – Einfache Abfragen [SELECT].... 80

3.4.6   Bitte nicht alles – Nur bestimmte Daten abfragen [WHERE] 82

3.4.7   Das Muster macht's [LIKE] 85

3.4.8   Seitenweise [LIMIT und OFFSET] 86

3.4.9   Sortiert wär's besonders schön [ORDER BY] 87

3.5   Exkurs 1: Datenbankdesign und seine Folgen 89

3.5.1   Am Anfang war der Zettel und der Bleistift 89

3.5.2   Datenbankmodellierung 90

3.6   Schlüsselfrage: Keys & Constraints 91

3.7   Exkurs 2: Sinn und Zweck von Templates 99

3.8   Datentypen 100

3.8.1   Ganzzahlentypen 100

3.8.2   Zahlen beliebiger Präzision 101

3.8.3   Fließkommatypen 103

3.8.4   Selbstzählende Datentypen 105

3.8.5   Zeichenkettentypen 107

3.8.6   Typen für Datum und Zeit 108

3.8.7   Geometrische Typen 110

3.8.8   Arrays 113

3.8.9   Weitere Datentypen 118

3.9   Vergleiche und andere nützliche Dinge: Operatoren und Aggregatfunktionen 123

3.9.1   Logische Operatoren 123

3.9.2   Vergleichsoperatoren 124

3.9.3   Mathematische Operatoren 125

3.9.4   Aggregatfunktionen 126

3.10   Gedankenstütze: Kommentare in der Datenbank 128

4   Praxis 2: Fortgeschrittene Funktionen 131

4.1   Veränderung muss sein: Spalten hinzufügen, entfernen, umbenennen [ALTER TABLE] 133

4.2   Regelwerk: foreign keys & Constraints 136

4.3   Abfragen über mehrere Tabellen [JOIN] 143

4.4   Ordnung halten: Daten sortiert und gruppiert ausgeben [GROUP, ORDER, HAVING, DISTINCT] 151

4.5   Transaktionen: Ein paar Worte zum Thema Sicherheit 154

4.6   Kontrollstrukturen per SQL [CASE .. WHEN .. THEN] 161

4.7   Reguläre Ausdrücke: Noch mehr Muster 163

	4.7.1	SIMLAR TO	164
	4.7.2	Reguläre Ausdrücke	165
4.8		Wenn eine Abfrage nicht reicht – Subselects (Unterabfragen)	166
4.9		Common Table Expressions und Recursive Queries [WITH, WITH RECURSIVE]	168
4.10		Window Functions [OVER (PARTITION BY ...)]	171
	4.10.1	Einfache Window Functions	172
	4.10.2	Window Function mit Subselect	173
	4.10.3	Kombination aus CTE und Window Function	173
4.11		Datenmengen [UNION, EXCEPT, INTERSECT]	175
4.12		Typecasting: Wenn der Typ nicht stimmt	178
4.13		In Serie: Sequenzen [NEXTVAL, CURVAL, SETVAL]	179
4.14		Selects auf Abwegen [CREATE TABLE AS]	181
4.15		Finden und gefunden werden: Indizes	182
	4.15.1	Einfache Indizes	183
	4.15.2	Mehrspaltige Indizes	183
	4.15.3	Unique Constraints	184
	4.15.4	Funktionsindizes	184
	4.15.5	Partielle Indizes	185
4.16		Views: Sichten auf das System	186
	4.16.1	Views	186
	4.16.2	Schemata	191
4.17		Mehr Sicherheit: Das Rechte- und Rollensystem [GRANT, REVOKE, OWNER]	194
4.18		Wenn mal was anderes gemacht werden soll – Das Regelsystem [CREATE RULE]	199
4.19		Funktionen für alle Lebenslagen	204
	4.19.1	Mathematische Funktionen	204
	4.19.2	Datums- und Zeitfunktionen	207
	4.19.3	Zeichenkettenfunktionen	210
	4.19.4	Aggregatfunktionen	212
4.20		Die Form wahren: Ausgabeformatierung	215
4.21		Jede Menge Daten [COPY]	218
5		**User Defined Functions**	**225**
5.1		Stored Procedures versus User Defined Functions	226
5.2		Vorteile durch den Einsatz von User Defined Functions	226
5.3		Mit Bordmitteln – SQL	228
	5.3.1	Kurzer Überblick	228

5.3.2 Der Aufbau einer User Defined Function 228

5.3.3 Eine User Defined Function ausführen 232

5.3.4 Eine User Defined Function umbenennen 233

5.3.5 Eine User Definded Function löschen 233

5.3.6 Alle eigenen User Defined Functions ansehen 234

5.3.7 Funktionen ohne Rückgabewert (RETURNS void) 236

5.3.8 Funktionen mit einfachen Datentypen als Rückgabewert (RETURNS integer, text, numeric ...) 238

5.3.9 Funktionen mit zusammengesetzten Datentypen 239

5.3.10 Funktionen, die ein Mengenergebnis zurück liefern
(RETURNS SETOF) 241

5.4 Wenn's ein bisschen mehr sein soll: PL/pgSQL 248

5.4.1 Eigenschaften von Funktionen in PL/pgSQL 248

5.4.2 Installation von PL/pgSQL 249

5.4.3 Welche Eingabe- und Rückgabewerte sind
möglich? 249

5.4.4 Der Aufbau einer User Defined Function in
PL/pgSQL 250

5.4.5 Debug-Ausgaben und Exceptions 253

5.4.6 Rückgabe: RETURN, RETURN NEXT und RETURN
QUERY 255

5.4.7 Variablen deklarieren und einen Alias für einen
Parameter vergeben 256

5.4.8 Die unterschiedlichen Statements 263

5.4.9 Es geht rund: Kontrollstrukturen 267

5.4.10 Cursor 277

5.5 Auslösende Momente [TRIGGER] 287

5.6 Darwin in der Datenbank [INHERITS] 293

6   Praxis 3: Textsuche, Performance, Administration 299

6.1 Suchmaschine im Eigenbau: Volltextsuche 299

6.1.1 Prinzip der Volltextsuche 300

6.1.2 Die Funktionen to_tsvector() und to_tsquery()
und die Datentypen tsvector und tsquery 302

6.1.3 Der GIN- und der GiST-Index 305

6.1.4 Aufbau einer Suche 309

6.1.5 Weitere Funktionen für die Volltextsuche 314

6.1.6 Operatoren für die Volltextsuche 319

6.1.7 Eine Suche starten 321

6.1.8 Dictionarys 327

6.1.9   Konfiguration 334
6.2   Performance-Tuning 337
6.2.1   Einführende Überlegungen 338
6.2.2   Der Weg einer Anfrage bis zum Ergebnis 341
6.2.3   EXPLAIN ANALYZE – einen Query Plan lesen 344
6.3   Administration 355
6.3.1   Benutzerverwaltung [CREATE ROLE] 355
6.3.2   Authentifizierung – die Datei pg_hba.conf 370
6.3.3   Exkurs: Multiversion Concurrency Control (MVCC)..... 374
6.3.4   Wartung der Datenbank [VACUUM] 375
6.3.5   Sicher ist sicher: Backup und Recovery 379
6.3.6   Schlussbemerkungen 391
6.4   Tablespaces und Tabellenpartitionierung 392
6.4.1   Tablespaces 392
6.4.2   Tabellenpartitionierung 397

7   Installation **405**

7.1   Installation auf Linux-Systemen 405
7.1.1   Die Quellen selbst übersetzen (kompilieren) 405
7.1.2   Installation mit dem Paketmanager 411
7.2   Installation unter Windows 413
7.2.1   Der Downloadbereich der Webseite 414
7.2.2   pgInstaller – One-Click-Installer 414
7.3   Die wichtigsten Konfigurationsdateien 420
7.3.1   postgresql.conf 421
7.3.2   Die Einstellungen in der Datei postgresql.conf 421
7.3.3   pgtune für Linux-Systeme 427
7.4   Schlussbemerkungen 429
7.5   Startschuss 429

Index 431

Geleitwort von Peter Eisentraut

Vor gut zehn Jahren saß ich das erste Mal vor PostgreSQL. Jemand bei meinem damaligen Arbeitgeber hatte wohl gehört, dass ich etwas Ahnung von SQL habe, und mir die Entwicklung einer neuen Datenbankanwendung aufgetragen. »Mission critical« würde man wohl heute sagen. Das waren die Anfangszeiten des Siegeszuges von Open-Source-Software, aber der Einsatz von PostgreSQL war damals noch ziemlich abenteuerlich. Dokumentation war zwar vorhanden und SQL und relationale Datenbanktheorie waren weithin bekannt, aber wie man mit diesem Open-Source-Datenbanksystem mit dem unausprechlichen Namen in der Praxis funktionierende, wartbare und performante Softwaresysteme fertigte, das konnte einem vorher keiner erklären. Zumal der damals gerade erwachende Hauptkonkurrent aus Nordeuropa gelegentlich mit gegensätzlicher Propaganda verwirrte.

Mittlerweile ist PostgreSQL eines der populärsten und am besten ausgestatteten Datenbankmanagementsysteme. Es unterstützt die meisten Features des SQL-Standards, verarbeitet riesige Datenbanken und komplizierte Anfragen, bietet mächtige Administrationswerkzeuge und viele Erweiterungsmodule. Daneben ist PostgreSQL als Open-Source-Software auch komplett frei von Anschaffungskosten und Nutzungsbeschränkungen. Diese Eigenschaften machen PostgreSQL zu einem Rückgrat vieler Unternehmen und des Internets.

Einsteiger und Umsteiger haben es heute einfacher: Lesen Sie dieses Buch! Anhand von vielen Praxisbeispielen lernen Sie den reichhaltigen Funktionsumfang von PostgreSQL kennen und können sich sogleich an dessen erfolgreichen Einsatz machen. Wenn Sie Theorie langweilt und Referenzdokumentation verwirrt, dann finden Sie hier den Stoff, der wirklich funktioniert und der Ergebnisse bringt, auf die Sie auch in Zukunft noch mit Zufriedenheit zurückblicken können.

Machen Sie mit und schreiben Sie Ihre PostgreSQL-Geschichte. Möglicherweise werden Sie feststellen, dass Datenbanksysteme ohne PostgreSQL heutzutage doch ziemlich abenteuerlich sind.

Helsinki
Peter Eisentraut
(PostgreSQL Core Team)

Wie kommt man zur PostgreSQL? Wer hilft? Und: Was erwartet Sie in diesem Buch? Ein kurzer Abschnitt, der Ihnen das Weiterlesen schmackhaft machen soll.

1   Einleitung

BEGIN WORK;

Ziele

Fangen wir damit an, was dieses Buch nicht ist. Dieses Buch ist keine Referenz! Der Grund dafür ist relativ einfach: Referenzen zu schreiben ist langweilig, und Referenzen zu lesen ist noch viel langweiliger.

Unser Ziel ist es, dass Sie als Leser die Vorzüge der PostgreSQL kennen lernen – mit oder ohne SQL-Erfahrung. Wenn Sie bereits Erfahrungen mit Datenbanken gesammelt haben auch gut. Wir hoffen, Sie entdecken Dinge, die Sie bislang noch nicht kannten. Um Sie auf Ihrer Forschungsreise zu unterstützen, geben wir Ihnen mit diesem Buch einen Praxisleitfaden an die Hand.

Wir haben für Sie eine Sammlung anschaulicher Beispiele zusammengestellt. Auch wenn diese vielleicht nicht jedermanns Geschmack treffen, der eine will mehr, der andere weniger, so sollten sich die Beispiele doch recht einfach an Ihre eigenen Bedürfnisse adaptieren lassen. Damit kommen dann sowohl Einsteiger als auch fortgeschrittene Benutzer auf ihre Kosten.

Wege zur PostgreSQL

Vielleicht haben Sie ja einen ähnlichen *Leidensweg* wie die Autoren hinter sich. Grundsätzlich im Thema Webentwicklung angesiedelt, haben wir lange Zeit MySQL als Datenbank eingesetzt. Dies ergab sich (wie auch für viele andere Webentwickler) aufgrund der weiten Verbreitung von MySQL bei den Hosting-Anbietern fast automatisch. Allerdings, wie das nun mal so ist: Man wächst mit der Erfahrung. Irgendwann sind wir einfach an den Punkt gekommen, an dem wir »*ein bisschen mehr Datenbank*« brauchten.

Nun sind wir grundsätzlich der Meinung, dass es sinnvoller ist, Geld in das Wissen der Mitarbeiter anstatt in teure Lizenzen zu investieren, das heißt, bei unseren Projekten bevorzugen wir, wenn möglich, Open-Source-Technologien und -Software. Damit fiel unsere Wahl recht schnell auf die PostgreSQL-Datenbank – eine Entscheidung, die wir bislang nicht bereut haben.

PostgreSQL ist cool!

Tatsächlich erhalten Sie mit der PostgreSQL ein mächtiges Datenbanksystem. Damit verbunden ist an so mancher Stelle natürlich eine höhere Komplexität, insbesondere bei der Konfiguration und bei der Erweiterung des Datenbanksystems. Auf der anderen Seite erhalten Sie aber auch eine höhere Flexibilität, oder salopp gesagt: PostgreSQL hat eine Menge Schrauben, an denen Sie drehen können.

Kein Grund zur Panik – in diesem Buch zeigen wir Ihnen, wie Sie sicher durch die vermeintlichen Untiefen des Datenbanksystems manövrieren. Und um gleich mal mit einem verbreiteten Vorurteil aufzuräumen: Ja, es dauert ein bisschen länger mit der PostgreSQL warm zu werden, aber es ist nicht zu kompliziert. Ganz im Gegenteil: Sie werden sehen, dass ein PostgreSQL-Cluster genauso schnell installiert ist wie andere Datenbanksysteme. Auch die Konfiguration stellt keine allzu großen Hürden dar.

Aber nicht vergessen: Dies ist keine Referenz. Das ist auch nicht notwendig, denn wer Referenzmaterial benötigt (und das werden Sie), wird leicht im Internet fündig. PostgreSQL hat eine extrem gute Dokumentation zu bieten (*http://www.postgresql.org*). Wir ermutigen Sie bereits jetzt, sich die Seite ausgiebig anzusehen und die entsprechende Dokumentation, passend zu der von Ihnen verwendeten Version (bevorzugt natürlich die 8.4) zu bookmarken.

Lizenz

Die PostgreSQL-Datenbank ist vollständig Open Source und steht unter der BSD-Lizenz (*Berkley Software Distribution*, *http://de.wikipedia.org/wiki/BSD-Lizenz*). Das bedeutet, dass Sie die Software kopieren, verändern oder vertreiben dürfen – so wie Sie es für nötig halten, solange Sie einen Copyright-Hinweis in Ihrer Distribution belassen (*http://www.post-gresql.org/about/licence*). Diese Lizenz gibt Ihnen die größtmögliche Freiheit und Flexibilität für Ihre Projekte, zwingt Sie aber auch, die Auflage und ihre Regeln zu respektieren.

Community

Hinter der PostgreSQL steht wie bei so vielen Open-Source-Projekten eine Community – eine große, hilfsbereite und viel gelobte Community – eine wirklich coole Community. Wir möchten Sie ermutigen, sich an dieser zu beteiligen. Der einfachste Einstiegspunkt ist das Mitlesen der unterschiedlichen Mailinglisten (*http://www.postgresql.org/community/lists/*). Stellen Sie Fragen. Beantworten Sie Fragen. Beteiligen Sie sich an der Weiterentwicklung, indem Sie Vorschläge besprechen, oder übermitteln Sie selbst einen *Patch* (englisch *Flicken*, also eine Nachbesserung des Programms). Es stehen Ihnen alle Wege offen. Nur so wächst die Software und damit die Verbreitung von PostgreSQL.

Außerdem möchten wir auf zwei deutsche Webseiten hinwiesen: das deutsche PostgreSQL-Forum (*http://www.pg-forum.de/*) und die Informations- und Linksammlung unter *http://www.postgresql.de/*. Ein Vorbeisurfen lohnt sich alle mal obwohl die Websites nicht soooo aktiv sind (bis auf das Forum). Die absoluten PostgreSQL-Geeks treffen Sie allerdings im IRC Chat auf *freenode.net*: *#postgresql* (*irc://irc.freenode.net/postgresql*) und *#postgresql-de* (*irc://irc.freenode.net/postgresql-de*).

ROLLBACK?

Sie halten die erste Auflage unseres Buches in den Händen. Sie können uns glauben – wir haben alles auf Herz und Nieren getestet. Aber nobody is perfect. Wenn sich also Fehler eingeschlichen haben, bitten wir Sie uns diese mitzuteilen, damit wir diese in der zweiten Auflage (die ja bestimmt kommt ...) korrigieren können. Senden Sie uns doch einfach eine E-Mail an info@pg-praxisbuch.de. Oder noch einfacher haben Sie es, wenn Sie die Website zum Buch unter *http://www.pg-praxisbuch.de* besuchen. Dort können Sie mit uns in Kontakt treten, einen Kommentar hinterlassen oder uns mit Fragen löchern ... Die Beispiele aus dem Buch finden Sie übrigens dort oder auf der Website des Verlages: *http://www.galileocomputing.de/2008*.

Danke

Ohne ein paar nette Menschen, auf deren Unterstützung wir zählen können und konnten, wäre es schwer gewesen, das Buch zu schreiben. Da wären zum Beispiel Klara, Kiana, Ole, Meike und Verena, die auf uns verzichten mussten und uns mit gewährter Zeit unterstützt haben. Annette und Wolfgang Wenk danken wir für das Schreibcamp im März 2009 und viele hilfreiche Tipps zum Thema *Schreiben*. Außerdem danken wir Andreas Putzo und Arne Böttger, die quergelesen, viele sehr hilfreiche Kommentare gegeben und Fehler isoliert haben (klingt nicht so schlimm wie »entdeckt haben«). Stefan Reimers, seines Zeichens selbst Autor beim Galileo-Computing-Verlag, ist der Fachgutachter dieses Buchs und hat zu allen Kapiteln Kommentare, Fragen und Verbesserungsvorschläge geliefert – danke.

Tja – und dann wollen wir uns sehr herzlich bei dem Mann bedanken, der dieses Buch überhaupt erst möglich gemacht hat, weil er uns im letzten Jahr gefragt hat, ob wir Lust haben ein Buch über die PostgreSQL-Datenbank zu schreiben: unser Lektor Jan Watermann.

Nicht vergessen dürfen wir die Core-Entwickler und Contributor der PostgreSQL-Datenbank. Zur ersten Kategorie gehört unter anderem Peter Eisentraut. An ihn geht ein dickes Dankeschön für das sehr gelungene Vorwort. Ohne diese Menschen und deren unermüdlichem Einsatz gäbe es die PostgreSQL nicht, und wir müssten auf eine Menge Spaß und die *most advanced open source database* verzichten.

So, bei uns in Hamburg sagt man, wenn's losgehen soll: »Nu ma ran an' Speck!« Viel Erfolg und Spaß wünschen Ihnen

Hamburg,
Thomas Pfeiffer und Andreas Wenk

COMMIT;

Werkzeuge sind Hilfsmittel, um auf Gegenstände einzuwirken.
Wir stellen Ihnen einige Werkzeuge vor, die Ihnen die tägliche
Arbeit mit der PostgreSQL-Datenbank erleichtern.

2   Werkzeuge

Bevor es nun also los geht, stellen wir Ihnen einige Datenbank-Werkzeuge vor. Unterscheiden muss man dabei zwischen den grafischen Werkzeugen (*GUI – Graphical User Interface*) und den Kommandozeilentools (*CLI – Command Line Interface*).

Der Vorteil der grafischen Werkzeuge ist natürlich die gewohnt einfache Handhabung und Steuerung der Funktionen mit der Maus. Allerdings haben die Kommandozeilen-Werkzeuge den Vorteil, dass Sie »näher am System« arbeiten. Viele Administratoren, Entwickler und Anwender, die auf Unix-artigen Systemen wie Linux zu Hause sind, wollen auch gar nichts anderes als die geliebte Shell.

Letztendlich ist die Wahl des bevorzugten Werkzeugs Geschmacksache. Wir empfehlen Ihnen, beide Varianten auszuprobieren und zu erlernen. Bedenken Sie, dass *psql* bei jeder PostgreSQL-Installation auf allen Betriebssystemen zur Verfügung steht, *pgAdmin* jedoch zuerst installiert werden muss.

2.1   Das mitgelieferte Kommandozeilenprogramm psql

Die PostgreSQL-Datenbank stellt nach der Installation (siehe auch Kapitel 7, »Installation«) das Programm *psql* zur Verfügung, um über die Kommandozeile auf die Datenbank-Cluster zugreifen zu können.

2.1.1   psql unter Windows

Die Bedienung von *psql* unter Windows unterscheidet sich nicht von der auf einem Unix-System. Deshalb verweisen wir an dieser Stelle auf die Beschreibung im nachfolgenden Abschnitt *psql auf Unix-Systemen*.

Trotzdem erklären wir hier kurz, wie Sie *psql* unter Windows starten, da von vielen Anwendern die Eingabeaufforderung unter Windows eher selten genutzt wird. (Die eingefleischten »Windows-Eingabeaufforderung-Nutzer« mögen uns diesen Kommentar verzeihen …)

Wenn Sie den Installationsanweisungen in Kapitel 7, »Installation«, gefolgt sind, wurde in Ihrem Startmenü unter PROGRAMME ein Ordner POSTGRESQL 8.4 erzeugt (START • PROGRAMME • POSTGRESQL 8.4). Hier finden Sie einen Eintrag BEFEHLSZEILE. Klicken Sie diesen an, und ein Terminal öffnet sich. Sehr schön ist, dass Sie bei dieser Vorgehensweise gleich im richtigen Verzeichnis landen.

Alternativ können Sie natürlich auch den Weg über das Startmenü nehmen, um ein Terminal zu öffnen. Gehen Sie dazu auf START • AUSFÜHREN, und geben Sie im Feld ÖFFNEN den Befehl cmd ein. Dies bewegt Windows dazu in Ihrem Homeverzeichnis ein Terminal zu öffnen – z. B.:

```
C:\Dokumente und Einstellungen\andy>
```

Unter Windows wird die PostgreSQL-Datenbank standardmäßig in

```
C:\Programme\Postgresql\8.4\
```

installiert, wobei *psql* in

```
C:\Programme\Postgresql\8.4\bin\
```

zu finden ist. Deshalb geben Sie einfach folgende Befehle ein, um in das richtige Verzeichnis zu wechseln:

```
#auf die unterste Ebene wechseln:
C:\Dokumente und Einstellungen\andy>cd \
C:\>
#in das Verzeichnis wechseln, in dem psql liegt:
C:\>cd Programme\PostgreSQL\8.4\bin
C:\Programme\PostgreSQL\8.4\bin>
```

Jetzt können Sie *psql* starten. Aber Vorsicht: Wenn Sie nur psql aufrufen, startet das Tool mit Ihrem Benutzernamen. Wahrscheinlich werden Sie aber innerhalb der PostgreSQL-Datenbank keinen solchen Account angelegt haben. Geben Sie daher hinter dem Schalter -U den anderen Benutzernamen an, zum Beispiel:

```
C:\Programme\PostgreSQL\8.4\bin>psql -U postgres
```

```
Password for user postgres: [PASSWORT]
Welcome to psql 8.4, the PostgreSQL interactive terminal.
```

Und los kann's gehen – psql auf Unix-Systemen

Vor dem Start von *psql* wechseln Sie den Benutzeraccount (etwa über den Befehl su) und werden so zum Standarduser *postgres*. Danach geben Sie psql auf der Kommandozeile ein:

```
andy@duke-mac:~$ su - postgres
Password:
postgres@duke-mac:~$ psql
psql (8.4.0)
Type "help" for help.
postgres=#
```

Seit Version 8.4 ist der Programmstart sehr kurz gehaltenen. Sobald Sie den Prompt postgres=# sehen, können Sie loslegen. Geben Sie wie angeboten help ein, wird Ihnen eine kleine Übersicht mit den wichtigsten Befehlen präsentiert. Die zwei wichtigsten Kommandos in diesem Zusammenhang sind:

```
postgres=# \?
```

Nach der Eingabe dieses Befehls erhalten Sie die komplette Übersicht aller programminternen Kommandos nach Bereichen strukturiert:

```
General
\copyright              show PostgreSQL usage and \
                        Distribution terms
\g [FILE] or ;          execute query (and send results to \
                        file or |pipe)
\h [NAME]               help on syntax of SQL commands, * \
                        for all commands
\q                      quit psql

Query Buffer
\e [FILE]               edit the query buffer (or file) \
                        with external editor
\ef [FUNCNAME]          edit function definition with \
  external editor
\p                      show the contents of the query \ buffer
```

```
\r                          reset (clear) the query buffer
\s [FILE]                   display history or save it to file
\w FILE                     write query buffer to file
postgres=# \h
```

Nach der Eingabe dieses Befehls erhalten Sie eine Übersicht mit allen verfügbaren Hilfethemen zu SQL-Befehlen:

```
Available help:
ABORT ANALYZE CREATE TABLE DROP OPERATOR FAMILY NOTIFY
ALTER AGGREGATE BEGIN CREATE TABLE AS DROP OWNED
PREPARE
```

... usw.

Um nun Hilfe zu einem dieser Befehle zu erhalten, geben Sie wiederum \h gefolgt von dem Namen des Befehls ein. Sehen wir uns als Beispiel die Hilfe zu SELECT an:

```
postgres=# \h SELECT
Command:     SELECT
Description: retrieve rows from a table or view
Syntax:
[ WITH [ RECURSIVE ] with_query [, ...] ]
SELECT [ ALL | DISTINCT [ ON ( expression [, ...] ) ] ]
    * | expression [ [ AS ] output_name ] [, ...]
    [ FROM from_item [, ...] ]
    [ WHERE condition ]
    [ GROUP BY expression [, ...] ]
    [ HAVING condition [, ...] ]
    [ WINDOW window_name AS ( window_definition ) [, ...] ]
    [ { UNION | INTERSECT | EXCEPT } [ ALL ] select ]
    [ ORDER BY expression [ ASC | DESC | USING operator ]
    [ NULLS { FIRST | LAST } ] [, ...] ]
    [ LIMIT { count | ALL } ]
    [ OFFSET start [ ROW | ROWS ] ]
    [ FETCH { FIRST | NEXT } [ count ] { ROW | ROWS } ONLY ]
    [ FOR { UPDATE | SHARE } [ OF table_name [, ...] ]
    [ NOWAIT ] [...] ]
where from_item can be one of:
    [ ONLY ] table_name [ * ] [ [ AS ] alias [ ( column_alias
    [, ...] ) ] ]
```

```
    ( select ) [ AS ] alias [ ( column_alias [, ...] ) ]
    with_query_name [ [ AS ] alias [ ( column_alias [, ...] ) ] ]
    function_name ( [ argument [, ...] ] ) [ AS ] alias
    [ ( column_alias [, ...] | column_definition [, ...] ) ]
    function_name ( [ argument [, ...] ] ) AS ( column_definition
[, ...] )
    from_item [ NATURAL ] join_type from_item [ ON join_condition |
USING ( join_column [, ...] ) ]
and with_query is:
    with_query_name [ ( column_name [, ...] ) ] AS ( select )
TABLE { [ ONLY ] table_name [ * ] | with_query_name }
```

Oh weia! Hieroglyphen? Nein – aber zugegebener Maßen kann einen die
Komplexität dieser Definitionen zu Anfang etwas abschrecken. Sehen wir
uns das Listing daher etwas genauer an.

Zuerst wird der Befehlsname wiederholt und kurz erläutert, was dieser
tut. Danach folgt die Syntax für die Anwendung des Befehls.

Auf SELECT folgt entweder ALL oder DISTINCT, danach folgt ON, wobei ON
als Argument einen oder mehrere Ausdrücke in Klammern beinhaltet.

Alternativ steht nach SELECT der Operator * ein oder mehrere Argumente, die jeweils durch den Befehl AS einen Alias erhalten können.
Danach folgt der Befehl FROM, welcher ein oder mehrere Argumente
(beschrieben in from_item) hat. Danach steht der Befehl WHERE gefolgt
von einer Bedingung, die sich natürlich aus vielen Ausdrücken zusammensetzen kann, und so weiter.

Beachten Sie, dass im zweiten Teil der Beschreibung erläutert wird, wie
from_item aussehen kann (where from_item can be one of:).

Haben Sie das Schema erkannt? Am verständlichsten ist es tatsächlich,
wenn Sie die wenigen »Beschreibungsabkürzungen« für die Syntax verstanden haben und einen Satz bilden, so wie wir das eben getan haben.

Merken Sie sich Folgendes:

▶ Groß geschriebene Worte wie SELECT, WHERE und so weiter sind SQL-
  Befehle.
▶ Klein geschriebene Worte wie condition oder expression geben an,
  dass ein Ausdruck, eine Bedingung oder Ähnliches folgen muss. Alternativ können es auch Platzhalter für Werte oder für Blöcke sein.

▶ Alles, was in eckigen Klammern ([ ]) steht, ist ein zusammengehörender Block.

▶ Das Pipe-Zeichen (|) wird als logisches ODER eingesetzt.

▶ [, . . .] steht für ein oder mehrere Argumente.

2.1.2 Einige wichtige psql internen Befehle näher betrachtet

Einige Aufgaben gehören zu den grundlegenden Dingen, die Sie mit *psql* erledigen werden. In der PostgreSQL-Version 8.4 wurde der Hilfebereich ziemlich stark überarbeitet und die Anzeige erweitert. Wir bezeichnen die Abkürzung der Befehle wie zum Beispiel \dt als Shortcuts. Bei den »Informational«-Befehlen gibt es bei vielen die Option +, um die Ausgabe zu erweitern, und S, um auch Systemobjekte anzuzeigen. Die folgende Tabelle zeigt eine kleine Auswahl von häufig gebrauchten Shortcuts.

Befehl	Beispiel
\c	```postgres=# \c test``` ```You are now connected to database "test".```
Beschreibung: Verbindung zu einer Datenbank herstellen.	

\l[+]	```postgres=# \l```
	``` List of databases```
	```Name |Owner |Enc |Collation |```
	```Ctype |Access privileges```
	```---------+--------+----+-----------+-----```
	```-----------+----------------```
	``postgres |postgres|UTF8|en_US.UTF-8
		en_US.UTF-8|```
		``template0|postgres|UTF8|en_US.UTF-8
			en_US.UTF-8 |=c/postgres```
			``` :postgres=CTc/postgres```
			``template1|postgres|UTF8|en_US.UTF-8
				en_US.UTF-8 |postgres=CTc/postgres```
				``` :=c/postgres```

Beschreibung: Alle Datenbanken anzeigen. Mit angehängtem Pluszeichen erhalten Sie zusätzlich die Spalten Size, Tablespaces und Description.	

\dt[S+]	```test=# \dt```
	```List of relations```
	```Schema|Name|Type |Owner```
	```------+----+-----+-------```
	```public|test|table|postgres (1 row)```

Beschreibung: Zeigt alle Tabellen an. Mit der Option S werden alle Systemtabellen angezeigt und mit der Option + zusätzlich die Spalten Size und Description.	

Tabelle 2.1 Häufig gebrauchte »psql«-Befehle

Befehl	Beispiel
\du[+] oder \dg[+]	```postgres=# \du``` ``` List of roles``` ``` Role name	Attributes	Member of``` ```-------------+--------------+----------``` ``` marketing	Cannot login	{}``` ``` postgres	Superuser	{}``` ``` : Create role``` ``` : Create DB``` ``` psbuch		{}``` ``` roundcube		{}``` ``` vertrieb	Cannot login	{marketing}```

Beschreibung: Zeigt alle Rollen an. Die Option + liefert eine zusätzliche Spalte `Descrip-tion`, in der optional ein Kommentar für diese Rolle hinterlegt ist.

(In der Version 8.4.0 fehlt in der Hilfe-Anzeige das + Zeichen – auch bei \dg. Ein Patch wurde von uns eingereicht und ist bereits comitted)

\df
[antw]
[S+]
	```postgres=# \dft```
	``` List of functions```
	```Schema| Name |Res.da.||Type```
	```------+------------------+-------++------```
	```public|increment_counter|trigger||trigger```
	```(1 row)```

Beschreibung: Listet alle vorhandenen Funktionen auf, wobei die Optionen `agg`, `normal`, `trigger` und `window` eine Einschränkung vornehmen.

\dp oder
\z
	```postgresqlbuch=# \dp```
	``` Access privileges```
	``Schema|Name |Type|Access privileges
		Column access privileges```
		```------+------------+----+------------------```
		```+------------------------```
		``public|abteilungen|table|psbuch=arwdDxt/psbuch
			:```
			```vertrieb=r/psbuch```
			```public|abteilungen_id_seq|sequence||```

Beschreibung: Zeigt die Zugriffsrechte für Tabellen, Views und Sequenzen an.

\e	```postgres=# \e```

Beschreibung: Bearbeitet einen SQL-Befehl im Standardeditor. Es wird immer der zuletzt eingegebene Befehl bearbeitet.

\ef	```postgres=# \ef funktions_name```

Beschreibung: Öffnet die Funktion mit dem Namen `funktions_name` im Standardeditor.

\i	```postgres=# \i /pfad/zur/datei/dump.sql```

Beschreibung: Führt eine externe Datei mit SQL-Befehlen aus.

Tabelle 2.1 Häufig gebrauchte »psql«-Befehle (Forts.)

Befehl	Beispiel
| \h | ```
postgres=# \h CREATE TABLE
Command:     CREATE TABLE
Description: define a new table
Syntax:
CREATE [ [ GLOBAL | LOCAL ] { TEMPORARY | TEMP } ] ...
``` |

Beschreibung: Zeigt einen Hilfekontext zum auszuführenden Befehl an.

| \? | ```
General
    \c[onnect] [DBNAME|- USER|- HOST|- PORT|-]
                    connect to new database (currently "postgres")
    \cd [DIR] ...
``` |

Beschreibung: Zeigt die Hilfe zu *psql* an.

| \q | `postgres=# \q` |

Beschreibung: Beendet *psql*.

Tabelle 2.1 Häufig gebrauchte »psql«-Befehle (Forts.)

2.1.3   psql mit SQL-Befehlen nutzen

Kommen wir nun zu ein paar einfachen Beispielen, in denen wir mit SQL-Befehlen arbeiten. Wir werden ab Kapitel 3, »Praxis 1«, eine kleine Beispielanwendung erarbeiten. In diesem Abschnitt erstellen wir noch keine Tabellen aus dem späteren Beispiel, sondern greifen auf ein gänzlich anderes Szenario zurück. Wir sind der Meinung, dass es didaktisch besser ist, die Beispielanwendung an einem Stück zu erstellen. Wir hoffen, Sie sehen das ebenso.

> **Vorab noch kurz ein paar Hinweise**
>
> Sie können durch Betätigen der Taste ⬆ die Befehlshistorie, also die von Ihnen zuvor eingegebenen Befehlszeilen wieder hervorholen und einen Befehl gegebenenfalls erneut ausführen (oder verändern und ausführen). Das spart viel Tipparbeit.
>
> Ein weiteres sehr nützliches aus der Unix- und Linux-Welt sehr geläufiges Feature ist die Nutzung der ⭾-Taste, um Befehle zu vervollständigen. Dies gilt hier für SQL-Befehle: Tippen Sie also beispielsweise CR und drücken ⭾, vervollständigt *psql* zu CREATE.
>
> Es spielt keine Rolle, ob Sie die SQL-Befehle groß oder klein schreiben. Wir haben uns in den Beispielen nur für die Großschreibung entschieden, damit Sie besser nachvollziehen können, welche SQL-Befehle wir nutzen. Außerdem wurde die Tab-Completion in der Version 8.4 noch erweitert, sodass Sie diese zum Beispiel nun auch bei den Shortcuts einsetzen können.

Es ist zwingend erforderlich, dass Sie jede Befehlszeile mit einem Semikolon abschließen. Durch drücken der ⏎-Taste wird der Befehl dann ausgeführt. Handelt es sich um einen SQL-Befehl, erhalten Sie bei einem Fehler eine entsprechende Meldung, ein Ergebnis in Form einer tabellarischen Anzeige oder die Wiederholung des Befehls (in Kurzform) als Bestätigung, dass alles geklappt hat.

Es soll im Folgenden eine Datenbank namens *postgresqlbuch* auf Grundlage von *template1* erstellt werden. Sie soll dem Benutzer *psbuch* gehören, der ein verschlüsseltes Passwort namens *hallo123* erhält. Die Datenbank soll zwei Tabellen umfassen: eine namens *kapitel* (mit den Spalten *nr* und *ueberschrift*) und eine namens *seiten* (mit den Spalten *nr* und *inhalt*). Dann mal frisch ans Werk

Zuerst erstellen wir den Benutzer *psbuch*:

```
postgres=# CREATE USER psbuch WITH NOSUPERUSER ENCRYPTED \
           PASSWORD 'hallo123';
CREATE ROLE    (Bestätigung: alles hat geklappt)
```

Als Nächstes folgt die Datenbank *postgresqlbuch*:

```
postgres=# CREATE DATABASE postgresqlbuch OWNER=psbuch \
           TEMPLATE=template1;
CREATE DATABASE (Bestätigung: alles hat geklappt)
```

Was hat es mit template1 auf sich?

Die Angabe `TEMPLATE=template1` soll hier nur zeigen, dass die Erstellung von Datenbanken in PostgreSQL durch die Kopie einer sogenannten Datenbankvorlage erfolgt. Standardmäßig wird immer `template1` zugrunde gelegt, daher können Sie diese Angabe auch weglassen, wenn die neue Datenbank nicht auf einem anderen Template basieren soll. Falsch ist die Nutzung dieser Angabe aber natürlich nicht. Lesen Sie dazu mehr in Abschnitt 3.7, »Exkurs 2: Sinn und Zweck von Templates«.

Zunächst nehmen wir mit der Datenbank *postgresqlbuch* Verbindung auf:

```
postgres=#\c postgresqlbuch psbuch
You are now connected to database "postgresqlbuch" as user
"psbuch".
postgresqlbuch=>
```

Jetzt erstellen wir die beiden Tabellen *kapitel* und *seiten*:

```
postgresqlbuch=> CREATE TABLE kapitel (nr serial NOT NULL \
                 PRIMARY KEY, ueberschrift varchar(255));
CREATE TABLE
postgresqlbuch=> CREATE TABLE seiten (nr int NOT NULL \
                 PRIMARY KEY, inhalt text);
CREATE TABLE
```

Das war's. Wie Sie an diesem einfachen Beispiel sehen, können wir mit *psql* auf einfache und vor allem schnelle Weise eine Datenbank mit Tabellen erstellen, die einem zuvor angelegten Benutzer gehört.

Sicher werden Sie bei komplexeren Befehlen die Hilfe zu Rate ziehen wollen. Sie tun sich einen großen Gefallen, wenn Sie vor der Erstellung einer Befehlszeile einfach per \h [SQL_BEFEHLSNAME] aufrufen. So können Sie einfach von der Hilfeseite ablesen und vermeiden Syntaxfehler.

2.1.4   SQL-Befehle aus einer externen Datei aufrufen

Es gibt noch eine weitere effiziente Möglichkeit, viele SQL-Befehle auf einmal in *psql* abzusetzen. Durch den psqlinternen Befehl \i [PFAD_ZUR_ DATEI] können Sie eine Datei mit SQL-Befehlen aufrufen und ausführen. Dabei beachten Sie, dass alle SQL-Statements mit einem Semikolon enden – genauso wie in *psql* selbst.

Als Beispiel erstellen wir eine Datei *postgresqlbuch_content.sql*. Sie enthält SQL-Statements, um unsere Tabellen *kapitel* und *seiten* zu füllen. Zugegeben: Das ist ein triviales Beispiel – es soll zur Veranschaulichung aber genügen. Der Inhalt sieht folgendermaßen aus:

```
INSERT INTO kapitel (ueberschrift) VALUES
('Einleitung'),
('Werkzeuge'),
('Praxis 1'),
('Praxis 2'),
('Praxis 3');
INSERT INTO seiten (nr, inhalt) VALUES
(2,'Beschreibung aller Werkzeuge der PostgreSQL');
```

Jetzt führen wir die Datei in *psql* aus:

```
postgresqlbuch=> \i /tmp/postgresqlbuch_content.sql
```

Ergebnis:

```
INSERT 0 1
INSERT 0 1
[...]
```

Das sieht gut aus, und alles hat geklappt. Kontrollieren Sie das Ergebnis, indem Sie jeweils einen SELECT-Befehl auf die Tabellen *kapitel* und *seiten* absetzen.

Hinweis zu serial

Beachten Sie folgenden Versuch:

```
ALTER TABLE kapitel ALTER COLUMN nr TYPE int;
ALTER TABLE
ALTER TABLE kapitel ALTER COLUMN nr TYPE serial;
ERROR: type "serial" does not exist
```

Da serial kein echter Typ ist, sondern nur eine Art Alias für ein komplexeres Statement darstellt, kann serial als Pseudotyp nur beim Erstellen einer Tabelle genutzt werden. Ohne die Nutzungvon serial würden Sie die Tabelle so erstellen:

```
CREATE SEQUENCE kapitel_nr_seq;
CREATE TABLE kapitel (
    nr integer NOT NULL DEFAULT nextval('kapitel_nr_seq'),
    uebrschrift VARCHAR(255)
);
```

Es wird also klar, dass uns der Pseudotyp serial nur das Erstellen einer Sequenz erspart, um einen inkrementellen Zähler für die Spalte nr zu erhalten.

2.2 pgAdmin III – das Standard-PostgreSQL-Frontend

Kommen wir jetzt zu dem wohl bekanntesten Administrations-Werkzeug für PostgreSQL-Datenbanken: pgAdmin III. Aktuell liegt Version 1.10.0 vor.

Sie erhalten das Programm von der Webseite (*http://www.pgadmin.org/*) *http://www.pgadmin.org/* und dort im Bereich *Download*. Wählen Sie auf der linken Seite Ihr Betriebssystem aus, und laden Sie das passende Paket herunter. Die Installation ist auf allen Systemen wie gewohnt durchführbar.

pgAdmin III ist ein GUI, also ein Werkzeug mit einer grafischen Oberfläche und mit die Maus zu bedienen. Obwohl pgAdmin III Ihnen fast alle

Operationen abnimmt, ohne dass Sie SQL-Code schreiben müssen, raten wir Ihnen zu Anfang Ihrer PostgreSQL-Karriere davon ab. pgAdmin III hilft mit Sicherheit, den Überblick über eine umfangreiche Datenbank zu behalten. Allerdings lernen Sie SQL nur, wenn Sie es selbst (von Hand) schreiben. Der Umgang mit der PostgreSQL-Datenbank geht nur dann in Fleisch und Blut über, wenn Sie in der Lage sind, sie auf der Kommandozeile zu bedienen (*psql*, PostgreSQL-Programme wie *pg_creatcluster*, *pg_ctl* und andere). Deshalb möchten wir Sie ermutigen, den SQL-Editor so oft wie möglich einzusetzen.

Abbildung 2.1 Das pgAdmin-III-Menü

Der SQL-Editor ist ziemlich komfortabel. Sie haben hier nicht nur die Möglichkeit, Ihre SQL-Statements abzusetzen (mit dem grünen Pfeil in der oberen Symbolleiste oder durch Drücken der Taste F5), sondern sehen im Ausgabefeld sofort das Ergebnis. Lassen Sie uns für die weiteren Erklärungen folgendes SQL-Statement absetzen:

```
SELECT * FROM kapitel a, seiten b
WHERE a.nr = b.nr;
```

Wie Sie in Abbildung 2.2 sehen, ist der Ausgabebereich in vier Teile untergliedert. Standardmäßig sehen Sie im Bereich DATENANZEIGE das Ergebnis Ihrer Abfrage.

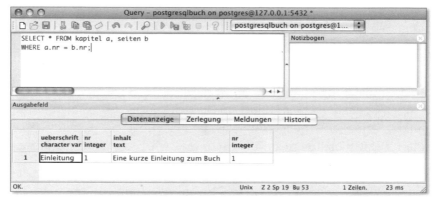

Abbildung 2.2 Der SQL-Editor von pgAdmin III

Hinter dem Punkt ZERLEGUNG verbirgt sich eine grafische Ansicht Ihres SQL-Statements. Um die Zerlegung zu starten, klicken Sie auf das Symbol ABFRAGE ZERLEGEN rechts neben dem Symbol ABFRAGE AUSFÜHREN, ERGEBNIS SPEICHERN im Menü des SQL-Editors:

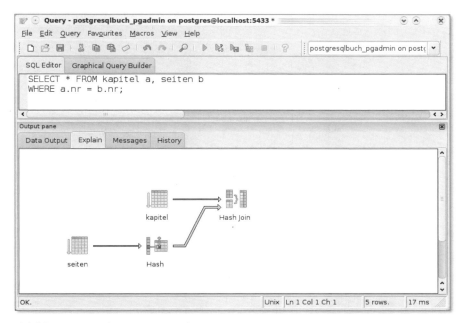

Abbildung 2.3 Zerlegung mit pgAdmin III

Der Bereich MELDUNGEN ist die statistische Rückgabe Ihres Befehls und beinhaltet beispielsweise Nachrichten wie:

Abfrage mit 5 Zeilen wird zurückgeliefert.

5 Zeilen geholt.

In diesem Fall wurde also ein JOIN zwischen den Tabellen *seiten* und *kapitel* durch die Verknüpfung über einen *HashJoin* (siehe Abschnitt 6.2, »Performance Tuning«) ausgeführt, wobei von der Spalte *seiten* eine Hash-Tabelle erstellt wurde. Das ist ein einfaches Beispiel, das natürlich bei anderen Statements auch sehr komplex werden kann.

Zu guter Letzt bietet auch pgAdmin III eine Historie, die Sie auf dem gleichnamigen Reiter finden. Dort können Sie alle eingegebenen SQL-Statements und Meldungen einsehen, die während der Session mit dem

SQL-Editor abgesetzt bzw. ausgeführt wurden. Eine mögliche Ausgabe ist die folgende:

-- Abfrage ausführen:

*SELECT * FROM kapitel a, seiten b*

WHERE a.nr = b.nr

Gesamtlaufzeit der Abfrage: 61 ms.

1 Zeilen geholt.

Im Folgenden zeigen wir Ihnen trotz unserer Anmerkungen bezüglich des Lernens von SQL und der bevorzugten Nutzung von *psql*, wie Sie pgAdmin nutzen, um die tägliche Arbeit mit der PostgreSQL zu erleichtern.

2.2.1 Verbindung zu einem Datenbank-Cluster herstellen

Damit wir über *pgAdmin III* mit unserer Datenbank kommunizieren können, müssen wir zuerst eine Verbindung zu dem Cluster herstellen, in den unsere Datenbank integriert ist. Beachten Sie dabei bitte, dass die PostgreSQL-Datenbank natürlich bereits installiert sein muss. Außerdem muss ein Benutzer existieren, der ein Passwort hat.

Starten Sie im ersten Schritt also pgAdmin III. In der im Abbildung 2.1 zu sehenden Symbolleiste öffnen Sie durch einen Klick auf das Stecker-Icon ganz links den Dialog, um eine neue Verbindung zu einem Server und somit einem Datenbank-Cluster herzustellen.

Im einfachsten Fall stellen wir eine Verbindung zur lokalen PostgreSQL-Datenbank her. Dazu geben wir unter Server *127.0.0.1* (oder *localhost*) ein und übernehmen den Standard-PostgreSQL-Port *5432*. Die Wartungsdatenbank belassen wir bei *postgres*, und der Benutzername sollte *postgres* sein. Der Account *postgres* ist der Standardbenutzer der PostgreSQL-Datenbank – dazu aber mehr im Kapitel 7, »Installation«. Nach einem Klick auf OK haben wir eine neue Verbindung hergestellt und sind nun mit dem Datenbank-Cluster auf *localhost* verbunden. In Abbildung 2.4 sehen Sie, dass die Checkbox PASSWORT SPEICHERN markiert ist. Das Passwort wird in Ihrem Home-Verzeichnis auf einem Unix-System in der Datei */home/<benutzername>/.pgpass* unverschlüsselt (also im Klartext) gespeichert:

```
127.0.0.1:5432:*:postgres:hallo123
```

Das bietet auf der einen Seite zwar Komfort, birgt aber natürlich auch extreme Sicherheitsrisiken, wenn ein Unbefugter an diese Datei gelangt. Für Testsysteme ist das eher unbedenklich – allerdings raten wir für Produktivsysteme dringend davon ab, die Passwörter zu speichern.

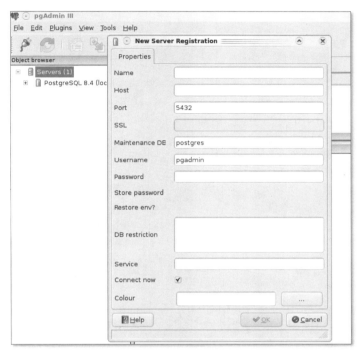

Abbildung 2.4 Eine neue Verbindung zum Server erstellen

Wenn Sie nun die einzelnen Menüs im Navigationsbaum links aufklappen, sehen Sie eine Ansicht wie auf der Abbildung 2.5.

Wir haben hier ein wenig vorgegriffen, denn die Datenbank *postgresqlbuch* haben wir ja (mit pgAdmin III) noch gar nicht angelegt – das kommt aber gleich.

Abbildung 2.5 zeigt so ziemlich alle wichtigen Punkte einer Datenbank:

▶ Im linken Baum (im sogenannten Objektbrowser) sehen wir alle vorhandenen Server. (Lassen Sie sich nicht von der 3 in Klammern irritieren, die anderen beiden Server sind ausgeblendet.)

▶ Unsere gerade hergestellte Verbindung ist *localhost* auf Port *5432*.

▶ Unsere Datenbank heißt *postgresqlbuch*.

▶ Sie beinhaltet ein Schema namens *public*.

▶ Das Schema *public* beinhaltet zwei Tabellen namens *kapitel* und *seiten*.

▶ Es gibt zwei Tablespaces (siehe auch Abschnitt 6.4.1, »Tablespaces«).

▶ Es gibt drei Login-Rollen: *andy*, *postgres* und *psbuch*.

Abbildung 2.5 pgAdmin III – Ansicht »localhost«

Im rechten oberen Fensterbereich sehen wir vier Reiter, die jeweils abhängig von der Auswahl im Objektbrowser Informationen anzeigen. Momentan sind dort allgemeine Informationen zur ausgewählten Datenbank *postgresqlbuch* abgebildet.

Ein ganz wichtiges Feld ist das SQL-Feld, das sich rechts unten befindet. Hier sehen Sie – ebenfalls abhängig von der Auswahl im Objektbrowser – SQL-Befehle. Momentan ist das CREATE-DATABASE-Statement für das Erstellen der Datenbank zu sehen.

> **Lernen durch Nachsehen**
>
> Bei der Arbeit mit pgAdmin III ist das SQL-Feld eine der wichtigsten Unterstützungen. Nutzen Sie das Feld regelmäßig, um zum Beispiel den Aufbau Ihrer Tabellen, Funktionen, Sequenzen oder anderer Datenbankobjekte einzusehen. Sie werden feststellen, dass Sie dadurch viel lernen können. Nicht zuletzt dient das Feld natürlich auch als willkommene Vorlage für neue Datenbankobjekte mittels Copy & Paste – denken Sie aber immer daran, dass sich Selbstgetipptes leichter merken lässt als Kopiertes.

2.2.2 Eine Datenbank erstellen

Im Folgenden zeigen wir Ihnen, wie einfach es ist, mit pgAdmin III eine Datenbank, einen Datenbankbenutzer und Tabellen zu erstellen. Beachten Sie dabei, dass Sie die erforderlichen Kontextmenüs entweder im Objektbrowser über eine Markierung des Objekts und dann über die rechte Maustaste erreichen oder in der Menüleiste des Programms. Wir empfehlen Ihnen, auch nachzusehen, welche Shortcuts es für die einzelnen Befehle gibt. Das geht schneller und schont vor allem Ihren rechten, respektive linken Arm.

Neuer Datenbankbenutzer [CREATE ROLE]

Im ersten Schritt erstellen wir einen neuen Datenbankbenutzer. In diesem Fall haben wir die denkbar einfachste Rolle erzeugt: Die Rolle *psbuch* hat außer der Möglichkeit zum Login keine weiteren Rechte. Wenn Sie mit einer PostgreSQL-Datenbank von einer Applikation aus sprechen wollen, müssen Sie natürlich zumindest ein Passwort angeben. Superuser-Rechte sollten »Arbeitsrollen« aus Sicherheitsgründen nie bekommen.

> **Login- und Gruppen-Rollen**
>
> In der PostgreSQL-Datenbank spricht man in diesem Zusammenhang von Rollen. Dabei werden zwei Arten von Rollen unterschieden. Zum einen gibt es Login- Rollen. Diese haben das Recht, sich am Datenbank-Cluster anzumelden (*login*). Zum anderen gibt es Gruppen-Rollen. Eine Gruppen-Rolle beinhaltet andere Gruppen-Rollen oder eine oder mehrere Login-Rollen. Im weiteren Verlauf des Buchs lesen Sie also die Begriffe, Gruppen- und Login-Rolle, wenn es um Gruppen oder Benutzer geht. Wie das alles genau funktioniert und welche Rechte Sie den Rollen zuweisen können, lesen Sie in Abschnitt 6.3.1, »Benutzerverwaltung [CREATE ROLE]«.

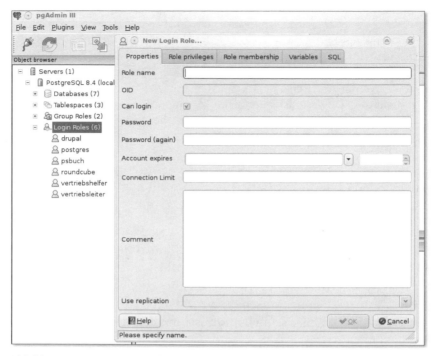

Abbildung 2.6 Eine neue Rolle in pgAdmin III erstellen

Im Objektbrowser sehen Sie nun unter LOGIN-ROLLEN die neue Rolle *psbuch*.

Neue Datenbank erstellen [CREATE DATABASE]

Erstellen wir jetzt die Datenbank *postgresqlbuch*. Klicken Sie dazu im Objektbrowser auf den Punkt DATENBANKEN. Danach öffnen Sie mit einem Klick der rechten Maustaste das Kontextmenü und gehen dort zum Eintrag NEUE DATENBANK (Abbildung 2.7).

In diesem Fall (wiederum der denkbar einfachste) geben wir den Namen *postgresqlbuch* an und wählen als Eigentümer die vorher erstellte Rolle *psbuch* aus. Und das war's auch schon. Die Datenbank ist erstellt , und nach einem Klick auf den Aktualisierungsknopf in der Menüleiste oben sehen Sie im Objektbrowser unter LOCALHOST und dort DATENBANKEN die neue Datenbank *postgresqlbuch*. Momentan ist der Name *postgresqlbuch* mit einem roten Kreuz gekennzeichnet. Klicken Sie auf den Namen, wird die Datenbank geöffnet.

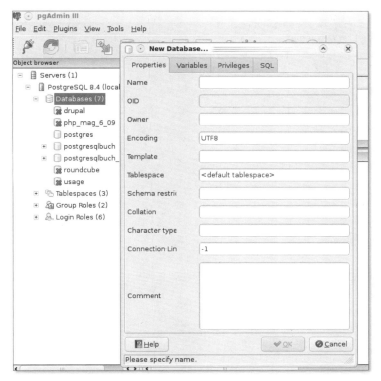

Abbildung 2.7 pgAdmin III – neue Datenbank erstellen

Tabellen erstellen [CREATE TABLE]

Nachdem wir die Datenbank *postgresqlbuch* erzeugt haben, zeigen wir Ihnen als letzten Schritt in dieser pgAdmin-Einführung, wie Sie Tabellen erstellen. Dazu wählen Sie den Punkt TABELLEN im Objektbrowser aus. Nach einem Klick mit der rechten Maustaste wählen Sie den Eintrag NEUE TABELLE … aus und erhalten die Ansicht aus Abbildung 2.8.

Wir geben der Tabelle den Namen *kapitel* und weisen ihr den Eigentümer *psbuch* zu. Das ist wichtig, denn sonst wäre automatisch *postgres* der Besitzer, da wir mit dem Datenbank-Cluster auf 127.0.0.1:5432 als Benutzer *postgres* verbunden sind.

Im nächsten Schritt erstellen wir nun die Spalten. Dazu wählen Sie im Dialog, wie auf Abbildung 2.9 zu sehen, den Reiter SPALTEN aus. Sie erhalten folgende Ansicht:

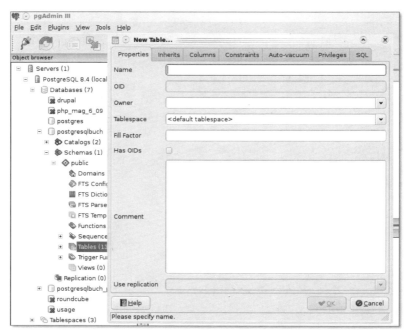

Abbildung 2.8 pgAdmin III – neue Tabelle erstellen

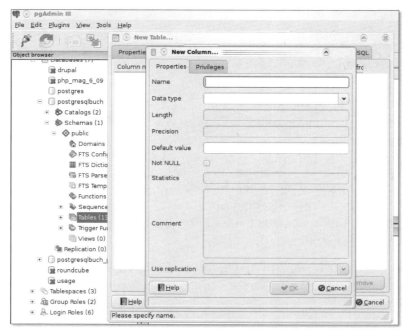

Abbildung 2.9 Eine Spalte in der neuen Tabelle erstellen

Geben Sie hier den Namen der Spalte ein, wählen Sie einen Datentyp und gegebenenfalls weitere Eigenschaften aus. In unserem Fall ist das *ueberschrift character varying 255*. Bestätigen Sie Ihre Eingaben durch einen Klick auf OK, und wiederholen Sie den Vorgang für die Spalte NUMMER. Diesmal soll der Datentyp *integer* sein.

Hinter dem Reiter PRIVILEGIEN (oder RECHTE) verbirgt sich die Möglichkeit, einzelnen Rollen gezielt bestimmte Rechte zuzuweisen. Unterschiedlichen Rollen können Sie unterschiedliche Benutzerrechtezuweisen. In unserem Beispiel werden wir hiervon keinen Gebrauch machen.

Werte in Tabellen einfügen

Unsere Tabellen sind erstellt. Gut. Jetzt sollten wir Daten in die Tabellen einfügen. Das geschieht, wie nicht anders zu erwarten, ebenfalls sehr einfach über den Objektbrowser. Wählen Sie in der Datenbank *postgresqlbuch* unter dem Eintrag TABELLEN die Tabelle *seiten* aus. Bevor wir nun Daten eingeben, noch ein paar Anmerkungen:

Im Fenster rechts oben sehen Sie einige Eigenschaften wie NAME, OID, EIGENTÜMER der Tabelle und so weiter. Ein gutes Hilfsmittel um schnell auf ein paar wichtige Informationen zugreifen zu können.

Im SQL-FELD darunter sehen Sie die SQL Befehle zum Erstellen der Tabelle. Wie schon weiter oben erwähnt, können Sie diese per Copy & Paste übertragen.

Wenn Sie nun im Objektbrowser die Tabelle *seiten* »aufklappen«, erscheint der Eintrag SPALTEN. Klappen Sie auch diesen auf, so sehen Sie untereinander alle Spalten der Tabelle. Markieren Sie nun zum Beispiel die Spalte *nr*, bietet pgAdmin III rechts in den beiden Feldern wieder eine sehr hilfreiche Übersicht. Im Feld rechts oben unter EIGENSCHAFTEN erhalten wir einen Überblick über alle Eigenschaften dieses Feldes. Im SQL-FELD darunter finden Sie wiederum alle SQL-Befehle zu dieser Spalte, wobei dies hier eher informativen Charakter hat und an dieser Stelle den Rahmen des Buchs sprengen würde (Abbildung 2.10).

Kommen wir jetzt zurück zum ursprünglichen Plan, Daten in die Tabelle einzufügen. Dafür markieren wir die Tabelle im Objektbrowser und wählen in der Hauptnavigation das Tabellen-Symbol, wie auf der folgenden Abbildung 2.11 zu sehen.

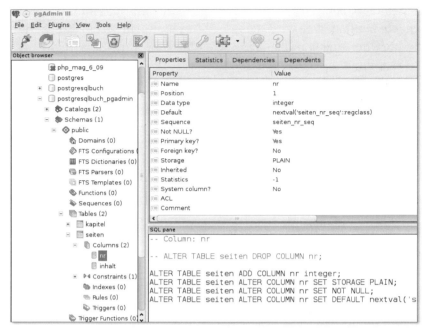

Abbildung 2.10 pgAdmin III – Spaltenansicht

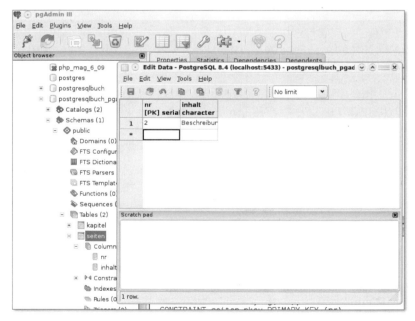

Abbildung 2.11 Rufen Sie die Tabelle auf, um Werte einzugeben.

Wenn Sie dieses Symbol anklicken, erhalten Sie eine Ansicht der Tabelle ähnlich wie in einer Tabellenkalkulation. Das Einfügen der Daten ist nun intuitiv über die einzelnen Zellen möglich (Abbildung 2.12).

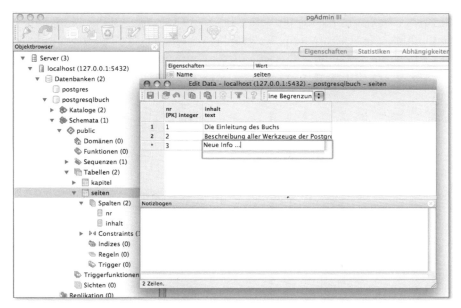

Abbildung 2.12 pgAdmin III – Werte in Tabelle einfügen

Sie haben nun gesehen, wie Sie mit pgAdmin III relativ komfortabel die Beispieldatenbank einrichten können. Die Schritte sind dieselben wie bei *psql* auf der Kommandozeile. Entscheiden Sie selbst, welche Vorgehensweise Ihnen mehr zusagt. Unsere eigene Erfahrung hat allerdings gezeigt, dass sich in *psql* mit etwas Übung solche Aufgaben (und noch viel mehr) viel effizienter erledigen lassen.

Im Folgenden stellen wir Ihnen dennoch weitere Features von pgAdmin III vor.

2.3 Weitere Features von pgAdmin III

In diesem Abschnitt möchten wir auf ein paar ausgesuchte Features von pgAdmin III eingehen. Zum einen möchten wir Ihnen den Grant Assistenten vorstellen und noch kurz auf die Kataloge *information_schema* und *pg_catalog* eingehen.

2.3.1 Der Grant Assistent

In Kapitel 6, »Praxis 3: Textsuche, Performance, Administration« gehen wir detaillierter auf das Thema *Benutzerverwaltung* ein. PostgreSQL nutzt ein Rollensystem bestehend aus Benutzer- und Gruppenrollen. Diese Rollen erhalten dann Privilegien wie SELECT, USAGE oder CREATE auf Datenbankobjekte (etwa Tabellen, Views oder Schemata). Pro Datenbankobjekt vergeben Sie diese Privilegien einzeln. pgAdmin III bietet eine tolle Funktion, um Ihnen das Leben etwas zu erleichtern – den Grant Assistent.

Nehmen wir als Beispiel die beiden Tabellen in unserer Datenbank *postgresqlbuch*. Wir möchten nun noch zusätzlich zu der Rolle (dem Benutzer) *psbuch* einen weniger privilegierten Benutzer *psbesucher* erstellen, der auf die beiden Tabellen nur lesenden Zugriff haben soll. Das heißt, er darf weder Daten einfügen noch löschen. In SQL würden wir das so bewerkstelligen:

```
CREATE ROLE psbesucher LOGIN NOCREATEDB NOCREATEROLE PASSWORD
'besuch';
GRANT SELECT ON TABLE kapitel TO psbesucher;
GRANT SELECT ON TABLE seiten TO psbesucher;
```

Damit darf der Benutzer *psbesucher* nun auf beide Tabellen zugreifen. Bei zwei Tabellen hält sich der Aufwand sicher in Grenzen. Aber stellen Sie sich vor, Sie haben eine Datenbank mit mehreren Schemata und vielen Tabellen. Dann wird das Setzen der Privilegien von Hand extrem mühsam. (Im Normalfall würden Sie dafür ein Skript schreiben.). Also nutzen wir den Grant Assistent. Da es momentan nur für Gruppenrollen möglich ist, Privilegien für mehrere Tabellen gleichzeitig zu vergeben, müssen wir den Benutzer *psbesucher* in eine Gruppenrolle einfügen, die wir im Folgenden erstellen.

Eine Gruppenrolle erstellen

Dazu markieren Sie im Objektbrowser in pgAdmin III den Punkt GRUPPENROLLEN. Durch einen Klick auf die rechte Maustaste erhalten Sie ein Auswahlmenü in welchem Sie den Punkt GRUPPENROLLE auswählen. Geben Sie nun im öffnenden Dialog in das Feld Rollenname den Namen der Gruppenrolle ein – sagen wir *marketing*. Das war's auch schon mit dem Erstellen der Gruppenrolle.

Ein Benutzer wird Mitglied in eine Gruppenrolle

Im nächsten Schritt machen wir den Benutzer *psbesucher* nun zum Mitglied in der Gruppenrolle *marketing*. Das ist genauso einfach wie das Erstellen der Gruppenrolle. Markieren Sie den Benutzer *psbesucher* im Objektbrowser im Bereich LOGIN-ROLLEN, und öffnen Sie das Kontextmenü der rechten Maustaste. (Der Hinweis sei noch einmal erlaubt: Wenn Sie die vorhandenen Benutzer unterhalb der LOGIN-ROLLEN nicht sehen, müssen Sie den Bereich »aufklappen«). Wählen Sie nun den Punkt EIGENSCHAFTEN aus, und der folgende Dialog zeigt die Details des jeweiligen Benutzers an. Auf dem Reiter ROLLENMITGLIEDSCHAFT sehen Sie einen zweigeteilten Bereich: links NICHT MITGLIED IN und rechts MITGLIED IN. Im linken Feld finden Sie den Eintrag *marketing*, also die Gruppenrolle, die wir gerade erstellt haben.

Es erklärt sich fast von selbst, dass Sie den Benutzer in diesem Bereich markieren und durch einen Klick auf den Doppelpfeil rechts (>>) in den linken Bereich bugsieren. Und damit ist der Benutzer *psbesucher* Mitglied der Gruppenrolle *marketing*. Soweit – so gut.

Rechte für mehrere Tabellen gleichzeitig ändern

Jetzt kommen wir zum Kern dieses Abschnitts. Wir legen fest, dass die Gruppenrolle *marketing* und deren Mitglieder den Befehl SELECT auf unsere beiden Tabellen *kapitel* und *seiten* ausführen dürfen. Markieren Sie dafür im Objektbrowser in der Datenbank *postgresqlbuch* im Schema *public* den Eintrag TABELLEN. Und wieder erreichen Sie mit dem allseits bewährten rechte Mausklick einen Dialog. Wählen Sie dort den Eintrag GRANT-ASSISTENT.

Auf dem Reiter AUSWAHL/SELECTION finden Sie die beiden Tabellen. Wieder ist nicht schwer zu erraten, dass Sie nun die beiden Tabellen auswählen, indem Sie die Checkboxen vor den Tabellen jeweils markieren. Haben Sie das getan, wechseln Sie auf den Reiter PRIVILEGIEN.

Nun folgen drei Aktionen. Im Dropdown-Menü ROLLE wählen Sie im Feld PRIVILEGIEN die Gruppenrolle *group marketing* aus. Im nächsten Schritt markieren Sie die Checkbox vor dem Eintrag SELECT. Abschließend klicken Sie auf den Button HINZU/ÄNDERN (ADD/CHANGE). Nun taucht in der Liste oben der Eintrag *group marketing* mit einem vorangestellten Icon auf. Bestätigen Sie die Aktion mit einem Klick auf den Button OK und wir sind fertig. Nun haben Sie festgelegt, dass die Mitglieder

der Gruppenrolle *marketing* ein SELECT-Statement auf die Tabellen *kapitel* und *seiten* absetzen dürfen.

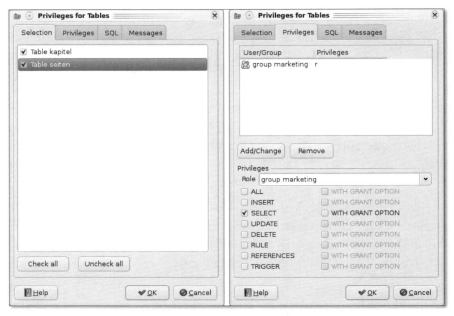

Abbildung 2.13 Der Grant Assistent im Einsatz

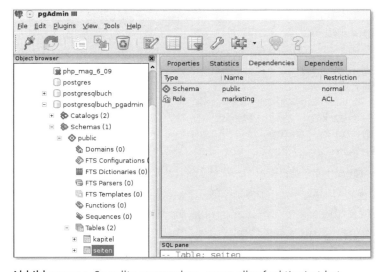

Abbildung 2.14 So sollte es aussehen, wenn alles funktioniert hat.

> **Prüfen, ob alles stimmt**
>
> Sie können in pgAdmin III leicht prüfen, ob das Setzen der Privilegien erfolg-
> reich war. Markieren Sie dazu eine der Tabellen und wechseln Sie rechts auf
> den Reiter ABHÄNGIGKEITEN. Dort sollten Sie nun einen Eintrag in der Liste
> sehen, der folgende Eigenschaften hat:
>
> TYP: ROLE
> NAME: MARKETING
> BESCHRÄNKUNG: ACL
>
> Ist dem so, ist alles paletti.

Der Test mit psql

Probieren Sie's aus, indem Sie sich als Benutzer *psbesucher* in *psql* mit der
Datenbank *psbuch* verbinden:

```
postgres=# \c postgresqlbuch psbesucher
You are now connected to database "postgresqlbuch" as user
"psbesucher"
postgresqlbuch=> SELECT * FROM kapitel;
nr | ueberschrift
-------------------
1 | …
postgresqlbuch=> INSERT INTO kapitel (ueberschrift) VALUES
('gruppenrollen \ test');
ERROR: permission denied for relation kapitel
```

Sehr schön! Das Ergebnis ist wie erwartet (Lese- aber keine Schreib-
rechte), und wir können zufrieden sein.

Wir haben in diesem Abschnitt gezeigt, dass der Grant Assistent ein wirklich nützliches Werkzeug ist, um für mehrere Tabellen Privilegien für
Benutzer, die nicht Eigentümer der Tabellen sind, festzulegen. Zu beachten ist dabei allerdings, dass dies nur für Gruppenrollen möglich ist. Da
die Verwaltung von Benutzern aber sowieso in Gruppenrollen organisiert werden sollte (der oft angemahnte »gute Stil«), ist dieses Verhalten
nur konsequent. Logisch … oder?

2.3.2 Werkzeuge

Leider können wir Ihnen im Rahmen dieses Buchs keine komplette
Bedienungsanleitung für pgAdmin III bieten. Allerdings möchten wir

abschließend noch auf den Bereich WERKZEUGE hinwiesen. Dieser beinhaltet viele nützliche Hilfsmittel, um mit der PostgreSQL-Datenbank zu arbeiten.

Server Status

Je nach Umfang Ihrer Datenbank, sollten Sie (oder Ihre Sysadmins) verschiedene Monitoring- und Statustools zur Überwachung einsetzen. Um einen kurzen Überblick zu erhalten, finden Sie im Menü WERKZEUGE den Eintrag SERVER STATUS. Der Bereich ist in vier Teile untergliedert: STATUS, SPERREN, TRANSAKTIONEN und LOGDATEI. Werfen Sie einmal einen Blick in diesen Bereich, besonders in die Protokolldatei. Dort erhalten Sie Auskunft darüber, was momentan auf dem jeweligen Server los ist. Großartig ist übrigens die deutsche Übersetzung für den Button *Abwürgen* ...

Skripts

Unter diesem Menüeintrag finden Sie fertige SQL-Befehle für ausgewählte Bereiche (zum Beispiel DATENBANK, SEQUENZ oder TABELLE) wie `INSERT`, `CREATE` oder `SELECT` – ein sehr nettes Werkzeug, um schnell ein einfaches Template für ein Statement nutzen zu können.

Berichte

Ein sehr nettes Werkzeug ist der Bericht Generator. Wiederum abhängig vom ausgewählten Bereich können Sie unterschiedliche Berichte in den Formaten HTML oder XML erzeugen. Sie können im HTML-Format sogar eine eigene CSS-Datei für das Layout bestimmen. Obwohl Sie hier nur begrenzte Möglichkeiten haben, ist es doch oft hilfreich, gewisse Informationen über eine Datenbank in dieser Form zu speichern. Nett!

Backup und Wiederherstellen

Die PostgreSQL Datenbank wartet mit sehr mächtigen Backup- und Restore-Tools für die Kommandozeile auf (`pg_dump` und `pg_restore`). Sie haben im Bereich WERKZEUGE über die Menüeinträge BACKUP und WIEDERHERSTELLEN Zugriff auf diese Befehle – ein extrem praktisches Hilfsmittel, um eine Datenbank (oder Teile davon) zu sichern und wiederherzustellen. pgAdmin III bietet hier eine ordentliche Auswahl, auch wenn

Sie mit `pg_dump` und `pg_restore` auf der Kommandozeile natürlich weitaus mehr Möglichkeiten haben.

Damit wollen wir das Kapitel abschließen. Sie sind nun in der Lage, mit der PostgreSQL-Datenbank, unter zu Hilfenahme der beiden wichtigsten Tools *psql* und pgAdmin III zu sprechen. Im nächsten Kapitel befassen wir uns mit den Grundlagen eines RDBMS.

Wir werden hier den ersten produktiven Kontakt mit der Datenbank aufnehmen, und obwohl das Kapitel »Praxis 1« heißt, bleibt es uns nicht erspart, doch noch einen kurzen Ausflug zur theoretischen Seite zu machen.

3 Praxis 1: Die Grundlagen

In diesem Kapitel wollen wir uns zunächst mit den folgenden grundlegenden Fragen befassen: Wie kommen die Daten in die Datenbank, und wie kommen sie wieder heraus? Bevor wir nun unsere Datenbank erstellen und jede Menge SQL-Statements produzieren, werden wir uns zunächst ein praktisches Beispiel ausdenken, an dem wir das Gelernte festzurren.

3.1 Herausforderung und Modell: Unsere kleine Firma

Gehen wir von folgender Problematik aus: Wir haben ein Unternehmen mit einer gewissen Anzahl von Mitarbeitern. Dieses Unternehmen bietet Produkte und/oder Dienstleistungen zum Verkauf an. Die Herausforderung, der wir uns nun gegenüber sehen, ist die Erstellung einer Datenbank, in der Informationen über Mitarbeiter, Produkte, Kunden, Bestellungen und daraus resultierende Rechnungen hinterlegt werden können.

Dieses kleine Modell wird uns dann als Grundlage für die vorgestellten Funktionen der Datenbank genügen, erhebt aber natürlich keinen Anspruch auf Vollständigkeit. Wir werden der Übersicht halber viele Tabellendefinitionen etwas kleiner halten, also zum Beispiel bei den Kunden auf zusätzliche Felder für die Lieferanschrift oder Bankverbindung verzichten, da es sich bei solchen Felder eher um Wiederholungen eines bereits vorgestellten Typs handelt. Es ist Ihnen natürlich freigestellt, den Tabellen weitere Felder nach Belieben (sofort oder später) hinzuzufügen.

Außerdem wird der Kern unserer Datenbank aus einer vergleichsweise übersichtlichen Zahl von Tabellen bestehen. Erweiterungen sind auch hier denkbar, etwa für die Bereiche »Lagerverwaltung«, »Mahnwesen« oder vielleicht sogar »Customer-Relationship-Management«. Diese Themen würden sich allerdings besser in einem Buch über Applikationsentwicklung machen, das wir hier jedoch nicht schreiben.

Nun zurück zur Aufgabe: Die ersten Daten die wir in unserer Datenbank hinterlegen möchten, sind die unserer Mitarbeiter. Wir sehen hier Felder für die gängigen Informationen wie »Vorname«, »Nachname«, »Telefon« und so weiter vor. Eine Struktur für die Tabelle `mitarbeiter` könnte also etwa wie folgt aussehen:

Information	Typ des Werts
ID	Mitarbeiter-Nr. / eindeutiger Schlüssel
Anrede	nur die Werte »herr« oder »frau«
Vorname	Zeichenkette, max. 100 Zeichen
Nachname	Zeichenkette, max. 100 Zeichen
E-Mail	Zeichenkette, max. 150 Zeichen
Position	Zeichenkette, max. 150 Zeichen
Telefon	Zeichenkette, max. 100 Zeichen
Mobiltelefon	Zeichenkette, max. 100 Zeichen
Straße	Zeichenkette, max. 100 Zeichen
PLZ	Zeichenkette, max. 10 Zeichen
Ort	Zeichenkette, max. 100 Zeichen
Bemerkungen	beliebig lange Zeichenkette für einen Freitext
Gehalt	Zahl mit zwei Nachkommastellen
Geburtsdatum	Datum

Tabelle 3.1 Struktur für die Tabelle »mitarbeiter«

Was wir wollen ist folgendes: Die Tabelle `mitarbeiter` soll wie übrigens die meisten unserer Tabellen eine eigene *eindeutige ID* bekommen. Grundsätzlich könnte man hier eine vielleicht bereits vorhandene Personalnummer verwenden, wir möchten jedoch erreichen, dass das Datenbanksystem für jeden neu eingefügten Datensatz eine eigene ID vergibt und werden deswegen später den Datentyp `serial` verwenden, der genau dies gewährleistet. Wir werden im Folgenden `serial` zwar als Datentyp bezeichnen, doch es sei schon im Vorfeld angemerkt, dass es sich hierbei nur um einen Alias für die Verwendung einer *Sequenz* handelt. Wer es jetzt schon genauer wissen möchte, springt einfach schnell mal zu Abschnitt 3.8.4, »Selbstzählende Datentypen«.

Unterschied natürlicher und technischer Primärschlüssel

Beachten Sie, dass eine bereits vorhandene Personalnummer einen *natürlichen Primärschlüssel* darstellt. Das ist also ein Schlüssel, der eindeutig ist – bei einer Personalnummer in einem Unternehmen sollte das sichergestellt sein, da die Personalabteilung (hoffentlich) fortlaufende Nummern nutzt.

Im Gegensatz dazu ist der als `serial` generierte Primärschlüssel ein *technischer Schlüssel*. Diesen Schlüssel lassen wir von der Datenbank erstellen (er ist selbstverständlich eindeutig und fortlaufend), und er ist völlig unabhängig von irgendwelchen Eigenschaften des Unternehmens im *real life*.

Im Feld für die Anrede möchten wir nur die Werte »herr« oder »frau« abspeichern. Das mag etwas merkwürdig anmuten – man könnte hier auch nur »0« oder »1« für eine männlich/weiblich-Unterscheidung oder aber einen Freitext für größtmögliche Flexibilität zulassen. Wir möchten anhand dieses Feldes jedoch den ersten Kontakt mit dem Regelwerk (Constraints) der Datenbank aufnehmen.

Die Felder `Vorname` bis `Ort` sind dann wieder weitgehend selbsterklärend. Hier sollen nur beliebige Zeichenketten mit einer Maximallänge gespeichert werden. Übrigens legen wir hier auch Postleitzahlen und Telefonnummern als Zeichenketten ab. Darüber kann man zwar geteilter Meinung sein, aber wir entscheiden uns hier dafür, um zum Beispiel Probleme mit der Speicherung führender Nullen zu vermeiden (etwa bei der Postleitzahl 01099).

Die letzten drei Felder haben dann noch einmal andere Datentypen: Im Feld für die Bemerkungen möchten wir einen beliebig langen Text erfassen, brauchen also eine maximale Obergrenze hier nicht.

Das Gehalt möchten wir als Dezimalzahl mit zwei Nachkommastellen speichern. Als Letztes wollen wir dann noch das Geburtsdatum des Mitarbeiters hinterlegen können und werden auch hier den dafür bestimmten Datentyp benutzen.

Wir gehen mal davon aus, dass es sich bei dem Unternehmen nicht um eine »Zweimannklitsche« handelt, sondern dass wir eine größere Anzahl von Mitarbeitern verwalten. Üblicherweise sind diese Mitarbeiter gewissen Abteilungen zugeordnet. Wir erfassen hier zunächst ganz einfach die Abteilungen des Unternehmens:

Information	Typ des Werts
ID	eindeutiger Schlüssel der Abteilung
Abteilungs-Nr.	Ganzzahl (Integer)
Abteilung	Zeichenkette, max. 50 Zeichen

Tabelle 3.2 Struktur für die Tabelle »abteilungen«

Damit haben wir die Struktur für einen zweiten »Informations-Container«. Noch wissen die beiden Objekte `abteilungen` und `mitarbeiter` nichts voneinander. Das werden wir aber in Kürze ändern, wenn wir in der Tabelle `mitarbeiter` jedem Datensatz (also Mitarbeiter) sagen, zu welcher Abteilung er gehört. Praktisch bedeutet das, dass wir der Struktur für die Tabelle `mitarbeiter` noch ein weiteres Feld hinzufügen, in dem wir einen Verweis auf einen Eintrag in der Tabelle `abteilungen` speichern können.

Damit sieht die gewünschte Struktur zwischen den beiden zu erstellenden Tabellen wie folgt aus:

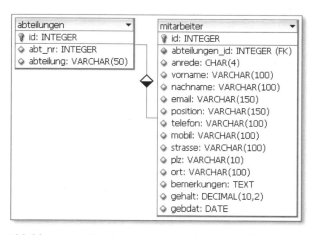

Abbildung 3.1 Mitarbeiter und Abteilungen im fertigen Modell

Wir haben beide Tabellen also mit jeweils einem sogenannten *Primärschlüssel* (*primary key*) versehen.

Eine Grundanforderung an ein relationales Datenbanksystem ist, dass jeder Datensatz einer Tabelle (Relation) über einen Schlüssel, der sich nicht ändert, eindeutig identifizierbar sein muss.

Ein Primärschlüssel ist eine *eindeutige Identifikation* einer Zeile in einer Tabelle. Ein Wert einer als Primärschlüssel definierten Spalte darf in der Tabelle nur einmal vorkommen, (sonst hat sich's was mit Eindeutigkeit) und es darf nur einen Primärschlüssel pro Tabelle geben.

Technisch gesehen ist der Primärschlüssel eine Verknüpfung von `UNIQUE Constraint` und `NOT NULL Constraint`, aber wir wollen der Geschichte nicht vorgreifen, später erfahren Sie mehr dazu.

In Abbildung 3.1 sehen Sie ebenfalls die bereits angekündigte Beziehung zwischen den beiden Tabellen. Es handelt sich hierbei um eine *1:n-Beziehung*, das heißt, eine Abteilung kann beliebig viele Mitarbeiter enthalten.

Dafür haben wir der Tabelle `mitarbeiter` die Spalte `abteilungen_id` gegönnt. Diese ist vom gleichen Typ wie die Spalte `id` der Tabelle `abteilungen` (Integer). Die Angabe `FK` nach dem Spaltentyp besagt, dass es sich hierbei um einen sogenannten *foreign key* (*Fremdschlüssel*) handelt. Das bedeutet, dass Werte dieser Spalte aus der Schlüsselspalte einer anderen Tabelle stammen.

Jetzt zu den Dingen, die wir verkaufen möchten. Das können entweder Produkte und/oder Dienstleistungen sein. Allen gemeinsam dürfte sein, dass sie eine Bezeichnung und einen Preis haben. Auf das Wesentlichste beschränkt könnte die Struktur unserer Produkttabelle etwa so aussehen:

Information	Typ des Werts
ID	eindeutiger Schlüssel des Produkts
Artikel-Nr.	Zeichenkette, max. 100 Zeichen (zum Beispiel EAN-Code)
Bezeichnung	Zeichenkette, max. 200 Zeichen
Beschreibung	beliebig lange Zeichenkette für Produktbeschreibung
Preis	Zahl mit zwei Nachkommastellen
Steuersatz	Zahl mit drei Nachkommastellen (zum Beispiel 0.190)

Tabelle 3.3 Struktur für die Tabelle »produkte«

In dieser Tabelle haben wir uns dazu entschlossen, die Artikelnummer als Zeichenkette abzulegen und nicht wie in der Tabelle `abteilungen` die Abteilungsnummer als Integer-Wert. Das ist letztlich Geschmacksache, erlaubt in der Produkttabelle aber auch die Speicherung alphanumerischer Zeichenketten. Der Preis des jeweiligen Produkts soll als Nettobetrag mit zwei Nachkommastellen gespeichert werden, der Steuersatz hingegen als Zahl mit drei Nachkommastellen (man denke an Frankreich mit zur Zeit 19,6 % Mehrwertsteuer).

Gönnen wir den Kunden unseres Unternehmens auch noch eine eigene Tabelle. Hier werden zunächst nur einfache Informationen wie Name und Anschrift gespeichert. Wir weichen an dieser Stelle nur von unserer Definition des Felds `anrede` ab, so wie wir es für die Tabelle `mitarbeiter` beschrieben haben, da wir bei unseren Kunden mit der Anrede gegebenenfalls auch so etwas wie »Herr Prof. Dr.« abspeichern möchten.

Information	Typ des Werts
ID	eindeutiger Schlüssel, Kundennummer
Anrede	Zeichenkette, max. 50 Zeichen
Vorname	Zeichenkette, max. 100 Zeichen
Nachname	Zeichenkette, max. 100 Zeichen
Straße	Zeichenkette, max. 100 Zeichen
PLZ	Zeichenkette, max. 10 Zeichen
Ort	Zeichenkette, max. 100 Zeichen
Telefon	Zeichenkette, max. 100 Zeichen
E-Mail	Zeichenkette, max. 200 Zeichen

Tabelle 3.4 Struktur für die Tabelle »kunden«

Kunden können Bestellungen aufgeben, deshalb werden wir diese in einer dafür bestimmten Tabelle speichern. Für den ersten Entwurf genügt es, wenn wir uns zu einer Bestellung die Kundennummer, das Bestell-, Liefer- und Rechnungsdatum merken. Daraus ergibt sich folgende Möglichkeit einer Struktur:

Information	Typ des Werts
ID	eindeutiger Schlüssel, Bestellnummer
Kunden-Nr.	Verweis auf eine ID in der Tabelle kunden
Bestelldatum	Zeitstempel
Lieferdatum	Zeitstempel
Rechnungsdatum	Zeitstempel

Tabelle 3.5 Struktur für die Tabelle »bestellungen«

Im Feld für die Kundennummer müssen wir später sicherstellen, dass hier nur Werte gespeichert werden können, die auch als ID in der Tabelle kunden vorhanden sind. Außerdem müssen wir noch festlegen, was mit einem Eintrag in der Tabelle bestellungen passieren soll, wenn ein dazu korrespondierender Eintrag in der Tabelle kunden gelöscht wird. Hier werden Sie eine weitere Begegnung mit dem Regelwerk der Datenbank haben.

Für das Bestell-, Liefer- und Rechnungsdatum, das wir uns in dieser Tabelle merken möchten, wollen wir einen sogenannten Zeitstempel (engl. timestamp) verwenden, das heißt, wir können mit einer vollständigen Zeitangabe wie etwa »2009-12-24 14:00:00« arbeiten.

Nun reicht es natürlich nicht aus, sich einfach nur zu merken, dass ein bestimmter Kunde eine Bestellung aufgegeben hat, sondern wir wollen natürlich auch wissen, was dieser Kunde im Einzelnen bestellt hat.

Da sich eine Bestellung aus mehreren Positionen zusammensetzen kann, wollen wir hier eine weitere und zunächst letzte Tabelle anlegen. Sie soll die Bestellungen mit den Produkten verknüpfen. In dieser Tabelle benötigen wir eigentlich erst mal nur drei Informationen: die ID der Bestellung, die ID des bestellten Produkts und die Menge, die von diesem Produkt bestellt wurde.

Information	Typ des Werts
Bestell-Nr.	Verweis auf eine ID in der Tabelle bestellungen
Produkt-Nr.	Verweis auf eine ID in der Tabelle produkte
Menge	Ganzzahl, Vorgabewert 1

Tabelle 3.6 Struktur für die Tabelle »bestellungen_produkte«

Es fällt auf, dass diese Tabelle keine ID-Spalte wie die vorherigen Tabellen hat. Wir gehen mal davon aus, dass kein Produkt in einer Bestellung doppelt auftaucht, sondern bei Mehrfachbestellungen eines Produkts einfach die Menge erhöht wird. Deshalb ist die Nummer der Bestellung in Kombination mit der ID des Produkts eine Möglichkeit, den Datensatz eindeutig zu identifizieren. Wir werden hier später einen verketteten Primärschlüssel einsetzen.

Damit haben wir für unsere Beispieldatenbank zunächst sechs Tabellen zur Verfügung, um zumindest das Basissystem zu implementieren. Später werden wir dieses Modell dann noch an die erweiterten Anforderungen anpassen.

Im grafischen Modell sieht die zusätzliche Struktur der vier neuen Tabellen dann so aus:

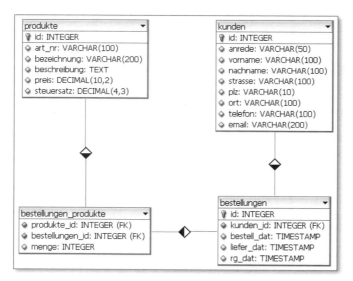

Abbildung 3.2 Produkte, Kunden und Bestellungen im fertigen Modell

Auch hier zeigen sich wieder die Beziehungen zwischen den einzelnen Tabellen. So kann ein Kunde beliebig viele Bestellungen tätigen (1:n-Beziehung).

Das kennen wir schon aus der Beziehung zwischen den Tabellen mitarbeiter und abteilungen. Aber wir finden hier auch etwas Neues: eine sogenannte *n:m-Beziehung*: Das bedeutet, eine Bestellung kann nicht nur ein, sondern beliebig viele Produkte enthalten, ebenso wie ein Produkt nicht nur in einer, sondern in ebenfalls beliebig vielen Bestellungen vorkommen kann.

Den »Kitt« zwischen den Tabellen `bestellungen` und `produkte` liefert uns die Tabelle `bestellungen_produkte`.

Den soeben angekündigten verketteten Primärschlüssel können Sie jetzt auch gut erkennen. Nehmen wir einmal an, wir hätten (unter anderem) Produkte mit den IDs 10, 20 und 30. Des Weiteren haben wir Bestellungen mit den IDs 1, 2, und 3 vorliegen.

In Bestellung 1 wurden die Produkte mit den IDs 10 und 20 jeweils einmal bestellt. In Bestellung 2 wurden die Produkte mit den IDs 20 und 30 jeweils zweimal bestellt. Schließlich wurden in Bestellung 3 einmal das Produkt mit der ID 10, zweimal das Produkt mit der ID 20 und dreimal das Produkt mit der ID 30 bestellt. Dann sieht der Inhalt der Tabelle `bestellungen_produkte` wie folgt aus:

produkte_id	bestellungen_id	menge
10	1	1
20	1	1
20	2	2
30	2	2
10	3	1
20	3	2
30	3	3

Tabelle 3.7 Daten der Tabelle »bestellungen_produkte«

Wie Sie sehen ist die Kombination von `produkte_id` und `bestellungen_id` eindeutig und genügt uns somit in der Kombination als primärer Schlüssel.

3.2 Theorie und Praxis: Was ist SQL?

3.2.1 SQL – Structured Query Language

Wir haben ja schon im vorigen Kapitel mit der PostgreSQL gesprochen. Wie war das gleich? `INSERT`, `SELECT`, `CREATE DATABASE` ...

Sobald wir als Mensch mit der Maschine »reden« wollen, muss eine Sprache her, die uns das ermöglicht. So gibt es in der Softwareentwicklung Sprachen der ersten (Assembler), zweiten (Cobol) und mittlerweile dritten Generation (Java, PHP, Ruby), die nichts anderes tun, als es dem Anwender so einfach wie möglich zu machen, mit der Maschine zu kommunizieren. *SQL* (*Structured Query Language*) ermöglicht das Gleiche, wobei SQL an sich keine Programmiersprache im klassischen Sinn ist – wie der Name ja auch sagt.

Wir müssen also die Syntax erlernen und letztlich verstanden haben. Danach sollte es uns möglich sein, Operationen auszuführen, wie etwa eine Datenbank zu erstellen oder Tabellen zu erstellen, Daten in die Datenbank einzufügen und Daten wieder aus der Datenbank auszulesen.

Wer das Inhaltsverzeichnis bereits überflogen hat, wird festgestellt haben, dass wir in Abschnitt 3.4, »Die Umsetzung«, eine Einführung in die SQL-Syntax geben. Im weiteren Verlauf des Buchs werden wir Ihnen dann reichlich Gelegenheit geben, Ihre Kenntnisse weiter zu vertiefen.

3.2.2   Wie fing es an?

Im Zeitalter von Wikis und der »Wikisierung« all unseren Wissens ist es kein Problem, reichlich Informationen über SQL zu erhalten. Für uns soll hier ein kleiner Rückblick auf die Entstehungsgeschichte ausreichend sein.

Eine Firma namens IBM hat SQL für ihre Forschungen an relationalen Datenbanksystemen bereits Mitte der 70er-Jahre entwickelt. Daran maßgeblich beteiligt war der Computerwissenschaftler Edgar F. Codd. Er gilt als der Erfinder des relationalen Datenbanksystems. Bei seiner Forschung hat er für die Abfrage der Datenbank den Vorläufer von SQL namens *SEQUEL* (*Structured English Query Language*) genutzt. Entwickelt wurde die Sprache von zwei IBM-Mitarbeitern namens Donald D. Chamberlin und Raymond F. Boyce.

Fast gleichzeitig hat auch Oracle (damals Relational Software) ein *DBMS* (*Datenbank-Managementsystem*) mit SQL als Sprache entwickelt und als Produkt vertrieben.

1986 war es dann so weit, und es wurde der erste Standard durch das *ANSI* (*American National Standards Institute*) verabschiedet: SQL-86 (auch SQL 1) war geboren. 1989 wurde der Standard dann aktualisiert und hat – wie nicht schwer zu erraten – den Namen SQL-89 verpasst bekommen.

In den Jahren 1992 und 1999 gab es wiederum Aktualisierungen des Standards. PostgreSQL unterstützt diese beiden Standards: SQL-92 (auch SQL 2) und SQL-99 (auch SQL 3).

Mittlerweile gibt es auch die Standards SQL-2003 und SQL-2006. Seit 1987 hat die *ISO (Internationale Organisation für Normung)* die gleichnamigen Standards aufgenommen.

Im Folgenden lesen Sie einen kleinen Überblick, welche Datenbank welche SQL-Standards unterstützt:

Datenbank	Version	SQL Standard
PostgreSQL	8.4	fast vollständig SQL-2003
MySQL	5.x	teilweise SQL-99, teilweise SQL-2003, teilweise proprietär
Oracle	10g	SQL-2003, teilweise proprietär
Ingres	2006 Release 3	SQL-92 / SQL-99
Firebird	2.1.1	SQL-92 / SQL-99, teilweise SQL-2003
IBM DB2	9.1	weitestgehend SQL-2003, teilweise proprietär
Sybase	11	teilweise SQL-2003
Informix	11.50	teilweise SQL-2003

Tabelle 3.8 Welche DB unterstützt welche Standards?

3.2.3 Der SQL-Sprachkern

SQL ist in drei Bereiche unterteilt, die jeweils unterschiedliche Datenbank-operationen abdecken. Diese Bereiche werden im Folgenden kurz vorgestellt.

Data Definition Language – DDL

Zu diesem Bereich gehören die Befehle CREATE, ALTER und DROP. Daraus ergibt sich fast von selbst die Funktion der DDL: Objekte erstellen, verändern oder löschen – das alles geschieht mit der DDL. Dazu gehört auch das Erstellen der Datenbank selbst oder das Anlegen von Tabellen oder Views. Genauso gehören Operationen zum Verändern oder Löschen dieser Elemente dazu.

Data Manipulation Language – DML

Wie der Name schon sagt, geht es in diesem Bereich um das Verändern von Datenbankinhalten. Dabei kommen die Befehle SELECT, INSERT, UPDATE und DELETE zur Anwendung. Im Gegensatz zum endgültigen Befehl DROP sollten diese Befehle immer in eine Transaktion gekapselt werden. Was eine Transaktion ist und wie diese angewandt wird, erfahren Sie in Abschnitt 4.5, »Transaktionen: Ein paar Worte zum Thema Sicherheit«. Vorab wollen wir ein kurzes Beispiel hierzu geben, da das Thema sehr wichtig ist – wenn Ihnen Ihre Daten lieb sind.

Eine Transaktion wird eingesetzt, um die Konsistenz der Datenbank aufrechtzu erhalten. Nehmen wir die bereits vorgestellten Tabellen kunden und bestellungen. Jeder Kunde kann viele Bestellungen tätigen. Dies ist eine, wie oben schon erwähnte, *1:n-Verbindung*. Konsistent sind unsere Tabellen nur, wenn es zu jeder Bestellung in der Tabelle bestellungen mindestens einen Kunden in der Tabelle kunden gibt. Um die Tabellen mit Daten zu füllen, verwenden Sie die zwei folgenden INSERT-Statements:

```
INSERT INTO bestellungen (id,kunden_id) VALUES (1,24);
INSERT INTO kunden (id,vorname,nachname) VALUES
(24,'Andy','Wenk');
```

Was passiert nun, wenn das erste Statement aus irgendeinem Grund schief geht? Richtig, wir haben Leichen in der Tabelle bestellungen, weil es zur Bestellung mit der ID 1 keinen Kunden in der Tabelle kunden gibt.

Aus diesen (in größeren Applikationen fatalen) Gründen werden solche INSERT-Statements in eine Transaktion gekapselt. Nur wenn beide INSERT-Befehle erfolgreich durchgeführt werden konnten, werden Daten in die Datenbank geschrieben. In SQL sieht das dann so aus:

```
BEGIN TRANSACTION;
INSERT INTO bestellungen (id,kunden_id) VALUES (1,24);
INSERT INTO kunden (id,vorname,nachname) VALUES
(24,'Andy','Wenk');
COMMIT TRANSACTION;
```

Wir sagen der PostgreSQL mit dem einleitenden BEGIN dass wir einen Transaktionsblock starten wollen. Mit COMMIT weisen wir die Datenbank an, den Transaktionsblock zu beenden. Alles, was zwischen BEGIN und COMMIT steht, wird also in einer Transaktion durchgeführt. Die Transaktion ist nur erfolgreich, wenn beide Statements erfolgreich ausgeführt werden konnten. Schlägt ein Statement fehl, führt die PostgreSQL einen ROLLBACK durch. Dadurch werden alle Änderungen an der Datenbank rückgängig gemacht, und unsere Datenbank bleibt in einem konsistenten Zustand. Sehr gut!

Data Control Language (DCL)

Jede PostgreSQL-Datenbank hat Benutzer (zumindest einen). Mit den Befehlen GRANT und DENY ist es uns möglich, Regeln festzulegen, welcher Benutzer Zugriff auf bestimmte Ressourcen der Datenbank (zum Beispiel auf eine Tabelle oder ein View) hat, oder welche Operationen der Benutzer ausführen darf. Damit ist uns etwa möglich, dem Benutzer *pfeiffer* nur die Befehle SELECT, INSERT und UPDATE in der Datenbank *db_von_andy* zu erlauben. Der Benutzer *wenk* hat dagegen auch das Recht, die Operation DELETE auszuführen und kann somit einfach alle Daten, die der Benutzer *pfeiffer* eingefügt hat, wieder löschen. (oh oh – das gibt Ärger ...).

Diese drei Bereiche umfassen alle möglichen Operationen, die wir in unserer Datenbank vornehmen können. Das hier Beschriebene ist natürlich nur der theoretische Ansatz. Den tieferen Einblick erhalten Sie im Abschnitt 3.4, »Die Umsetzung«. Bevor es damit losgeht, stellen wir Ihnen im nächsten Abschnitt das Modell unserer Beispielanwendung vor. In dem Zusammenhang erfahren Sie auch, was Entitiy-Relationship bedeutet und was eine relationale beziehungsweise objekt-relationale Datenbank ist.

3.3 Relationale Datenbanken und das Entity-Relationship-Modell

Jetzt wird es kurz ein wenig wissenschaftlich. Sicherlich ist Ihnen *Relationale Datenbank* ein Begriff, und Sie haben schon vom Entity-Relationship-Datenbankmodell gehört. Wir beschreiben hier kurz, was das jeweils ist. Wenn Sie das Thema vertiefen wollen, empfehlen wir Ihnen das Buch »Datenbanken. Grundlagen und Design« von Frank Geisler (Mitp, 2006, ISBN: 9783826616891). Auch Wikipedia enthält gute Artikel zu den Themen *Relationale Datenbank* und *Entity-Relationship-Modell*.

3.3.1 Relationale Datenbanken

PostgreSQL ist eine relationale Datenbank, genau genommen ein *ORDBMS (Object Relational Database Management System)*.

Der Begriff der relationalen Datenbank geht, wie oben bereits angemerkt, auf den Computerwissenschaftler Edgar F. Codd zurück. Er hat bei IBM die Grundlagen für das RDBMS geschaffen und eine erste Sprache zur Abfrage der Datenbank namens *SEQUEL (Structured English Query Language)* entwickelt. Aus SEQUEL ging später *SQL (Structured Query Language)* hervor.

Eine relationale Datenbank zeichnet sich durch verschiedene Merkmale aus, die wir im Folgenden kurz darstellen.

Merkmal: Relationen

Zuerst einmal werden die Daten in Relationen, also Tabellen, gespeichert. In diesem Zusammenhang stellt eine Entity (Entität) bzw. ein Entity Set (Entitäten-Gruppe) ein Objekt beziehungsweise eine Menge aus gleichartigen Objekten dar. Im Datenbankmodell werden Entitäten gleichen Typs in einer Tabelle abgebildet. Weiterhin hat jede Entität gewisse Eigenschaften – sie werden als Attribute bezeichnet.

Wie werden nun die einzelnen Objekte beziehungsweise Entitäten in der Tabelle dargestellt? Aufgrund der Struktur einer Tabelle mit Zeilen und Spalten ist es relativ leicht nachzuvollziehen, dass Entitäten als Zeilen und die Attribute als Spalten abgebildet werden. Sie werden das im weiteren Verlauf anhand eines Beispiels nochmal weiter verdeutlicht sehen.

> ### Was ist ein Tupel?
>
> Eine Zeile einer Tabelle wird als Tupel bezeichnet. Ein Tupel wiederum besteht aus einzelnen Attributen, den Spalten. Jedes Tupel, also jede Zeile einer Tabelle, stellt dabei einen Datensatz dar.
>
> Der Begriff *Tupel* wird hauptsächlich im englischen Sprachgebiet genutzt und stammt aus der Mathematik aus dem Bereich der Mengenlehre. Wenn Sie die PostgreSQL-Mailingliste verfolgen (was wir Ihnen empfehlen), werden Sie diesen Begriff sehr häufig lesen.

Merkmal: Beziehungen

Ein weiteres Merkmal einer relationalen Datenbank ist die Tatsache, dass die einzelnen Tabellen in Beziehung zueinander stehen (können). Diese Beziehungen können unterschiedlichster Art sein, zum Beispiel 1:1, 1:n oder n:m. Diese Beziehungen werden über Schlüssel in den einzelnen Tabellen hergestellt. Wichtig ist dabei, dass jeder Schlüssel innerhalb einer Tabelle eindeutig ist, also nur einmal vorkommen darf. Das ist der sogenannte PRIMARY KEY (Primärschlüssel). Der Schlüssel der Tabelle, zu der eine Beziehung hergestellt wird, heißt FOREIGN KEY (Fremdschlüssel). Der Fremdschlüssel muss nicht zwingend eindeutig sein.

In diesem Zusammenhang wollen wir den Begriff referentielle Integrität erläutern. Referentielle Integrität liegt vor, wenn der Fremdschlüssel entweder NULL oder ein Primärschlüssel der Mastertabelle ist. Das hat zur Folge, dass Datensätze der Mastertabelle nicht gelöscht werden sollten, denn sonst gäbe es in der Detailtabelle Datensätze, zu denen es in der Mastertabelle keine Entsprechung mehr gibt. In der PostgreSQL umgehen Sie dies, indem Sie mit FOREIGN KEY CONSTRAINTS und zum Beispiel mit der sogenannten Löschfortpflanzung arbeiten. Je nach Einstellung wird das Löschen verboten, oder die Datensätze in der Detailtabelle werden gelöscht.

Merkmal: Relationale Operatoren

Eine weitere Möglichkeit, Tabellen zu verknüpfen, ist die Nutzung von relationalen Operatoren. Einige der acht möglichen Operatoren haben Sie bestimmt schon einmal genutzt oder zumindest davon gehört:

Operator	Funktion
DIFFERENCE	Liefert beim Vergleich zweier Tabellen als Ergebnis alle Datensätze, die in der ersten, nicht aber in der zweiten Tabelle vorhanden sind.
DIVIDE	Liefert von zwei im Aufbau unterschiedlichen Tabellen mit mindestens einer Spaltenüber-einstimmung das Ergebnis der Subtraktion von Tabelle 1 minus Tabelle 2.
INTERSECT	Liefert als Ergebnis alle Datensätze, die jeweils in beiden Tabellen vorhanden sind
JOIN	INNER JOIN (kurz: JOIN): Ergebnis sind alle Datensätze zweier Tabellen, bei denen Primär- und Fremdschlüssel übereinstimmen. LEFT OUTER JOIN (kurz: LEFT JOIN): Ergebnis wie beim JOIN, aber auch alle Datensätze, die in der linken Tabelle vorhanden sind, wenn es in der rechten keine Entsprechung gibt. RIGHT OUTER JOIN (kurz: RIGHT JOIN): Gegenteil von LEFT OUTER JOIN
PRODUCT	Kartesisches Produkt zweier Tabellen
PROJECT	Teil einer Tabelle
SELECT	Ergebnis aufgrund einer Einschränkung oder alle Datensätze wie SELECT * FROM TABELLE
UNION	Fügt die Zeilen einer zweiten Tabelle an das Ende einer ersten Tabelle

Tabelle 3.9 Relationale Operatoren

Merkmal: Indizes

Das wichtigste Merkmal einer relationalen Datenbank ist der Indix. Indizes stellen (wie der Begriff schon sagt) einen Index einer Tabelle dar. Mit dessen Hilfe (ähnlich wie in einem Buch) kann das RDBMS schneller auf die einzelnen Datensätze zugreifen. Beim Setzen eines Index' auf eine Spalte einer Tabelle erstellt das RDBMS intern eine einfache Key-Value-Beziehung. Dabei ist der Key die Zeilennummer und der Value der Inhalt der Spalte. Somit muss das RDBMS bei einer Anfrage nicht jede einzelne Spalte nach einer Bedingung durchsuchen, sondern nutzt den Index und ist somit wesentlich schneller beim Liefern der Ergebnismenge – zumindest wenn alles so läuft, wie es laufen soll.

Wir haben Ihnen in diesem Abschnitt die wichtigsten Merkmale von relationalen Datenbanken erläutert. Abschließend sei noch erwähnt, dass es neben dem relationalen Datenbankmodell auch andere Ansätze für Datenbanken gibt. Einer dieser Ansätze ist zum Beispiel die auf Dokumenten basierte Datenbank *CouchDB* (*http://www.couchdb.org/*). Dieses Apache-Projekt eignet sich für verschiedene Anwendungen, unter anderem für Blogs oder Wikis, bei denen hauptsächlich einzelne Dokumente mit verschiedenen Eigenschaften gespeichert werden (`id`, `title`, `content` und `tags`). Außerdem ist CouchDB eine hervorragende Datenbank für die effiziente Speicherung von großen Datenmengen im GByte- und TByte- Bereich, die von einer sehr großen Anzahl parallel zugreifender Clients ausgelesen werden.

3.3.2 Das Entity-Relationship-Modell (ER-Modell)

Ein ER-Modell beschreibt das Design einer Datenbank. Dabei werden grundlegend die Entitäten ihre Attribute und die Beziehungen der Entitäten zueinander beschrieben.

Jede Entität hat wiederum Attribute unterschiedlicher Art (einfache, single-value, multi-value, abgeleitete). Halten wir also fest, dass eine Entität eine Tabellenzeile und ein Attribut eine Tabellenspalte im Datenbankmodell darstellt.

Wir haben bereits gesehen, dass die Tabellen in einer Beziehung zueinander stehen. Dies kann beispielsweise eine 1:1-, 1:n- oder n:m-Beziehung sein. Im ER-Modell werden diese Beziehungen grafisch durch Linien dargestellt. Die Linien und deren Art beziehungsweise Zusätze sind also eine weitere visuelle Darstellung für die Beziehung der im Modell befindlichen Tabellen untereinander.

In der ER-Datenbankmodellierung gibt es verschiedene Möglichkeiten, das Modell grafisch darzustellen. Eines davon ist das Chen-Diagramm. Hierbei werden Entitäten als Kästchen, Beziehungen als Rauten und Attribute als Ellipsen dargestellt.

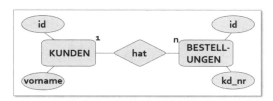

Abbildung 3.3 Ein Chen-Diagramm

Das hier gezeigte Beispiel ist ziemlich einfach. Die einzelnen Attribute werden durch unterschiedliche Arten von Linien dargestellt. So werden multi-value-Attribute (das Attribut kann mehrere Werte annehmen) durch eine Doppellinie repräsentiert. Genauso gibt es unterschiedliche Darstellungsformen für m:n-Beziehungen (Raute in Kasten) oder Primärschlüssel. Das Chen-Diagramm zeichnet sich durch eine sehr detaillierte Darstellungsform aus.

Unserem Geschmack sagt allerdings das Crow's-Foot-Diagramm mehr zu. Viele grafische Tools zur Erstellung eines Datenbankmodells nutzen diese Variante:

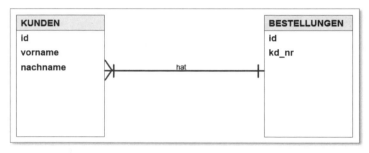

Abbildung 3.4 Crow's-Foot-Diagramm

Wie Sie in Abbildung 3.4 sehen, erinnert die Darstellung des Datenbankmodells sehr an einzelne Tabellen. Im Crow's-Foot-Diagramm werden alle Tabellen als Kästen dargestellt. In der Kopfzeile steht der Tabellenname und in den Zeilen darunter die einzelnen Tabellenzeilen. Hierbei spielt die Richtung des Pfeils eine entscheidende Rolle. Im obigen Bild weist der Pfeil von der Tabelle kunde in Richtung bestellungen. Dies stellt grafisch aufgrund der Richtung des Pfeils eine 1:n-Beziehung dar (*kunde 1 bestellungen n*).

Es gibt auch für das Crow's-Foot-Diagramm noch weitere Darstellungsarten für Primärschlüssel und n:m-Beziehungen. Allerdings wollen wir hier nicht weiter darauf eingehen. Ein gewisser Nachteil dieser Variante für die Darstellung des ER-Modells ist die geringer detaillierte Ausführung im Gegensatz zum Chen-Diagramm.

Wenn man es ganz genau nimmt und an die Modellierung eher wissenschaftlich herangeht, würde man zuerst ein Chen-Diagramm für die konzeptionelle Beschreibung des Modells verwenden und für die Implementierungsphase dann zum Crow's-Foot-Diagramm übergehen. Es steht Ihnen natürlich frei, das zu tun – Sie sollten abwägen, ob das für Ihre Datenbank notwendig ist, oder ob es ausreicht, das Modell mit einem Crow's-Foot-Diagramm zu beschreiben. Bevor Sie loslegen, ist es in jedem Fall ratsam, überhaupt irgendein Modell anzufertigen.

3.4 Die Umsetzung

Nachdem wir jetzt einiges an theoretischer Vorarbeit geleistet haben können wir uns nun der Praxis zuwenden. Wir werden in der PostgreSQL eine neue Datenbank und die in Abschnitt 3.1, »Herausforderung und Modell: Unsere kleine Firma« skizzierten Tabellen anlegen.

3.4.1 Erstellen und Löschen einer Datenbank [CREATE DATABASE, DROP DATABASE]

PostgreSQL ist wie jedes ordentliche Datenbanksystem in der Lage, beliebig viele Datenbanken zu verwalten. In der Regel werden Sie pro Projekt und/oder pro Benznutzergruppe eine Datenbank erzeugen. Wie Sie die Struktur innerhalb Ihres Datenbankservers aufbauen, ist letztlich Geschmacksache.

Der Einfachheit halber gehen wir in diesem Abschnitt erst einmal davon aus, dass Sie alle Aktionen als administrativer Benutzer ausführen.

Zwei Tools zum Zugriff auf die Datenbank haben wir Ihnen bereits in Kapitel 2, »Werkzeuge«, vorgestellt. *psql* als Command-Line-Interface und *pgAdmin III* als grafische Oberfläche – suchen Sie sich aus, welches Ihnen besser gefällt. Wir zeigen Ihnen hier die ersten Schritte mit Hilfe der grafischen Oberfläche pgAdmin III.

Starten Sie pgAdmin III, und markieren Sie im Objektbrowser auf der linken Seite den Eintrag DATENBANKEN. Sie sehen, dass dort bereits die Systemdatenbank von PostgreSQL mit dem Namen *postgres* angelegt wurde.

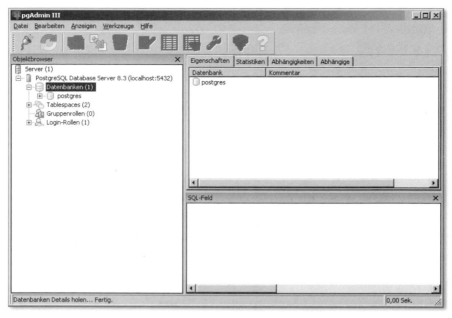

Abbildung 3.5 pgAdmin III nach dem ersten Start

Wählen Sie dann entweder aus dem Kontextmenü den Punkt Neue
Datenbank oder aus dem Hauptmenü Bearbeiten • Neues Objekt • Neue
Datenbank aus.

Abbildung 3.6 Anlegen einer neuen Datenbank

Geben Sie den gewünschten Namen der Datenbank ein, und klicken Sie auf OK, um die neue Datenbank zu erstellen. Die erweiterten Einstellungen wie Eigentümer, Codierung und Vorlage interessieren uns hier jetzt noch nicht, wir werden diese in einem späteren Abschnitt erläutern.

Falls Sie eine Datenbank wieder löschen möchten, markieren Sie diese im Objektbrowser und wählen dann entweder aus dem Kontextmenü LÖSCHE/DROPPEN, oder klicken Sie auf das Mülleimer-Symbol in der oberen Menüleiste. Wenn Sie die folgende Sicherheitsabfrage mit JA bestätigen (Achtung: Diese gibt's bei *psql* nicht!), wird die Datenbank wieder gelöscht.

Backups nicht vergessen

Eine Anmerkung am Rande, auch wenn es eigentlich selbstverständlich ist: Das Löschen einer Datenbank löscht natürlich auch alle Inhalte, hat somit also ziemlich endgültigen Charakter. Sie sollten sich Ihrer Sache also sicher sein, und/oder über ein vernünftiges Backup verfügen, wenn Sie so etwas mit einer produktiven Datenbank tun. Andernfalls sind die Autoren froh, nicht in Ihrer Haut zu stecken, wenn Sie diesen Umstand Ihrem Chef erklären.

Im Folgenden werden wir bei den weiteren Beispielen die Verwendung von pgAdmin III voraussetzen. Den weiteren Aufbau der Struktur und der Abfragen werden wir dann größtenteils mit Hilfe des darin enthaltenen SQL-Editors erklären.

Was kann schief gehen?

Allzu viele Fehler können beim Anlegen einer Datenbank nicht passieren. Möglich wäre, dass Sie bei der Verwendung des Shell-Befehls `createdb` eine Meldung sehen wie:

```
createdb: command not found
```

In diesem Fall ist PostgreSQL möglicherweise nicht ordnungsgemäß installiert worden. Versuchen Sie herauszufinden, ob und wo sich `createdb` auf Ihrem Rechner befindet, und rufen Sie es testweise mit dem kompletten Pfad auf:

```
/usr/bin/createdb meine_datenbank
```

Weitaus häufiger als dies dürfte jedoch die folgende Fehlermeldung sein:

```
ERROR:  CREATE DATABASE: permission denied
createdb: database creation failed
```

In diesem Fall haben Sie sich mit einem Benutzeraccount am System angemeldet, dem es nicht erlaubt ist, Datenbanken zu erstellen. Melden Sie sich entweder als administrativer Benutzer an, oder weisen Sie dem Benutzer die entsprechenden Rechte zu.

3.4.2 Tabellen erstellen [CREATE TABLE, DROP TABLE]

Wenden wir uns jetzt der Erstellung der Tabellen zu. Als Erstes wollen wir die Mitarbeiter unseres Unternehmens abspeichern können. Da diese in der Regel einer Abteilung zugeordnet sind, wollen wir in diesem ersten Schritt zunächst zwei Tabellen aus unserem Entwurf erzeugen (siehe Abschnitt 3.1, »Herausforderung und Modell: Unsere kleine Firma«): eine für die Abteilungen und eine für die Mitarbeiter.

Fangen wir also mit der doch recht übersichtlichen Tabelle für unsere Abteilungen innerhalb des Unternehmens an.

Die Information, die wir dort hinterlegen möchten, beschränkt sich zunächst auf die Bezeichnung der Abteilung sowie die unternehmensinterne Abteilungsnummer. Für Datenbanktabellen hat sich ein datenbankinterner Schlüssel, der nichts mit irgendwelchen Vergaberichtlinien im Unternehmen zu tun hat, als hilfreich erwiesen. Deshalb wollen wir eine sogenannte Sequenz in die Tabellendefinition mit aufnehmen.

Genug der Vorrede. Starten Sie den SQL-Editor in pgAdmin III, und geben Sie das Statement wie folgt ein:

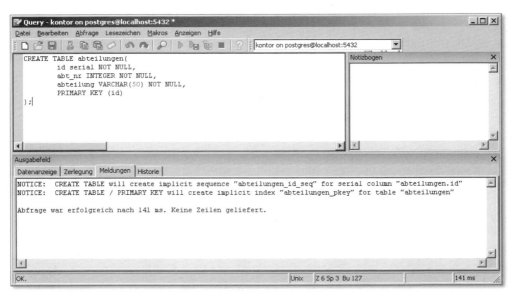

Abbildung 3.7 Die Tabelle abteilungen wird erstellt.

Ist alles glattgegangen, sollten die Meldungen im Ausgabefeld in etwa wie in der Abbildung 3.7 (unten) aussehen.

Betrachten wir die Anweisung einmal im Einzelnen:

```
CREATE TABLE abteilungen(
    id SERIAL,
    abt_nr INTEGER NOT NULL,
    abteilung VARCHAR(50) NOT NULL,
    PRIMARY KEY (id)
);
```

Sie weisen das Datenbanksystem an, eine Tabelle mit der Bezeichnung abteilungen anzulegen. In dieser Tabelle soll es drei Spalten geben:

▶ Das Feld id vom Typ SERIAL. Dies ist eigentlich kein eigener Datentyp, sondern hiermit wird implizit eine sogenannte *Sequenz* erzeugt. Es handelt sich hierbei um einen Integer-Wert, der automatisch mit jedem neu eingefügten Datensatz um eins erhöht wird. Wer sich mit MySQL auskennt, findet hier im Prinzip das Pendant zu dem Typ auto_increment.

▶ Das Feld abt_nr ist vom Typ integer. Hier soll die betriebsinterne Nummer der Abteilung gespeichert werden. Erlaubt sind nur ganzzahlige Werte.

▶ Das Feld abteilung schließlich nimmt die eigentliche Bezeichnung unserer Abteilung auf. Der Typ varchar ermöglicht es, beliebige aber begrenzte Zeichenketten abzuspeichern. In diesem Fall haben wir durch die Angabe varchar(50) festgelegt, dass keine Zeichenketten abgespeichert werden, die mehr als 50 Zeichen enthalten.

Des Weiteren haben wir durch die Angabe PRIMARY KEY (id) festgelegt, dass es einen Primärschlüssel geben soll, und zwar auf dem Feld id.

Was haben wir noch getan? Ach ja, hinter allen Felddefinitionen steht außerdem NOT NULL. Hierdurch wird nur angezeigt, dass das Datenbanksystem sich weigern würde leere Eingaben für diese Felder abzuspeichern.

Aber Achtung

Es gibt einen Unterschied zwischen NULL-Werten und leeren Zeichenketten!

Wir wollen hiermit also sicherstellen, dass vollständige Angaben für die Felder abt_nr und abteilung vorhanden sind, für id ist das ja aufgrund der Definition als serial ja bereits gewährleistet.

Versuchen wir uns jetzt an der etwas größeren Tabelle zum Abspeichern der Mitarbeiterdaten. Eigentlich keine große Sache: Wir möchten die persönlichen Daten wie Name, Telefon, Anschrift und so weiter ablegen können.

Außerdem möchten wir ein Feld für Bemerkungen haben und wissen, in welcher Abteilung der Bursche arbeitet. Das soll für's Erste genügen, weitere Felder werden wir der Tabelle in Kapitel 4, »Praxis 2«, spendieren.

Hier sehen Sie das SQL-Statement, das die Tabelle mitarbeiter erzeugt:

```
CREATE TABLE mitarbeiter(
    id SERIAL,
    abteilungen_id INTEGER DEFAULT NULL,
    anrede CHAR(4) CHECK(anrede IN('herr', 'frau')),
    vorname VARCHAR(100),
    nachname VARCHAR(100) NOT NULL,
    email VARCHAR(150),
    position VARCHAR(150),
    telefon VARCHAR(100),
    mobil VARCHAR(100),
    strasse VARCHAR(100),
    plz VARCHAR(10),
    ort VARCHAR(100),
    bemerkungen TEXT,
    gehalt DECIMAL(10,2),
    gebdat DATE,
    PRIMARY KEY(id)
);
```

Das meiste kennen Sie schon, aber ein paar neue Dinge fallen ins Auge:

▶ die merkwürdige Erweiterung hinter dem Feld anrede

▶ der Datentyp CHAR für das Feld anrede und der Datentyp TEXT für das Feld bemerkungen

▶ die beiden neuen Datentypen für die Spalten gehalt und gebdat

Die Zeile anrede CHAR(4) CHECK(anrede IN('herr', 'frau')) formuliert einen sogenannten CHECK Constraint und besagt nichts anderes, als dass in der Spalte anrede Zeichenketten mit einer Länge von exakt vier Zeichen abgespeichert werden. Außerdem sind nur die Eingaben »herr« oder »frau« zulässig.

Würden Sie hier also versuchen, »Hr.« oder »Herr Dr.« abzuspeichern, verweigerte das Datenbanksystem die Speicherung.

Dem Herrn Prof. Dr. Möchtegern sei gesagt: Wir werden seine Titel später an anderer Stelle speichern, hier geht es uns in erster Linie um die Unterscheidung zwischen Männlein und Weiblein. Wer sich im vorherigen Leben mit MySQL beschäftigt hat, findet hier am ehesten das Äquivalent zu den MySQL-Datentypen ENUM und SET, die allerdings nicht zum SQL-Standard gehören.

Fallstricke

PostgreSQL ist case sensitive, das heißt, es wird zwischen Groß- und Kleinschreibung unterschieden. Für die obige Tabellendefinition würde dies also bedeuten, dass die Anweisung

```
INSERT INTO mitarbeiter (anrede, nachname)
VALUES ('Herr', 'Schütt');
```

einen Fehler auslöst, während die Anweisung

```
INSERT INTO mitarbeiter (anrede, nachname)
VALUES ('herr', 'Schütt');
```

hingegen gültig ist, da wir dem CHECK Constraint ja gesagt haben, dass »herr« und nicht »Herr« ein möglicher gültiger Wert ist.

Die zwei neuen Datentypen TEXT und CHAR, die hier auftauchen, wollen wir noch kurz erklären und damit dem Ausflug in die Datentypen etwas vorgreifen:

Für die Speicherung von Zeichenketten kennt die PostgreSQL die Typen CHAR(n), VARCHAR(n) und TEXT.

CHAR ist dabei ein Alias für CHARACTER(n) und VARCHAR(n) ein Alias für CHARACTER VARYING(n).

Typ	Zeichenkette
VARCHAR(n)	Zeichenketten variabler Länge mit Höchstgrenze n
CHAR(n)	Zeichenketten fester Länge mit fester Länge n
TEXT	Zeichenketten variabler Länge ohne Höchstgrenze

Tabelle 3.10 Datentypen für Zeichenketten

Der Unterschied zwischen VARCHAR und CHAR ist folgender: Nehmen wir an, Sie hätten ein Feld feld1 definiert, das vom Typ VARCHAR(10) ist, und ein weiteres Feld `feld2` vom Typ `CHAR(10)`. In beiden Feldern speichern Sie jetzt den Wert »Hallo« ab.

Im `feld1` würde nun das Wörtchen `'Hallo'` abgespeichert, in `feld2` hingegen `'Hallo     '`. Das bedeutet also, wenn ein kürzerer als der maximal erlaubte Wert abgespeichert werden soll, wird beim Datentyp `VARCHAR` einfach der kürzere abgespeichert, beim Typ `CHAR` hingegen wird der Wert mit Leerzeichen aufgefüllt.

Für die Speicherung von Zeichenketten ohne bestimmte Obergrenze eignet sich hingegen der Typ `TEXT`, den wir im obigen Beispiel für das Feld `bemerkungen` eingesetzt haben.

Leistungsunterschiede zwischen diesen drei Typen gibt es, abgesehen von den unterschiedlichen Speicheranforderungen, nicht.

Jetzt sind wir Ihnen der Vollständigkeit halber noch die `create`-Statements der letzten drei Tabellen schuldig. Erstellen wir also zunächst die Tabelle produkte:

```
CREATE TABLE produkte (
    id SERIAL,
    art_nr VARCHAR(100),
    bezeichnung VARCHAR(200) NOT NULL,
    beschreibung TEXT,
    preis DECIMAL(10,2) DEFAULT '0.00',
    steuersatz DECIMAL(4,3) DEFAULT '0.190',
    PRIMARY KEY(id)
);
```

In dieser Tabelle haben wir dann auch gleich sogenannte Defaultwerte gesetzt. Wird beim Einfügen eines neuen Datensatzes kein Wert für die Spalte `preis` übergeben, wird dieser initial auf den Wert »0.00« gesetzt. Der Steuersatz hingegen wird hier initial auf den Wert »0.190« (also 19 %) gesetzt, sofern er beim Einfügen eines Datensatzes nicht mit übergeben wird.

Dann folgt die Tabelle für unsere Kunden:

```
CREATE TABLE kunden (
    id SERIAL,
    anrede VARCHAR(50),
    vorname VARCHAR(100),
```

```
    nachname VARCHAR(100) NOT NULL,
    strasse VARCHAR(100),
    plz VARCHAR(10),
    ort VARCHAR(100),
    telefon VARCHAR(100),
    email VARCHAR(200),
    PRIMARY KEY(id)
);
```

... und die Tabelle für die Bestellungen unserer Kunden:

```
CREATE TABLE bestellungen (
    id SERIAL,
    kunden_id INTEGER NOT NULL,
    bestell_dat TIMESTAMP DEFAULT CURRENT_TIMESTAMP,
    liefer_dat TIMESTAMP DEFAULT NULL,
    rg_dat TIMESTAMP DEFAULT NULL,
    PRIMARY KEY(id)
);
```

In dieser Tabelle haben wir wie Sie sehen bereits Spalten für die verschiedenen Daten eines Bestellvorgangs vorgesehen. Die Spalten liefer_dat und rg_dat sind dabei per Default erst mal NULL und werden erst bei einer späteren Aktualisierung der Bestellinformationen gesetzt. Anders bei der Spalte bestell_dat Diese bekommt den Defaultwert CURRENT_TIMESTAMP, das heißt, wenn ein neuer Datensatz angelegt wird, erhält dieses Feld automatisch einen Eintrag mit dem aktuellen Zeitstempel (basierend auf der Systemzeit des Datenbankservers).

Die Spalte kunden_id, die später die Tabellen kunden und produkte miteinander verknüpfen soll, haben wir ebenfalls bereits vorgesehen. Die tatsächliche Verknüpfung der beiden Tabellen werden wir aber erst in Kapitel 4, »Praxis 2«, vornehmen, wenn wir uns mit den Fremdschlüsseln (foreign keys) befassen.

Als vorerst letzte Tabelle erstellen wir bestellungen_produkte für die einzelnen Positionen einer Bestellung:

```
CREATE TABLE bestellungen_produkte (
    produkte_id INTEGER NOT NULL,
    bestellungen_id INTEGER NOT NULL,
    menge INTEGER DEFAULT 1,
```

```
    PRIMARY KEY(produkte_id, bestellungen_id)
);
```

Hier sehen Sie, dass wir den Primärschlüssel der Tabelle aus den Werten der Spalten `produkte_id` und `bestellungen_id` zusammensetzen. Die Kombination dieser beiden Spalten sollte, wie in Abschnitt 3.1, »Herausforderung und Modell: Unsere kleine Firma«, festgestellt, eindeutig sein und deshalb dieser Anforderung an einen Primärschlüssel genügen.

Hier sehen Sie noch einmal eine Übersicht über unser bis hierhin entworfenes Modell:

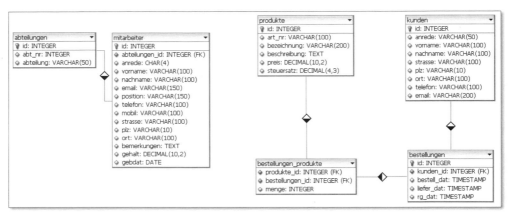

Abbildung 3.8 Das Modell unserer Beispieldatenbank »kontor«

Mit Leben füllen - Daten einfügen INSERT

Nachdem wir jetzt schon mal eine winzig kleine Tabellenstruktur erzeugt haben, wollen wir jetzt auch ein paar Datensätze speichern.

Sie können dies natürlich direkt in *pgAdmin III* tun, indem Sie im Objektbrowser die entsprechende Tabelle markieren und dann aus dem Menü Werkzeuge • Daten anzeigen • Alle Zeile anzeigen wählen. Alternativ klicken Sie einfach auf die entsprechende Schaltfläche.

In dieser Ansicht können Sie schnell mal ein paar Daten eingeben, verändern oder auch löschen – ein nützliches Feature für eine schnelle Überprüfung von Constraints (wie etwa die Spalte `anrede` in der Tabelle `mitarbeiter`, die wir im vorherigen Abschnitt erzeugt haben).

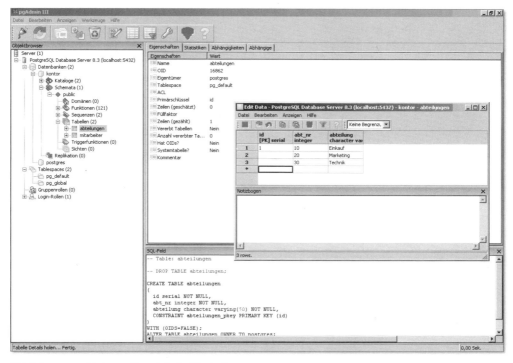

Abbildung 3.9 Daten mit pgAdmin III einfügen

Aber hier wollen wir Ihnen natürlich zeigen, wie Sie manipulierende Operationen direkt per SQL-Statement durchführen. Fangen wir also an:

Den INSERT-Befehl verwenden Sie, um eine neue Zeile in eine bestehende Tabelle einzufügen. Wir erzeugen hierfür zunächst noch eine weitere einfache Beispieltabelle, in der wir ein paar Produkte hinterlegen:

```
CREATE TABLE artikel (
    art_nr INTEGER NOT NULL,
    bezeichnung VARCHAR (300) NOT NULL,
    preis DECIMAL(10,2) DEFAULT '0.00',
    PRIMARY KEY(art_nr)
);
```

Tipp

Beachten Sie, dass wir in dieser Tabelle den Wert des Primärschlüssels selbst vergeben und nicht wie in den vorher erstellten Tabellen durch das Datenbanksystem mit Hilfe des Typs SERIAL vergeben lassen.

Jetzt können wir mit folgendem SQL-Befehl Daten (eine neue Zeile) in die Tabelle einfügen:

```
INSERT INTO artikel VALUES (1, 'Bagger', 19.99);
```

Und das hier funktioniert auch:

```
INSERT INTO artikel VALUES (2, 'Kran');
```

Aber das ist *wirklich, wirklich schlechter Stil*! Zwar ist diese Schreibweise schön kurz, aber sie hat eindeutig den Nachteil, dass Sie die Reihenfolge der Spalten innerhalb der Tabelle kennen müssen. Tun Sie sich einen Gefallen, und zählen Sie die Spalten, in die Sie etwas einfügen möchten, einfach auf.

```
INSERT INTO artikel (art_nr, bezeichnung, preis)
VALUES (1, 'Bagger', 19.99);
```

Damit müssen Sie sich dann auch nicht mehr an die Reihenfolge der Spalten in der Tabelle halten, und dieses Statement hier funktioniert dann genauso:

```
INSERT INTO artikel (preis, bezeichnung, art_nr)
VALUES (19.99, 'Bagger', 1);
```

Bei der Tabellendefinition unserer Beispieldatenbank kontor hätten Sie sowieso die zweite (vollständige) Schreibweise benutzen müssen, da diese in der ersten Spalte den Wert der Sequenz erhalten sollen, und diesen wollen wir ja nicht per Hand einfügen, sondern zur Sicherstellung seiner Eindeutigkeit automatisch erzeugen.

Hier würde die »Kurzschreibweise« eines Statements, zum Beispiel

```
INSERT INTO abteilungen VALUES (33, 'Verkauf');
```

eine Fehlermeldung wie diese produzieren:

```
ERROR: invalid input syntax for integer: "Verkauf"
********** Fehler **********
ERROR: invalid input syntax for integer: "Verkauf"
SQL Status:22P02
```

Das Datenbanksystem würde versuchen, den Wert 33 in die Spalte id einzufügen, was noch klappen könnte, da es sich hier ja um den geforderten Integer-Wert handelt. Als Nächstes versucht es dann jedoch, den Wert Verkauf der Spalte abt_nr zuzuweisen, und da ist dann Schluss.

Die Spalte `abt_nr` nimmt Werte vom Typ *Integer* auf, wir versuchen aber gerade einen Wert vom Typ *character* einzufügen, was die obige Fehlermeldung produziert.

Um also auf korrekte Weise ein paar neue Datensätze in die Tabelle `mitarbeiter` einzufügen, könnten wir folgende Statements verwenden:

```
INSERT INTO mitarbeiter (vorname, nachname) VALUES ('Bobo', 'Bär');
INSERT INTO mitarbeiter (vorname, nachname) VALUES ('Hermine',
'Kuh');
INSERT INTO mitarbeiter (vorname, nachname) VALUES ('Pedro',
'Panther');
INSERT INTO mitarbeiter (vorname, nachname) VALUES ('Harry',
'Hund');
```

Hier sehen Sie einen weiteren Vorteil der vollständigen Schreibweise: Sie müssen nur die Spalten benennen, in die Sie auch tatsächlich Werte eintragen möchten, alle anderen werden mit ihren Vorgabewerten belegt. Im obigen Beispiel wurde die Spalte `id` automatisch von der Sequenz mit einem neuen Wert versehen. Einzig der Spalte `nachname` mussten wir einen Wert übergeben, diese durfte ja per Definition nicht leer sein.

3.4.3 Nichts ist von Bestand – Daten aktualisieren [UPDATE]

Um bereits in der Tabelle vorhandene Daten zu verändern, verwenden wir den `UPDATE`-Befehl. Mit ihm ist es möglich, eine oder mehrere Datensätze zu aktualisieren. Wenn Sie also bei nur einem Mitarbeiter zum Beispiel die E-Mail-Adresse verändern möchten, können Sie dies mit folgendem SQL-Befehl tun:

```
UPDATE mitarbeiter SET email = 'harry.hund@kontor.com' WHERE id = 4;
```

Wir benutzen hier die einschränkende Bedingung `WHERE id = 4`, um die Änderungen nur an einer einzigen Zeile unserer Tabelle vorzunehmen. Mehr zum Gebrauch von `WHERE` erfahren Sie in Abschnitt 3.4.6 »Bitte nicht alles – Nur bestimmte Daten abfragen [WHERE]«.

Es muss aber nicht bei der Aktualisierung einer Spalte (wie hier im Beispiel der Spalte `email`) bleiben, sondern es ist selbstverständlich möglich, gleich mehrere Spalten auf einmal zu aktualisieren. Mit dem folgenden Statement würden Sie dann gleich drei Spalten in der Tabelle `mitarbeiter` auf den neuesten Stand bringen:

```
UPDATE mitarbeiter SET
    email = 'harry.hund@kontor.com',
    telefon = '441777',
    abteilungen_id = 3
    WHERE id = 4;
```

Sie können also beliebig viele Spalten in einem Rutsch aktualisieren, indem Sie die zu ändernden Spalten und Werte einfach per Komma voneinander trennen.

Die beiden obigen Statements zeigen, wie Sie genau eine Zeile einer Tabelle verändern, indem Sie sich genau auf die Zeile mit einer eindeutigen ID beziehen (WHERE id = 4). Diese ID war ja in unserer Tabelle per Definition ein Primärschlüssel und somit eindeutig. Genauso wie wir aber mehrere Spalten auf einmal aktualisieren können, können wir auch mehrere Zeilen in einem Rutsch auf den neusten Stand bringen. Dies tun wir durch Veränderung der WHERE-Bedingung. Im Folgenden sehen Sie ein paar Beispiele:

```
UPDATE mitarbeiter SET gehalt = 3000.00
WHERE abteilungen_id = 3;
```

Mit dieser Anweisung lassen Sie allen Mitarbeitern der Abteilung mit der ID 3 ein Gehalt von 3.000,00 Euro zukommen.

```
UPDATE mitarbeiter SET gehalt = 3000.00
WHERE abteilungen_id = 3 AND gehalt <= 3000.00;
```

Das Statement gilt ebenfalls für alle Mitarbeiter der Abteilung mit der ID 3, außer denen, die bereits 3.000,00 Euro und mehr verdienen.

```
UPDATE mitarbeiter SET gehalt = gehalt * 1.2
WHERE abteilungen_id = 3 AND gehalt <= 3000.00;
```

Oder nicht ganz so pauschal: Hier erhöhen Sie das Gehalt derer, die weniger als 3.000,00 Euro verdienen, um 20 % – ein feiner Zug von Ihnen.

Sie sehen, dass es möglich ist, sich bei Aktualisierungen auf die alten Werte der Datensätze zu beziehen.

```
UPDATE mitarbeiter SET gehalt = gehalt - 500.00;
```

Tja und mit diesem Statement hier machen Sie sich keine Freunde, da Sie *allen* Mitarbeitern das Gehalt um 500,00 Euro gekürzt haben. Fehlt also die einschränkende Bedingung, so werden die Aktualisierungen für alle Datensätze einer Tabelle durchgeführt. Das kann zwar durchaus gewünscht sein, ist im Zweifelsfall aber mit Vorsicht zu genießen.

Komma oder Punkt?

In diesem Zusammenhang haben Sie auch gesehen, dass die Nachkommastellen einer Zahl durch einen Punkt getrennt werden. Abweichend von der bei uns üblichen Schreibweise »2,99« verwendet die Datenbank das Format »2.99«. So löst dieses Statement hier also einen Fehler aus:

```
UPDATE artikel SET preis = 2,99;
```

Während dieses hier jedoch korrekt ist:

```
UPDATE artikel SET preis = 2.99;
```

Das Komma wird in der Regel nur benutzt, um Elemente einer Liste voneinander zu trennen.

3.4.4   Weg damit – Daten löschen [DELETE]

Zum Löschen von Zeilen aus einer Tabelle verwenden Sie den DELETE-Befehl. Um genau eine Zeile zu löschen, die Sie eindeutig identifizieren können (zum Beispiel über den Primärschlüssel), verwenden Sie ein Statement dieser Art:

```
DELETE FROM artikel WHERE art_nr = 3;
```

Sie können aber auch Datensätze löschen, die eine Bedingung erfüllen, wie zum Beispiel:

```
DELETE FROM artikel WHERE preis > 2.00;
```

Wie viele Datensätze dann am Ende gelöscht werden, hängt davon ab, wie viele die genannte Bedingung erfüllen.

Bleibt uns nur noch, den Klassiker zu erwähnen: Löschen ohne einschränkende Bedingung:

```
DELETE FROM artikel;
```

Hier werden *alle* Datensätze der Tabelle gelöscht, was entweder beabsichtigt sein kann oder einen in das Büro des Administrators traben lässt, um nach einem Backup zu fragen. Also Vorsicht, denn eine Nachfrage wie »Wollen Sie wirklich löschen?« findet hier nicht statt.

3.4.5 Her mit den Daten! – Einfache Abfragen [SELECT]

Nun haben wir bislang einfache Tabellen erzeugt und diese mit ein paar Testdaten gefüllt, aber jetzt wollen wir diese Daten auch wieder ausgeben. Dafür müssen wir eine sogenannte Abfrage (engl. query) an die Datenbank senden. Dies tun wir mit Hilfe des SELECT-Statements.

Um also einfach mal alle Einträge aus der Tabelle mitarbeiter anzuzeigen, formulieren wir folgendes Statement:

```
SELECT * FROM mitarbeiter;
```

Dies liefert alle Zeilen und alle Spalten der Tabelle mitarbeiter in unsortierter Reihenfolge zurück. Das Sternchen * steht hier einfach als Platzhalter und bedeutet »alle Spalten«.

Möchten Sie hingegen nur bestimmte Spalten ausgeben, und das ist gerade bei komplexen Tabellen durchaus sinnvoll, benennen Sie die gewünschten Spalten einfach:

```
SELECT id, vorname, nachname, gehalt FROM mitarbeiter;
```

Damit erhalten Sie eine Gehaltsliste Ihrer Mitarbeiter. Sie können aber auch Berechnungen in Ihren SELECT-Statements durchführen. Wenn Sie also die Gehaltsliste mal mit einer weiteren Spalte ausgeben möchten, die Ihnen anzeigt, wie sich denn eine 15-prozentige Gehaltserhöhung auf die Einzelgehälter auswirken würde, formulieren Sie einfach so etwas:

```
SELECT id, vorname, nachname, gehalt, gehalt * 1.15
FROM mitarbeiter;
```

Achten Sie dabei mal auf die Spaltenüberschriften Ihres SQL-Clients. In pgAdmin könnte das etwa aussehen wie in Abbildung 3.10.

Dabei wird als Überschrift über der letzten Spalte sowas wie »?column?« stehen. Das ist etwas unhandlich für die weitere Verarbeitung dieses Abfrageergebnisses zum Beispiel in einem Programmcode. Um dieses Handicap zu beseitigen, steht Ihnen die Möglichkeit zur Verfügung, den Spaltennamen explizit festzulegen. Praktisch umgesetzt ergibt sich daraus dann folgendes Statement:

```
SELECT id, vorname, nachname, gehalt,
gehalt * 1.15 AS gehalt_neu
FROM mitarbeiter;
```

Damit dürfte die erzeugte Ausgabe dann so aussehen wie in Abbildung 3.11

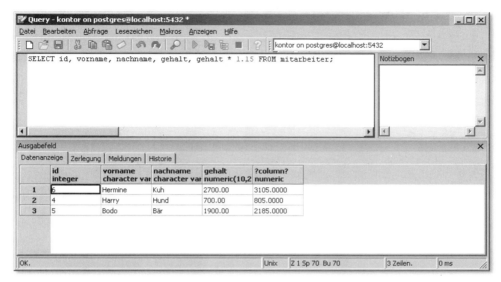

Abbildung 3.10 SELECT mit Berechnung ohne Angabe des Spaltennamens

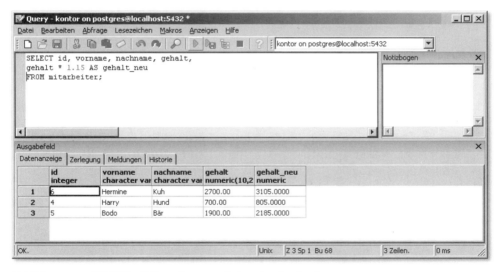

Abbildung 3.11 SELECT mit Berechnung mit Angabe des Spaltennamens

Bleibt noch die Frage, wie man die Ausgabe der Spalte gehalt_neu wieder in ein hübsches Format bekommt, ohne diese seltsamen vier Nachkommastellen. Da vertrösten wir Sie jetzt einfach auf Kapitel 4, »Praxis 2«, in dem wir dem Thema *Ausgabeformatierungen* einen ganzen Abschnitt widmen.

3.4.6   Bitte nicht alles – Nur bestimmte Daten abfragen [WHERE]

Oftmals möchten Sie nicht alle Zeilen einer Tabelle zurückgeliefert bekommen, sondern nur die Datensätze, die bestimmte Kriterien erfüllen. Sie können sich zum Beispiel nur einen einzigen Datensatz eines Mitarbeiters ausgeben lassen, indem Sie eine Bedingung auf den (hoffentlich vorhandenen) Primärschlüssel formulieren:

```
SELECT vorname, nachname, email FROM mitarbeiter
WHERE id = 5;
```

Vielleicht möchten Sie aber auch eine Liste der Mitarbeiter sehen, die in der Abteilung »Einkauf« arbeiten, von der wir mal annehmen, dass sie die ID 3 hat. Dann hilft Ihnen dieses Statement weiter:

```
SELECT vorname, nachname, email FROM mitarbeiter
WHERE abteilungen_id = 3;
```

Ausgabefeld			
Datenanzeige	Zerlegung	Meldungen	Historie

	vorname character varying(100)	nachname character varying(100)	email character varying(150)
1	Harald	Schmidt	hs@kontor.de
2	Kurt	Schmidt	ks@kontor.de
3	Ulf	Jannsen	uj@kontor.de
4	Bernhard	Gross	bg@kontor.de
5	Jochen	Breitmeier	jb@kontor.de
6	Wolfgang	Thiele	wt@kontor.de

Abbildung 3.12 Alle Mitarbeiter der Abteilung 3

Und wenn Sie die Mitarbeiter benötigen, die entweder im Einkauf (ID 1) oder im Marketing (ID 3) arbeiten, dann können Sie das wie folgt formulieren:

```
SELECT vorname, nachname, email FROM mitarbeiter
WHERE abteilungen_id = 1 OR abteilungen_id = 3;
```

Ausgabefeld			
Datenanzeige	Zerlegung	Meldungen	Historie

	vorname character varying(100)	nachname character varying(100)	email character varying(150)
1	Harald	Schmidt	hs@kontor.de
2	Kurt	Schmidt	ks@kontor.de
3	Carla	Kolumna	ck@kontor.de
4	Ulf	Jannsen	uj@kontor.de
5	Bernhard	Gross	bg@kontor.de
6	Manuela	Thomsen	mt@kontor.de
7	Harry	Brandt	hb@kontor.de
8	Jochen	Breitmeier	jb@kontor.de
9	Michael	Haase	mh@kontor.de
10	Wolfgang	Thiele	wt@kontor.de

Abbildung 3.13 Alle Mitarbeiter der Abteilungen 1 oder 3

Dieses Statement bringt uns nun aber auch zu der Frage: »Woher weiß ich, in welcher Abteilung die Person arbeitet?« Natürlich könnten wir das Statement dahingehend erweitern, dass die ID der Abteilung mit ausgegeben wird:

```
SELECT abteilungen_id, vorname, nachname, email FROM
mitarbeiter
WHERE abteilungen_id = 1 OR abteilungen_id = 3;
```

	abteilungen_id integer	vorname character varying(100)	nachname character varying(100)	email character varying(150)
1	3	Harald	Schmidt	hs@kontor.de
2	3	Kurt	Schmidt	ks@kontor.de
3	1	Carla	Kolumna	ck@kontor.de
4	3	Ulf	Jannsen	uj@kontor.de
5	3	Bernhard	Gross	bg@kontor.de
6	1	Manuela	Thomsen	mt@kontor.de
7	1	Harry	Brandt	hb@kontor.de
8	3	Jochen	Breitmeier	jb@kontor.de
9	1	Michael	Haase	mh@kontor.de
10	3	Wolfgang	Thiele	wt@kontor.de

Abbildung 3.14 Ausgabe mit ID der Abteilung

Aber wie meine Großmutter immer gesagt hat: »Schön ist was anderes«, denn dabei müsste man die Bedeutung der jeweiligen ID kennen, also dass die 3 für Einkauf und die 2 für Marketing steht. (Oder war's umgekehrt? Sehen Sie, da geht's schon los.)

Besser wäre, mit der Liste auch die Bezeichnung der Abteilung mit auszugeben. Nun haben wir zwar die ID der Abteilung abgespeichert, aber der Abteilungsname steht in der Tabelle abteilungen, und an den müssen wir jetzt rankommen.

Anders als bei den manipulierenden Operationen INSERT, UPDATE und DELETE, bei denen Sie immer nur mit einer Tabelle zur Zeit arbeiten können, bietet Ihnen ein SELECT-Statement auch die Möglichkeit, gleich mehrere Tabellen abfragen zu können. Dies ist kein großes Hexenwerk, allerdings müssen Sie dabei auf Ihre WHERE-Bedingung achten.

Machen wir es zunächst einmal falsch, und schauen wir dann, was passiert. Wir erweitern also unser Statement von vorhin, indem wir einfach die Spalte abteilung dem SELECT-Abschnitt und die Tabelle abteilungen dem FROM-Abschnitt hinzufügen:

```
SELECT abteilungen_id, vorname, nachname, email, abteilung
FROM mitarbeiter, abteilungen
WHERE abteilungen_id = 1 OR abteilungen_id = 3;
```

Das Ergebnis ist aber mit Sicherheit nicht das gewünschte. Sie haben gerade eben das kartesische Produkt aus den beiden Ergebnismengen gebildet, das heißt, Sie haben jeden Datensatz aus der Tabelle `mitarbeiter`, auf den unsere Bedingung zutraf, mit jedem Datensatz aus der Tabelle `abteilungen` verknüpft. Hatten Sie also zum Beispiel vier Mitarbeiter, auf welche die Bedingung (`abteilungen_id = 3 OR abteilungen_id = 2`) zutraf, und insgesamt drei Abteilungen, so haben Sie jetzt 3 x 4 Ergebnisse.

Ok, was tun? Wir müssen einfach unsere WHERE-Bedingung noch etwas aufbohren. Diese sollte dann so aussehen:

```
SELECT a.abteilungen_id, a.vorname, a.nachname,
a.email, b.abteilung
FROM mitarbeiter a, abteilungen b WHERE
(a.abteilungen_id = 3 OR a.abteilungen_id = 2)
AND a.abteilungen_id = b.id;
```

Wow! Da hat sich gleich Einiges getan. Zusätzlich haben wir der WHERE-Bedingung also mitgeteilt, dass wir nur die Zeilen aus der Tabelle `abteilungen` haben möchten, bei der die ID der Abteilung gleich dem Wert in der Spalte `abteilungen_id` der Tabelle `mitarbeiter` ist (`a.abteilungen_id = b.id`).

	abteilungen_id integer	vorname character varying(100)	nachname character varying(100)	email character varying(150)	abteilung character varying(50)
1	3	Harald	Schmidt	hs@kontor.de	Marketing & Sales
2	3	Kurt	Schmidt	ks@kontor.de	Marketing & Sales
3	2	Kurt	Schmidt	kurt.schmidt@kontor.de	Verkauf
4	2	Sebastian	Fehr	sf@kontor.de	Verkauf
5	3	Ulf	Jannsen	uj@kontor.de	Marketing & Sales
6	2	Sabine	Grünhagen	sg@kontor.de	Verkauf
7	3	Bernhard	Gross	bg@kontor.de	Marketing & Sales
8	2	Lars	Sobotnik	ls@kontor.de	Verkauf
9	3	Jochen	Breitmeier	jb@kontor.de	Marketing & Sales
10	2	Kirtsen	Burkhardt	kb@kontor.de	Verkauf
11	3	Wolfgang	Thiele	wt@kontor.de	Marketing & Sales

Abbildung 3.15 Mitarbeiter aus den Abteilungen »Verkauf« und »Marketing & Sales«

Wozu brauchen wir aber jetzt dieses ganze a und b? Beide Tabellen besitzen eine Spalte namens id. Würden wir jetzt also einfach nur sagen ...AND `abteilungen_id = id`, wüsste das Datenbanksystem nicht, ob wir die Spalte `mitarbeiter.id` oder `abteilungen.id` (übrigens auch eine mögliche Schreibweise) meinen.

Deshalb geben wir den Tabellen im `FROM`-Abschnitt einen sogenannten Alias. Die Tabelle `mitarbeiter` bekommt den Alias `a`, die Tabelle `abteilungen` den Alias `b`. Stellen wir jetzt noch allen Spaltennamen jeweils das entsprechende `a` oder `b` voran, sind alle Unklarheiten beseitigt.

Nur ein nicht ganz unwichtiges Detail bleibt noch: die Klammern, die da um eine unserer Bedingungen auftauchen. Das liegt daran, dass eine UND-Bedingung stärker bindet als eine ODER-Bedingung. Hätten wir also geschrieben

```
… a.abteilungen_id = 3 OR a.abteilungen_id = 2
AND a.abteilungen_id = b.id
```

hätte das Datenbanksystem erst `a.abteilungen_id = 2 AND a.abteilungen_id = b.id` ausgewertet und das Ergebnis danach erst mit `a.abteilungen_id = 3` verknüpft.

Das langt für's erste, mehr über komplexe Abfragen lesen Sie in Kapitel 4, »Praxis 2«.

3.4.7   Das Muster macht's [LIKE]

Nun haben Sie also gesehen, wie Sie eine Teilmenge von Zeilen einer Tabelle anzeigen, sofern Sie nur genau wissen, welche Kriterien die gewünschten Datensätze erfüllen müssen. Was aber, wenn Sie zum Beispiel nur alle Mitarbeiter anzeigen möchten, deren Nachname mit dem Buchstaben »H« beginnt? Nun, dann könnten Sie folgendes Statement formulieren:

```
SELECT id, vorname, nachname FROM mitarbeiter
WHERE nachname LIKE 'H%';
```

Nach dem Schlüsselwort `LIKE` geben Sie in Hochkommata den Teil der Zeichenkette an, nach der Sie suchen. Das Prozentzeichen (%) steht hierbei als Platzhalter für beliebige Zeichen. Möchten Sie also dagegen eine Abfrage starten, die Ihnen alle Datensätze liefert, in denen der Buchstabe »h« vorkommt, würden Sie also das Statement wie folgt abändern:

```
SELECT id, vorname, nachname FROM mitarbeiter
WHERE nachname LIKE '%h%';
```

Das Prozentzeichen steht hier also für beliebige Zeichen, auch 0 Zeichen! Aber wenn auch keine Zeichen ein wahres Ergebnis liefern, warum enthält dann unsere Ergebnismenge nicht die Datensätze, die mit einem »H« beginnen? PostgreSQL ist wie erwähnt case sensitive, unterscheidet also zwischen Groß- und Kleinschreibung der Zeichenketten.« Möchten Sie alle Datensätze, die im Feld nachname den Buchstaben »h« enthalten, *unabhängig von Groß- oder Kleinschreibung* in der Ergebnismenge sehen, teilen Sie dies dem Datenbanksystem einfach mit:

```
SELECT id, vorname, nachname FROM mitarbeiter
WHERE lower(nachname) LIKE '%h%';
```

oder

```
SELECT id, vorname, nachname FROM mitarbeiter
WHERE upper(nachname) LIKE '%H%';
```

Sie konvertieren also zunächst alle Zeichen in der Spalte nachname in Klein- oder Großbuchstaben mit Hilfe der Funktion lower beziehungsweise upper, um sie anschließend mit einem entsprechenden Zeichenkettenmuster zu vergleichen. Alternativ können Sie auch die Funktion ILIKE benutzen, die »case-insensitive« funktioniert, also Groß- und Kleinschreibung nicht berücksichtigt.

3.4.8 Seitenweise [LIMIT und OFFSET]

In den ersten Beispielen enthalten unsere Tabellen noch vergleichsweise wenig Datensätze. In einer realen Situation werden Sie es aber oft mit sehr umfangreichen Tabellen zu tun bekommen, die nicht nur viele Spalten, sondern vielleicht auch mehrere Tausend oder noch mehr Zeilen enthalten. Machen Sie hier jetzt ein SELECT ohne jede weitere Einschränkung, wird's doch gegebenenfalls etwas schwierig, sich zurechtzufinden in so einem umfangreichen Ergebnis. Wenn Sie Pech haben, zerlegt's auch den Speicher Ihrer Client-Anwendung, wenn Sie versuchen, mehrere Tausend Datensätze auf einmal darzustellen. In der Regel möchte man in solchen Fällen also eine Blätterfunktion haben beziehungsweise vielleicht auch einfach nur die ersten zehn Datensätze der Ergebnismenge angezeigen. Hier hilft Ihnen die Erweiterung Ihrer Statements mit den Schlüsselwörtern LIMIT und OFFSET.

Um einfach nur die ersten zehn Zeilen der Tabelle mitarbeiter abzufragen, formulieren Sie:

```
SELECT * FROM mitarbeiter LIMIT 10;
```

Um eine Funktion zum Blättern zu implementieren, müssen Sie natürlich auch noch sagen können, ab wo in der Tabelle denn diese zehn Datensätze angezeigt werden sollen. Verwenden Sie dazu das Schlüsselwort OFFSET:

```
SELECT * FROM mitarbeiter LIMIT 10 OFFSET 20;
```

OFFSET 20 bedeutet hier nichts anderes, als dass vom Ergebnis zunächst die ersten 20 Zeilen übersprungen werden, bevor die Ausgabe der nächsten zehn (LIMIT 10) beginnt.

Die Angabe OFFSET 0 bedeutet also, dass kein Datensatz der Ergebnismenge übersprungen wird und ist somit entbehrlich (stört aber auch nicht).

In jedem Fall sollten Sie die Daten in einer sortierten Reihenfolge ausgeben, wenn Sie mit LIMIT und OFFSET arbeiten, da Sie andernfalls die Daten in einer nicht vorhersehbaren Reihenfolge erhalten und Ihnen somit das Ergebnis wenig nützt. Verwenden Sie also ORDER BY, um die Daten in eine eindeutige Ordnung zu bringen.

3.4.9   Sortiert wär's besonders schön [ORDER BY]

Wenn Sie ein SELECT-Statement formulieren und dabei nicht sagen, in welcher Reihenfolge Sie die Ergebnisse erhalten möchten, so entscheidet das Datenbanksystem (aus Gründen, die wir hier nicht vertiefen wollen) über die Reihenfolge der Ergebniszeilen. Das mag bei kleinen Ergebnissen noch vertretbar sein, in der Regel möchten wir aber die Herrschaft über die Reihenfolge der Daten haben. Um die Daten der Tabelle mitarbeiter zum Beispiel nach den Nachnamen zu sortieren, formulieren Sie:

```
SELECT id, vorname, nachname FROM mitarbeiter
ORDER BY nachname;
```

Standardmäßig wird in aufsteigender Reihenfolge sortiert. Sie können aber auch explizit eine aufsteigende Reihenfolge mit dem Schlüsselwort ASC (engl. ascending = aufsteigend) bestimmen:

```
SELECT id, vorname, nachname FROM mitarbeiter
ORDER BY nachname ASC;
```

Bevorzugen Sie eine absteigende Reihenfolge, verwenden Sie das Schlüsselwort DESC (engl. descending = absteigend):

```
SELECT id, vorname, nachname FROM mitarbeiter
ORDER BY nachname DESC;
```

Was tun Sie aber mit den vielen Schmidts in Ihrer Firma? Kein Problem, Sie können auch einfach mehrere Sortierkriterien angeben. Um also zuerst nach dem Nachnamen und anschließend nach dem Vornamen zu sortieren, verwenden Sie:

```
SELECT id, vorname, nachname FROM mitarbeiter
ORDER BY nachname ASC, vorname ASC;
```

Sie können die Angaben ASC und DESC auch mischen. So erhalten Sie mit dem folgenden Statement eine Ausgabe, die aufsteigend nach Nachnamen und Vornamen sortiert, aber absteigend nach Geburtsdatum (also die jüngsten zuerst) ist:

```
SELECT id, vorname, nachname, gebdat FROM mitarbeiter
ORDER BY nachname ASC, vorname ASC, gebdat DESC;
```

Sie können als Sortierkriterium sowohl den Ausgabenamen als auch die Nummer der Spalte angeben. Somit produzieren folgende Statements das gleiche Ergebnis:

```
SELECT id, vorname, nachname FROM mitarbeiter ORDER BY nachname;
SELECT id, vorname, nachname FROM mitarbeiter ORDER BY 3;
```

Blöd nur, wenn Sie zu einem späteren Zeitpunkt Ihr Statement verändern und vergessen, die ORDER-Bedingung ebenfalls anzupassen:

```
SELECT id, email, vorname, nachname FROM mitarbeiter ORDER BY 3;
```

Grundsätzlich ist diese Vorgehensweise also eher nicht zu empfehlen.

Sie können auch nach dem von Ihnen gesetzten Ausgabenamen der Spalte, zum Beispiel nach einer Berechnung, sortieren:

```
SELECT id, vorname, nachname, gehalt * 1.2 AS neues_gehalt FROM
mitarbeiter ORDER BY neues_gehalt DESC;
```

Hier wird ein neues, um 20 % erhöhtes Gehalt errechnet und die Ergebnismenge in absteigender Reihenfolge nach diesem neuen Gehalt sortiert.

3.5 Exkurs 1: Datenbankdesign und seine Folgen

Eine professionelle datenbankgestützte Applikation ist nur so gut, wie das ihr zugrundeliegende Datenbankmodell. Deshalb sollten Sie einen großen Teil der Entwicklungszeit auf das Design der Datenbank verwenden.

Wir erklären Ihnen in diesem Abschnitt, warum das eine gute Idee ist, und zeigen Ihnen Methoden, wie Sie dieses Ziel erreichen.

3.5.1 Am Anfang war der Zettel und der Bleistift

Was soll das denn heißen? Ganz einfach – nehmen Sie's wörtlich.

Bevor Sie das erste Datenbankdesign-Tool starten und mit dem Erstellen einer Datenbank und deren Tabellen beginnen, sollten Sie sich Gedanken machen, was Ihre Applikation können soll. Ziel wird es letztendlich sein, Beziehungen und Verbindungen aus dem realen Leben in einem Datenbankmodell abzubilden.

In diesem Buch haben wir als Beispielapplikation eine Firma gewählt. Eine Firma besteht aus Mitarbeitern, die Mitarbeiter gehören einer Abteilung an, die Firma stellt Produkte her und verkauft diese, sie hat Kunden und die Kunden bestellen Waren.

In Abschnitt 3.1, »Das Problem: Die Firma« haben Sie bereits gesehen, welche Tabellen wir erstellt haben, um dieses reale Konstrukt in der Datenbank abzubilden. Zuvor haben wir uns aber erst einmal Gedanken gemacht, wie wir die zu speichernden Daten in Tabellen strukturieren und organisieren. Und genau für diesen Schritt legen wir Ihnen nahe, einfach einen Zettel und einen Bleistift zur Hand zu nehmen und Tabellen zu malen.

Sobald Sie alle Tabellen auf dem Zettel haben, verbinden Sie die Tabellen, die zueinander in einer Beziehung stehen. Zum Beispiel gibt es eine einfache Beziehung zwischen den Kunden der Firma und deren Bestellungen:

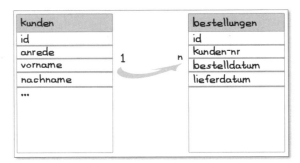

Abbildung 3.16 Ein Kunde hat viele Bestellungen getätigt.

Das ist eine klassische 1:n-Beziehung. Führen Sie diesen Schritt nun mit allen Tabellen durch. Dadurch erhalten Sie sehr schnell einen Überblick, wo es eventuell Probleme in Ihrem Datenbankdesign gibt.

Wenn Sie am Ende (nach eventuell mehreren zerknüllten Zetteln) sagen können, dass das Modell logisch aussieht und alle Beziehungen der Tabellen untereinander Sinn ergeben, haben Sie einen großen Schritt in Richtung eines guten Datenbankdesigns getan.

3.5.2 Datenbankmodellierung

Was Sie hier auf dem Zettel machen, ist im Prinzip nichts anderes als die bereits oben beschriebene *ER-Datenbankmodellierung* nach Crow's Foot (siehe Abschnitt 3.3.2, »Das Entity-Relationship-Modell«).

In unserem Beispiel gibt es zwei Entitäten: den Kunden und die Bestellungen. Diese Entitäten sind unsere beiden Tabellen kunden und bestellungen.

Die Attribute der Tabelle kunden sind id, anrede, vorname, nachname und so weiter. Die Beziehung der beiden Tabellen zueinander werden durch den Pfeil zwischen den Tabellen kunden und bestellungen dargestellt. In unserem Beispiel zeigt der Pfeil von der Tabelle kunden auf die Tabelle bestellungen. Wir haben gelernt, dass das die Darstellung einer 1:n-Beziehung ist.

Ob Sie nun das Crow's-Foot- oder das Chen-Diagramm oder beide als Gesamtmethode nutzen oder etwas ganz anderes machen, ist letztlich Ihre Entscheidung. Wichtig ist bei der ganzen Sache eines: Nutzen Sie diese Hilfsmittel, um Ihr Modell zu visualisieren, und erarbeiten Sie damit ein gutes Design für Ihre Datenbank.

Sie werden relativ schnell feststellen, dass Sie durch die Visualisierung Ihres Modells eventuelle Schwachstellen finden.

3.6 Schlüsselfrage: Keys & Constraints

Grundsätzlich haben wir Keys und Constraints bereits kennen gelernt. So haben wir zum Beispiel bei der Definition der Tabelle `mitarbeiter` bereits einen Primärschlüssel auf die Spalte `id` gelegt, indem wir in der `create`-Anweisung so etwas wie

```
...
PRIMARY KEY (id)
...
```

formuliert haben. Dieser Primärschlüssel trägt in diesem Fall nun Sorge dafür, dass ein Spaltenwert nur einmal in einer Tabelle vorkommt. Es wird also der Wert sein, über den sich ein Datensatz innerhalb einer Tabelle eindeutig identifizieren lässt. Bei der Definition der Tabelle `bestellungen_produkte` haben Sie bereits gesehen, dass man auch verkettete Primärschlüssel verwenden kann. So haben wir in diesem Fall durch die `create`-Anweisung

```
CREATE TABLE bestellungen_produkte (
    produkte_id INTEGER NOT NULL,
    bestellungen_id INTEGER NOT NULL,
    menge INTEGER DEFAULT 1,
    PRIMARY KEY(produkte_id, bestellungen_id)
);
```

zwar gesagt, dass die ID eines Produkts in der Spalte `produkte_id` öfter als einmal vorkommen darf und dass die Spalte `bestellungen_id` erlaubt, dass Werte hier öfter als einmal vorkommen können. Durch unseren verketteten Primärschlüssel zwingen wir aber die Kombination aus beiden Werten zur Eindeutigkeit.

Nehmen wir an, Sie haben Produkte mit den IDs 1, 2 und 3 und möchten Ihrer Tabelle `bestellungen_produkte` nun Werte für eine Bestellung mit der ID 2 hinzufügen. Damit könnte der Inhalt Ihrer Tabelle also wie folgt aussehen:

	produkte_id [PK] integer	bestellungen_ [PK] integer	menge integer
1	1	2	5
2	2	2	1
3	3	2	3
*			

Abbildung 3.17 Inhalt der Tabelle »bestellungen_produkte«

Wenn Sie jetzt versuchen, ein weiteres Produkt mit der ID 2 für die Bestellung mit der ID 2 zu erfassen und dabei folgendes Insert-Statement absetzen, dann sollte das Ganze etwa wie folgt aussehen:

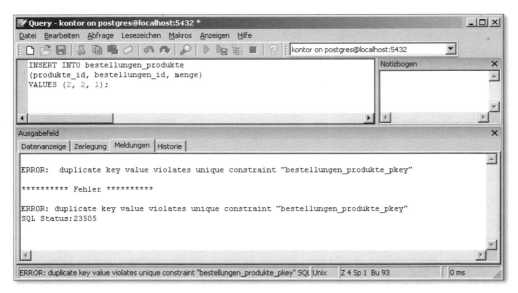

Abbildung 3.18 Doppelte Primärschlüssel werden nicht akzeptiert.

Sie sehen also, das Datenbanksystem wacht in diesem Fall über die Integrität der Daten, indem es zunächst überprüft, ob bereits ein Datensatz mit gleichem Primärschlüssel existiert. Falls ja, wird wie im obigen Fall die Einfügeoperation zu Recht fehlschlagen.

> **Achtung Stolperfalle!**
>
> Eine Anweisung wie
> ```
> INSERT INTO bestellungen_produkte
> (produkte_id, bestellungen_id, menge)
> VALUES (2, 99, 1);
> ```

Achtung Stolperfalle!

würde das Datenbanksystem in diesem Falle zulassen, obwohl keine Bestellung mit der ID 99 existiert. Es wird hier nur geprüft, ob die Forderung nach der Eindeutigkeit des Schlüssels erfüllt ist, nicht ob die angegebenen Werte auch tatsächlich in den entsprechenden Tabellen existieren. Aber keine Panik, sobald wir uns mit dem Thema *Fremdschlüssel* befassen, werden wir auch dieses Problem in den Griff bekommen.

Bei der Erstellung eines Primärschlüssels erzeugt die PostgreSQL automatisch einen Index mit UNIQUE-Constraint in Kombination mit einem NOT-NULL-Constraint. Damit sind dann die folgenden Anweisungen äquivalent:

```
CREATE TABLE abteilungen (
    id SERIAL PRIMARY KEY,
    abt_nr INTEGER NOT NULL,
    abteilung CHARACTER VARYING(50) NOT NULL
);
CREATE TABLE abteilungen (
    id SERIAL UNIQUE NOT NULL,
    abt_nr INTEGER NOT NULL,
    abteilung CHARACTER VARYING(50) NOT NULL
);
```

Constraints sind das eingebaute Regelwerk einer Datenbank. Über das Schlüsselwort UNIQUE können wir eben solch eine Prüfung auf Eindeutigkeit veranlassen. So weit, so gut – aber was ist nun ein Index in diesem Zusammenhang, der ja scheinbar zusammen mit dem Constraint erstellt wird?

Stellen Sie sich vor, Sie haben eine ungeordnete Liste mit 10.000 Artikeln, deren Artikelnummer, Bezeichnung, Preis und so weiter. Der eindeutige Schlüssel ist in diesem Beispiel die Artikelnummer. Jetzt suchen Sie den Artikel mit der Nummer 3567. Tja schwierig, denn Sie entsinnen sich die Liste ist ungeordnet! Es wird Ihnen kaum etwas anderes übrig bleiben, als Eintrag für Eintrag durchzugehen, bis Sie den Artikel mit der entsprechenden Artikelnummer gefunden haben. Im schlechtesten Fall bedeutet das also, dass Sie sich alle 10.000 Artikel Ihrer Liste ansehen müssen. Nun, viel anders ergeht es dem Datenbanksystem auch nicht. Ist kein Index definiert, muss jede Zeile einer Tabelle überprüft werden, bis der gewünschte Datensatz gefunden wurde. Anders sieht die Sache aus, wenn ein Index für eine Spalte definiert wurde. Dann wird für alle Werte in dieser Spalte ein *Inhaltsverzeichnis* (Index) geführt, sodass das Datenbanksystem nur noch diesen Index durchsuchen muss, um zu wissen, an welcher Stelle oder welchen Stellen die gewünschte Information in der Tabelle zu finden ist. Für unser Beispiel mit der schlampig organisierten Artikelliste von 10.000 Artikeln würde das bedeuten, dass Sie nur noch im Inhaltverzeichnis nachschauen, wo der Artikel mit der Artikelnummer 3567 zu finden ist, und Sie daraufhin zum Beispiel die Information erhalten, dass eben dieser Artikel auf Seite 23 in Zeile 15 Ihrer ausgesprochen fragwürdigen Liste zu finden ist – eine schöne Zeitersparnis.

Wir haben nun gesagt, dass ein Index automatisch vom Datenbanksystem bei der Definition eines Primärschlüssels erzeugt wird. Sie können aber einen solchen Index natürlich auch jederzeit selbst erzeugen. Wenn Sie also zum Beispiel in einer großen Produktdatenbank häufig nach der Bezeichnung von Produkten suchen, was ja durchaus üblich ist, können Sie einen Index erzeugen:

```
CREATE INDEX produkte_bezeichnung_idx ON produkte
(bezeichnung);
```

Den Indexnamen (hier `produkte_bezeichnung_idx`) können Sie frei wählen, allerdings ist es hilfreich, *sprechende Namen* zu vergeben, damit Sie später schneller erkennen können, wofür der Index gedacht war. Danach geben Sie dann an, auf welche Tabelle und Spalte Sie diesen Index setzen möchten.

Wollen Sie den Index wieder entfernen, verwenden Sie `DROP INDEX`, also beispielsweise:

```
DROP INDEX produkte_bezeichnung_idx;
```

Stellt sich natürlich noch die Frage, warum wir nicht gleich für alle Spalten unserer Tabellen Indizes benutzen, schließlich könnten wir damit alle Abfragen beschleunigen. Halten Sie sich auch hier Ihre Zettelliste mit 10.000 Artikeln vor Augen. Wenn Sie einen neuen Artikel einfügen möchten, genügt es jetzt nicht mehr, ihn einfach nur an das Ende der Liste zu schreiben, sondern Sie müssen natürlich auch noch Ihr Inhaltverzeichnis beziehungsweise Ihren Index aktualisieren, und das kann dann vergleichsweise zeitaufwändig sein.

Mit der Zahl der Indizes steigt eben auch der Verwaltungsaufwand im Datenbanksystem. Also halten wir fest: *Indizes sind eine prima Sache, sollten aber nicht unüberlegt verwendet werden.*

Bleiben noch die Constraints. Wie wir gesehen haben sind Contraints das Regelwerk des Datenbanksystems. In der Definition unserer Tabelle `mitarbeiter` haben wir bereits einen sogenannten `CHECK`-*Constraint* eingesetzt. Dort lassen wir für die Spalte `anrede` nur die Werte »herr« oder »frau« zu. Der Sinn dieser Regel sei mal dahingestellt; sie dient uns hier nur als Beispiel:

```
...
anrede CHAR(4) CHECK(anrede IN('herr', 'frau')),
...
```

Oftmals genügt es, durch die Wahl des richtigen Datentyps die möglichen Werte einer Spalte zu beschränken. Reicht dies nicht aus, können wir die `CHECK`-Constraints verwenden, um diesen Wertebereich weiter einzuschränken.

Unsere Tabelle `produkte` speichert unter anderem den Preis eines Produkts und dessen Steuersatz. Wir haben hierfür den Datentyp `DECIMAL` verwendet, um zu garantieren, dass hier nur gültige Dezimalzahlen gespeichert werden können. Wenn wir jetzt aber auch noch sicher stellen wollen, dass keine negativen Zahlen gespeichert werden können, kommen wir mit der bloßen Definition des Datentyps nicht zum Erfolg. Zur Zeit ist folgende Einfügeoperation möglich:

```
INSERT INTO produkte(art_nr, bezeichnung, preis)
VALUES ('123', 'Radkappe', -2.99);
```

Damit dies künftig nicht mehr zulässig ist, ändern wir die Definition unserer Tabelle `produkte` ein wenig ab:

```
DROP TABLE produkte;
CREATE TABLE produkte (
    id SERIAL,
    art_nr VARCHAR(100),
    bezeichnung VARCHAR(200) NOT NULL,
    beschreibung TEXT,
    preis DECIMAL(10,2) DEFAULT '0.00' CHECK (preis > 0),
    steuersatz DECIMAL(4,3) DEFAULT '0.190' CHECK (steuersatz >
0),
```

```
    PRIMARY KEY(id)
);
```

Damit haben wir unser Ziel erreicht und erlauben künftig für Werte in den Spalten `preis` und `steuersatz` nur positive Dezimalzahlen. Versuchen Sie jetzt, obiges `INSERT`-Statement abzusetzen, erhalten Sie eine Fehlermeldung:

```
ERROR: new row for relation "produkte" violates check constraint
"produkte_preis_check"
```

Die Anweisung `DROP TABLE` und das darauf folgende komplette Neuerstellen der Tabelle `produkte` war natürlich nicht sehr elegant. In unseren Beispielen mag das vertretbar sein, aber was wollen Sie tun, wenn Sie bereits eine Tabelle im produktiven Einsatz haben? Glücklicherweise ist es möglich, Constraints auch nachträglich hinzuzufügen und wieder zu entfernen, wenn sie nicht mehr benötigt werden.

Wir hätten die Tabelle also nicht neu erzeugen müssen, sondern hätten auch Folgendes formulieren können:

```
ALTER TABLE produkte
ADD CONSTRAINT produkte_preis_check CHECK (preis > 0);
ALTER TABLE produkte
ADD CONSTRAINT produkte_steuersatz_check CHECK (steuersatz >
0);
```

Sie ändern mit `ALTER TABLE` die Tabellendefinition und fügen mit `ADD CONSTRAINT` einen Constraint hinzu, den Sie wieder beliebig benennen dürfen. Wir empfehlen auch hier, auf *sprechende Namen* zu setzen. Danach geben Sie den Typ des gewünschten Constraints (hier `CHECK`) gefolgt von der anzuwendenden Regel an. Genauso können Sie einen Constraint auch wieder entfernen:

```
ALTER TABLE produkte DROP CONSTRAINT produkte_preis_check;
ALTER TABLE produkte DROP CONSTRAINT produkte_steuersatz_check;
```

Ein `CHECK`-Constraint muss sich nicht notwendigerweise auf nur eine Spalte beziehen. Wir fügen unserer Produkttabelle eine Spalte für einen Aktionspreis hinzu. Bei dieser möchten wir sicherstellen, dass der Aktionspreis immer kleiner oder gleich dem Normalpreis ist.

```
ALTER TABLE produkte
ADD COLUMN aktionspreis DECIMAL (10,2) DEFAULT '0.00';
```

```
ALTER TABLE produkte
ADD CONSTRAINT produkte_aktionspreis_check
CHECK (preis >= aktionspreis);
```

Damit löst das folgende Statement dann einen Fehler aus:

```
INSERT INTO produkte(art_nr, bezeichnung, preis, aktionspreis)
VALUES ('123', 'Radkappe', 2.99, 3.10);
ERROR: new row for relation "produkte" violates check constraint
"produkte_aktionspreis_check"
```

Probleme mit Bestandsdaten

Constraints müssen nicht notwendigerweise bei der Erstellung einer Tabelle definiert werden, sondern können mit Hilfe von ALTER TABLE auch einer bereits bestehenden und möglicherweise umfangreich gefüllten Tabelle hinzugefügt werden.

Das funktioniert natürlich nur dann, wenn die in den betroffenen Spalten enthaltenen Daten nicht bereits den zu erstellenden Constraint verletzen.

Versuchen Sie also, einen CHECK-Constraint mit Prüfung auf nicht-negative Werte für eine Tabelle zu definieren, die bereits negative Werte in der entsprechenden Spalte aufweist, erhalten Sie eine Fehlermeldung dieser Art:

```
ERROR: check constraint "produkte_preis_check"
is violated by some row
```

Wir reden hier die ganze Zeit von CHECK-Constraints, was die Vermutung aufkommen lässt, dass es noch weitere Arten von Constraints gibt. Diese sind aber vergleichsweise unspektakulär, und wir haben sie auch bereits eingesetzt.

Einer dieser weiteren möglichen Constraints ist der NOT-NULL-Constraint. Mit ihm formulieren wir die Bedingung, dass eine Spalte keine NULL-Werte enthalten darf. So haben wir zum Beispiel in unserer Produkttabelle diesen Constraint unter anderem für die Spalte bezeichnung eingesetzt:

```
…
bezeichnung VARCHAR(200) NOT NULL,
…
```

Aber Achtung: Es gibt einen Unterschied zwischen dem NULL-Wert und einer leeren Zeichenkette:

```
INSERT INTO produkte (art_nr, preis)
```

```
VALUES ('123', 1.99);
INSERT INTO produkte (art_nr, bezeichnung, preis)
VALUES ('123', NULL, 1.99);
INSERT INTO produkte (art_nr, bezeichnung, preis)
VALUES ('123', '', 1.99);
```

Die ersten beiden Statements verursachen wie erwartet Fehler, da sie den NOT-NULL-Constraint verletzen. *Das dritte Statement hingegen ist gültig*!

Grundsätzlich lässt sich ein NOT-NULL-Constraint auch als CHECK-Constraint formulieren:

```
...
bezeichnung VARCHAR(200) CHECK (bezeichnung IS NOT NULL),
...
```

Der ausdrückliche NOT-NULL-Constraint gilt in der PostgreSQL allerdings als effizienter.

Der letzte Constraint, mit dem wir uns hier befassen wollen, ist der UNIQUE-Constraint. Diesen setzen Sie ein, wenn Sie erzwingen möchten, dass der Wert einer Spalte eindeutig ist. Wenn wir also zum Beispiel sicherstellen wollen, dass der Wert für die Artikelnummer in der Spalte art_nr eindeutig ist, können Sie die Tabellenerstellung wie folgt vornehmen:

```
CREATE TABLE produkte (
    id SERIAL,
    art_nr VARCHAR(100) UNIQUE,
    bezeichnung VARCHAR(200) NOT NULL,
    beschreibung TEXT,
    preis DECIMAL(10,2) DEFAULT '0.00' CHECK (preis > 0),
    steuersatz DECIMAL(4,3) DEFAULT '0.190' CHECK (steuersatz >
0),
    PRIMARY KEY(id)
);
```

Sie können diesen Constraint aber wie bereits gesehen auch nachträglich setzen:

```
ALTER TABLE produkte
ADD CONSTRAINT produkte_art_nr_unique UNIQUE(art_nr);
```

Der UNIQUE-Constraint kann sich, das haben wir bereits bei der Tabelle bestellungen_produkte gesehen, auch über mehrere Spalten erstrecken.

In diesem Fall muss dann die Kombination der Werte ein eindeutiges Ergebnis liefern. Geben Sie dazu einfach mehrere Spaltennamen in der Klammer an:

```
… UNIQUE(spalte1, spalte2);
```

3.7 Exkurs 2: Sinn und Zweck von Templates

Ein hilfreicher Mechanismus in der PostgreSQL ist die Art und Weise, wie neue Datenbanken erstellt werden. Dies geschieht auf Basis sogenannter *Templates (Vorlagen)*.

Es gibt zwei System-Templates: `template0` und `template1`. Dieses sind die Vorlagedatenbanken, die genutzt werden, um neue Datenbanken per `CREATE DATABASE` zu erstellen. Wird nichts weiter angegeben, wird die Datenbank `template1` kopiert und mit dem angegebenen Datenbanknamen erstellt.

`template1` ist eine Datenbank, die Sie mit eigenen Objekten erweitern können, die dann beim Erzeugen neuer Datenbanken automatisch verfügbar sind. Wenn wir zum Beispiel dem `template1` die Sprache PL/pgSQL zugewiesen haben, werden zukünftige Datenbanken die Sprache PL/pgSQL ebenfalls enthalten:

```
createlang plpgsql template1
```

`template0` ist im Gegensatz dazu eine »jungfräuliche« Datenbank und sollte nicht verändert werden. Somit haben Sie immer die Möglichkeit, auf eine »ursprüngliche« Datenbank zurückzugreifen, müssen dies beim Erstellen einer Datenbank dann aber auch explizit angeben:

```
CREATE DATABASE ihr_datenbank_name TEMPLATE template0;
```

oder

```
createdb -T template0 ihr_datenbank_name
```

Sie können auch eigene Templates erstellen und verfahren beim Erstellen einer neuen Datenbank dann genauso wie mit `template0`. Das bedeutet letztendlich, dass Sie jede beliebige Datenbank als Template nutzen können. Achten Sie aber darauf, dass Sie diese Methode nicht als Mittel zum Kopieren von Datenbanken verwenden (zum Beispiel als

Backup-Methode). Das wird in den meisten Fällen (zumindest im laufenden Betrieb) nicht funktionieren, da ja laufend Veränderungen in der Datenbank vorgenommen werden. Diese Methode sollte – wenn überhaupt – nur genutzt werden, wenn Sie sicher sind, dass keine Benutzerverbindung zur Datenbank außer Ihrer eigenen existiert und keine Transaktionen durchgeführt werden.

Um ein Backup einer Datenbank zu erstellen, sollten Sie besser die Programme *pg_dump*, *pg_dumpall* und *pg_restore* nutzen.

3.8 Datentypen

Einige Datentypen haben Sie ja bereits bei der Erstellung unserer Beispieltabellen kennen gelernt. In diesem Abschnitt wollen wir uns die in der PostgreSQL verfügbaren Datentypen mal etwas genauer anschauen.

Je nachdem, was Sie gern speichern möchten, können wir ein paar grobe Kategorien von Datentypen unterscheiden:

- ▶ Typen, die Zahlen speichern können (Ganzzahlen, Fließkommazahlen, Geldbeträge und so weiter)
- ▶ Typen, die Texte speichern können (Zeichenketten fester Länge, Zeichenketten variabler Länge)
- ▶ Typen, die Datums- und/oder Zeitangaben speichern können
- ▶ alle anderen Datentypen die es uns erlauben tolle aber selten benötigte Dinge zu speichern (Geokoordinaten, Netzwerkadressen und so weiter)

Gehen wir's aber ruhig mal der Reihe nach durch und fangen bei den Zahlen an.

3.8.1 Ganzzahlentypen

Wahrscheinlich werden Ihnen die Typen smallint, integer und bigint beim Umgang mit Zahlen vergleichsweise häufig begegnen. Diese eignen sich für alle Zahlen, die keine Nachkommastellen haben.

Steckbrief: smallint	
Syntax	Smallint
Alias	Int2
Bereich	-32.768 bis +32.767
Speicherbedarf	2 Bytes
Beschreibung	ganze Zahl, kleines Intervall

Tabelle 3.11 Datentyp smallint

Steckbrief: integer	
Syntax	Integer
Alias	Int, int4
Bereich	-2.147.483.648 bis +2.147.483.647
Speicherbedarf	4 Bytes
Beschreibung	in der Regel die richtige Wahl für ganze Zahlen

Tabelle 3.12 Datentyp integer

Steckbrief: bigint	
Syntax	bigint
Alias	Int8
Bereich	-9.223.372.036.854.775.808 bis +9.223.372.036.854.775.807
Speicherbedarf	8 Bytes
Beschreibung	ganze Zahl, großes Intervall (Sollten Sie in Betracht ziehen, wenn Sie für die Berechnung von Haushaltsdefiziten verantwortlich sind.)

Tabelle 3.13 Datentyp bigint

3.8.2 Zahlen beliebiger Präzision

Wenn Sie Zahlen mit Nachkommastellen speichern müssen und es dabei auf Genauigkeit ankommt, sollte Ihre Wahl auf den Datentyp numeric fallen. Er eignet sich besonders für die Speicherung von Geldbeträgen.

Die Arithmetik auf numerische Werte ist jedoch im Vergleich zum Typ `real` relativ langsam.

Steckbrief: numeric	
Syntax	`numeric [(gesamtstellen, nachkommastellen)]`
Alias	`decimal[(gesamtstellen, nachkommastellen)]`
Bereich	Zahlen mit bis zu 1.000 Ziffern Präzision
Speicherbedarf	variabel
Beschreibung	Datentyp mit benutzerdefinierter Präzision, exakt

Tabelle 3.14 Datentyp numeric

Möchten Sie also zum Beispiel einen Geldbetrag mit zwei Nachkommastellen und insgesamt maximal zehn Stellen abspeichern, verwenden Sie:

```
NUMERIC (10,2)
```

Wollen Sie keine Nachkommastellen und insgesamt maximal zehn Stellen abspeichern, verwenden Sie:

```
NUMERIC (10)
```

Sind Ihnen hingegen Vor- und Nachkommastellen völlig Schurz und Piepe, dann verwenden Sie nur:

```
NUMERIC
```

und schon haben Sie einen Datentyp, der es Ihnen ermöglicht, Zahlen mit einer beliebigen Anzahl an Stellen vor und nach dem Komma abzuspeichern.

Achten Sie darauf, ausreichend große Bereiche zu definieren, andernfalls könnte die PostgreSQL ein paar unerwartete Eigenmächtigkeiten an den Tag legen. Nehmen wir einmal an, Sie hätten unvorsichtigerweise eine Tabelle mit einem zu kleinen Bereich für einen NUMERIC-Datentyp definiert:

```
CREATE TABLE test(
    id SERIAL PRIMARY KEY,
    bezeichnung TEXT,
    preis NUMERIC(4,2) DEFAULT 0.00
);
```

Sie werden keine Probleme haben, den Wert 99.99 abzuspeichern, da dieser exakt Ihrer Definition entspricht:

```
INSERT INTO test (bezeichnung, preis) VALUES ('Test 1', 99.99);
```

Versuchen Sie jedoch dieses hier

```
INSERT INTO test (bezeichnung, preis) VALUES ('Test 1', 100.00);
```

werden Sie eine Fehlermeldung der folgenden Art erhalten, da hier wie erwartet die Anzahl der Stellen nicht mit der Definition übereinstimmt:

```
FEHLER:   Feldüberlauf bei Typ »numeric«
DETAIL:   Der Betrag ist größer oder gleich 10^2 bei Feld mit
Präzision 4, Skala 2.
```

Beachten Sie, dass das System aber immer erst versuchen wird zu runden. Damit ist dann folgendes Statement gültig, da 99.994 auf 99.99 gerundet werden kann:

```
INSERT INTO test (bezeichnung, preis) VALUES ('Test 1', 99.994);
```

Das Folgende verursacht hingegen wieder den obigen Fehler, da eine Rundung den Wert 100.00 zur Folge hätte. Und da haben wir ja bereits gesehen was dann geschieht:

```
INSERT INTO test (bezeichnung, preis) VALUES ('Test 1', 99.995);
```

3.8.3 Fließkommatypen

Die Typen `real` und `double precision` sind Datentypen mit variabler Genauigkeit. Um dies zu verdeutlichen, machen wir einen kleinen Test. Wir erstellen zunächst eine Tabelle, die Zahlen dieser beiden Typen und als Vergleich vom Typ `numeric` aufnehmen kann:

```
CREATE TABLE zahlentest (
   id SERIAL PRIMARY KEY,
   zahl1 real,
   zahl2 double precision,
   zahl3 numeric
);
```

Dann versuchen wir, nacheinander in allen drei Spalten folgende Werte abzuspeichern:

1. Die Zahl π mit einer Genauigkeit von 35 Nachkommastellen

```
INSERT INTO zahlentest (zahl1, zahl2, zahl3) VALUES (
    3.14159265358979323846264338327950288,
    3.14159265358979323846264338327950288,
    3.14159265358979323846264338327950288
);
```

2. Die Entfernung von der Erde zur Sonne in Kilometern (so ca. 150 Mio. km)

```
INSERT INTO zahlentest (zahl1, zahl2, zahl3) VALUES (
    150000000,
    150000000,
    150000000
);
```

3. Als Letztes wollen wir den ungefähren Durchmesser der Milchstrasse in Kilometern speichern, was in etwa 100.000 Lichtjahren entspricht, also 100.000 * 9,5 Billionen Kilometer. Um das, was passiert, noch etwas zu verdeutlichen, spendieren wir dieser schon recht großen Zahl noch einen extra Kilometer und setzen somit folgendes Statement ab:

```
INSERT INTO zahlentest (zahl1, zahl2, zahl3) VALUES (
    9500000000000 * 100000 + 1,
    9500000000000 * 100000 + 1,
    9500000000000 * 100000 + 1
);
```

Setzen Sie jetzt ein SELECT auf die Tabelle ab, sollten Sie in etwa folgende Ausgabe zu sehen bekommen:

	zahl1 real	zahl2 double precision	zahl3 numeric
1	3.14159	3.14159265358979	3.14159265358979323846264338327950288
2	1.5e+08	150000000	150000000
3	9.5e+17	9.5e+17	950000000000000001

Abbildung 3.19 Unterschiedliche Präzision der Datentypen

Sie werden feststellen, dass die Nachkommastellen bei fröhlich gerundet wurden, da real eine Genauigkeit von sechs und double precision von fünfzehn Dezimalstellen (in der gesamten Zahl) hat.

Bei der Entfernung von der Erde zur Sonne wird dann der Datentyp `real` etwas lässiger in seiner Genauigkeit, was in diesem Fall nichts macht, da wir ja genau 150 Mio. km angenommen haben. Genau genommen wurde hier nur das Format dem Speicherbedarf angepasst.

Beim Durchmesser der Milchstrasse verabschiedet sich dann auch der Datentyp `double precision` von seiner Genauigkeit.

Interessant ist hier, dass der Datentyp `numeric` völlig unbeeindruckt von großen Zahlen alles abspeichert, was Sie ihm vorsetzen. Aber bedenken Sie: Dafür ist er auch nicht so schnell wie die anderen beiden. Hier jetzt noch mal die Steckbriefe der beiden Typen:

Steckbrief: real	
Syntax	`Real`
Alias	`float4`
Bereich	-1*10^{37} bis +1*10^{37} mit einer Genauigkeit von sechs Dezimalstellen
Speicherbedarf	4 Bytes
Beschreibung	Fließkommazahl mit einfacher Präzision

Tabelle 3.15 Datentyp »real«

Steckbrief: double precision	
Syntax	`double precision`
Alias	`float8`
Bereich	-1*10^{308} bis +1*10^{308} mit einer Genauigkeit von fünfzehn Dezimalstellen
Speicherbedarf	8 Bytes
Beschreibung	Fließkommazahl mit doppelter Präzision

Tabelle 3.16 Datentyp »double precision«

3.8.4 Selbstzählende Datentypen

Auch wenn die folgenden beiden Datentypen für Zahlen eigentlich gar keine richtigen Datentypen sind, sondern nur abgekürzte Schreibweisen, sollen sie hier nicht fehlen. Die Typen `serial` und `bigserial` verwenden wir in der Regel, um unsere Datensätze mit eindeutigen IDs zu versehen. Die abgekürzte Schreibweise

```
CREATE TABLE test (
    id SERIAL
);
```

ist also gleichbedeutend mit

```
CREATE SEQUENCE test_id_seq;
CREATE TABLE test (
    id integer DEFAULT nextval('test_id_seq') NOT NULL
);
```

Wir sehen also, dass der Typ automatisch einen NULL-Constraint erhält. Einen UNIQUE-Constraint enthält er allerdings *nicht automatisch*. Falls Sie also sicherstellen wollen oder müssen, dass keine doppelten Werte aus Versehen eingefügt werden können, müssen Sie diesen Constraint explizit erstellen.

Angemerkt sei noch, dass die Sequenzen, die durch den Datentyp serial oder bigserial erstellt werden, automatisch vom Datenbanksystem gelöscht werden, wenn die korrespondierende Spalte gelöscht wird und auf direktem Weg nicht gelöscht werden kann.

Steckbrief: serial	
Syntax	serial
Alias	serial4
Bereich	1 bis 2.147.483.647
Speicherbedarf	4 Bytes
Beschreibung	selbstzählende ganze Zahl

Tabelle 3.17 Datentyp »serial«

Steckbrief: bigserial	
Syntax	bigserial
Alias	serial8
Bereich	1 bis 9.223.372.036.854.775.807

Tabelle 3.18 Datentyp »bigserial«

Steckbrief: bigserial	
Speicherbedarf	8 Bytes
Beschreibung	selbstzählende ganze Zahl

Tabelle 3.18 Datentyp »bigserial« (Forts.)

3.8.5 Zeichenkettentypen

Von Typen zur Speicherung von Zeichenketten haben wir ja bereits umfangreich Gebrauch gemacht. PostgreSQL stellt hier character, character varying und text zur Verfügung. Bei den Typen char und varchar (der Alias für character und character varying) geben Sie in der Regel bei der Erstellung der Spalten die Länge der maximal speicherbaren Zeichen mit an, also zum Beispiel char(10) oder varchar(10).

Versuchen Sie jetzt, längere Zeichenketten zu speichern, erhalten Sie eine Fehlermeldung, ausgenommen die überschüssigen Zeichen sind Leerzeichen, dann würden diese bis zur zulässigen Maximalgrenze abgeschnitten. Der augenfälligste Unterschied zwischen den Typen char und varchar ist jedoch bei kürzeren Zeichenketten sichtbar. Während der Typ varchar einfach den kürzeren Wert speichert, füllt der Typ char die Zeichenkette bis zur Maximalgrenze mit Leerzeichen auf.

Verwenden Sie den Typ char ohne Längenangabe, so ist das äquivalent mit char(1). Wenn Sie die Längenangabe beim Typ varchar weglassen, erlaubt dies die Speicherung von Zeichenketten beliebiger Länge.

Der Datentyp text kann ebenfalls Zeichenketten beliebiger Länge aufnehmen. Dieser steht zwar nicht im SQL-Standard, ist aber bei mehreren anderen Datenbanken ebenfalls implementiert.

Steckbrief: character	
Syntax	character(n)
Alias	char(n)
Speicherbedarf	4 Bytes + die Anzahl der eigentlichen Zeichen
Beschreibung	Zeichenketten fester Länge n, füllt mit Leerzeichen auf

Tabelle 3.19 Datentyp »character«

Steckbrief: character varying	
Syntax	`character varying(n)`
Alias	`varchar(n)`
Speicherbedarf	4 Bytes + die Anzahl der eigentlichen Zeichen
Beschreibung	Zeichenketten variabler Länge mit maximal n Zeichen

Tabelle 3.20 Datentyp character »varying«

Steckbrief: text	
Syntax	`text`
Speicherbedarf	4 Bytes + die Anzahl der eigentlichen Zeichen
Beschreibung	Zeichenketten variabler Länge ohne Obergrenze

Tabelle 3.21 Datentyp »text«

Tipp
Im Gegensatz zu anderen Datenbanksystemen gibt es bei der PostgreSQL keine nennenswerten Performance-Unterschiede zwischen den verschieden Zeichen-kettentypen, abgesehen von dem gegebenenfalls erhöhten Speicherplatzbedarf des Typs `character`, der durch das Auffüllen mit Leerzeichen bedingt ist.
Wenn Sie längere Zeichenketten ohne definierte Maximalgrenze abspeichern möchten, sollten Sie den Datentyp `varchar` ohne Längenangabe oder den Datentypt `text` verwenden, anstatt sich eine willkürliche Grenze auszudenken.

3.8.6 Typen für Datum und Zeit

Die PostgreSQL bietet die komplette Palette an Typen an, die im SQL-Standard definiert wurden. Diese verfügbaren Typen sind `timestamp`, `date`, `time` und `interval`. Die Typen `timestamp` und `time` sind außerdem noch in der Lage, Informationen zur Zeitzone mit abzuspeichern.

Steckbrief: timestamp	
Syntax	`timestamp [(p)] [without time zone | with time zone]`
Bereich	4713 (Jahre) v. Chr. bis 1465001 n. Chr..

Tabelle 3.22 Datentyp »timestamp«

Steckbrief: timestamp	
Genauigkeit	1 Mikrosekunde / 14 Stellen
Speicherbedarf	8 Bytes
Beschreibung	Datum und Zeit

Tabelle 3.22 Datentyp »timestamp« (Forts.)

Steckbrief: time	
Syntax	`time [(p)] [without time zone	with time zone]`
Bereich	00:00:00.00 bis 23:59:59.99 00:00:00.00+12 bis 23:59:59.99-12 bei Verwendung mit Zeitzone
Genauigkeit	1 Mikrosekunde
Speicherbedarf	8 Bytes beziehungsweise 12 Bytes bei Verwendung mit Zeitzone
Beschreibung	Tageszeit

Tabelle 3.23 Datentyp »time«

Diese beiden Typen ermöglichen Ihnen, Datum und Zeit (timestamp) oder nur eine Zeitangabe (time) zu speichern. Sie können die Präzision p der Nachkommastellen angeben. Möglich sind hier 0 bis 6 für den Typ timestamp und 0 bis 13 für den Typ time.

Steckbrief: date	
Syntax	`date`
Bereich	4713 v. Chr. bis 32767 n. Chr.
Genauigkeit	1 Tag
Speicherbedarf	4 Bytes
Beschreibung	Datum

Tabelle 3.24 Datentyp »date«

Die Eingabeformate für Datum und Zeit können ausgesprochen unterschiedlich ausfallen. Bei einer gegebenen Tabelle zeitgeist, die über die Spalte datum vom Typ date verfügt, sind zum Beispiel folgende Eingaben äquivalent:

```
INSERT INTO zeitgeist(datum) values('January 15, 2009');
INSERT INTO zeitgeist(datum) values('2009-01-15');
INSERT INTO zeitgeist(datum) values('1/15/2009');
INSERT INTO zeitgeist(datum) values('20090115');
```

Wir möchten Ihnen jedoch *dringend* empfehlen, das ISO-8601-Format YYYY-MM-DD zu verwenden, um Mehrdeutigkeiten zu vermeiden. Denken Sie zum Beispiel an »1/8/2009«, was im Amerikanischen 8. Januar 2009 bedeutet, im Deutschen jedoch 1. August 2009.

Bleibt noch der Typ interval, der es uns ermöglicht, Zeitspannen in der Datenbank abzulegen. Auch bei diesem Typ können Sie die Präzision p der Nachkommastellen angeben. Hier sind wie beim Typ timestamp Werte von 0 bis 6 möglich.

Wozu aber Intervalle speichern? Nun, das fertige Intervall ergibt da meist keinen großen Sinn, aber Sie können beispielsweise die Differenz zweier Daten in Spalten dieses Typs ablegen, und das kann ab und zu schon ganz angenehme Effekte haben:

```
INSERT INTO zeitgeist(zeitspanne) VALUES
(AGE('2009-01-15 12:00:00', '2009-01-12 10:30:00'));
```

In diesem Fall würde in der entsprechenden Spalte dann der folgende Wert gespeichert werden:

```
3 days 01:30:00
```

Steckbrief: interval	
Syntax	interval [(p)]
Bereich	-178.000.000 Jahre bis +178.000.000 Jahre
Genauigkeit	1 Mikrosekunde
Speicherbedarf	12 Bytes
Beschreibung	Speicherung von Zeitspannen

Tabelle 3.25 Datentyp »interval«

3.8.7 Geometrische Typen

Eine Fraktion der angekündigten Datentypen, die zwar ganz tolle Dinge tun können, aber doch eher seltener, bzw. in speziellen Anwendungsfällen Einsatz finden, sind mit Sicherheit die Typen für geometrische Daten.

Geometrische Typen ermöglichen die Speicherung zweidimensionaler Objekte, also zum Beispiel Linien, Kreise, Rechtecke, Polygone und so weiter. Die verfügbaren geometrischen Datentypen sehen Sie in der folgenden Tabelle:

Name	Speicherbedarf	Beschreibung
Point	16 Bytes	Ein Punkt (x,y)
Lseg	32 Bytes	Endliche Strecke ((x1,y1),(x2,y2))
Box	32 Bytes	Rechteck ((x1,y1),(x2,y2))
Path	16+16n Bytes	geschlossener Pfad ((x1,y1),...) oder offener Pfad [(x1,y1),...]
Polygon	40+16n Bytes	Polygon ((x1,y1),...)
Circle	24 Bytes	Kreis <(x,y),r> x,y = Mittelpunkt, r = Radius

Tabelle 3.26 Geometrische Datentypen

Wirklich spannend werden diese Typen aber erst im Zusammenhang mit den zahlreichen Funktionen und Operatoren, die hierfür zur Verfügung stehen.

Nehmen wir also einmal an, Sie hätten drei Kreise in einem Koordinatensystem und wollten diese mal ganz dringend abspeichern.

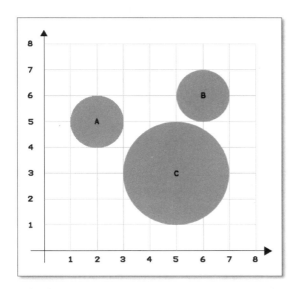

Abbildung 3.20 Abzuspeichernde geometrische Informationen

Wir erstellen dazu eine Tabelle, die in der Lage ist, die Kreisdaten aufzunehmen:

```
CREATE TABLE geo_test(
    id SERIAL PRIMARY KEY,
    kreis CIRCLE
);
```

Dann schubsen wir einmal die Kreisdaten in die Tabelle. Kreisdaten werden durch einen Mittelpunkt und einen Radius dargestellt. Die Angabe dieser beiden Informationen erfolgt hier in spitzen Klammern:

```
INSERT INTO geo_test (kreis) VALUES ('<(2,5),1>'); -- Kreis A
INSERT INTO geo_test (kreis) VALUES ('<(6,6),1>'); -- Kreis B
INSERT INTO geo_test (kreis) VALUES ('<(5,3),2>'); -- Kreis C
```

Um so triviale Dinge, wie Durchmesser (2 × Radius), Flächeninhalt (× r^2) und den Radius unserer Kreise, zu ermitteln, könnten wir dies natürlich ausrechnen. Alternativ überlassen wir diese Aufgabe der Datenbank:

```
SELECT id, kreis,
    diameter(kreis) AS durchmesser,
    area(kreis) AS flaecheninhalt,
    radius(kreis) AS radius
    FROM geo_test;
```

Damit dürften Sie dann die folgende Ausgabe produzieren:

id integer	kreis circle	durchmess double pre	flaecheninhalt double precision	radius double pre
1	<(2,5),1>	2	3.14159265358979	1
2	<(6,6),1>	2	3.14159265358979	1
3	<(5,3),2>	4	12.5663706143592	2

Abbildung 3.21 Funktionen für geometrische Daten

Das war vielleicht noch nicht so spannend, aber wie wäre das hier? Sie möchten einen weiteren Kreis an der Stelle (3,1) und mit dem Radius 1 einfügen und möchten wissen, mit welchen anderen Kreisen sich dieses Objekt überschneiden wird. Formulieren Sie dazu Folgendes, und Sie erhalten eine Liste aller betroffenen Kreise:

```
SELECT * FROM geo_test WHERE kreis && circle '((3,1),1)';
```

Oder möchten Sie vielleicht den Abstand zwischen einem neu einzufügenden Kreis an der Stelle (2,1) mit Radius 1 zu allen bestehenden Kreisen ermitteln? Hier bitte:

```
SELECT *, circle '((2,1),1)' <-> kreis AS abstand FROM geo_test;
```

id integer	kreis circle	abstand double precision
1	<(2,5),1>	2
2	<(6,6),1>	4.40312423743285
3	<(5,3),2>	0.605551275463989

Abbildung 3.22 Berechnung des Abstands zu einem neuen Kreis

Koordinaten-Wirrwar

Wir haben in unserem Beispiel ein mathematisches Koordinatensystem benutzt, das heißt, der Nullpunkt liegt in der Mitte, die x-Achse ist die Horizontale und die y-Achse die Vertikale. In der Computergrafik wäre das Koordinatensystem mit dem Nullpunkt in der oberen linken Ecke und positiven Werten nach unten ausgerichtet. Die Geodäsie (Vermessung der Erdoberfläche) macht die Verwirrung dann komplett, weil dort die x-Achse die Vertikale und die y-Achse die Horizontale ist.

3.8.8 Arrays

Auch dieser Datentyp kommt vergleichsweise selten zum Einsatz; wir wollen ihn dennoch nicht unterschlagen. Wer aus der Programmierung kommt, hat diese wunderbare, mehrdimensionale Datenstruktur mit Sicherheit schon schätzen gelernt, aber was soll sie in einer Datenbank? Am einfachsten zeigen wir das an einem Beispiel: Wir wollen die Farben unserer Produkte abspeichern. Da wir unsere Produkte nicht nur in einer Farbe anbieten, sondern gegebenenfalls in n Farben, also beliebig vielen, müssen wir uns etwas einfallen lassen. Klar ist schon mal, dass wir nicht für jede Farbe eine Spalte bereitstellen können (farbe1, farbe2, farbe3). Eine weitere Tabelle mit Farben könnten wir natürlich schon erstellen, um dann eine n:m-Beziehung zwischen Farben und Produkten herzustellen. Das wäre zwar sauber, aber irgendwie auch mit Kanonen auf Spatzen geschossen. Nein, am einfachsten wäre es doch, alle verfügbaren Farben eines Produkts in einer Spalte zu speichern und trotzdem ohne Probleme auf jede Farbe einzeln zuzugreifen, oder? Arrays bieten Ihnen genau diesen Komfort. Als Erstes werden wir unsere Tabelle produkte um eine entsprechende Spalte erweitern:

```
ALTER TABLE produkte ADD COLUMN farben VARCHAR[];
```

Um einen Arraytyp zu erstellen, hängen Sie einfach die eckigen Klammern an den Typnamen an. In diesem Fall haben wir also einen Array-Typ erstellt, der Elemente von Typ varchar aufnimmt.

Falls Sie Defaultwerte für die Spalte setzen möchten, können Sie dies selbstverständlich auch tun. Sind also Ihre Produkte beispielsweise grundsätzlich immer in den lebensbejahenden Farben Schwarz und Grau verfügbar, schreiben Sie Folgendes:

```
ALTER TABLE produkte ADD COLUMN farben VARCHAR[]
DEFAULT '{"schwarz", "grau"}';
```

Als Nächstes wollen wir dann mal ein paar Produkte mit den dazugehörigen Farben in der Tabelle produkte speichern:

```
INSERT INTO produkte (art_nr, bezeichnung, farben)
VALUES ('742-023', 'Becher 1', '{"blau","grün"}');
INSERT INTO produkte (art_nr, bezeichnung, farben)
VALUES ('742-024', 'Becher 2', '{"blau","grün","rot"}');
INSERT INTO produkte (art_nr, bezeichnung, farben)
VALUES ('742-025', 'Becher 3', '{"gelb","rot"}');
```

Wie Sie sehen, werden Array-Elemente von geschweiften Klammern eingeschlossen und durch Kommata voneinander getrennt.

Wenn Sie sich jetzt anschauen, was soeben eingefügt wurde, werden Sie sehen, wie die Farbinformationen in der Tabelle hinterlegt wurden:

```
SELECT id, art_nr, bezeichnung, farben FROM produkte
WHERE art_nr LIKE '742-%';
 id | art_nr   | bezeichnung |          farben
----+----------+-------------+-------------------------
 31 | 742-024  | Becher 2    | {blau,grün,rot}
 32 | 742-025  | Becher 3    | {gelb,rot}
 30 | 742-023  | Becher 1    | {blau,grün}
(3 Zeilen)
```

Schön und gut, aber wie greifen wir jetzt darauf zu? Hier kommen jetzt wieder die eckigen Klammern ins Spiel. Um zum Beispiel überhaupt Produkte ausgeben zu lassen, die irgendeine eine Farbe haben, welche auch immer, könnten Sie beispielsweise das folgende Statement verwenden:

```
SELECT id, art_nr, bezeichnung, farben[1] FROM produkte
WHERE farben[1] IS NOT NULL;
```

Damit könnten Sie zum Beispiel eine Liste der folgenden Art generieren, je nachdem, welche Produkte bereits Farben hinterlegt haben:

```
id | art_nr  | bezeichnung | farben
---+---------+-------------+---------
31 | 742-024 | Becher 2    | blau
32 | 742-025 | Becher 3    | gelb
30 | 742-023 | Becher 1    | blau
25 | k-123   | Jeans       | schwarz
26 | c-007   | Server 1    | rot
(5 Zeilen)
```

Die Ausgabe muss sich dabei nicht auf ein einziges Element beschränken. Wenn Sie sich beispielsweise die ersten beiden Elemente ausgeben lassen möchten, verwenden Sie die Notation, in der Sie ein Intervall von 1 bis 2 abfragen:

```
SELECT id, art_nr, bezeichnung, farben[1:2] FROM produkte
WHERE farben[1] IS NOT NULL;
```

Diese Information ist aber nur sehr bedingt nützlich, denn die erste Farbe eines Produkts ist ja von der Eingabe abhängig. Interessanter ist da vielleicht die Aufgabe, alle Produkte zu ermitteln, die in der Farbe Blau verfügbar sind. Hierbei hilft uns die Funktion ANY:

```
SELECT id, art_nr, bezeichnung, farben
FROM produkte WHERE 'blau' = ANY(farben);


id | art_nr  | bezeichnung |         farben
---+---------+-------------+-----------------------
31 | 742-024 | Becher 2    | {blau,grün,rot}
30 | 742-023 | Becher 1    | {blau,grün}
26 | c-007   | Server 1    | {rot,grün,blau}
(3 Zeilen)
```

Das war ja schon mal ganz gut. Wie wäre es als Nächstes mit allen Produkten, die sowohl in Rot als auch in Blau verfügbar sind? Natürlich könnte man dafür schreiben:

```
SELECT id, art_nr, bezeichnung, farben
FROM produkte WHERE 'blau' = ANY(farben)
AND 'rot' = ANY(farben);
```

Aber Sie können auch direkt einen Vergleich mit einem Array anstellen. Um festzustellen, ob ein Array ein anderes enthält, können Sie den Operator @> verwenden:

```
SELECT id, art_nr, bezeichnung, farben FROM produkte
WHERE farben @> '{"rot","blau"}';
```

```
id | art_nr  | bezeichnung |      farben
----+---------+-------------+------------------
 31 | 742-024 | Becher 2    | {blau,grün,rot}
 26 | c-007   | Server 1    | {rot,grün,blau}
(2 Zeilen)
```

Wenn sich die Farbpalette Ihrer Produkte erweitert und ein Produkt plötzlich zusätzlich in der Farbe Gelb verfügbar sein soll, können Sie die Funktion array_append beziehungsweise array_prepend verwenden, um weitere Elemente ans Ende oder den Anfang des Arrays zu setzen:

```
UPDATE produkte SET farben = array_append(farben, 'gelb')
WHERE id = 30;
```

```
SELECT id, art_nr, bezeichnung, farben FROM produkte
WHERE id = 30;
```

```
 id | art_nr  | bezeichnung |      farben
----+---------+-------------+------------------
 30 | 742-023 | Becher 1    | {blau,grün,gelb}
(1 Zeile)
```

```
UPDATE produkte SET farben = array_prepend('lila', farben)
WHERE id = 30;
```

```
SELECT id, art_nr, bezeichnung, farben FROM produkte
WHERE id = 30;
```

```
 id | art_nr  | bezeichnung |      farben
----+---------+-------------+-----------------------
```

```
30 | 742-023 | Becher 1     | {lila,blau,grün,gelb}
(1 Zeile)
```

Es besteht natürlich auch die Möglichkeit, nicht nur einzelne Elemente an ein Array anzufügen, sondern auch andere Arrays. So verbindet die Funktion `array_cat` zum Beispiel zwei Arrays miteinander:

```
UPDATE produkte SET
farben = array_cat(farben, '{"schwarz","orange"}') WHERE id =
32;

SELECT id, art_nr, bezeichnung, farben FROM produkte
WHERE id = 32;


 id | art_nr   | bezeichnung |          farben
----+----------+-------------+--------------------------
 32 | 742-025 | Becher 3     | {gelb,rot,schwarz,orange}
(1 Zeile)
```

Und um zwischen Arrays und Zeichenketten lustig hin- und herzuwandeln, stellt die PostgreSQL die Funktionen `array_to_string` und `string_to_array` bereit. So können Sie Array-Elemente als Zeichenkette mit einem definierten Trennzeichen beispielsweise wie folgt ausgeben:

```
SELECT array_to_string(farben, ', ') AS farben FROM produkte
WHERE id = 30;
         farben
-----------------------
 lila, blau, grün, gelb
(1 Zeile)
```

Anders herum möchten Sie vielleicht die Aktualisierung der Spalte `farben` vornehmen, indem Sie eine Zeichenkette verwenden. Auch dies ist ohne Weiteres möglich, indem Sie der Funktion `string_to_array` einfach eine Zeichenkette mit den Array-Elementen sowie dem Trennzeichen übergeben:

```
UPDATE produkte SET
farben = string_to_array('rot,grün,blau', ',') WHERE id = 26;

SELECT id, art_nr, bezeichnung, farben FROM produkte
WHERE id = 26;
```

```
 id | art_nr | bezeichnung |       farben
----+--------+-------------+-----------------
 26 | c-007  | Server 1    | {rot,grün,blau}
(1 Zeile)
```

Das funktioniert ebenso wie in der Programmierung nicht nur eindimensional, sondern auch mehrdimensional. Um beispielsweise eine Spalte mit Bonuszahlungen an Ihre Mitarbeiter in der Tabelle mitarbeiter einzurichten, könnten Sie sich Folgendes überlegen:

```
ALTER TABLE mitarbeiter ADD COLUMN bonus INTEGER[][];
```

Dadurch, dass Sie zwei eckige Klammern hintereinander schreiben, erstellen Sie eine zweidimensionale Datenstruktur. Wenn Sie jetzt jedem Mitarbeiter pro Quartal einen Bonus zukommen lassen möchten, können Sie das mit diesem Statement tun:

```
UPDATE mitarbeiter
SET bonus = '{{1,100},{2,150},{3,200},{4,250}}';
```

Sie speichern hier also einen Array von Arrays. Dabei gibt die erste Zahl den Monat an, die zweite den Betrag. Und damit sind wir dann eigentlich auch schon beim Problem: Man muss die Konvention für die Speicherung der Daten kennen. Denn auch das folgende Statement ist gültig, dürfte aber bei einer späteren Auswertung eher Verwirrung stiften:

```
UPDATE mitarbeiter
SET bonus = '{{1,100},{150,2},{200,3},{4,250}}';
```

> **Array oder nicht Array**
>
> So nützlich diese Datenstruktur auch ist, man sollte sie doch mit Bedacht einsetzen. Oft sind Arrays nur eine Krücke für schlechtes Datenbankdesign, und Sie wären besser beraten eine n:m-Relation anstelle von Arrays zu verwenden.

3.8.9 Weitere Datentypen

Die PostgreSQL bietet noch ein paar weitere Datentypen, die wir an dieser Stelle aber nur kurz besprechen wollen, da sie doch eher seltener vorkommen.

Typen für Netzwerkadressen

Mit diesem Datentypen speichern Sie IP- und MAC-Adressen ab. Grundsätzlich könnten Sie zum Beispiel eine IP-Adresse natürlich auch als Texttyp abspeichern, allerdings würden Sie sich damit dann der eingebauten Typprüfung und der speziellen Funktionen berauben. Ein kurzes Beispiel soll das verdeutlichen.

Wir erstellen zunächst eine Tabelle, um IP-Adressen abzuspeichern:

```
CREATE TABLE netzwerk (
    id SERIAL PRIMARY KEY,
    adresse INET
);
```

Dann fügen wir eine gültige Adresse ein:

```
INSERT INTO netzwerk(adresse) VALUES ('192.168.97.97');
```

So weit, so gut. Das hätten wir jetzt auch mit einem Texttyp machen können. Allerdings hätte dieser auch die folgende Eingabe einer ungültigen IP akzeptiert:

```
INSERT INTO netzwerk(adresse) VALUES ('192.168.97.297');
```

Da die Segmente von IPv4-Netzwerkadressen sich jedoch nur im Bereich von 0–255 befinden dürfen, quittiert der Typ INET dies korrekterweise mit der Meldung:

```
FEHLER: ungültige Eingabesyntax für Typ inet: »192.168.97.297«
```

Außerdem können Sie verschiedene Funktionen auf Netzwerktypen anwenden, die Ihnen das Leben im Umgang mit diesen Adressen leichter machen. Hier sehen Sie ein Beispiel, wie wir die Netzmaskenlänge, die Netzmaske und das Netzwerk einer gegebenen Adresse ermitteln können:

```
SELECT adresse, masklen(adresse), netmask(adresse),
network(adresse) FROM netzwerk
```

adresse inet	masklen integer	netmask inet	network cidr
192.168.97.27	32	255.255.255.255	192.168.97.27/32
217.114.78.35/24	24	255.255.255.0	217.114.78.0/24

Abbildung 3.23 Funktionen für Netzwerkadressen

Name	Speicherbedarf	Beschreibung
Cidr	12 Bytes	IP-Netzwerke
Inet	12 Bytes	IP-Hosts und IP-Netzwerke
Macaddr	6 Bytes	MAC-Adressen

Tabelle 3.27 Datentypen für Netzwerkadressen

Hinweis

IPv6 funktioniert mit diesen Typen noch nicht.

Typen für binäre Daten

Falls Sie in die Verlegenheit kommen, binäre Daten wie etwa Bildinformationen in der Datenbank abzuspeichern, können Sie hierfür den Typ BYTEA verwenden. Sie müssen dabei nur beachten, dass Binärdaten *nicht druckbare Zeichen*, sogenannte *Steuerzeichen,* enthalten können.

Diese müssen vor dem Einfügen in die Datenbank maskiert werden. Das bedeutet, dass bestimmte Zeichen durch *Escape-Sequenzen* ersetzt werden. So wird zum Beispiel das Null-Byte durch die entsprechende Oktaldarstellung mit zwei führenden Backslashes ersetzt: \\000

Aber mal im Ernst: Wer gibt schon Binärdaten von Hand per SQL-Befehl ein? In der Regel werden Sie das Einfügen von Binärdaten wohl eher von einer Applikation erledigen lassen, und je nach verwendeter Programmiersprache steht dann die ein oder andere Möglichkeit zur Verfügung, die Daten entsprechend aufzubereiten.

Nehmen wir an, Sie haben eine Tabelle erstellt um binäre Bildinformationen abzuspeichern:

```
CREATE TABLE bilder (
    id SERIAL PRIMARY KEY,
    data bytea
);
```

Verwenden Sie jetzt beispielsweise PHP, um mit Ihrer Datenbank zu sprechen, könnten Sie folgenden Code benutzen, um die Binärdaten in der Datenbank zu speichern:

```
<?php
    # Verbindungsstring
```

```php
    $conn_str = 'host=localhost dbname=test user=a password=b';
    # Mit der Datenbank verbinden
    $dbh = pg_connect($conn_str);
    # Daten einlesen
    $bild = file_get_contents('einbild.png');
    # Daten maskieren
    $data = pg_escape_bytea($bild);
    # und ab in die Datenbank
    pg_query("INSERT INTO bilder (data) VALUES ('{$data}')");
?>
```

Um die Daten dann wieder auszulesen, müssen Sie die Escape-Sequenzen wieder entfernen. In PHP können Sie dies wie folgt formulieren:

```php
<?php
    # Verbindungsstring
    $conn_str = 'host=localhost dbname=test user=a password=b';
    # Mit der Datenbank verbinden
    $dbh = pg_connect($conn_str);
    # Die Daten holen
  $res = pg_query($dbh, "SELECT data FROM bilder WHERE id = 1");

    $raw = pg_fetch_result($res, 'data');
  # In Binärdaten wandeln und zur Ausgabe an den Browser senden
    header('Content-type: image/jpeg');
    echo pg_unescape_bytea($raw);
?>
```

Ob Sie überhaupt Binärdaten in der Datenbank speichern wollen, hängt natürlich vom Einzelfall ab. Sie könnten ja auch die Binärdaten ins Dateisystem schreiben und in der Datenbank dann nur noch den Pfad dazu als Texttyp ablegen. Wir verzichten im Allgemeinen auf den Einsatz dieses Typs, da es unseres Erachtens wenig Sinn ergibt, Informationen in einer Datenbank abzulegen, nach der Sie nicht suchen können. Leider können Sie keine Anfrage formulieren, die so etwas besagt wie: »*Gib mir alle Datensätze, auf denen ein rotes Quadrat zu sehen ist.*« Aber wie gesagt: Entscheiden Sie selbst.

Name	Speicherbedarf	Beschreibung
bytea	4 Bytes + Daten	binäre Daten variabler Länge

Tabelle 3.28 Datentypen für Binärdaten

Typen für Wahrheitswerte

Zu guter Letzt wollen wir noch den Typ BOOLEAN vorstellen. Dieser ist in der Lage, zwei Zustände abzuspeichern, nämlich »wahr« oder »falsch«. Die Eingaben erfolgen in unterschiedlicher Form, zum Beispiel:

```
CREATE TABLE wahrheit (
    id SERIAL PRIMARY KEY,
    a boolean,
    b text
);


INSERT INTO wahrheit(a, b) VALUES (TRUE, 'wahr');
INSERT INTO wahrheit(a, b) VALUES ('t', 'wahr');
INSERT INTO wahrheit(a, b) VALUES ('true', 'wahr');
INSERT INTO wahrheit(a, b) VALUES ('yes', 'wahr');
INSERT INTO wahrheit(a, b) VALUES ('y', 'wahr');
INSERT INTO wahrheit(a, b) VALUES ('1', 'wahr');
```

Und analog dazu:

```
INSERT INTO wahrheit(a, b) VALUES (FALSE, 'falsch');
INSERT INTO wahrheit(a, b) VALUES ('f', 'falsch');
INSERT INTO wahrheit(a, b) VALUES ('false', 'falsch');
INSERT INTO wahrheit(a, b) VALUES ('no', 'falsch');
INSERT INTO wahrheit(a, b) VALUES ('n', 'falsch');
INSERT INTO wahrheit(a, b) VALUES ('0', 'falsch');
```

Die Speicherung erfolgt dann mit einem t für den Wert »wahr« und einem f für den Wert »falsch«. Probieren Sie folgendes Statement aus, um die Ausgabe zu sehen:

```
SELECT * FROM wahrheit WHERE a = TRUE
```

id integer	a boolean	b text
1	t	wahr
2	t	wahr
3	t	wahr
4	t	wahr
5	t	wahr
6	t	wahr

Abbildung 3.24 Ausgaben für den Typ »boolean«

Somit ist der Datentyp `BOOLEAN` vergleichsweise unspektakulär, schließlich kann man ihn auch ohne Weiteres durch den Typ `CHAR(1)` ersetzen, charmant ist allerdings, dass dieser Typ nur einen Speicherbedarf von 1 Byte hat.

Name	Speicherbedarf	Beschreibung
boolean	1 Byte	Speicherung von Wahrheitswerten

Tabelle 3.29 Datentypen für Wahrheitswerte

3.9 Vergleiche und andere nützliche Dinge: Operatoren und Aggregatfunktionen

Wenn Sie Ihre Datenbank nach bestimmten Inhalten befragen, werden Sie sich in den seltensten Fällen alle Daten einer Tabelle zurückgeben lassen. Vielmehr werden Sie wohl eine Reihe Einschränkungen und Verknüpfungen formulieren, also etwas in der Art wie: »Gib mir alle Mitarbeiternamen aus der Abteilung Marketing, deren Gehalt mehr als 2.000,- Euro beträgt.«

Wir werden im Folgenden logische, Vergleichs- und mathematische Operatoren vorstellen, die Sie für den täglichen Umgang mit der Datenbank benötigen. Einige davon haben Sie bereits ganz nebenbei in Abschnitt 3.4, »Die Umsetzung«, kennen gelernt; hier geben wir Ihnen eine etwas ausführlichere Beschreibung.

3.9.1 Logische Operatoren

Aus der Booleschen Algebra kennen wir die Operatoren UND, ODER und NICHT, mit denen sich Wahrheitswerte ermitteln lassen. Eine besondere Rolle nimmt hier der NULL-Wert an, er steht für den Zustand *unbekannt*. Die folgende Tabelle liefert einen Überblick:

a	b	a AND b	a OR b	NOT a
wahr	wahr	wahr	wahr	falsch
wahr	falsch	falsch	wahr	falsch

Tabelle 3.30 Die Operatoren AND, OR und NOT

a	b	a AND b	a OR b	NOT a
falsch	falsch	falsch	falsch	wahr
wahr	unbekannt	unbekannt	wahr	falsch
falsch	unbekannt	falsch	unbekannt	wahr
unbekannt	unbekannt	unbekannt	unbekannt	unbekannt

Tabelle 3.30 Die Operatoren AND, OR und NOT (Forts.)

Sie verknüpfen also jeweils einen oder mehrere Wahrheitswerte und erhalten als Ergebnis wieder einen Wahrheitswert. Beachten Sie die unterschiedliche Bindung der Operatoren. NOT wird vor AND und AND vor OR ausgewertet. So ergibt

```
SELECT TRUE OR FALSE AND FALSE
```

nicht, wie man annehmen könnte, FALSE, sondern TRUE. Hier wird zuerst der Ausdruck FALSE AND FALSE ausgewertet und danach das Ergebnis mit TRUE und dem Operator OR verknüpft, also TRUE OR FALSE. Somit haben Sie als Ergebnis TRUE. Sie können die Reihenfolge der Auswertung aber natürlich durch die entsprechende Klammerung »verbiegen«. Damit würde dann

```
SELECT (TRUE OR FALSE) AND FALSE
```

auch FALSE ergeben.

Ein Beispiel noch für den NOT-Operator:

```
SELECT NOT FALSE AND TRUE
```

Ergibt TRUE, da zuerst NOT FALSE ausgewertet wird. Danach wird das daraus resultierende TRUE dann mit dem Operator AND und TRUE verknüpft. Die Auswertung dieses Ausdrucks ergibt dann TRUE.

3.9.2 Vergleichsoperatoren

Die Vergleichsoperatoren haben wir in unseren vorangegangenen Beispielen ja bereits kennen gelernt. Mit ihnen führen wir (wie der Name schon sagt) Vergleiche durch, also zum Beispiel:

```
… WHERE abteilung = 100 AND gehalt > 2000
```

Das Ergebnis ist dann wieder vom Typ BOOLEAN. Hier sehen Sie die Liste der verfügbaren Operatoren:

Operator	Beschreibung
=	ist gleich
<	ist kleiner als
>	ist größer als
<=	ist kleiner oder gleich
>=	ist größer oder gleich
<> oder !=	ist ungleich

Tabelle 3.31 Die Vergleichsoperatoren

Zusätzlich zu diesen Operatoren steht Ihnen noch der Ausdruck BETWEEN zur Verfügung, mit dem sich so etwas wie

```
... WHERE gehalt >= 1000 AND gehalt <= 1500
```

auch schreiben lässt als:

```
... WHERE gehalt BETWEEN 1000 AND 1500
```

Möchten Sie auf eine Gleichheit mit dem Wert NULL prüfen, sollten Sie dies nicht mit ausdruck = NULL tun, da NULL in der Regel *immer ungleich* NULL ist. NULL *ist ein unbekannter Wert, und es lässt sich nicht sagen, ob zwei unbekannte Werte gleich sind.* Verwenden Sie hierfür lieber den Ausdruck IS NULL beziehungsweise IS NOT NULL.

Möchten Sie also eine Liste aller Mitarbeiter ausgeben, von denen Sie noch kein Geburtsdatum hinterlegt haben, sollten Sie dies nicht so formulieren:

```
SELECT * FROM mitarbeiter WHERE gebdat = NULL
```

Verwenden Sie stattdessen ein Statement wie etwa:

```
SELECT * FROM mitarbeiter WHERE gebdat IS NULL
```

3.9.3 Mathematische Operatoren

Wer mit seinen Zahlen auch rechnen möchte, braucht dazu natürlich die nötigen Hilfsmittel, insbesondere die mathematischen Operatoren. Die folgende Tabelle zeigt die gängigsten:

Operator	Beispiel	Ergebnis	Beschreibung
+	SELECT 3 + 4	7	Addition
-	SELECT 3 - 4	-1	Subtraktion
*	SELECT 6 * 7	42	Multiplikation
/	SELECT 5 / 2	2	Division; bei der Division ganzer Zahlen wird der Rest abgeschnitten
%	SELECT 5 % 2	1	Rest einer Division (Modulo)
^	SELECT 2^8	256	Potenz (hier: 2^8)
|/	SELECT |/16	4	Quadratwurzel
||/	SELECT ||/64	4	Kubikwurzel
!	SELECT 3!	6	Fakultät
@	SELECT @ -3	3	Betrag

Tabelle 3.32 Die gängigsten mathematischen Operatoren

Haben Sie etwas gemerkt? Sie können den ganzzahligen Anteil der Division ermitteln, indem Sie zum Beispiel SELECT 5 / 2 formulieren, und Sie können den Rest der Division per SELECT 5 % 2 herausfinden. Was aber, wenn Sie einfach nur teilen und als Ergebnis eine Zahl mit Nachkommastellen erhalten wollen? Nun, ganz einfach: Sie übergeben einfach bereits eine entsprechende Zahl mit Nachkommastellen. Somit sollte dann

SELECT 5.0 / 2

den gewünschten Erfolg bringen.

3.9.4 Aggregatfunktionen

Aggregatfunktionen fassen eine Menge von Werten zu einem Ergebniswert zusammen. Im einfachsten Fall sind das zum Beispiel die Anzahl aller Datensätze, die Summe aller Werte einer Spalte oder der Maximalwert der Werte einer Spalte. Schauen wir uns ein paar Beispiele an.

Die Anzahl Ihrer Mitarbeiter ermitteln Sie über:

SELECT COUNT(*) FROM mitarbeiter

Das höchste Gehalt finden Sie so heraus:

```
SELECT MAX(gehalt) FROM mitarbeiter
```

Die Umsätze der ersten drei Monate berechnen Sie mit:

```
SELECT SUM(betrag) FROM rechnungen
WHERE rg_dat BETWEEN '2009-01-01' AND '2009-03-31'
```

Die gängigsten dieser Aggregatfunktionen sind in der folgenden Tabelle aufgeführt.

Funktion	Beispiel	Beschreibung
AVG	SELECT AVG(gehalt) FROM …	Durchschnitt
COUNT	SELECT COUNT(*) FROM …	Anzahl
MAX	SELECT MAX(gehalt) FROM …	Maximum
MIN	SELECT MIN(gehalt) FROM …	Minimum
SUM	SELECT SUM(gehalt) FROM …	Summe

Tabelle 3.33 Die gängigsten Aggregatfunktionen

Eigentlich relativ unspannend, oder? Aber im Zusammenhang mit *Gruppierungen*, die wir in Kapitel 4, »Praxis 2«, besprechen werden, können Sie auch die folgende Aufgabe mit Aggregatfunktionen bewältigen: »Ermittle den Umsatz pro Monat und die Anzahl der im jeweiligen Monat geschriebenen Rechnungen, und gebe eine nach Monaten sortierte Liste aus.«

```
SELECT EXTRACT(MONTH FROM rg_dat) AS monat, COUNT(rg_dat),
SUM(betrag)
FROM test_rg
GROUP BY monat
ORDER BY monat
```

Und je nachdem, was in Ihrer Rechnungstabelle an Daten vorhanden ist, bekommen Sie ein aussagekräftiges Ergebnis wie dieses hier:

monat double pre	count bigint	sum numeric
1	2	300.00
2	3	954.00
3	2	555.00
4	1	500.00

Abbildung 3.25 Aggregatfunktionen im Zusammenhang mit Gruppierungen

3.10 Gedankenstütze: Kommentare in der Datenbank

Wer programmiert, kennt das Thema. Man schreibt einen ganz überragenden, tollen Programmcode, der natürlich so selbsterklärend ist, dass er keines Kommentars bedarf. Ein paar Wochen oder Monate später müssen Sie dann noch mal an den Code ran, da er dann doch nicht so überragend war wie ursprünglich angenommen, und dann passiert es: Sie fragen sich: »*Warum habe ich denn diesen Blödsinn geschrieben?*« Jetzt wäre der ein oder andere Kommentar doch ganz hilfreich. Auch wenn Sie Datenbanken entwerfen, kann es sein, dass nicht alle Ihre Tabellen oder Spalten selbsterklärend sind, insbesondere dann, wenn schon ein wenig Zeit ins Land gegangen ist oder sich andere Personen als Sie selbst mit Ihrem Datenmodell auseinander setzen sollen.

Verwenden Sie den Befehl COMMENT, um eine Tabelle oder eine Spalte mit einem Kommentar zu versehen:

```
COMMENT ON TABLE abteilungen
IS 'Die Tabelle für unsere Abteilungen';
COMMENT ON COLUMN abteilungen.abt_nr
IS 'Die interne Nummer der Abteilung';
COMMENT ON COLUMN abteilungen.abteilung
IS 'Die Bezeichnung der Abteilung';
```

Wenn Sie sich jetzt die Tabelle in der (aktualisierten) Übersicht von pgAdmin III ansehen, werden Sie Ihre Kommentare wiederfinden (Abbildung 3.26).

Sie können Kommentare auch für beliebige andere Objekte der Datenbank hinterlegen. Die Syntax für Kommentare ist die Folgende:

```
COMMENT ON {
    TABLE objektname |
    COLUMN tabellenname.spaltenname |
    AGGREGATE aggname (aggtyp) |
    CAST (quelltyp AS zieltyp) |
    CONSTRAINT constraintname ON tabellenname |
    CONVERSION objektname |
    DATABASE objektname |
    DOMAIN objektname |
    FUNCTION funkname ([[argmodus][argname]argtyp[, ...]]) |
    INDEX objektname |
    LARGE OBJECT large_object_oid |
```

```
OPERATOR op (linker_op_typ, rechter_op_typ) |
RULE regelname ON tabellenname |
SCHEMA objektname |
SEQUENCE objektname |
TRIGGER triggername ON tabellenname |
TYPE objektname |
VIEW objektname
} IS 'text'
```

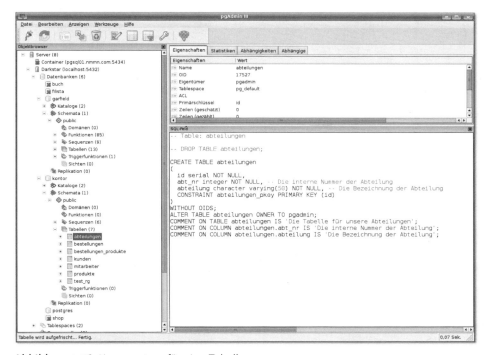

Abbildung 3.26 Kommentare für eine Tabelle

Um einen Kommentar wieder zu entfernen, setzen Sie seinen Wert einfach auf NULL:

```
COMMENT ON COLUMN abteilungen.abt_nr IS NULL
```

Sicherheit

Auch wenn Kommentare nur von Besitzern der Objekte oder Superusern geändert werden können, können sie doch von allen mit der Datenbank verbundenen Anwendern gesehen werden. Es ist also ratsam, keine sicherheitsrelevanten Informationen in den Kommentaren zu hinterlegen.

Veränderung tut not, Beziehungen zwischen Tabellen auch.
Manchmal sind spezielle Sichtweisen auf das System genauso
wichtig wie Indizes, Funktionen und Zugriffsrechte. Regelwerke
und Druckbetankungen des Datenbanksystems sollen natürlich
auch nicht fehlen. Damit ist dieses Kapitel bestens gewappnet,
um Sie beim täglichen Kampf mit den Daten zu unterstützen.

4   Praxis 2: Fortgeschrittene Funktionen

Nachdem Sie jetzt den Erstkontakt und die PostgreSQL-Grundlagen hinter sich gebracht haben, werden wir in diesem Kapitel versuchen, einen etwas genaueren Blick auf das Datenbanksystem zu werfen. Da nun mal alles in Bewegung ist – und somit die Daten, mit denen wir arbeiten, genauso wie deren Struktur, werden wir oftmals nicht umhin kommen, ab und an Veränderungen (und natürlich Verbesserungen) an eben dieser Struktur vorzunehmen. Wir wollen Ihnen hier zeigen, wie Sie dies tun können. Außerdem wollen wir die Tabellen, die wir im vorherigen Kapitel so mühevoll erstellt haben, jetzt endlich mal in Beziehung zueinander bringen. Denn letztlich ist es ja so, dass wir das Datenbanksystem nicht nur als reinen Datenspeicher missbrauchen wollen. Tatsächlich kann die PostgreSQL über die Integrität unserer Daten wachen und uns somit vor Inkonsistenzen und Fehleingaben bewahren.

Im vorigen Kapitel beschränkten sich unsere SELECT-Statements auf das Abfragen der jeweiligen Tabelle. In diesem Kapitel müssen wir Ihnen leider sagen, dass dieses gemütliche Leben nun vorbei ist. In der Praxis werden Sie es vergleichsweise selten mit nur einer abzufragenden Tabelle zu tun bekommen. Vielmehr kommt vielleicht eine Aufgabenstellung wie: »*Gib mir eine Liste aller Bestellungen mit oder ohne Einzelprodukten inklusive der Kundenanschriften aus.*« Spätestens dann ist klar, dass Sie mehr als eine Tabelle für ein Ergebnis befragen müssen. Wir wollen Ihnen in diesem Kapitel zeigen, wie Sie Ihre SELECT-Statements sukzessive komplexer werden lassen, Tabellen miteinander und mit sich selbst (ja wirklich!) verknüpfen können. Denn wenn wir die Einzelinformationen unserer Tabellen miteinander »interagieren« lassen können, wird's ja eigentlich erst richtig spannend.

Da wir in der Regel an eine praktische Anforderung gebunden sind, um Daten für andere Anwendungen und/oder Reportings zur Verfügung zu stellen, genügt es meist nicht, die Daten *einfach nur* zu liefern. Vielmehr sollen diese in der Regel sortiert, gruppiert, formatiert oder sonstwie aufbereitet werden. Auch hier zeigen wir Ihnen, wie Sie diese Erwartungen mit der Ihnen eigenen Lässigkeit erledigen können.

Nun mag man über die Sicherheit von Banken geteilter Meinung sein, insbesondere in Zeiten einer globalen Finanzkrise. Tatsache ist jedoch, dass wir natürlich erwarten, dass mit den von uns zu speichernden Daten so sorgfältig umgegangen wird, wie man den Umgang mit monetären Mitteln von einer Bank eben fordert. Dabei ist es elementar, dass Dinge nicht *oft, meistens oder teilweise* funktionieren, sondern *entweder ganz oder gar nicht*.

Von Ihrer Bank erwarten Sie ja auch, dass der Kontostand, der Ihnen präsentiert wird, korrekt ist, auch wenn man sich manchmal wünschte, dass es nicht so wäre. Das Transaktionsmanagement der Datenbank ist in diesem Zusammenhang der Mechanismus, mit dem wir die Forderung »ganz oder gar nicht« erfüllen können.

Und da wir gerade beim Thema Bank sind: Natürlich erwarten wir von unserer Bank nicht nur Verarbeitungssicherheit, sondern auch Zugriffssicherheit. So soll unser Bankkonto nicht von jedem einsehbar, geschweige denn manipulierbar sein. Wir werden Ihnen in diesem Kapitel zeigen, wie Sie den Zugriff auf bestimmte Objekte Ihrer Datenbank einschränken können, und wie Sie spezielle Sichten (Views) auf Ihre Daten erstellen, um diese dann einer bestimmten Personengruppe zur Verfügung zu stellen.

Das Einfügen von Daten und die Integrität dieser Daten sind die eine Seite. Spätestens dann, wenn Sie mit großen Datenmengen hantieren, werden Sie aber feststellen, dass diese Daten auch auf performante Art und Weise wieder aus dem Datenbanksystem herauskommen müssen. (Mehr zum Thema *Performance* lesen Sie in Kapitel 6, »Praxis 3«.) Dabei reicht es nicht aus, vernünftige SQL-Statements zu schreiben, sondern wir müssen der Datenbank auch mit einem gezielten Inhaltverzeichnis, dem Index, unter die Arme greifen. In Abschnitt 4.15, »Finden und gefunden werden: Indizes«, werden wir Ihnen zeigen, dass für verschiedene Einsatzzwecke die geeigneten Indextypen bereitstehen.

Außerdem wollen wir Ihnen in diesem Kapitel einen Überblick über die wichtigsten Funktionen geben, die Ihnen bei der Aufbereitung ihrer Daten nützlich sein können. Schlussendlich zeigen wir dann noch, wie man ganz-ganz viele Daten in einem Rutsch ins Datenbanksystem importieren und auch genauso komfortabel aus dem Datenbanksystem exportieren kann.

4.1 Veränderung muss sein: Spalten hinzufügen, entfernen, umbenennen [ALTER TABLE]

Nun wäre es ja schön, ein Datenbankmodell einmal zu erstellen und dann nie wieder anzufassen. In der Praxis ist uns dieser Fall jedoch noch nie begegnet. Während der Entwicklungszeit einer Datenbank kann man sich vielleicht noch den Luxus erlauben, auf geänderte Anforderungen mit einem schlichten DROP TABLE – CREATE TABLE zu reagieren, im Live-Betrieb mit produktiven Daten geht dies mit Sicherheit nicht mehr ohne Weiteres.

Sie werden sich also der Anforderung gegenübersehen, Ihren Tabellen Spalten hinzuzufügen, andere nicht mehr benötigte zu entfernen oder gegebenenfalls umzubenennen.

Nehmen wir also einfach einmal an, Ihr Geschäft hat expandiert und Sie möchten jetzt in Ihrer Kundentabelle zusätzlich noch die Informationen speichern, aus welchem Land der Kunde kommt. In unserem Fall möchten wir eine weitere Spalte land erstellen und diese mit einem maximal zweistelligen Code befüllen. Wir wählen hier D, A und CH für Deutschland, Österreich und die Schweiz.

Verwenden Sie den Befehl ALTER, um eine Spalte hinzuzufügen:

```
ALTER TABLE kunden ADD COLUMN land varchar(2);
```

Wie Sie sehen folgt ALTER in der Syntax dem CREATE-Statement. Eine Stolperfalle sollte man allerdings im Blick behalten. Das folgende Kommando wird nicht funktionieren:

```
ALTER TABLE kunden ADD COLUMN land varchar(2) NOT NULL;
```

Da die neue Spalte anfänglich mit NULL-Werten gefüllt wird, kann sie keinen Constraint haben, der genau dies verbietet. Dieser lässt sich aber ohne Weiteres auch später hinzufügen, wenn die entsprechenden Daten *nachgepflegt* wurden.

Ohne weiteres funktioniert hingegen die Verwendung eines Default-werts in einem ALTER-Statement. So können Sie beispielsweise folgendes Statement absetzen, um initial allen bestehenden Kunden das Land Deutschland zuzuordnen:

```
ALTER TABLE kunden ADD COLUMN land varchar(2) DEFAULT 'D';
```

Bei der Verwendung eines von NULL abweichenden Defaultwerts würde dann auch der im vorigen Statement gezeigte NOT-NULL-Constraint wieder funktionieren.

Beachten Sie hierbei, dass dadurch natürlich alle Datensätze Ihrer Tabelle neu geschrieben werden müssen, diese Operation also je nach Umfang der Tabelle einige Zeit in Anspruch nehmen kann.

Sie können auch mehrere Spalten in einem Rutsch hinzufügen. Um bei-spielsweise die Spalten land und memo hinzuzufügen, verwenden Sie das folgende Statement:

```
ALTER TABLE kunden
    ADD COLUMN land varchar(2) DEFAULT 'D',
    ADD COLUMN memo TEXT;
```

Auf die gleiche Art und Weise werden Sie Spalten auch wieder los:

```
ALTER TABLE kunden DROP COLUMN land;
```

Natürlich muss auch die Wortwahl für Ihre Spaltenbezeichnung nicht in Stein gemeißelt sein; verwenden Sie den folgenden Befehl, um zum Bei-spiel die Spalte memo in info umzubenennen:

```
ALTER TABLE kunden RENAME COLUMN memo TO info;
```

An dieser Stelle sei angemerkt, dass das Wörtchen COLUMN im ALTER-Statement entbehrlich ist. Folgendes hätte also genauso gut funktioniert:

```
ALTER TABLE kunden RENAME info TO memo;
```

Möchten Sie hingegen den Vorgabewert einer Spalte ändern, so können Sie auch dies mit Hilfe des Befehls ALTER erledigen. Ausgehend von der Überlegung, dass die meisten Ihrer Produkte sowieso mehr als die vor-eingestellten 0.00 € (oder einer anderen Währung ihrer Wahl) kosten sollen, ändern Sie den Defaultwert für den Preis wie folgt auf 9.99:

```
ALTER TABLE produkte ALTER COLUMN preis SET DEFAULT 9.99;
```

Möchten Sie hingegen den Vorgabewert wieder entfernen und durch den Standard NULL ersetzen, verwenden Sie folgendes Statement:

```
ALTER TABLE produkte ALTER COLUMN preis DROP DEFAULT;
```

Hat sich Ihr Chef in den Kopf gesetzt, Englisch als Firmensprache einzuführen und Sie somit gezwungen, die Tabelle produkte in products umzubenennen, können Sie dies ohne Weiteres mit dem folgenden Befehl erledigen:

```
ALTER TABLE produkte RENAME TO products;
```

Wie Sie Constraints nachträglich in eine Tabelle einfügen oder wieder entfernen, haben wir im Zusammenhang mit den *Keys und Constraints* in Abschnitt 3.6, »Schlüsselfrage: Keys & Constraints« schon gesehen. Hier noch einmal kurz zur Erinnerung: Um nachträglich eine Regel hinzuzufügen, welche die Eindeutigkeit einer Abteilungsnummer erzwingt, verwenden Sie das Statement:

```
ALTER TABLE abteilungen
ADD CONSTRAINT abt_nr_unique UNIQUE (abt_nr);
```

Die eben erstellte Regel werden Sie entsprechend wieder los:

```
ALTER TABLE abteilungen DROP CONSTRAINT abt_nr_unique
```

Weitaus spannender wird die Angelegenheit sowieso erst, wenn wir zum Thema *foreign keys* kommen. Dies werden wir im nächsten Abschnitt tun. Spätestens dann muss jedoch endgültig klar sein, dass Änderungen an der Struktur von Tabellen sich nur dann ausführen lassen, wenn die Integrität der Daten dadurch nicht gefährdet wird.

Nehmen wir also an, Sie möchten eine Regel zu Ihrer Tabelle produkte hinzufügen, haben aber bereits Daten in der Tabelle, die unter anderem die folgenden Werte haben:

id [PK] serial	art_nr character var	bezeichnung character varying(2(	beschreibung text	preis numeric(10,2	steuersatz numeric(4,3)	aktionspreis numeric(10,2
7	556-765	Kerzen 100er Pack		4.99	0.190	3.99
8	123-456	Teekanne		9.95	0.190	12.25
14	678-987	Stövchen		4.99	0.190	6.99

Abbildung 4.1 Daten in der Tabelle »produkte«

Der Versuch, das folgende Statement abzusetzen, sollte demnach unverzüglich von der Datenbank mit der nachfolgenden Fehlermeldung quittiert werden:

```
ALTER TABLE produkte
ADD CONSTRAINT produkte_aktionspreis_check
CHECK (preis >= aktionspreis);
ERROR:  check constraint "produkte_aktionspreis_check" is
violated by some row
```

Sofern also bereits bestehende Daten eine neue Regel verletzen würden, kann diese nicht nachträglich hinzugefügt werden. Aber das ist ja genau das, was wir auch von einem Datenbanksystem erwarten.

4.2 Regelwerk: foreign keys & Constraints

Wir haben es eingangs bereits erwähnt: Zwar haben wir mittlerweile eine Reihe von Tabellen erstellt, die uns als Datenspeicher dienen können, allerdings schweben diese zurzeit irgendwie in einer Art »luftleerem« Raum und haben nichts miteinander zu tun.

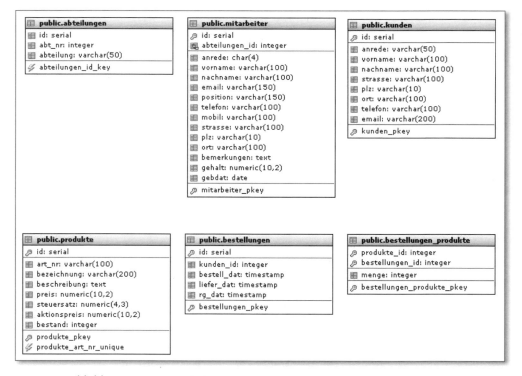

Abbildung 4.2 Das Modell der bisherigen Tabellen

Wenn Sie den Beispielen gefolgt sind, dürfte Ihr Datenmodell zurzeit in etwa so aussehen wie in Abbildung 4.3.

In der Praxis bedeutet dies, dass Sie in jede einzelne Tabelle neue Zeilen schreiben können, ohne dass diese Inhalte irgendetwas mit den Inhalten einer anderen Tabelle zu tun hätten. So ist es beispielsweise möglich, einen Mitarbeiter einer Abteilung zuzuordnen, die gar nicht existiert.

Gehen wir von folgendem Datenbestand für die Tabelle abteilungen aus:

id serial	abt_nr integer	abteilung character var
1	100	Einkauf
2	200	Marketing
3	300	IT
4	400	Vertrieb

Abbildung 4.3 Datensätze in der Tabelle »abteilungen«

Versuchen Sie, das folgende Statement abzusetzen, und Sie werden feststellen, dass die Datenbank dies anstandslos akzeptiert, obwohl gar keine Abteilung mit der Nummer 500 existiert:

```
INSERT INTO mitarbeiter
(abteilungen_id, anrede, vorname, nachname)
VALUES (5, 'herr', 'Willi', 'Winzig');
```

Das können wir so natürlich nicht durchgehen lassen. Wir müssen der Datenbank deshalb beibringen, Einträge im Feld abt_nr der Tabelle mitarbeiter nur dann zu akzeptieren, wenn es in der Tabelle abteilungen hierfür eine Entsprechung gibt.

Grundsätzlich können Sie diese *Fremdschlüssel-Beziehung* bereits bei der Erstellung der Tabelle definieren:

```
CREATE TABLE mitarbeiter(
    id SERIAL,
    abteilungen_id INTEGER DEFAULT NULL
        REFERENCES abteilungen(id) ON DELETE SET DEFAULT,
    ...
    PRIMARY KEY(id)
);
```

Es ist aber auch kein Problem, diese Beziehung zwischen den beiden Tabellen nachträglich zu erstellen. Verwenden Sie hier die im vorigen Abschnitt erklärte ALTER-Syntax. Das sieht dann wie folgt aus:

```
ALTER TABLE mitarbeiter
ADD CONSTRAINT fk_mitarbeiter_abteilungen
FOREIGN KEY (abteilungen_id) REFERENCES abteilungen(id)
ON DELETE SET DEFAULT;
```

Auf diese Weise sagen Sie der Datenbank, dass sie einen Constraint namens fk_mitarbeiter_abteilungen zur Tabelle mitarbeiter hinzufügen soll. Die folgende Anweisung stellt dann die eigentliche Verknüpfung zwischen den beiden Tabellen her:

```
FOREIGN KEY ([Spalte]) REFERENCES Zieltabelle]([Spalte])
```

Hiermit wird festgelegt, dass ein Wert in der Spalte abteilungen_id der Tabelle mitarbeiter einen entsprechenden Wert in der Spalte id der Tabelle abteilungen referenziert. Für Sie bedeutet dies in der Praxis, dass es ab sofort unmöglich geworden ist, Mitarbeitern Abteilungen zuzuweisen, die gar nicht existieren. Mit dem letzten Teil der Anweisung ON DELETE SET DEFAULT bestimmen Sie dann noch, was passieren soll, wenn eine Abteilung gelöscht wird. Mit SET DEFAULT wird der Wert der Spalte auf seinen Defaultwert zurückgesetzt, in diesem Fall also auf den Wert NULL. Gleiches könnten Sie auch erreichen, wenn Sie die Anweisung ON DELETE SET NULL verwenden. Möchten Sie hingegen, dass mit einer Löschanweisung auch die entsprechenden Aufräumarbeiten in ihrer Datenbank getätigt werden, verwenden Sie die Anweisung ON DELETE CASCADE. Im Falle unserer Mitarbeiter/Abteilungen-Beziehung hätte das Löschen einer Abteilung jedoch zur Folge, dass automatisch alle Mitarbeiter, die dieser Abteilung zugewiesenen wurden, ebenfalls gelöscht werden. Von diesen automatisierten Entlassungen wollen wir jedoch vorerst Abstand nehmen.

Versuchen Sie jetzt erneut, das obige Statement abzusetzen, sollte dies von der Datenbank mit der entsprechenden Fehlermeldung quittiert werden:

```
INSERT INTO mitarbeiter
(abteilungen_id, anrede, vorname, nachname)
VALUES (500, 'herr', 'Willi', 'Winzig');
```

```
FEHLER:  Einfügen oder Aktualisieren in Tabelle "mitarbeiter"
verletzt Fremdschlüssel-Constraint "fk_mitarbeiter_
abteilungen"
DETAIL: Schlüssel (abteilungen_id)=(500) ist nicht in Tabelle
"abteilungen" vorhanden.
```

Damit kümmert sich ab sofort die Datenbank um die Konsistenz der Daten in diesem Bereich, und der Entwickler kann Validierungslogik in seiner Anwendung streichen und sich auf wirklich wichtige Dinge konzentrieren (die allerdings nur er allein kennt).

Wenn Sie einen Constraint wie oben beschrieben nachträglich einfügen, müssen Sie natürlich darauf achten, dass bereits bestehende Daten nicht den Regeln in diesem Constraint widersprechen. Andernfalls wird sich das Datenbanksystem richtigerweise weigern, den Constraint anzulegen und Sie dagegen mit der entsprechenden Fehlermeldung behelligen:

```
FEHLER:  Einfügen oder Aktualisieren in Tabelle "mitarbeiter"
verletzt Fremdschlüssel-Constraint "fk_mitarbeiter_
abteilungen"
```

Betrachten wir ein anderes Beispiel, in dem sich eine *Löschfortplanzung* in Stil von ON DELETE CASCADE lohnen würde. Mit der Tabelle bestellungen_produkte haben wir ein Konstrukt geschaffen, das es uns erlaubt, zu einer getätigten Bestellung beliebig viele Artikelpositionen zu speichern.

Zur Erinnerung: In der Tabelle bestellungen werden die Basisinformationen wie Kundennummer und Bestelldatum gespeichert, während dann in der Tabelle bestellungen_produkte die einzelnen Produkte mit ihren jeweiligen Mengen hinterlegt werden. Was wir also erreichen möchten, stellt sich grafisch wie folgt dar:

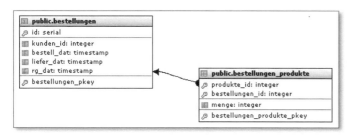

Abbildung 4.4 Beziehung zwischen bestellungen und bestellungen_produkte

Wird jetzt von einem Kunden eine Bestellung storniert, wollen wir in unserem einfachen Beispiel diese Bestellung löschen. Gleichzeitig möchten wir sicherstellen, dass alle korrespondierenden Einträge in der Tabelle bestellungen_produkte ebenfalls entfernt werden. Auch diese Aufgabe werden wir schlicht an das Datenbanksystem übertragen:

```
ALTER TABLE bestellungen_produkte
ADD CONSTRAINT fk_bestellungen_produkte_bestellungen
FOREIGN KEY (bestellungen_id) REFERENCES bestellungen (id)
ON DELETE CASCADE;
```

Nehmen wir an, wir hätten in der Tabelle bestellungen eine Bestellung mit der ID 2 des Kunden mit der ID 1 vorliegen. Wir nehmen seine Bestellung auf und tragen drei bestellte Produkte in die Tabelle bestellungen_produkte ein:

```
INSERT INTO bestellungen_produkte
(produkte_id, bestellungen_id, menge) VALUES (1, 2, 5);
INSERT INTO bestellungen_produkte
(produkte_id, bestellungen_id, menge) VALUES (2, 2, 10);
INSERT INTO bestellungen_produkte
(produkte_id, bestellungen_id, menge) VALUES (3, 2, 15);

kontor=# SELECT * FROM bestellungen_produkte WHERE
bestellungen_id = 2;
 produkte_id | bestellungen_id | menge
-------------+-----------------+-------
           1 |               2 |     5
           2 |               2 |    10
           3 |               2 |    15
(3 Zeilen)
```

Kurz darauf ruft uns der Bursche an und sagt, er möchte die bestellten Produkte jetzt doch nicht haben. Wenn wir jetzt einfach seine Bestellung wieder löschen, wird das Datenbanksystem hinter uns aufräumen und ebenfalls alle bestellten Einzelprodukte aus der Tabelle bestellungen_produkte mit der entsprechenden Bestellnummer entfernen. Und wer's nicht glaubt, probiert's einfach aus:

```
kontor=# DELETE FROM bestellungen WHERE id = 2;
DELETE 1
```

```
kontor=# SELECT * FROM bestellungen_produkte WHERE
bestellungen_id = 2;
 produkte_id | bestellungen_id | menge
-------------+-----------------+-------
(0 Zeilen)
```

Aber nicht immer sind automatische Aufräumarbeiten erwünscht. Wir haben eine weitere Spalte in der Tabelle bestellungen_produkte mit der Bezeichnung produkte_id, in der ein Verweis auf das entsprechende Produkt in der Tabelle produkte gespeichert werden soll. Auch hier wollen wir einen Fremdschlüssel einrichten, sodass es nur möglich, ist IDs von Produkten einzutragen, die auch tatsächlich in der Tabelle produkte existieren. Bis hierhin ist das kein Problem, was aber wollen wir tun, wenn ein Produkt in der Tabelle produkte gelöscht wird? In diesem Fall ein ON DELETE CASCADE zu verwenden, wäre wohl nicht der richtige Ansatz, da dann unter Umständen auch Produkte aus bestehenden Bestellungen einfach entfernt würden. Mindestens die Buchhaltung wäre von diesem Vorgehen nicht begeistert. Wir sollten vielmehr sicherstellen, dass es unmöglich ist, ein Produkt zu löschen, wenn hierfür noch Einträge in der Tabelle bestellungen_produkte vorhanden sind:

```
ALTER TABLE bestellungen_produkte ADD CONSTRAINT
fk_bestellungen_produkte_produkte
FOREIGN KEY (produkte_id) REFERENCES produkte (id)
ON DELETE RESTRICT;
```

Erzeugen wir also noch einmal eine Bestellung und fügen ein Produkt mit der ID 1 ein:

```
INSERT INTO bestellungen_produkte (produkte_id,
bestellungen_id, menge) VALUES (1, 3, 5);
```

```
kontor=# SELECT * FROM bestellungen_produkte WHERE
bestellungen_id = 3;
 produkte_id | bestellungen_id | menge
-------------+-----------------+-------
           1 |               3 |     5
(1 Zeile)
```

Jetzt versuchen wir, genau dieses Produkt mit der ID 1 aus der Tabelle produkte zu entfernen:

```
kontor=# DELETE FROM produkte WHERE id = 1;
FEHLER:  Aktualisieren oder Löschen in Tabelle "produkte"
verletzt Fremdschlüssel-Constraint "fk_bestellungen_produkte_
produkte" von Tabelle "bestellungen_produkte"
DETAIL:  Auf Schlüssel (id)=(1) wird noch aus Tabelle
"bestellungen_produkte" verwiesen.
```

Und siehe da, das Datenbanksystem weigert sich, das Produkt zu löschen, da noch Einträge in der Tabelle bestellungen_produkte vorhanden sind. Die Buchhaltung freut sich. Sollten Sie dieses Produkt trotzdem entfernen wollen, wird Ihnen nichts anderes übrig bleiben, als zunächst alle entsprechenden Einträge aus der Tabelle bestellungen_produkte zu entfernen. Sie haben damit erfolgreiche Vorkehrungen gegen eine unbeabsichtigte Löschfortplanzung getroffen.

```
kontor=# DELETE FROM bestellungen_produkte
WHERE produkte_id = 1;
DELETE 2
kontor=# DELETE FROM produkte WHERE id = 1;
DELETE 1
```

Hier sehen Sie noch einmal eine Abbildung der von Ihnen neu geschaffenen Struktur:

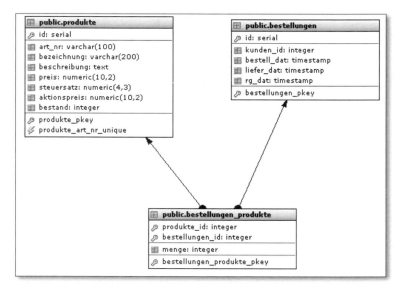

Abbildung 4.5 Beziehung zwischen Bestellungen und Produkten

4.3   Abfragen über mehrere Tabellen [JOIN]

Bislang beschränkten sich unsere SELECT-Statements auf eine Tabelle. Das ist natürlich relativ übersichtlich, wird in der Praxis jedoch kaum die Regel sein. Vielmehr werden Sie meist Abfragen über zwei und gegebenenfalls auch mehr Tabellen formulieren. Ein einfaches Beispiel: Sie möchten eine Liste Ihrer Mitarbeiter erzeugen inklusive der Bezeichnung der jeweiligen Abteilung, in der diese Mitarbeiter arbeiten. Die Namen der Mitarbeiter sowie alle persönlichen Daten finden wir in der Tabelle mitarbeiter. Hier ist in der Spalte abteilungen_id ein Verweis auf die jeweilige Abteilung des Mitarbeiters gespeichert. Der eigentliche Name der Abteilung steht jedoch in der Tabelle abteilungen. Wir müssen also unsere Abfrage so gestalten, dass Werte aus zwei Tabellen berücksichtigt und dass diese korrekt miteinander verknüpft werden. Gehen wir von folgendem Datenbestand aus:

	id integer	vorname character var	nachname character var	email character varying(15(	abteilungen_id integer
1	1	Willi	Winzig	ww@kontor.de	1
2	2	Berta	Kowalski	bk@kontor.de	3
3	3	Daniel	Schreiber	ds@kontor.de	4
4	4	Pedro	Darias	pd@kontor.de	1
5	5	Harald	Schmidt	hs@kontor.de	1
6	6	Kurt	Schmidt	ks@kontor.de	2
7	8	Sigried	Meier	sm@kontor.de	4
8	9	Carla	Kolumna	ck@kontor.de	3
9	10	Sebastian	Fehr	sf@kontor.de	3
10	11	Ulf	Jannsen	uj@kontor.de	2
11	12	Sabine	Grünhagen	sg@kontor.de	2
12	13	Bernhard	Gross	bg@kontor.de	1
13	14	Manuela	Thomsen	mt@kontor.de	2
14	17	Jochen	Breitmeier	jb@kontor.de	4
15	18	Michael	Haase	mh@kontor.de	4
16	19	Kirtsen	Burkhardt	kb@kontor.de	1
17	20	Wolfgang	Thiele	wt@kontor.de	1
18	21	Christina	Steffen	cs@kontor.de	2
19	15	Harry	Brandt	hb@kontor.de	
20	16	Lars	Sobotnik	ls@kontor.de	
21	22	Willi	Winzig	ww@kontor.de	3
22	7	Kurt	Schmidt	kurt.schmidt@kontor.de	4

Abbildung 4.6 Inhalt der Tabelle »mitarbeiter«

	id integer	abt_nr integer	abteilung character var
1	1	100	Einkauf
2	2	200	Marketing
3	3	300	IT
4	4	400	Vertrieb

Abbildung 4.7 Inhalt der Tabelle »abteilungen«

Um das vermeintlich gewünschte Ergebnis zu erhalten, formulieren Sie folgende Abfrage:

```
SELECT a.id, a.vorname, a.nachname, a.email, b.abteilung FROM
mitarbeiter a, abteilungen b
WHERE a.abteilungen_id = b.id;
```

Wie Sie sehen müssen Sie im FROM-Abschnitt des Statements nur die gewünschten Tabellen aufzählen und im WHERE-Abschnitt die entsprechenden Spalten der Tabellen miteinander verknüpfen, um eine Abfrage über zwei Tabellen zu erzeugen.

Wie Sie die Aliase der jeweiligen Tabellen benennen, bleibt Ihnen überlassen. Alternativ würde auch die folgende Schreibweise funktionieren:

```
SELECT mitarbeiter.id, vorname, nachname, email, abteilung FROM
mitarbeiter, abteilungen
WHERE abteilungen_id = abteilungen.id;
```

Die Notation [tabellenname].[spaltenname] müssen Sie nur dort verwenden, wo die Spaltennamen *nicht eindeutig* sind. In unserem Beispiel betrifft dies nur die Spalte id, sodass wir hier den Namen der jeweiligen Tabelle dem Spaltennamen voranstellen.

Eine weitere Möglichkeit, obiges Statement zu formulieren, ist die Verwendung der JOIN-Syntax:

```
SELECT a.id, a.vorname, a.nachname, a.email, b.abteilung FROM
mitarbeiter a
JOIN abteilungen b ON (a.abteilungen_id = b.id);
```

Diese Syntax ist bei einer einfachen Abfrage über zwei Tabellen vielleicht nicht sonderlich gebräuchlich, funktioniert aber erstens genauso und ist zweitens eine gute Einleitung für das Folgende.

Wer dieses Statement ausgeführt hat, wird festgestellt haben, dass uns zwei Mitarbeiter unterschlagen wurden. Wir haben versucht, eine Liste unserer Mitarbeiter mit den dazugehörigen Abteilungen zu erstellen. Unglücklicherweise wurden jedoch zwei Mitarbeiter noch keinen Abteilungen zugewiesen. Das Statement war jedoch so formuliert, dass es nur die Datensätze liefert, bei denen eine Übereinstimmung von dem Wert für abteilungen_id in der Tabelle mitarbeiter mit dem Wert id in der Tabelle abteilungen zu finden ist. Die zwei Datensätze, in denen für die abteilungen_id nur der NULL-Wert zu finden ist, finden somit keine Berücksichtigung und werden im Ergebnis unterschlagen.

Um das gewünschte Ergebnis zu erzielen, brauchen wir eine Formulierung der Art: »Gib mir aus der einen Tabelle alle Datensätze und aus der anderen Tabelle nur dann die entsprechenden Werte zurück, wenn dort auch Einträge vorhanden sind.«

Die JOIN-Syntax ist genau das Zaubermittel, das uns hier aus der Patsche hilft. Wenn Sie sich die Tabelle mitarbeiter als »linke« Tabelle vorstellen und die Tabelle abteilungen als rechts davon gelegen, so lässt sich das folgende Statement eigentlich leicht nachvollziehen:

```
SELECT a.id, a.vorname, a.nachname, a.email, b.abteilung FROM
mitarbeiter a
LEFT JOIN abteilungen b ON (a.abteilungen_id = b.id);
```

Damit haben Sie genau das erreicht, was Sie wollten. Sie erhalten aus der »linken« Tabelle mitarbeiter alle Datensätze, auch wenn es in der »rechten« Tabelle abteilungen hierfür keine Entsprechung gibt. Somit sollte Ihr Abfrageergebnis dann wie folgt aussehen:

	id integer	vorname character var	nachname character var	email character var	abteilung character var
1	1	Willi	Winzig	ww@kontor.de	Einkauf
2	2	Berta	Kowalski	bk@kontor.de	IT
3	3	Daniel	Schreiber	ds@kontor.de	Vertrieb
4	4	Pedro	Darias	pd@kontor.de	Einkauf
5	5	Harald	Schmidt	hs@kontor.de	Einkauf
6	6	Kurt	Schmidt	ks@kontor.de	Marketing
7	8	Sigried	Meier	sm@kontor.de	Vertrieb
8	9	Carla	Kolumna	ck@kontor.de	IT
9	10	Sebastian	Fehr	sf@kontor.de	IT
10	11	Ulf	Jannsen	uj@kontor.de	Marketing
11	12	Sabine	Grünhagen	sg@kontor.de	Marketing
12	13	Bernhard	Gross	bg@kontor.de	Einkauf
13	14	Manuela	Thomsen	mt@kontor.de	Marketing
14	17	Jochen	Breitmeier	jb@kontor.de	Vertrieb
15	18	Michael	Haase	mh@kontor.de	Vertrieb
16	19	Kirtsen	Burkhardt	kb@kontor.de	Einkauf
17	20	Wolfgang	Thiele	wt@kontor.de	Einkauf
18	21	Christina	Steffen	cs@kontor.de	Marketing
19	15	Harry	Brandt	hb@kontor.de	
20	16	Lars	Sobotnik	ls@kontor.de	
21	22	Willi	Winzig	ww@kontor.de	IT
22	7	Kurt	Schmidt	kurt.schmidt@k(	Vertrieb

Abbildung 4.8 Abfrageergebnis nach einem LEFT JOIN

Wo ein LEFT JOIN ist, da ist natürlich auch ein RIGHT JOIN nicht weit. Drehen Sie jetzt gedanklich die Position der Tabellen einfach um, lässt sich dasselbe Ergebnis auch mit Hilfe eines RIGHT JOIN erzielen:

```
SELECT a.id, a.vorname, a.nachname, a.email, b.abteilung FROM
abteilungen b
RIGHT JOIN mitarbeiter a ON (a.abteilungen_id = b.id);
```

> ### INNER JOIN und OUTER JOIN
>
> Ein JOIN ohne weitere Angaben ist immer ein sogenannter INNER JOIN. Dieser verbindet die Datensätze aus zwei Tabellen miteinander, die in einem gemeinsamen Feld dieselben Werte enthalten, zum Beispiel:
>
> JOIN abteilungen b ON (a.abteilungen_id = b.id)
>
> Ein LEFT JOIN beziehungsweise RIGHT JOIN hingegen ist ein sogenannter OUTER JOIN. Hierbei wird eine linke beziehungsweise rechte *Inklusionsverknüpfung* erstellt. Diese schließt alle Datensätze der ersten (linken beziehungsweise rechten) Tabelle ein, auch wenn hierfür keine Entsprechung in der zweiten Tabelle existiert.

Sie müssen natürlich ein bisschen aufpassen, wo Sie Ihre einschränkenden Bedingungen platzieren. Nehmen wir an, Sie möchten eine Liste aller Kunden erzeugen und gleichzeitig in dieser Liste die Bestellnummern der Bestellungen ausgeben, die am 17. Mai getätigt wurden. Ein erster Versuch, dies zu formulieren, könnte wie folgt aussehen:

```
SELECT a.id, a.vorname, a.nachname, b.id AS bestellnr,
b.bestell_dat
FROM kunden a
LEFT JOIN bestellungen b ON (a.id = b.kunden_id)
WHERE date(b.bestell_dat) = '2009-05-17'
```

Sie werden jedoch feststellen, dass Ihnen hier nicht die Liste aller Kunden geliefert wird, sondern nur die Kunden im Ergebnis vorhanden sind, die eine Bestellung am 17. Mai getätigt haben. Tatsächlich wirkt die WHERE-Bedingung auf das Ergebnis des JOIN-Befehls und reduziert somit die Ergebnismenge. Um die gewünschte Liste zu erzeugen, müssen wir die einschränkenden Datumsbedingungen in den JOIN-Abschnitt verlagern:

```
SELECT a.id, a.vorname, a.nachname, b.id AS bestellnr,
b.bestell_dat
```

```
FROM kunden a
LEFT JOIN bestellungen b ON
(a.id = b.kunden_id AND date(b.bestell_dat) = '2009-05-17')
```

	id integer	vorname character var	nachname character var	bestellnr integer	bestell_dat timestamp wi
1	1	Thomas	Pfeiffer	3	2009-05-17 13:i
2	2	Andreas	Wenk		
3	3	Michael	Schütt		
4	4	Tilo	Ermlich	4	2009-05-17 12::

Abbildung 4.9 Kundenliste mit Bestellungen vom 17. Mai

Eine weitere schöne Möglichkeit, sich aus der einen oder anderen Klemme zu helfen, ist der sogenannte SELF JOIN. Er bietet die Möglichkeit, eine Tabelle mit sich selbst zu verknüpfen. Nehmen wir an, Sie möchten die Frage beantworten, welche Ihrer Bestellungen sowohl das Produkt mit der ID 2 als auch das Produkt mit der ID 4 beinhalten. Ein erster Versuch könnte das folgende Statement sein, das Ihnen jedoch leider ein leeres Ergebnis liefern wird, da ein Produkt kaum gleichzeitig die ID 2 und die ID 4 haben kann:

```
SELECT bestellungen_id FROM bestellungen_produkte
WHERE produkte_id = 2 AND produkte_id = 4;
```

Ein OR würde uns hier auch nicht helfen, da wir ja nur die Bestellungen ermitteln möchten, die *beide* Produkte und nicht nur eins der beiden enthalten.

Verwenden Sie stattdessen den SELF JOIN, behandeln also ein und dieselbe Tabelle so als wären es zwei getrennte, können Sie ohne Weiteres zu dem gewünschten Ergebnis gelangen.

Beachten Sie, dass Sie zusätzlich zu der Einschränkung a.produkte_id = 2 AND b.produkte_id = 4 auch noch die Bestellnummern miteinander verknüpfen, indem Sie die Einschränkung a.bestellungen_id = b.bestellungen_id hinzufügen. Andernfalls würden Sie das kartesische Produkt des Ergebnisses erhalten.

```
SELECT a.bestellungen_id FROM bestellungen_produkte a,
bestellungen_produkte b
WHERE a.bestellungen_id = b.bestellungen_id AND
a.produkte_id = 2 AND b.produkte_id = 4
```

Als alternative Schreibweise können Sie auch hier die JOIN-Syntax verwenden:

```
SELECT a.bestellungen_id FROM bestellungen_produkte a
JOIN bestellungen_produkte b ON
(a.bestellungen_id = b.bestellungen_id AND
a.produkte_id = 2 AND b.produkte_id = 4)
```

Testen wir die Abfragen über mehrere Tabellen noch einmal anhand einer weiteren praktischen Problemstellung. Im ersten Schritt möchten wir eine Liste unserer Bestellungen zusammen mit dem Namen des jeweiligen Kunden ausgeben. Diese Aufgabe ist vergleichsweise trivial und erfordert nur eine Abfrage über zwei Tabellen. Mit der einschränkenden Bedingung a.id = b.kunden_id definieren Sie, dass Sie nur die Datensätze als Ergebnis angezeigen die in der Tabelle bestellungen eine entsprechende ID eines Kunden haben:

```
SELECT a.id, a.anrede, a.vorname, a.nachname,
b.id AS bestellnr
FROM kunden a, bestellungen b
WHERE a.id = b.kunden_id
```

Als Ergebnis erhalten Sie die unspektakuläre Liste unserer aktuellen Bestellungen:

	id integer	anrede character var	vorname character var	nachname character var	bestellnr integer
1	1	Herr	Thomas	Pfeiffer	1
2	1	Herr	Thomas	Pfeiffer	3
3	4	Herr	Tilo	Ermlich	4

Abbildung 4.10 Liste der aktuellen Bestellungen

Nun möchten wir aber natürlich auch gerne noch wissen, welche Produkte in diesen Bestellungen vorhanden sind, um die Bestellungen beispielsweise für die Auslieferung vorzubereiten. Wir müssen also unsere Abfrage um eine weitere Tabelle erweitern, sodass diese Information geliefert werden kann. Die zu einer Bestellung zugehörigen Produkte sind in unserer Tabelle bestellungen_produkte vermerkt. Diese enthält ebenfalls in der Spalte bestellungen_id einen Verweis auf die entsprechende Bestellung. Wir erweitern unser Statement wie folgt:

```
SELECT a.id, a.anrede, a.vorname, a.nachname,
b.id AS bestellnr, c.produkte_id, c.menge
FROM kunden a, bestellungen b, bestellungen_produkte c
WHERE a.id = b.kunden_id AND
b.id = c.bestellungen_id
```

Damit sieht unser Abfrageergebnis dann schon etwas umfangreicher aus, denn jetzt erhalten wir für jedes bestellte Produkt eine Zeile im Ergebnis.

	id integer	anrede character var	vorname character var	nachname character var	bestellnr integer	produkte_id integer	menge integer
1	1	Herr	Thomas	Pfeiffer	1	2	1
2	1	Herr	Thomas	Pfeiffer	1	4	2
3	1	Herr	Thomas	Pfeiffer	3	7	5
4	4	Herr	Tilo	Ermlich	4	2	1
5	4	Herr	Tilo	Ermlich	4	3	1
6	4	Herr	Tilo	Ermlich	4	4	1
7	4	Herr	Tilo	Ermlich	4	5	1
8	1	Herr	Thomas	Pfeiffer	3	2	1

Abbildung 4.11 Liste der aktuell bestellten Produkte

So weit, so gut. Da Menschen nun einmal aber mehr mit Wörtern als mit Zahlen anfangen können, wäre es schön, auch noch die Bezeichnung der jeweiligen Artikel mit auszugeben. Da die Bezeichnung in der Tabelle produkte hinterlegt ist, müssen wir nun unseren JOIN um eine vierte und vorerst letzte Tabelle erweitern. Wir verknüpfen dazu die ID aus der Tabelle produkte mit der produkte_id aus der Tabelle bestellungen_produkte und »fertig ist die Laube« wie der Schrebergärtner sagt.

```
SELECT a.id, a.anrede, a.vorname, a.nachname,
b.id AS bestellnr, c.produkte_id, c.menge, d.art_nr,
d.bezeichnung
FROM kunden a, bestellungen b,
bestellungen_produkte c, produkte d
WHERE a.id = b.kunden_id AND
b.id = c.bestellungen_id AND
c.produkte_id = d.id
ORDER BY b.id
```

Mit Hilfe des Ausdrucks ORDER BY b.id sortieren wir die Ausgabe noch nach der Bestellnummer und erhalten so unsere gewünschte Liste der aktuellen Bestellungen.

	id integer	anrede character var	vorname character var	nachname character var	bestellnr integer	produkte_id integer	menge integer	art_nr character var	bezeichnung character varying(200
1	1	Herr	Thomas	Pfeiffer	1	4	2	456-876	Becher
2	1	Herr	Thomas	Pfeiffer	1	2	1	123-456	Teekanne
3	1	Herr	Thomas	Pfeiffer	3	2	1	123-456	Teekanne
4	1	Herr	Thomas	Pfeiffer	3	7	5	864-596	Teller
5	4	Herr	Tilo	Ermlich	4	3	1	556-765	Kerzen 100er Pack
6	4	Herr	Tilo	Ermlich	4	4	1	456-876	Becher
7	4	Herr	Tilo	Ermlich	4	5	1	834-421	Servietten 100 Stck.
8	4	Herr	Tilo	Ermlich	4	2	1	123-456	Teekanne

Abbildung 4.12 Aktuell bestellte Produkte inklusive Produktbezeichnung

Auch hier können Sie als alternative Schreibweise das folgende Statement benutzen:

```
SELECT a.id, a.anrede, a.vorname, a.nachname,
b.id AS bestellnr, c.produkte_id, c.menge, d.art_nr,
d.bezeichnung
FROM kunden a
JOIN bestellungen b ON a.id = b.kunden_id
JOIN bestellungen_produkte c ON b.id = c.bestellungen_id
JOIN produkte d ON c.produkte_id = d.id
ORDER BY b.id
```

Wäre es nun, Sinnhaftigkeit dahingestellt, auch möglich, das Ganze mit LEFT JOIN zu formulieren? Klar – ersetzen Sie im obigen Statement jedes JOIN durch LEFT JOIN, und schon erhalten Sie die gleiche Liste nur für all Ihre Kunden, das heißt auch für diejenigen, für die es zurzeit gar keine Bestellungen gibt. Das könnte dann zum Beispiel so aussehen:

	id integer	anrede character var	vorname character var	nachname character var	bestellnr integer	produkte_id integer	menge integer	art_nr character var	bezeichnung character var
1	1	Herr	Thomas	Pfeiffer	1	4	2	456-876	Becher
2	1	Herr	Thomas	Pfeiffer	1	2	1	123-456	Teekanne
3	1	Herr	Thomas	Pfeiffer	3	2	1	123-456	Teekanne
4	1	Herr	Thomas	Pfeiffer	3	7	5	864-596	Teller
5	4	Herr	Tilo	Ermlich	4	2	1	123-456	Teekanne
6	4	Herr	Tilo	Ermlich	4	4	1	456-876	Becher
7	4	Herr	Tilo	Ermlich	4	3	1	556-765	Kerzen 100er Pa
8	4	Herr	Tilo	Ermlich	4	5	1	834-421	Servietten 100 S
9	3	Herr	Michael	Schütt					
10	2	Herr	Andreas	Wenk					

Abbildung 4.13 Wie oben nur als LEFT JOIN

In diesem Beispiel mit einer so winzigen Datenmenge, wie wir sie haben, mag das vielleicht noch funktionieren, aber seien Sie gewarnt vor dem allzu sorglosem Umgang mit LEFT und RIGHT JOIN. In unserer Praxis haben sich diese beiden immer als potenzielle Performancefallen erwiesen.

Als Letztes wollen wir Ihnen noch den FULL (OUTER) JOIN zeigen, der ab und zu ganz nützlich sein kann. Dieser ist eine Kombination aus LEFT und RIGHT JOIN.

Nehmen wir an, Sie hätten eine Abteilung, die noch keine Mitarbeiter hat, und auf der anderen Seite Ihre Mitarbeiter, die nur zum Teil schon einer Abteilung zugewiesen wurden. Sie möchten jetzt jedoch eine Liste erzeugen, die sowohl alle Mitarbeiter als auch alle Abteilungen enthält. Erstellen wir zunächst die Abteilung ohne Mitarbeiter:

```
INSERT INTO abteilungen (abt_nr, abteilung) VALUES (600, 'Noch leer');
```

Dann verwenden Sie einen FULL JOIN, um das gewünschte Ergebnis zu erzielen:

```
SELECT a.vorname, a.nachname, b.abt_nr, b.abteilung
FROM mitarbeiter a
FULL JOIN abteilungen b ON a.abteilungen_id = b.id;
```

Je nach Datenbestand könnte ein Teil Ihres Ergebnisses dann etwa so aussehen:

18	Kurt	Schmidt	400	Vertrieb
19	Jochen	Breitmeier	400	Vertrieb
20	Martin	Mayer		
21	Lars	Sobotnik		
22	Martina	Meier		
23	Harry	Brandt		
24			600	Noch leer

Abbildung 4.14 Teilergebnis einer FULL-JOIN-Abfrage

4.4 Ordnung halten: Daten sortiert und gruppiert ausgeben [GROUP, ORDER, HAVING, DISTINCT]

Die ORDER-Syntax haben wir bereits in Abschnitt 3.4.9, »Ergebnis sortieren: ORDER BY«, kennen gelernt. Diese ist tendenziell trivial, hier sei nur noch einmal angemerkt, dass diese auch bei der Verkettung mehrerer Tabellen funktioniert.

Das folgende Statement gibt Ihnen eine Liste der aktuellen Bestellungen aus, absteigend sortiert nach Datum und innerhalb der Bestellungen aufsteigend nach Artikelbezeichnungen:

```
SELECT a.id, a.kunden_id, a.bestell_dat, b.menge,
c.art_nr, c.bezeichnung
FROM bestellungen a, bestellungen_produkte b, produkte c
WHERE a.id = b.bestellungen_id AND
b.produkte_id = c.id
ORDER BY a.bestell_dat DESC, c.bezeichnung ASC
```

Die Sortierung der Ergebnisdatensätze erfolgt also in der Reihenfolge der Spalten, die sie nach der ORDER-BY-Anweisung aufzählen, gegebenenfalls wie hier gefolgt von den Schlüsselwort DESC beziehungsweise ASC für absteigende und aufsteigende Sortierung.

Ein bisschen spannender wird die Angelegenheit, wenn Sie Daten gruppiert ausgeben möchten. Hiermit können Sie mehrere Zeilen, welche die gleichen Werte haben, auf eine Zeile reduzieren.

Ein Beispiel: Sie möchten den Umsatz für jedes einzelne Produkt ermitteln. Hierzu müssen Sie die Tabelle produkte abfragen und mit einem LEFT JOIN auf die Tabelle bestellungen_produkte ermitteln, wie oft Ihr Produkt verkauft wurde, um dann die Summe der Verkäufe mit dem Produktpreis zu multiplizieren. Ein erster Entwurf der Abfrage wird jedoch nicht wirklich die gewünschten Ergebnisse liefern:

```
SELECT a.id, a.bezeichnung, a.preis * b.menge AS umsatz
FROM produkte a
LEFT JOIN bestellungen_produkte b ON a.id = b.produkte_id
```

	id integer	bezeichnung character var	umsatz numeric
1	2	Teekanne	29.85
2	2	Teekanne	9.95
3	2	Teekanne	9.95
4	3	Kerzen 100er Pa	4.99
5	4	Becher	0.90
6	4	Becher	1.80
7	5	Servietten 100 !	2.99
8	6	Stövchen	
9	7	Teller	6.00

Abbildung 4.15 Umsatz der Produkte pro Bestellung

Zwar haben Sie hier schon Summen für die einzelnen Produkte gebildet, aber noch wird für jede Bestellung, in der das entsprechende Produkt auftaucht, eine Zeile in der Ausgabe generiert. Erweitern wir das Statement jedoch um die Klausel GROUP BY, können wir eine Ausgabe wie gewünscht erzeugen:

```
SELECT a.id, a.bezeichnung, (a.preis * sum(b.menge)) as umsatz
FROM produkte a
LEFT JOIN bestellungen_produkte b ON a.id = b.produkte_id
GROUP BY a.id, a.bezeichnung, a.preis
ORDER by a.id
```

	id integer	bezeichnung character varying	umsatz numeric
1	2	Teekanne	49.75
2	3	Kerzen 100er Pack	4.99
3	4	Becher	2.70
4	5	Servietten 100 Stck.	2.99
5	6	Stövchen	
6	7	Teller	6.00

Abbildung 4.16 Gesamtumsatz pro Produkt

Spalten, nach denen gruppiert wird können, in der SELECT-Liste verwendet werden. In unserem Fall sind das die Spalten id, bezeichnung und preis aus der Tabelle produkte. Beachten Sie, dass dies andererseits auch bedeutet, dass Spalten, die in der SELECT-Liste verwendet werden, auch in der Klausel GROUP BY auftauchen müssen.

Spalten, nach denen nicht gruppiert wird, dürfen dagegen nur in *Aggregatausdrücken* verwendet werden. Hier ist das die Spalte menge aus der Tabelle bestellungen_produkte, die wir mit der Aggregatsfunktion sum verwenden.

Sind vielleicht nur bestimmte Gruppen von Interesse, zum Beispiel also solche, die einen gewissen Wert überschreiten, so kann das Statement um die HAVING-Klausel erweitert werden, die es erlaubt, bestimmte Gruppen herauszufiltern. Hier sehen Sie ein Beispiel für ein gruppierendes Statement, das wie oben die Umsätze unserer Produkte berechnet, jedoch nur die ausgibt, die einen Mindestumsatz überschreiten:

```
SELECT a.id, a.bezeichnung, (a.preis * sum(b.menge)) as umsatz
FROM produkte a
LEFT JOIN bestellungen_produkte b ON a.id = b.produkte_id
```

```
GROUP BY a.id, a.bezeichnung, a.preis
HAVING (a.preis * sum(b.menge) > 5.00)
ORDER by a.id
```

Möchten Sie hingegen einfach nur Duplikate aus Ihrer Ergebnismenge entfernen, verwenden Sie das Schlüsselwort DISTINCT. Um also beispielsweise zu ermitteln, welche Produkte überhaupt in Ihren Bestellungen auftauchen, das Ergebnis jedoch auf maximal eine Zeile pro Produkt zu beschränken, formulieren Sie folgendes Statement:

```
SELECT DISTINCT b.id, b.art_nr, b.bezeichnung
FROM bestellungen_produkte a, produkte b
WHERE b.id = a.produkte_id
```

Zwei Zeilen gelten dann als verschieden, wenn sie sich mindestens in einem Spaltenwert voneinander unterscheiden.

Sie können auch die Anweisung DISTINCT ON (ausdruck) verwenden, um zu bestimmen, welche Spalten als gleich betrachtet werden sollen. Im folgenden Beispiel werden alle Zeilen als gleich betrachtet, welche die gleiche Produkt-ID haben, obwohl die in der SELECT-Liste aufgeführte Spalte menge unterschiedliche Wert enthalten kann:

```
SELECT DISTINCT ON (b.id) b.id, b.art_nr, b.bezeichnung, a.menge
FROM bestellungen_produkte a, produkte b
WHERE b.id = a.produkte_id
```

Diese Vorgehensweise funktioniert zwar, ist allerdings ein bisschen windig. Die Ergebnismenge wird dann einfach die erste dieser vermeintlich gleichen Zeilen enthalten. Behalten Sie dabei im Hinterkopf, dass die erste Zeile eines Ergebnisses nur dann wirklich zuverlässig vorausgesagt werden kann, wenn nach ausreichend vielen Spalten sortiert wird. Es könnte also zu unerwarteten Resultaten kommen.

4.5   Transaktionen: Ein paar Worte zum Thema Sicherheit

Wenn wir in diesem Abschnitt über Sicherheit sprechen wollen, meinen wir hier nicht die Zugriffssicherheit der Datenbank, sondern die Verarbeitungssicherheit. Transaktionen gehören sozusagen zum guten Ton der Datenbank. Ein häufig bemühtes Beispiel ist das der Konten.

Stellen Sie sich vor, Sie möchten einen Betrag von sagen wir einmal 10 € von einem Konto auf ein anderes überweisen. Einfache Sache – sollte man meinen. Sie ziehen dem einen Konto 10 € ab und fügen den Betrag dem anderen hinzu, und schon ist die Überweisung erledigt. In SQL ausgedrückt würde diese Vorgehensweise etwa folgende Statements beinhalten:

```
UPDATE konto SET saldo = saldo - 10 WHERE kontonr = 123;
UPDATE konto SET saldo = saldo + 10 WHERE kontonr = 456;
```

Was passiert nun aber, wenn nach der Ausführung des ersten Statements aus irgendwelchen Gründen die Sicherung aus dem Kasten fliegt und das zweite Statement gar nicht mehr zum Zuge kommt? Richtig, Ihr Konto hat 10 € weniger, die Bank wird reicher, und Sie haben Ärger, da der Empfänger seine 10 € ja nun nicht erhalten hat. Es ist deshalb wichtig, sicherzustellen, dass Transaktionen entweder ganz oder gar nicht ausgeführt werden. Bemühen wir aber ruhig hierfür noch einmal unser Praxisbeispiel.

Wir möchten gerne eine Bestellung für einen Kunden anlegen und dieser Bestellung sofort drei Artikelpositionen zuweisen. Diesen Vorgang wollen wir entweder vollständig oder gar nicht durchführen. Folgende Liste von Statements erledigt diese Arbeit für uns.

Zunächst erfassen wir eine neue Bestellung für eine Kundennummer, die wir bereits kennen:

```
INSERT INTO bestellungen (id, kunden_id) VALUES
(nextval('bestellungen_id_seq'), 1);
```

Die Funktionen `nextval` liefert uns hierbei den nächsthöheren Wert aus der Sequenz für die Bestellung. Damit wäre die Bestellung als solches bereits angelegt. Die nächsten Statements sollen dann insgesamt drei Produkte für diese Bestellung erfassen und die entsprechenden Daten in die Tabelle `bestellungen_produkte` schreiben. Wir verwenden hier die Funktion `currval`, um auf die soeben erstellte ID der Bestellung zuzugreifen:

```
INSERT INTO bestellungen_produkte(produkte_id, bestellungen_
id, menge) VALUES (2, currval('bestellungen_id_seq'), 5);
INSERT INTO bestellungen_produkte(produkte_id, bestellungen_
id, menge) VALUES (333, currval('bestellungen_id_seq'), 1);
```

```
INSERT INTO bestellungen_produkte(produkte_id, bestellungen_
id, menge) VALUES (4, currval('bestellungen_id_seq'), 3);
```

Aus irgendeinem Grund, den wahrscheinlich nur der Entwickler kennt, versucht das zweite Statement, eine ungültige ID für ein Produkt einzufügen. Da wir für diese Tabelle einen *foreign key* auf die Spalte produkte_id gelegt haben, um sicherzustellen, dass zu jedem hier eingefügten Wert auch ein korrespondierender Wert in der Tabelle produkte existiert, wird dieses eine Statement scheitern. Nun könnte man natürlich sagen: »Ist doch egal, werden eben nur zwei Positionen in die Datenbank geschrieben.« Wir wollen heute aber mal Erbsenzähler sein und beschließen, dass in diesem Fall die gesamte Bestellung nicht geschrieben wird. Was wir dazu tun müssen, ist vergleichsweise einfach. Wir klammern diese vier Statements mit einem BEGIN-COMMIT-Block. Das sieht dann so aus:

```
BEGIN;
INSERT INTO bestellungen (id, kunden_id) VALUES
(nextval('bestellungen_id_seq'), 1);
INSERT INTO bestellungen_produkte(produkte_id, bestellungen_
id, menge) VALUES (2, currval('bestellungen_id_seq'), 5);
INSERT INTO bestellungen_produkte(produkte_id, bestellungen_
id, menge) VALUES (333, currval('bestellungen_id_seq'), 1);
INSERT INTO bestellungen_produkte(produkte_id, bestellungen_
id, menge) VALUES (4, currval('bestellungen_id_seq'), 3);
COMMIT;
```

Das Statement scheitert, und die Datenbank löst ein sogenanntes ROLLBACK aus. Das bedeutet, keine der Operationen ist durchgeführt worden, und die Tabellen sind wieder in dem Zustand in dem sie vor Beginn der Transaktion waren. Einzig die Sequenz ist um einen Wert erhöht, aber das können wir verschmerzen.

Die PostgreSQL verwendet *Multi-Version Concurrency Control (MVCC)* für das Transaktionsmanagement. Praktisch bedeutet dies, dass jeder Transaktion eine Momentaufnahme der Datenbank zur Verfügung gestellt wird. Wir wollen das einmal an einem praktischen Beispiel ausprobieren. Zunächst fügen wir unserer Tabelle produkte eine weitere Spalte mit dem Namen bestand hinzu:

```
ALTER TABLE produkte ADD COLUMN bestand INTEGER DEFAULT 0 CHECK
(bestand >= 0);
```

Wir richten hierbei einen CHECK-Constraint ein, der verlangt, dass der Bestand größer gleich 0 sein soll. Der Einfachheit halber geben wir allen Produkten einen Anfangsbestand von zehn:

```
UPDATE produkte SET bestand = 10;
```

Starten Sie jetzt eine Session in Ihrem *psql*-Client. Der aktuelle Bestand bei allen Produkten ist wie erwartet zehn.

```
kontor=# SELECT id, art_nr, bezeichnung, bestand FROM produkte;
 id | art_nr  |      bezeichnung      | bestand
----+---------+-----------------------+---------
  2 | 123-456 | Teekanne              |      10
  3 | 556-765 | Kerzen 100er Pack     |      10
  4 | 456-876 | Becher                |      10
  5 | 834-421 | Servietten 100 Stck.  |      10
  6 | 765-342 | Stövchen              |      10
  7 | 864-596 | Teller                |      10
```

Jetzt starten Sie eine Transaktion und manipulieren den Bestand eines Produkts, ohne jedoch diese Transaktion vorerst mit COMMIT abzuschließen.

Erste Session:

```
kontor=# BEGIN;
BEGIN
kontor=# UPDATE produkte SET bestand = bestand - 1 WHERE id = 2;
UPDATE 1
```

Wenn Sie jetzt eine zweite Session in ihrem *psql*-Client starten und den Bestand für dieses Produkt abfragen, wird dieser noch unverändert sein.

Zweite Session:

```
postgres@haddock:~$ psql kontor
psql (8.4.0)
Type "help" for help.

kontor=# SELECT id, art_nr, bezeichnung, bestand FROM produkte
WHERE id = 2;
 id | art_nr  | bezeichnung | bestand
----+---------+-------------+---------
  2 | 123-456 | Teekanne    |      10
(1 Zeile)
```

Wechseln Sie wieder zur ersten Session, und beenden Sie die Transaktion mit COMMIT. Wenn Sie danach wieder zur zweiten Session wechseln und die gleiche Abfrage noch einmal ausführen, sehen Sie den veränderten Bestand.

Erste Session:

```
kontor=# COMMIT;
COMMIT
```

Zweite Session:

```
kontor=# SELECT id, art_nr, bezeichnung, bestand FROM produkte
WHERE id = 2;
 id | art_nr   | bezeichnung | bestand
----+----------+-------------+---------
  2 | 123-456  | Teekanne    |       9
(1 Zeile)
```

Wie Sie sehen werden die tatsächlichen Daten erst nach dem Abschluss der Transaktion geschrieben und somit sichtbar für alle gemacht. Soweit so gut, was passiert aber nun, wenn zwei parallele Transaktionen auf den Datenbestand zugreifen, die sich aber aufgrund der hinterlegten Regeln eigentlich ausschließen? Wir versuchen das Ganze erneut mit zwei parallelen Sessions, die beide den Bestand desselben Produkts um jeweils zehn Stück verringern sollen. Da wir nur insgesamt zehn Stück von jedem Produkt haben, müsste hier eigentlich ein Problem auftauchen. Fangen wir an: Wir starten die erste Session und verringern den Bestand des Produkts mit der ID 3 um zehn Stück, ohne jedoch diese Transaktion abzuschließen.

Erste Session:

```
kontor=# BEGIN;
BEGIN
kontor=# UPDATE produkte SET bestand = bestand - 10 WHERE id = 3;
UPDATE 1
```

Als Nächstes starten wir die zweite Session und versuchen, auch hier den Bestand des Produkts mit der ID 3 um zehn Stück zu verringern.

Zweite Session:

```
kontor=# BEGIN;
```

```
BEGIN
kontor=# UPDATE produkte SET bestand = bestand - 10 WHERE id = 3;
```

Wie Sie feststellen werden, gibt uns in der zweiten Session der Client nicht die Meldung UPDATE 1. Das liegt daran, dass das System erkennt, dass hier eine weitere, noch nicht abgeschlossene Transaktion versucht, diesen Datensatz zu manipulieren. Da die Transaktion der ersten Session vor dem Beginn der Transaktion der zweiten Session gestartet wurde, muss diese nun warten, bis die erste abgeschlossen ist. Schließen Sie nun die Transaktion der ersten Session mit COMMIT ab.

Erste Session:

```
kontor=# COMMIT;
COMMIT
```

Wenn Sie dann noch (ein letztes Mal) zu Ihrer zweiten Session wechseln, werden Sie feststellen, dass dort jetzt die entsprechende Fehlermeldung ausgegeben wurde, da die Operation nun den definierten Constraint verletzen würde.

Zweite Session:

```
BEGIN
kontor=# UPDATE produkte SET bestand = bestand - 10 WHERE id = 3;
FEHLER:   neue Zeile für Relation "produkte" verletzt Check-
Constraint "produkte_bestand_check"
```

Sie sehen also: Dieses Datenbanksystem ist sehr besorgt um die Integrität ihrer Daten, und so soll es auch sein.

Das ACID-Prinzip

Transaktionen in einer Datenbank funktionieren nach dem *ACID*-Prinzip. Die Abkürzung steht für die folgenden Begriffe:

▸ *Atomicity* (Unteilbarkeit): Eine Transaktion wird ganz oder gar nicht ausgeführt.

▸ *Consistency* (Konsistenz): Eine Transaktion muss eine Datenbank von einem konsistenten Zustand wieder in einen anderen konsistenten Zustand überführen.

▸ *Isolation* (Isolierung): Eine Transaktion verhält sich, als wäre sie die einzige Transaktion im System. Ihre Zwischenzustände dürfen für andere Transaktionen nicht sichtbar sein.

> ▶ *Durability* (Dauerhaftigkeit): Wird eine Transaktion erfolgreich beendet, so sind die Änderungen dauerhaft gespeichert und überleben den nächsten Fehler.

Vielleicht möchten Sie in Ihrer Applikation nicht alle Statements mit BEGIN … END klammern. Oder Sie wollen die ein oder andere Fehlermeldung wenn's denn mal schief geht, abfangen und an geeigneter Stelle ausgeben. In diesem Fall sollten Sie unter Umständen die Transaktionsverarbeitung an einer zentralen Stelle in Ihrem System unterbringen. Wenn Sie, und hier folgt mal wieder ein PHP-Beispiel, die Datenbankverbindung in eine zentrale Klasse ausgelagert haben, dann können Sie Methoden schreiben, die in etwa wie folgt aussehen:

```
...
public function add($qs) {
    array_push($this->statements, $qs);
    return count($this->statements);
}
public function transaction() {
    pg_query($this->dbh, 'BEGIN');
    try {
        while ($qs = array_shift($this->statements)) {
        $query = @pg_query($this->dbh, $qs);
        $errors[] = pg_last_error($this->dbh);
        if(!$query) throw new Exception("failed:<p>{$qs}</p>");
        }
        pg_query($this->dbh, 'COMMIT');
        $status = 1;
    } catch (Exception $e) {
        pg_query($this->dbh, 'ROLLBACK');
        $err = implode('<br />', $errors);
        self::error_string($e,$err);
        $status = 0;
    }
    $this->statements = array();
    return $status;
}
...
```

Danach ist die Transaktionsverarbeitung in Ihrem Programmcode relativ übersichtlich geworden. Mal angenommen, Sie haben Ihre bestellten Produkte in einem mehrdimensionalen Array vorliegen, und Ihr Datenbankobjekt ist unter $this->db ansprechbar, so erlaubt Ihnen der folgende Code eine einfache Durchführung Ihrer Transaktion:

```
...
foreach ($params as $key => $val) {
    $qs = "INSERT INTO bestellungen_produkte
            (produkte_id, bestellungen_id, menge) VALUES
            ({$val['produkte_id']},
             {$val['bestellungen_id']},
             {$val['menge']})";
$this->db->add($qs);
}
echo ($this->db->transaction()) ? 'ok' : 'fehler';
...
```

4.6   Kontrollstrukturen per SQL [CASE .. WHEN .. THEN]

Es gibt viele Fälle, in denen eine Überprüfung der selektierten Daten sowie eine anschließende Fallunterscheidung notwendig ist. Oftmals geschieht dies erst innerhalb der Applikation. Tatsächlich ist es aber oft komfortabler, gewisse Überprüfungen der Daten bereits durch das Datenbanksystem ausführen zu lassen. Das Mittel, das Ihnen SQL und somit auch PostgreSQL liefert, heißt CASE WHEN THEN.

Wir haben in unserer Kundentabelle ja bereits Spalten für die Anschrift des Kunden vorgesehen. Nun ist es ja oftmals so, dass Kunden eine von der Rechnungsanschrift abweichende Lieferanschrift haben. Wir tragen diesem Umstand Rechnung und fügen unserer Tabelle kunden drei weitere Spalten für diese Daten hinzu:

```
ALTER TABLE kunden ADD COLUMN la_strasse VARCHAR(100);
ALTER TABLE kunden ADD COLUMN la_plz VARCHAR(10);
ALTER TABLE kunden ADD COLUMN la_ort VARCHAR(100);
```

Des Weiteren gehen wir von folgenden Beispieldaten aus:

	id integer	vorname character var	nachname character var	strasse character var	plz character var	ort character var	la_strasse character var	la_plz character var	la_ort character var
1	4	Tilo	Ermlich	Rosengasse 13	45769	Konfigtanien			
2	1	Thomas	Pfeiffer	Maiglöckchenwe	22376	Datenbankenha	Perlstrasse 4	22334	Datenbankenha
3	3	Michael	Schütt	Tulpenweg 9	35685	Serverburg		56800	
4	2	Andreas	Wenk	Blumenstrasse 2	25987	Datenbankenha	Phpgasse 3	22335	Datenbankenha

Abbildung 4.17 Die Tabelle »kunden« wurde um Felder für die Lieferanschrift erweitert.

Jetzt möchten wir eine Adressliste mit den jeweiligen Lieferanschriften unserer Kunden erstellen. Da unser Programmierer aber in der Applikation vergessen hat, einen Schalter für so etwas wie »Versenden an folgende Adresse« einzubauen, stehen wir jetzt natürlich vor einem kleinen Dilemma. Wir müssen also in unserer Liste die Einträge aus den Spalten für die Lieferanschrift selektieren, es sei denn, diese sind leer: Dann müssen wir die Daten aus den Spalten für die Rechnungsanschrift auswählen. Glücklicherweise ist dies aber mit Hilfe des CASE-WHEN-THEN-Ausdrucks kein Problem, zumindest auf den ersten Blick:

```
SELECT id, vorname, nachname,
CASE WHEN la_strasse <> '' THEN la_strasse ELSE strasse END AS
strasse,
CASE WHEN la_plz <> '' THEN la_plz ELSE plz END AS plz,
CASE WHEN la_ort <> '' THEN la_ort ELSE ort END AS ort
FROM kunden
ORDER by nachname;
```

Was sie in einem CASE-WHEN-THEN Ausdruck zu tun haben, ist somit relativ einfach. Nach dem WHEN nennen Sie Ihre Bedingungen, deren Auswertung einen booleschen Wert ergibt. Ist dieser Ausdruck wahr wird die Spalte nach dem THEN berücksichtigt, andernfalls die nach dem ELSE. Das ganze schließen sie mit dem Wörtchen END ab. In diesem Zusammenhang wollen wir natürlich nicht verheimlichen, dass sie durchaus mehr als zwei Fälle mit einem CASE-WHEN-THEN Ausdruck unterscheiden können. Das könnte dann zum Beispiel so aussehen:

```
SELECT id, bezeichnung,
    CASE
        WHEN preis < 1.00 THEN 'billig'
        WHEN preis >= 1.00 AND preis < 10.00 THEN 'normal'
        WHEN preis >= 10.00 AND preis < 20.00 THEN 'teuer'
```

```
    ELSE 'zu teuer'
  END
FROM produkte;
```

Wir haben es uns für das obige Beispiel mit den Lieferanschriften jedoch etwas zu einfach gemacht. Denn wenn die Daten der Lieferanschrift aus welchem Grund auch immer unvollständig sind, erzeugen wir mit unserem Statement unter Umständen einen fröhlichen Mix aus falschen Adressen. So würde in unserem Beispiel die Postleitzahl der Lieferanschrift von Herrn Schütt mit den Daten aus der Rechnungsanschrift kombiniert werden – sehr zum Leidwesen des Postboten. Wir werden also versuchen, die Daten der Lieferanschrift nur dann ausgeben zu lassen, wenn diese vollständig sind. Wir können dies erreichen, indem wir unserer Bedingung sagen, dass nur dann der Wert in der jeweiligen Spalte für die Lieferanschrift selektiert wird, wenn die Verkettung der Spalten für die Lieferanschrift einen nicht leeren String ergibt. Eine *String-Verkettung* erreichen wir in SQL mit Hilfe des Operators ||:

```
SELECT id, vorname, nachname,
CASE WHEN (la_strasse || la_plz || la_ort <> '') THEN la_strasse
ELSE strasse END AS strasse,
CASE WHEN (la_strasse || la_plz || la_ort <> '') THEN la_plz ELSE
plz END AS plz,
CASE WHEN (la_strasse || la_plz || la_ort <> '') THEN la_ort ELSE
ort END AS ort
FROM kunden
ORDER by nachname;
```

Das gewünschte Ergebnis präsentiert sich dann wie folgt:

	id integer	vorname character var	nachname character var	strasse character var	plz character var	ort character varying(100)
1	4	Tilo	Ermlich	Rosengasse 13	45769	Konfigtanien
2	1	Thomas	Pfeiffer	Perlstrasse 4	22334	Datenbankenhausen
3	3	Michael	Schütt	Tulpenweg 9	35685	Serverburg
4	2	Andreas	Wenk	Phpgasse 3	22335	Datenbankenhausen

Abbildung 4.18 Lieferanschriften unserer Kunden

4.7 Reguläre Ausdrücke: Noch mehr Muster

Es gibt drei verschiedene Ansatzpunkte, um eine *unscharfe Suche* nach Datensätzen durchzuführen, die auf bestimmte Muster passen. LIKE haben wir in Kapitel 3, »Praxis 1«, bereits kennen gelernt. Hier wollen wir Ihnen noch einmal zwei weitere Möglichkeiten aufzeigen.

4.7.1 SIMLAR TO

Der Operator SIMILAR TO liefert einen booleschen Wert, abhängig davon, ob das angegebene Muster passt oder nicht. Insofern gleicht er dem Operator LIKE, allerdings können wir hier bereits reguläre Ausdrücke formulieren. Im Gegensatz zu den regulären Ausdrücken im nächsten Abschnitt liefert SIMILAR TO jedoch nur dann ein positives Ergebnis, wenn der Ausdruck auf die gesamte Zeichenkette passt.

Im Folgenden selektieren wir beispielsweise alle Mitarbeiter, deren Nachname mit einem »K« oder einem »M« beginnt:

```
SELECT id, vorname, nachname FROM mitarbeiter
WHERE nachname SIMILAR TO '(K|M)%';
```

Dabei stehen der Unterstrich _ und das Prozentzeichen % wie bei LIKE für ein einzelnes beliebiges Zeichen beziehungsweise eine beliebige Zeichenkette.

Sie erhalten damit ein handliches Werkzeug, das Ihre Suchmuster etwas unschärfer macht. So ist es auf diese Weise möglich, sich alle Produkte ausgeben zu lassen, deren Artikelbezeichnung eine Kombination aus Ziffern enthält:

```
SELECT id, art_nr, bezeichnung FROM produkte
WHERE bezeichnung SIMILAR TO '%[0-9]+%';
```

	id integer	art_nr character var	bezeichnung character varying(200)
1	5	834-421	Servietten 100 Stck.
2	3	556-765	Kerzen 100er Pack
3	9	834-422	Servietten 250 Stck.

Abbildung 4.19 Produktliste gefiltert mit SIMILAR TO

Sonderzeichen zur Mustersuche		
|	Alternative, entweder oder	SIMILAR TO 'K%|M%'
+	Wiederholung, einmal oder öfter	SIMILAR TO '%[0-9]+%'

Tabelle 4.1 Sonderzeichen für die Verwendung mit SIMILAR TO

Sonderzeichen zur Mustersuche		
*	Wiederholung, keinmal oder öfter	`SIMILAR TO '%[0-9]*%'`
()	Zusammenfassen von Ausdrücken	`SIMILAR TO 'M(ei|ay)er'`
[]	Zeichenklasse	`SIMILAR TO '%[a-zA-Z]+%'`

Tabelle 4.1 Sonderzeichen für die Verwendung mit SIMILAR TO (Forts.)

4.7.2 Reguläre Ausdrücke

Mit regulären Ausdrücken ist das so eine Sache: Entweder man mag sie, oder man verflucht sie. In jedem Fall sind sie ein mächtiges Werkzeug, mit dem Sie oftmals die Datenbank Dinge erledigen lassen können, die Sie ansonsten in Ihrer Programmlogik unterbringen müssten. Wer Perl mag oder in anderen Bereichen bereits Erfahrung mit regulären Ausdrücken gesammelt hat, dem wird es nicht schwerfallen, diese auch in seinen SQL-Statements zu verwenden.

Operator	Beschreibung
~	Vergleich mit einem regulären Ausdruck. Groß- und Kleinschreibung wird berücksichtigt.
~*	Vergleich mit einem regulären Ausdruck. Groß- und Kleinschreibung wird nicht berücksichtigt.
!~	Negierter Vergleich mit einem regulären Ausdruck. Groß- und Kleinschreibung wird berücksichtigt.
!~*	Negierter Vergleich mit einem regulären Ausdruck. Groß- und Kleinschreibung wird nicht berücksichtigt.

Tabelle 4.2 Operatoren für reguläre Ausdrücke

Im folgenden Beispiel suchen wir Produkte, in deren Beschreibung mindestens eine Ziffer auftaucht:

```
SELECT id, art_nr, bezeichnung FROM produkte
WHERE bezeichnung ~ '[0-9]+';
```

Wir können aber genauso gut nach Produkten suchen, in deren Beschreibung mindestens eine Zahl auftaucht, die aus minimal zwei und maximal drei Ziffern besteht:

```
SELECT id, art_nr, bezeichnung FROM produkte
WHERE bezeichnung ~ '[0-9]{2,3}';
```

Oder wir suchen alle Mitarbeiter, deren Nachname die Buchstabenfolge »ei« oder »ay« enthält:

```
SELECT id, vorname, nachname FROM mitarbeiter
WHERE nachname ~ 'ei|ay';
```

Mit Zeichenklassen und Negierungen können wir dann auch so etwas sagen wie: »Gib mir alle Produkte, die mit dem Buchstaben 'T' beginnen, deren Bezeichnung aber nicht den Buchstaben 'ß' enthält.«

```
SELECT id, art_nr, bezeichnung FROM produkte
WHERE bezeichnung ~ '^[T][^ß]+$';
```

Die regulären Ausdrücke funktionieren nach dem POSIX-Standard. So stehen Ihnen beispielsweise die *Quantoren* `*` `+` `?` und `{min, max}` ebenso zur Verfügung wie die *Anker* `^` und `$`, um den Anfang beziehungsweise das Ende einer Zeichenkette zu markieren. Beachten Sie bei der Verwendung von Shortcuts, die mit einem Backslash beginnen, diesen zusätzlich zu escapen, da der Backslash bereits eine besondere Bedeutung in Zeichenkettenkonstanten hat. Benutzen Sie also beispielsweise das Zeichen `\s`, um nach Whitespace zu suchen, müssen Sie einen zweiten Backslash voranstellen:

```
SELECT id, art_nr, bezeichnung FROM produkte
WHERE bezeichnung ~ 'e\\sg';
```

id integer	art_nr character var	bezeichnung character varying(200)
1 8	123-457	Teekanne groß

Abbildung 4.20 Suche nach Begriffen, die Leerzeichen enthalten

4.8 Wenn eine Abfrage nicht reicht – Subselects (Unterabfragen)

Es scheint manchmal Dinge zu geben, die sich nicht in einem Rutsch erledigen lassen. Oftmals möchten wir von der Datenbank eine Ergebnisliste erhalten, müssen dazu jedoch vorher einen anderen Wert ermitteln. Das klassische Beispiel hierfür wäre eine Liste von Produkten, deren Preis unterhalb des Durchschnittspreises unserer Produkte liegt. Traditionell würde man hier zwei Statements benötigen. Das erste ermittelt den Durchschnittspreis, das zweite dann die Liste aller Produkte, die diesen

Wert unterschreiten. Wir verwenden hier die Funktion AVG, um den durchschnittlichen Preis unserer Produkte zu ermitteln:

```
SELECT AVG(preis) FROM produkte;
```

Als Nächstes setzen wir diesen Wert dann in unser eigentliches Statement ein:

```
SELECT id, bezeichnung, preis FROM produkte
WHERE preis < 9.1666666;
```

Das funktioniert, keine Frage, aber es geht auch eleganter: Mit Hilfe eines sogenannten Subselects können wir das Ganze auf eine Abfrage reduzieren:

```
SELECT id, bezeichnung, preis FROM produkte
WHERE preis < (SELECT AVG(preis) FROM produkte);
```

In diesem Fall wird der Wert für den Durchschnittspreis direkt innerhalb der WHERE-Bedingung ermittelt.

Außerdem ist in diesem Fall die Verwendung eines Subselects nicht nur sauberer, sondern sogar dringend zu empfehlen. Im ersten Fall könnte zum Beispiel ein gleichzeitig agierender Benutzer noch einen Datensatz einfügen nachdem wir den Durchschnittspreis ermittelt haben. Die zweite Abfrage würde dann auf einem falschen Ergebnis basieren. Mit Hilfe des Subselects ist jedoch sichergestellt, dass Sie ein konsistentes Ergebnis erhalten.

Sie können Subselects beliebig einsetzen, müssen nur in jedem Fall darauf achten, dass das Statement, das Sie als Subselect benutzen, wirklich nur exakt ein Ergebnis zurückliefert, andernfalls schmeißt ihnen PostgreSQL einen Fehler an den Kopf.

Sie sind nicht darauf beschränkt, Subselects nur in WHERE-Bedingungen zu verwenden. Möchten Sie beispielsweise den Durchschnittswert in Ihrer Ergebnisliste mit ausgeben, fügen Sie Ihrer SELECT-Liste einfach ein solches Subselect hinzu:

```
SELECT id, bezeichnung, preis,
(SELECT AVG(preis) FROM produkte) AS mittel
FROM produkte
WHERE preis < (SELECT AVG(preis) FROM produkte);
```

Außerdem ist es möglich, Subselects zu kombinieren. Möchten Sie also beispielsweise die Differenz zusätzlich zum Durchschnitt mit ausgeben, verwenden Sie folgendes Statement:

```
SELECT id, bezeichnung, preis, preis - col AS diff
FROM (SELECT *, (SELECT AVG(preis) FROM produkte) AS col FROM
produkte) AS row;
```

	id integer	bezeichnung character varying(20	preis numeric	diff numeric
1	4	Becher	0.90	-8.2666666666666667
2	5	Servietten 100 Stck.	2.99	-6.1766666666666667
3	6	Stövchen	10.99	1.8233333333333333
4	3	Kerzen 100er Pack	4.99	-4.1766666666666667
5	2	Teekanne	22.95	13.7833333333333333
6	8	Teekanne groß	33.49	24.3233333333333333
7	7	Teller	1.20	-7.9666666666666667
8	9	Servietten 250 Stck.	4.99	-4.1766666666666667
9	10	Servietten 10000 Stck.	0.00	-9.1666666666666667

Abbildung 4.21 Ergebnis eines Subselects

4.9 Common Table Expressions und Recursive Queries [WITH, WITH RECURSIVE]

Seit Version 8.4 bietet die PostgreSQL auch *Common Table Expressions* (*CTE*) und *Recursive Queries*. Diese wollen wir in diesem Unterkapitel näher beleuchten.

Unter einer CTE versteht man eine temporäre Ergebnismenge, die von einer SELECT-, INSERT-, UPDATE- oder DELETE-Abfrage abgeleitet ist. Ein CTE wird prinzipiell mit dem SQL-Befehl WITH gefolgt von einem oder mehreren Subselects (Unterabfragen) erstellt. Das Ergebnis dieser Subselects bildet dann die Grundlage für die eigentliche Abfrage. Das dient eindeutig der Übersicht, gerade wenn man sonst mehrere verschachtelte Subselects benötigen würde. Außerdem lässt sich mehrere Male auf ein Subselect zugreifen, ohne dieses jedes Mal ausführen zu müssen – was ganz klar der Performance dienlich ist.

In einem Beispiel wollen wir alle Produkte ausgeben, deren Preis höher als der durchschnittliche Preis aller Produkte ist:

```
WITH prod_mittel AS (
    SELECT avg(preis) AS mittel
    FROM produkte
```

```
), prod_auswahl AS (
   SELECT id, bezeichnung, preis
   FROM produkte
   WHERE preis > (SELECT mittel FROM prod_mittel)
)
SELECT b.id, b.bezeichnung, b.preis, a.mittel
FROM prod_mittel a, prod_auswahl b
GROUP BY b.id, a.mittel, b.bezeichnung, b.preis;
```

Im ersten Teil des Statements erstellen wir ein Subselect namens prod_mittel. Das Ergebnis ist der oben beschriebene durchschnittliche Preis aller Produkte. Im zweiten Subselect namens prod_auswahl ermitteln wir dann alle Produkte, deren Preis höher ist als der durchschnittliche Preis, den wir aus dem Subselect prod_mittel ermittelt haben. Und schließlich greifen wir dann im »Hauptstatement« auf die einzelnen Ergebnisse zu und geben sie als Gesamtergebnis zurück.

	id integer	bezeichnu character	preis numeric(1	mittel numeric
1	2	Teekanne	22.95	9.16666666
2	6	Stövchen	10.99	9.16666666
3	8	Teekanne gr	33.49	9.16666666

Abbildung 4.22 Ergebnis der Abfrage mit CTEs

Obwohl dies ein einigermaßen konstruierter Fall ist, zeigt er doch sehr deutlich, welche Möglichkeiten mit CTEs gegeben sind.

Damit aber noch nicht genug: Es gibt auch noch die Möglichkeit, Recursive Queries mit dem Befehl WITH RECURSIVE einzusetzen. Bei dieser Methode werden zwei Statements mit UNION beziehungsweise UNION ALL zusammengeführt. Dabei stellt das Ergebnis des ersten Statements die Datengrundlage dar, über welche mit dem zweiten Statement iteriert wird und gegebenenfalls Daten hinzugefügt werden. Beachten Sie, dass die Bezeichnung »Recursive« etwas verwirrend ist – allerdings entspricht sie nun mal dem SQL-Standard.

Recursive Queries eignen sich hervorragend zum Abbilden von Baumstrukturen. Im nächsten Beispiel wollen wir alle Produkte mit ihren Unterprodukten ermitteln und in einem extra Feld pfad diese Beziehung als Grundlage für einen Baum nutzen. Dazu erweitern wir die Tabelle produkte um ein Feld parent. In dieses Feld wird einfach die ID des Elternprodukts (parent) geschrieben. Außerdem fügen wir noch ein paar neue Produkte ein. Aktualisieren Sie nun die Tabelle so, dass diese folgende Werte enthält:

```
ALTER TABLE produkte ADD COLUMN parent int DEFAULT NULL;
INSERT INTO produkte (id, bezeichnung, preis, parent) VALUES
(11, 'Tischbedarf', 0.00,NULL),
(12, 'Geschirr',0.00,NULL),
(13, 'Porzellan',0.00,NULL),
(14, 'Papier',0.00,NULL);
```

Sehen wir uns jetzt an, wie wir mit einem Recursive Query ein brauchbares Ergebnis für eine Baumstruktur erhalten:

	id integer	bezeichnung character varying(200)	parent integer
1	2	Teekanne	12
2	3	Kerzen 100er Pack	14
3	4	Becher	12
4	5	Servietten 100 Stk.	10
5	6	Stövchen	2
6	7	Teller	12
7	8	Teekanne groß	12
8	9	Servietten 250 Stk.	10
9	10	Servietten 10.000 Stk.	14
10	11	Tischbedarf	
11	12	Geschirr	13
12	13	Porzellan	11
13	14	Papier	11

Abbildung 4.23 Beispielwerte in der Tabelle »produkte«

```
WITH RECURSIVE prod (parent, bezeichnung, pfad) AS (
    SELECT id, bezeichnung, ARRAY[id]
    FROM produkte
    WHERE parent IS NULL
    UNION ALL
    SELECT a.id, a.bezeichnung, b.pfad || ARRAY[a.id]
    FROM produkte a, prod b
    WHERE a.id != ANY (b.pfad)
    AND a.parent = b.parent
)
```

```
SELECT *
FROM prod
ORDER BY pfad;
```

Das Ergebnis sieht so aus:

	parent integer	bezeichnung character var	pfad integer[]
1	11	Tischbedarf	{11}
2	13	Porzellan	{11,13}
3	12	Geschirr	{11,13,12}
4	2	Teekanne	{11,13,12,2}
5	6	Stövchen	{11,13,12,2,6}
6	4	Becher	{11,13,12,4}
7	7	Teller	{11,13,12,7}
8	8	Teekanne groß	{11,13,12,8}
9	14	Papier	{11,14}
10	3	Kerzen 100er Pa	{11,14,3}
11	10	Servietten 10.0	{11,14,10}
12	5	Servietten 100	{11,14,10,5}
13	9	Servietten 250	{11,14,10,9}

Abbildung 4.24 Das Ergebnis der rekursiven Abfrage mit Baumstruktur

In der Spalte pfad können Sie jetzt sehr gut sehen, zu welchem Produkt das jeweilige Unterprodukt gehört. Die Teekanne ist also ein Unterprodukt von Geschirr, was wiederum ein Unterprodukt von Porzellan ist, welches dem Hauptprodukt Tischbedarf angehört.

4.10 Window Functions [OVER (PARTITION BY ...)]

Die PostgreSQL führt mit Version 8.4 ebenfalls die sogenannten *Window Functions* neu ein. Ins deutsche übersetzt heißt *Window Function* Fenster Funktion. Zugegebenermaßen klingt das ziemlich doof, sagt aber ziemlich genau aus um was es hier geht.

Window Functions bieten die Möglichkeit, in einem Ergebnis zusätzlich ein Aggregat von als zusammengehörend definierten Zeilen zu erstellen. Dabei wird allerdings jede einzelne Zeile bewahrt, und gleichartige Zeilen werden nicht etwa gruppiert. Das kann ja bereits mit normalen Aggregatfunktionen erreicht werden. Das bedeutet also, dass angegeben werden muss, welcher Blick durch's Fenster auf welche zusammengehörigen Zeilen gegeben werden soll.

4.10.1 Einfache Window Functions

Prinzipiell wird für eine Window Function der SQL-Befehl OVER ([PAR-TITION BY spalte] [ORDER BY spalte ASC | DESC]) name genutzt. Ein denkbar einfaches Beispiel ist das folgende:

```
SELECT id,preis,parent,bezeichnung,
        avg(preis) OVER (PARTITION BY parent) durch_preis,
        min(preis) OVER (PARTITION BY parent) min_preis,
        max(preis) OVER (PARTITION BY parent) max_preis
FROM produkte
WHERE id <= 14
ORDER BY parent DESC, id DESC;
```

In diesem Statement werden drei Window Functions eingesetzt. Wir möchten den durchschnittlichen Preis, den niedrigsten Preis und den höchsten Preis erhalten – aber auf was beziehen sich die Preise? Das ist der Clou an den Window Functions: Sie geben durch PARTITION BY an, welche gleichartigen Spalten betrachtet werden sollen. In unserm Fall ist das die Spalte parent. Wir möchten die Aggregate also jeweils von den Zeilen errechnen, welche die gleiche parent id haben. Das Ergebnis sieht folgendermaßen aus:

	id integer	preis numeri	parent integer	bezeichnung character varying(2	durch_preis numeric	min_preis numeric	max_preis numeric
1	11	0.00		Tischbedarf	0.0000000000000000	0.00	0.00
2	10	0.00	14	Servietten 10.000 Stk.	2.4950000000000000	0.00	4.99
3	3	4.99	14	Kerzen 100er Pack	2.4950000000000000	0.00	4.99
4	12	0.00	13	Geschirr	0.00000000000000000000	0.00	0.00
5	8	33.49	12	Teekanne groß	14.6350000000000000	0.90	33.49
6	7	1.20	12	Teller	14.6350000000000000	0.90	33.49
7	4	0.90	12	Becher	14.6350000000000000	0.90	33.49
8	2	22.95	12	Teekanne	14.6350000000000000	0.90	33.49
9	14	0.00	11	Papier	0.00000000000000000000	0.00	0.00
10	13	0.00	11	Porzellan	0.00000000000000000000	0.00	0.00
11	9	4.99	10	Servietten 250 Stk.	3.9900000000000000	2.99	4.99
12	5	2.99	10	Servietten 100 Stk.	3.9900000000000000	2.99	4.99
13	6	10.99	2	Stövchen	10.9900000000000000	10.99	10.99

Abbildung 4.25 Das Ergebnis der Window Function

Sie können sehr gut erkennen, dass bei parent = 12 alle drei Aggregate gleich sind. Das ist Sinn und Zweck der Window Functions und für statistische Ausgaben extrem gut geeignet.

4.10.2 Window Function mit Subselect

Gehen wir einen Schritt weiter und benutzen ein Subselect für unser Statement. Außerdem möchten wir noch wissen, welches denn die »besten« Ergebnisse sind – hier also die mit dem höchsten Preis gruppiert nach der Spalte parent:

```
SELECT id,preis,parent,bezeichnung,rank FROM
        (SELECT id,preis,parent,bezeichnung,rank()
         OVER (PARTITION BY parent ORDER BY preis DESC)
         FROM produkte) as rank
WHERE id <= 14
ORDER BY parent ASC,rank ASC;
```

Und hier das Ergebnis:

	id integer	preis numeri	parent integer	bezeichnung character varying(20	rank bigint
1	6	10.99	2	Stövchen	1
2	9	4.99	10	Servietten 250 Stk.	1
3	5	2.99	10	Servietten 100 Stk.	2
4	13	0.00	11	Porzellan	1
5	14	0.00	11	Papier	1
6	8	33.49	12	Teekanne groß	1
7	2	22.95	12	Teekanne	2
8	7	1.20	12	Teller	3
9	4	0.90	12	Becher	4
10	12	0.00	13	Geschirr	1
11	3	4.99	14	Kerzen 100er Pack	1
12	10	0.00	14	Servietten 10.000 Stk.	2
13	11	0.00		Tischbedarf	3

Abbildung 4.26 Das Ergebnis einer Window Function mit Subselect

Die Window Function tut wieder genau das, was wir wollen. Pro parent id wird der Preis betrachtet und dann durch die Funktion rank() ermittelt, welches der höchste Preis ist. Beachten Sie, dass es wichtig ist, ORDER BY preis anzugeben, da sonst immer der Wert 1 in der Spalte rank erscheinen würde, da nicht klar ist, auf welche Spalte sich rank() beziehen soll.

4.10.3 Kombination aus CTE und Window Function

Zum Abschluss dieses Unterkapitels möchten wir Ihnen gerne noch zeigen, wie Sie CTEs und Window Functions miteinander kombinieren können.

Im folgenden Beispiel werden wir aus der Ergebnismenge eines Subselects alle Zeilen erhalten, bei denen der durchschnittliche Preis größer als 0 ist. Innerhalb des Subselects wird im temporären Ergebnis prod eine Window Function über die Tabelle produkte ausgeführt, in welcher (gruppiert nach parent) der durchschnittliche Preis ermittelt wird. Dieses Ergebnis wird dann um ein ranking (bezogen auf die Spalte preis) ergänzt und auf Grundlage der Spalte parent dazu gebaut. Hier ist die Abfrage:

```
SELECT * FROM (
        WITH prod  AS (
                SELECT id, bezeichnung, preis, parent,
                       avg(preis) OVER (PARTITION BY parent) \
                AS durch_preis
                FROM produkte
                GROUP BY id, bezeichnung, preis, parent
        )
        SELECT id, bezeichnung, preis, parent, durch_preis,
               rank() OVER (PARTITION BY parent ORDER BY \
               preis ASC) AS rank
        FROM prod
) AS erg
WHERE durch_preis > 0
AND id <= 14;
```

Die Einschränkung für id <= 14 ist wie in den vorhergehenden Beispielen übrigens nur ein Hilfsmittel, um nur die von uns betrachteten Produkte zu erhalten. Sie können das auch weglassen, wenn Sie die Tabelle erweitert haben. Und hier sehen Sie das Ergebnis:

	id integ	bezeichnung character varying(200	preis numer	parent integer	durch_preis numeric	rank bigint
1	6	Stövchen	10.99	2	10.9900000000000000	1
2	5	Servietten 100 Stk.	2.99	10	3.9900000000000000	1
3	9	Servietten 250 Stk.	4.99	10	3.9900000000000000	2
4	4	Becher	0.90	12	14.6350000000000000	1
5	7	Teller	1.20	12	14.6350000000000000	2
6	2	Teekanne	22.95	12	14.6350000000000000	3
7	8	Teekanne groß	33.49	12	14.6350000000000000	4
8	10	Servietten 10.000 Stk.	0.00	14	2.4950000000000000	1
9	3	Kerzen 100er Pack	4.99	14	2.4950000000000000	2
10	11	Tischbedarf	0.00		33.2666666666666667	1

Abbildung 4.27 Das Ergebnis der Kombination von CTE und Window Function

In diesem Unterkapitel haben wir Ihnen gezeigt, wie Sie Window Functions einsetzen und diese mit CTEs kombinieren können. Wie bereits erwähnt eignen sich Window Functions sehr gut für statistische Zwecke, zum Beispiel in Data-Warehouse-Systemen. Es gibt aber natürlich noch viele andere denkbare Szenarien, in denen diese Methoden erfolgreich eingesetzt werden können.

4.11 Datenmengen [UNION, EXCEPT, INTERSECT]

Manchmal ist es nicht möglich, auf alle benötigten Daten in einem Rutsch zuzugreifen. Ihre Firma feiert beispielsweise das einjährige Jubiläum, und Sie möchten nicht nur alle Mitarbeiter, sondern auch alle Kunden zu einer kleinen Party einladen. Die Daten der Kunden und der Mitarbeiter befinden sich in getrennten Tabellen. So ist es gewünscht, und so soll es auch bleiben. Trotzdem wäre es schön, beide Listen in einem Abfrageergebnis zu erhalten. Normalerweise würden Sie die beiden Listen mit Hilfe der folgenden beiden Statements generieren:

```
SELECT vorname, nachname, strasse, plz, ort FROM kunden;
SELECT vorname, nachname, strasse, plz, ort FROM mitarbeiter;
```

Das hätte dann zwei getrennte Ergebnisse zur Folge, die dann ebenso getrennt von ihrer Applikation gehandhabt werden müssten. Es besteht aber mit Hilfe des Befehls UNION auch die Möglichkeit, beide Abfrageergebnisse bereits durch den Datenbankserver miteinander zu einer Ergebnismenge zu verketten:

```
SELECT vorname, nachname, strasse, plz, ort
FROM kunden
UNION
SELECT vorname, nachname, strasse, plz, ort
FROM mitarbeiter;
```

UNION ermöglicht Ihnen, beliebig viele SELECT-Statements miteinander zu verknüpfen, um eine einzige Ergebnismenge zu erzeugen. Die Anforderung, die Sie dabei berücksichtigen müssen, ist, dass jedes SELECT-Statement die gleiche Anzahl an Spalten zurückliefert und dass die Typen dieser Spalten jeweils übereinstimmen.

Eindeutiger Vorteil von UNION ist dabei, dass sich das Ergebnis auch gemeinsam sortieren lässt. Eine Sortier-Anweisung muss dabei am Ende des letzten SELECT-Statements stehen. Optisch etwas deutlicher wird das vielleicht, wenn Sie die (optionalen) Klammern verwenden:

```
(
    SELECT vorname, nachname, strasse, plz, ort
    FROM kunden
) UNION (
    SELECT vorname, nachname, strasse, plz, ort
    FROM mitarbeiter
)
ORDER BY nachname;
```

Standardmäßig unterdrückt UNION die Anzeige von Duplikaten, verhält sich hier also wie DISTINCT. Ein Mitarbeiter, der bei Ihnen auch als Kunde geführt wird, würde in der obigen Abfrage also nur einmal erscheinen. Benötigen Sie hingegen alle Zeilen, auch doppelt vorkommende, so verwenden Sie UNION ALL.

Soweit das löbliche Unterfangen ihres Firmenjubiläums. Jetzt stellen Sie jedoch fest, dass es hilfreich wäre, in der Ergebnisliste zu sehen, welche Einträge denn nun Mitarbeiter und welche Kunden betreffen. Außerdem haben sie vielleicht von ihrem Chef eins auf den Deckel bekommen, da sie mit diesem Ergebnis alle Kunden zu ihrer Party einladen, auch die, die noch nie einen Auftrag bei ihnen platziert haben. Wir möchten also nur die Kunden einladen die mindestens einen Auftrag getätigt haben. Erweitern Sie hierzu das Statement wie folgt:

```
(
SELECT a.vorname, a.nachname, a.strasse, a.plz, a.ort, 'kunde'
AS typ
FROM kunden a, bestellungen b
WHERE a.id = b.kunden_id
) UNION (
SELECT vorname, nachname, strasse, plz, ort, 'mtarbeiter' AS typ
FROM mitarbeiter
)
ORDER BY nachname;
```

Wie Sie sehen können wir also beliebige Einschränkungen bei den Ergebniszeilen der einzelnen SELECT-Statements machen. Solange nur Anzahl und Typ der Spalten mit denen der anderen Statements übereinstimmen, ist dies kein Problem. Damit sollte auch Ihr Chef der alte Knauser erst mal zufrieden sein, zumindest so lange, bis ihm einfällt, dass er doch lieber nur Kunden mit einem Mindestumsatz von »ganz viel« auf seinem Firmenjubiläum sehen möchte. Aber das sollte dann auch kein Problem mehr für Sie sein.

Was Sie mit UNION zusammenfügen können, können Sie mit EXCEPT aus der Ergebnismenge entfernen. Nehmen wir an, man hat sich jetzt doch anders entschieden und lädt alle Mitarbeiter persönlich ein, während für die Kundeneinladungen nach wie vor eine Ergebnisliste benötigt wird. Diese soll jedoch nach Möglichkeit nicht die Datensätze der Mitarbeiter enthalten, die bei uns eingekauft haben und somit auch in der Kundentabelle erscheinen. Wir müssen also aus dem Ergebnis der Abfrage über die Kundentabelle alle Datensätze entfernen, die auch in der Mitarbeitertabelle vorhanden sind. EXCEPT ist hier das Mittel der Wahl.

```
(
    SELECT vorname, nachname, strasse, plz, ort
    FROM kunden
) EXCEPT (
    SELECT vorname, nachname, strasse, plz, ort
    FROM mitarbeiter
)
ORDER BY nachname;
```

So, und wenn Sie jetzt wissen wollen, welcher Ihrer Mitarbeiter denn hier zusätzlich als Kunde geführt wird, können Sie INTERSECT benutzen, um die Schnittmenge aus zwei Ergebnissen zu ermitteln. Hier werden nur die Zeilen zurückgeliefert, die identisch in beiden Tabellen sind.

```
(
    SELECT vorname, nachname, strasse, plz, ort
    FROM kunden
) INTERSECT (
    SELECT vorname, nachname, strasse, plz, ort
    FROM mitarbeiter
)
ORDER BY nachname;
```

4.12 Typecasting: Wenn der Typ nicht stimmt

Manchmal kann es notwendig sein, die Datentypen der Ergebnisspalten zu konvertieren. Dies ist immer dann der Fall, wenn eine Funktion explizit einen bestimmten Typ wie zum Beispiel Integer oder String erwartet. Nehmen wir einmal an, Sie möchten eine Liste mit Bestellreferenzen ausgeben. Ihr Chef hat sich in den Kopf gesetzt, dass diese Referenz immer das folgende Format haben soll:

```
[Kunde]-[Bestelldatum]/[Bestellnummer]
```

Sie möchten diese Spalten jetzt nicht einzeln ermitteln und dann durch die Applikation zusammenbauen lassen, sondern eine Abfrage konstruieren, die Ihnen genau das gewünschte Ergebnis in einer Spalte liefert. Um dies zu erreichen, greifen Sie auf die Stringverkettung || und eine Zeichenkettenfunktion namens substring zurück. Der erste Versuch sieht so aus:

```
SELECT
a.nachname || ' - ' ||
SUBSTRING(b.bestell_dat from 1 for 10) ||
' / ' || b.id
AS ref
FROM kunden a, bestellungen b
WHERE a.id = b.kunden_id;
```

Sie verketten also die einzelnen Ergebnisse der geforderten Spalten zu einem Ganzen. Damit fliegen sie dann allerdings ganz gehörig auf die Nase und erhalten eine im ersten Moment nicht ganz nachvollziehbare Fehlermeldung:

```
FEHLER:  Funktion pg_catalog.substring(timestamp without time
zone, integer, integer) existiert nicht
LINE 2: ....nachname, b.bestell_dat, a.nachname || ' - ' ||
substring(...
```

Was ist passiert? Zwar werden bei der Stringverkettung mittels || bereits nicht passende Typen wie zum Beispiel Integer-Werte implizit konvertiert, nicht so jedoch bei der Funktion substring. Diese kann tatsächlich nur mit Werten vom Typ String umgehen. Wir müssen also den Wert der Spalte bestell_dat explizit in einen String konvertieren, bevor wir ihn der Funktion substring übergeben:. Gesagt, getan.

```
SELECT
a.nachname || ' - ' ||
SUBSTRING(CAST(b.bestell_dat as varchar) FROM 1 FOR 10) ||
' / ' || b.id
AS ref
FROM kunden a, bestellungen b
WHERE a.id = b.kunden_id;
```

Wir verwenden die Funktion CAST, um Typen zu konvertieren. Daneben wäre es auch möglich, eine Typumwandlung mit der folgenden Notation vorzunehmen:

```
b.bestell_dat::VARCHAR
```

Dieses Beispiel ist zugegebenermaßen etwas an den Haaren herbeigezogen, soll uns aber zur Verdeutlichung des Typecastings genügen.

Grundsätzlich gilt also, dass Sie eine Typumwandlung mit der folgenden Syntax vornehmen:

```
CAST ( expression AS type )
```

oder

```
expression::type
```

4.13   In Serie: Sequenzen [NEXTVAL, CURVAL, SETVAL]

In Kapitel 3, »Praxis 1«, sind wir bereits den sogenannten *selbstzählenden Datentypen* serial und bigserial begegnet. Wir haben festgestellt, dass dies eigentlich gar keine eigenen Datentypen sind, sondern nur die abgekürzte Schreibweise für die Erstellung einer Sequenz.

Eine Sequenz ist eine spezielle Tabelle mit einer einzigen Zeile. Damit können dann laufende Nummern erzeugt werden, die für die eindeutige Identifikation eines Datensatzes verwendet werden können. Der Sequenzgenerator funktioniert absolut atomar, das heißt, selbst wenn mehrere gleichzeitige Sessions auf eine Sequenz zugreifen, erhält jede einen absolut eindeutigen Wert. Natürlich können wir eine Sequenz auch unabhängig von einer Tabelle erstellen.

Wir legen zunächst eine ganz einfache Rechnungstabelle an, und diesmal verwenden wir für die Spalte id nicht serial, sondern erstellen danach die dazu passende Sequenz:

```
CREATE TABLE rechnungen (
    id INTEGER PRIMARY KEY,
    datum DATE DEFAULT CURRENT_TIMESTAMP,
    betrag DECIMAL(10,2)
);
```

```
CREATE SEQUENCE rgnr_seq;
```

Um jetzt eine neue Rechnung zu erstellen, benötigen wir einen neuen Wert aus der soeben erstellten Sequenz rgnr_seq. Auf diese können wir mit der Funktion nextval zugreifen. nextval erhöht den Wert der Sequenz und liefert diesen neuen Wert zurück.

```
INSERT INTO rechnungen (id, betrag)
VALUES (nextval('rgnr_seq'), 100.00);
```

Um auf den soeben erstellten Wert der Sequenz zurückzugreifen, können Sie die Funktion currval verwenden:

```
SELECT * FROM rechnungen WHERE id = currval('rgnr_seq');
```

Dass currval genau den soeben von nextval generierten Wert zurückliefert, darauf können Sie sich natürlich nur innerhalb der gleichen Session verlassen. Drei Stunden später von einem anderen Terminal aus könnte die Sache anders aussehen.

Dann haben wir da noch die Funktion setval, mit der Sie den aktuellen Wert einer Sequenz setzen können. Mit dem folgenden Statement setzen Sie den aktuellen Wert der Sequenz auf 42, womit der nächste von nextval gelieferte Wert dann die 43 ist.

```
SELECT setval('rgnr_seq', 42);
```

Die Verwendung von nextval und currval bietet sich insbesondere dann an, wenn Sie neue Zeilen in Tabellen einfügen, zwischen denen eine foreign-key-Beziehung besteht. Diese Vorgehensweise haben wir bereits im Abschnitt über Transaktionen (4.5, »Transaktionen«) kennen gelernt, und sie funktioniert natürlich auch mit Spalten vom Typ serial:

```
BEGIN;
INSERT INTO bestellungen (id, kunden_id) VALUES
(nextval('bestellungen_id_seq'), 1);
INSERT INTO bestellungen_produkte(produkte_id, bestellungen_
id, menge) VALUES (2, currval('bestellungen_id_seq'), 5);
```

...
```
END;
```

Grundsätzlich sei aber gesagt, dass das *Herumpfuschen* an Sequenzen eher zu den fehleranfälligen Beschäftigungen gehört und nur in Ausnahmefällen zu empfehlen ist.

4.14   Selects auf Abwegen [CREATE TABLE AS]

Im vorigen Abschnitt haben Sie gesehen, wie Sie mit UNION Daten aus mehreren Abfragen miteinander verbinden. Dies kommt häufig dann zum Einsatz, wenn Tabellen gleicher Struktur aber mit verschiedenen Bezeichnungen vorliegen. In der Praxis kann dies zum Beispiel der Fall sein, wenn Daten aus Archivierungsgründen aus dem laufenden Betrieb in separate Tabellen verlegt werden. Vielleicht könnte es sinnvoll sein, bezahlte Rechnungen der vergangenen Jahre in jeweils eine Archivtabelle pro Jahrgang zu verlegen.

Wir erweitern zunächst unsere Tabelle rechnungen um eine weitere Spalte für den Vermerk eines Zahlungseingangs. Außerdem fügen wir ein paar Testdatensätze ein:

```
ALTER TABLE rechnungen ADD COLUMN bezahlt DATE DEFAULT NULL;
INSERT INTO rechnungen (id, datum, betrag, bezahlt) VALUES
(nextval('rgnr_seq'), now() - INTERVAL '1 YEAR', '1200.49',
now() - INTERVAL '1 YEAR' + INTERVAL '30 DAY');
INSERT INTO rechnungen (id, datum, betrag, bezahlt) VALUES
(nextval('rgnr_seq'), now() - INTERVAL '1 YEAR', '445.78',
now() - INTERVAL '1 YEAR' + INTERVAL '14 DAY');
INSERT INTO rechnungen (id, datum, betrag, bezahlt) VALUES
(nextval('rgnr_seq'), now() - INTERVAL '1 YEAR', '99.27',
now() - INTERVAL '1 YEAR' + INTERVAL '7 DAY');
```

Wir können jetzt in einem Rutsch sowohl die gewünschte Archivtabelle erstellen als auch die betroffenen Datensätze aus der Tabelle rechnungen ins neu erstellte Archiv verschieben:

```
BEGIN;
CREATE TABLE rg_archiv_2008 AS
SELECT * FROM rechnungen
```

```
WHERE EXTRACT (YEAR FROM bezahlt) = '2008';
DELETE FROM rechnungen
WHERE EXTRACT (YEAR FROM bezahlt) = '2008';
COMMIT;
```

Die Anweisung CREATE TABLE [Tabellenname] AS erlaubt uns die Erstellung einer Tabelle aus einem Abfrageergebnis.

Sie sollten dabei berücksichtigen, dass zwar mit den Daten auch die Struktur der Tabelle und somit der Datentyp der Spalten übertragen wird, nicht aber die Primärschlüssel, Indizes oder Fremdschlüssel. Diese müssten Sie falls erforderlich nachträglich von Hand anlegen.

4.15   Finden und gefunden werden: Indizes

Grundsätzlich haben wir bereits jede Menge Indizes erstellt, indem wir gewissen Spalten unserer Tabellen das Attribut PRIMARY KEY zugewiesen haben. Hierdurch wird implizit ein Index für diese Spalte erzeugt. In Abschnitt 3.6, »Schlüsselfrage: *Keys & Constraints*«, haben wir ganz bewusst einen zusätzlichen Index angelegt. Indizes sind für die Datenbank das, was das Inhaltsverzeichnis für das Buch ist. Insbesondere sind Indizes ein primäres Mittel, um die Performance der Datenbank zu verbessern. Hierdurch können bestimmte Zeilen schneller ermittelt werden, was sich bei großen Datenbeständen ganz erheblich in den Antwortzeiten des Servers niederschlägt. Allerdings muss man sich darüber im Klaren sein, dass sich der Verwaltungsaufwand im Datenbanksystem durch einen Index natürlich erhöht.

Ob ein Index denn auch tatsächlich verwendet wird, darüber entscheidet das Datenbanksystem. Es kann durchaus möglich sein, dass das Datenbanksystem zu dem Schluss kommt, es sei billiger, alle Einträge einer Tabelle der Reihe nach (also sequenziell) zu lesen, als im Index nachzuschlagen. In der Regel wird PostgreSQL hier die richtige Entscheidung treffen; das setzt allerdings voraus, dass die datenbankinternen Statistiken halbwegs aktuell sind. Dies können Sie durch die regelmäßige Ausführung des Befehls ANALYZE gewährleisten. Dieser wird jedoch automatisch durch den Dienst autovacuum ausgeführt, den es seit der Version 8.1 gibt und der seit der Version 8.3 standardmäßig installiert und gestartet wird. Also keine Sorge!

4.15.1 Einfache Indizes

Wenn Sie beispielsweise einen Index auf die Spalte bezeichnung Ihrer Tabelle produkte legen möchten, so tun Sie dies wie folgt:

```
CREATE INDEX idx_produkte_bezeichnung ON produkte(bezeichnung);
```

Nach dem Befehl CREATE INDEX können Sie einen beliebigen Namen für Ihren Index vergeben. Sprechende Namen haben sich hier als hilfreich erwiesen. Das war's auch schon. Solange Sie nichts weiter angeben, erstellt die PostgreSQL einen Standardindex für die genannte Spalte.

Genauso einfach werden Sie einen Index auch wieder los:

```
DROP INDEX idx_produkte_bezeichnung;
```

4.15.2 Mehrspaltige Indizes

Ein Index muss sich nicht notwendigerweise nur auf eine Spalte beziehen, sondern kann auch für mehrere Spalten definiert werden.

Nehmen wir an, Sie führen häufig Anfragen der folgenden Form auf die Tabelle bestellungen_produkte aus:

```
SELECT * FROM bestellungen_produkte WHERE produkte_id = n AND
bestellungen_id = m
```

In diesem Fall kann es angebracht sein, die Indizes für die Spalten produkte_id und bestellungen_id zusammen zu definieren.

```
CREATE INDEX idx_bestellungen_produkte ON bestellungen_
produkte(produkte_id, bestellungen_id);
```

Der PostgreSQL-*Anfrageplaner* kann einen mehrspaltigen Index jedoch nur dann verwenden, wenn das Statement die in der Indexdefinition ganz links aufgezählte Spalte und beliebig viele weitere Spalten, die rechts von ihr ohne Lücke gelistet wurden, verwendet. Wenn Sie also einen dreispaltigen Index definiert haben,

```
CREATE INDEX idx_abc ON tabelle(a,b,c);
```

so werden die folgenden beiden Anfragen den Index benutzen können:

```
… WHERE a = 1 AND b = 1 AND c = 1;
… WHERE a = 1 AND b = 1;
```

Die folgende Anfrage klappt jedoch nicht:

```
... WHERE a = 1 AND c = 1;
```

Außerdem muss man sich darüber im Klaren sein, dass ein mehrspaltiger Index nur dann verwendet werden kann, wenn Abfragen über indizierte Spalten mit *UND* verbunden werden. Das heißt, dieses Statement verwendet den Index:

```
... WHERE a = 1 AND b = 2;
```

Dieses Statement hier verwendet den Index jedoch nicht:

```
... WHERE a = 1 OR b = 2;
```

Man sollte die Verwendung mehrspaltiger Indizes gründlich abwägen. Oftmals genügt ein einspaltiger Index und spart Zeit und Ressourcen.

4.15.3 Unique Constraints

Unique Constraints sind Indizes, mit denen Sie sicherstellen können, dass ein Wert einer Spalte oder aber die Kombination von Werten mehrerer Spalten nur einmal in einer Tabelle vorkommt.

Möchten Sie also gewährleisten, dass die Kombination der Werte in den Spalten `produkte_id` und `bestellungen_id` in der Tabelle `bestellungen_produkte` eindeutig ist, ändern Sie die obige Indexdefinition einfach ab:

```
DROP INDEX idx_bestellungen_produkte;
CREATE UNIQUE INDEX idx_bestellungen_produkte ON bestellungen_
produkte(produkte_id, bestellungen_id);
```

Damit ist es nicht möglich, ein Produkt in einer Bestellung zweimal aufzuführen. Da wir in der Tabellendefinition glücklicherweise die Spalte `menge` vorgesehen haben, ist dies auch nicht notwendig.

Ein Unique Constraint wird bereits automatisch erzeugt, wenn ein Primärschlüssel definiert wird.

4.15.4 Funktionsindizes

Sie können auch Indizes über das Ergebnis einer Funktion definieren. Sollten Sie also häufig Anfragen der folgenden Form stellen

```
SELECT * FROM kunden WHERE lower(email) = 'humphrey@bogart.com';
```

so könnten Sie folgenden Index definieren:

```
CREATE INDEX idx_kunden_email ON kunden(lower(email));
```

Stellen Sie hingegen häufig Anfragen der folgenden Form

```
SELECT * FROM kunden WHERE
(vorname || ' ' || nachname) = 'Hein Blöd';
```

so würde Ihnen der folgende Funktionsindex helfen, die Performance Ihrer Anfragen zu verbessern. Die Funktion kann dabei durchaus mehrere Argumente haben, die aber alle Spalten der Tabelle sein müssen:

```
CREATE INDEX idx_kunden_name ON
kunden ((vorname || ' ' || nachname));
```

4.15.5 Partielle Indizes

Der letzte Indextyp, den wir Ihnen vorstellen möchten, ist der partielle Index. Dieser erstellt einen Index auf Wunsch auch nur über eine Teilmenge einer Tabelle. Dadurch kann verhindert werden, dass häufig vorkommende Werte indiziert werden. Das ergibt durchaus Sinn, da Werte, die in einer Spalte zu häufig vorkommen, sowieso keinen Index verwenden würden. Sie halten Ihren Index somit klein und ermöglichen einen schnelleren Zugriff.

Wir demonstrieren das am Beispiel einer Logtabelle. In dieser möchten wir alle Zugriffe auf unsere (Web-)Applikation protokollieren und speichern dort somit den Zeitstempel des Zugriffs, die URL der aufgerufenen Seite sowie die IP-Adresse des Clients, der die Seite angefragt hat.

```
CREATE TABLE access_log (
    id SERIAL PRIMARY KEY,
    zugriff TIMESTAMP DEFAULT CURRENT_TIMESTAMP,
    url VARCHAR,
    client_ip INET
);
```

Wir möchten bei der Erstellung unseres Index' ausschließen, dass IP-Adressen aus unserem lokalen Netzwerk mit indiziert werden. Ausgehend davon, dass unsere lokalen IP-Adressen die Form 192.168.100.xxx haben, erstellen wir wie folgt einen partiellen Index:

```
CREATE INDEX idx_access_log_client_ip ON access_log (client_ip)
WHERE NOT (client_ip > inet '192.168.100.0' AND client_ip < inet
'192.168.100.255');
```

Der Index wird also wie gewohnt erstellt. Die zusätzlich angefügte WHERE-Bedingung drückt aus, welche Werte *nicht* indiziert werden. Sie könnten in der WHERE-Bedingung natürlich auch definieren, welche Werte Sie indizieren möchten und nicht nur welche sie nicht indizieren möchten. Das wäre in unserem Beispiel allerdings unpraktisch.

Damit wird dann diese Abfrage unseren Index verwenden:

```
SELECT * FROM access_log WHERE client_ip = inet '212.78.10.32';
```

Diese Abfrage verwendet den Index nicht:

```
SELECT * FROM access_log WHERE client_ip = inet
'192.168.100.23';
```

4.16 Views: Sichten auf das System

Datenbanken sind ja nun dafür gedacht, dass viele Leute, vielleicht auch sehr viele Leute gleichzeitig auf einen zentralen Datenbestand zugreifen können. Speichert ein Unternehmen seine vollständigen Informationen in so einer Datenbank, so ist es in der Regel nicht erwünscht, dass jeder alles sieht. Zusätzlich zum Rechte- und Rollensystem haben Sie mit Views und Schemata die Möglichkeit, spezielle Objekte für ebenso spezielle Personenkreise zur Verfügung zu stellen.

4.16.1 Views

Das klassische Beispiel, das wir auch hier verwenden wollen, ist die Mitarbeitertabelle, in der auch die Gehälter vermerkt sind. Sicherlich wird jeder dafür Verständnis haben, wenn Sie nicht möchten, dass jeder Mitarbeiter die Gehälter des anderen sehen kann. Trotzdem müssen Sie andere Inhalte dieser Tabelle für alle Mitarbeiter bereitstellen, damit diese damit arbeiten können. Ein View hilft Ihnen dabei. Ein View ist nichts anderes als eine Sicht auf eine Teilmenge der Daten. Sie verwenden den Befehl CREATE VIEW, um diese Sicht zu erzeugen. Wir möchten hier also unseren Mitarbeitern *alle Zeilen* der Mitarbeitertabelle zur Verfügung stellen, jedoch *nicht alle Spalten*. Folgendes Statement erreicht das:

```
CREATE VIEW mitarbeiter_liste
(id, vorname, nachname, email, gebdat) AS
SELECT id, vorname, nachname, email, gebdat FROM mitarbeiter;
```

Künftig können Sie dann Ihre SELECT-Statements genau so wie bei ganz normalen Tabellen formulieren. Lassen Sie sich einfach mal alle Zeilen und Spalten aus dem eben erstellten View zurückliefern, um das Resultat zu überprüfen:

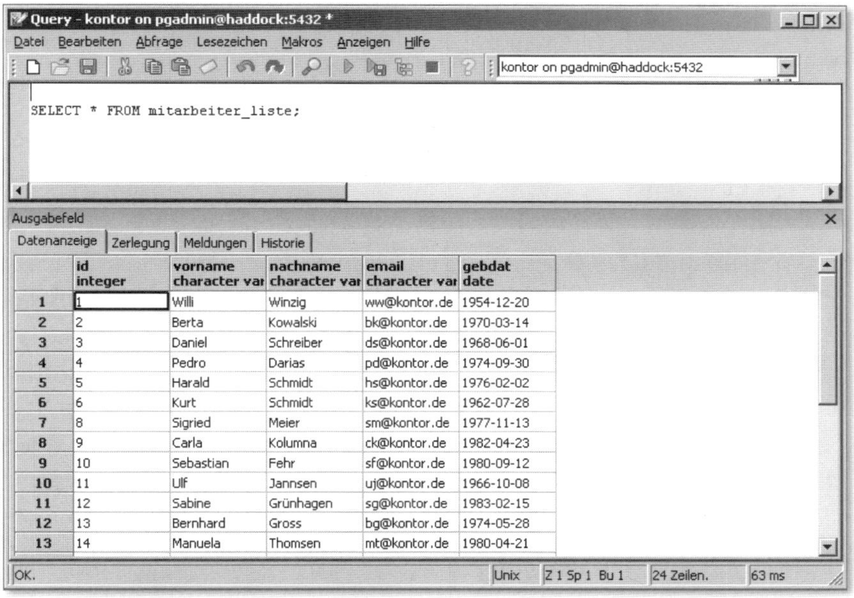

Abbildung 4.28 Der View mitarbeiter_liste

Das Ganze ist natürlich nicht auf die Auswahl einiger Spalten beschränkt. Genauso können Sie in den View nur Zeilen aufnehmen, die eine bestimmte Bedingung erfüllen, oder Sie kombinieren einfach beides und liefern nur eine Teilmenge der Zeilen und Spalten. Außerdem haben Sie die Möglichkeit, einen View aus einer Abfrage über mehrere Tabellen zu erzeugen.

Folgende Situation: Sie möchten der Rechnungsabteilung eine Liste mit bereits ausgelieferten, aber noch nicht berechneten Bestellungen zur Verfügung stellen. Sie müssen also zunächst das Statement erstellen, das Ihnen genau die Daten liefert, die Sie benötigen. In unserem Beispiel gehen wir davon aus, dass sobald eine Bestellung ausgeliefert wurde, das Feld liefer_dat in der Tabelle bestellungen einen aktuellen Zeitstempel erhält. Sobald die dazu passende Rechnung erstellt wurde, erhält das Feld rg_dat ebenso einen aktuellen Zeitstempel. Wir benötigen also alle Datensätze aus der Tabelle bestellungen, die in der Spalte liefer_dat einen Wert ungleich NULL stehen haben, hingegen in der Spalte rg_dat den Wert NULL enthalten. Nachfolgendes Statement erfüllt diese Forderung:

```
SELECT b.id, b.vorname, b.nachname, a.id, a.bestell_dat,
a.liefer_dat, a.rg_dat
FROM bestellungen a, kunden b
WHERE
a.kunden_id = b.id AND
a.liefer_dat IS NOT NULL AND
rg_dat IS NULL;
```

Den dazu passenden View zu erzeugen, ist letztlich trivial. Sie stellen vor das SELECT-Statement einfach eine CREATE-VIEW-Zeile. Den Namen des Views können Sie wie bei Tabellen frei vergeben; achten Sie jedoch darauf, den View nicht genau wie eine Tabelle im selben Schema zu nennen. Danach folgen eine Aufzählung der Spalten, die der View enthalten soll. Die Anzahl der Spalten muss natürlich mit der Anzahl der Spalten übereinstimmen, die Ihr SELECT-Statement als Ergebnis liefert. Die Namen der Spalten können Sie wiederum frei wählen. Geben Sie keine Spalten an, werden die Namen der Spalten im SELECT-Statement übernommen.

```
CREATE VIEW ausgeliefert
(kdnnr, vorname, nachname, bestellnr,
bestell_dat, liefer_dat, rechnung_dat) AS
SELECT b.id AS kdnnr, b.vorname, b.nachname, a.id,
a.bestell_dat, a.liefer_dat, a.rg_dat
FROM bestellungen a, kunden b WHERE
a.kunden_id = b.id AND
a.liefer_dat IS NOT NULL AND
rg_dat IS NULL;
```

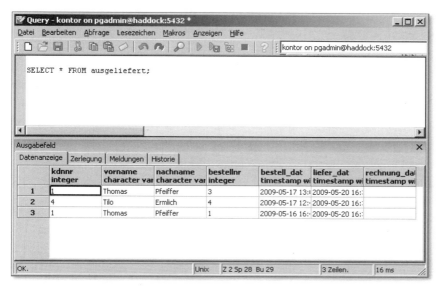

Abbildung 4.29 Daten des Views ausgeliefert

Views sind nicht materialisiert, das heißt, es wird physikalisch keine zusätzliche Tabelle angelegt, sondern die Daten des Views werden zur Laufzeit ermittelt. Praktisch bedeutet dies, dass das SELECT-Statement jedes Mal ausgeführt wird, wenn Sie den View aufrufen.

Einen Schönheitsfehler hat die Angelegenheit leider noch. Views sind nicht aktualisierbar, das heißt, Operationen wie INSERT, UPDATE und DELETE sind standardmäßig nicht möglich. Versuchen Sie, folgendes Statement abzusetzen, und Sie sehen eine Fehlermeldung:

```
UPDATE ausgeliefert SET rechnung_dat = now() WHERE bestellnr = 3;
FEHLER:   kann eine Sicht nicht aktualisieren
HINT:     Sie benötigen eine ON UPDATE DO INSTEAD Regel ohne
Bedingung.
```

Das stellt uns natürlich vor ein gewisses Problem. Einerseits liefern wir der Rechnungsabteilung mit dem View alle Daten, die sie benötigt, um Rechnungen zu erstellen, andererseits geben wir ihr nicht die Möglichkeit, das Datum einer soeben erstellten Rechnung in die Datenbank zu schreiben. Glücklicherweise wurde uns mit der Fehlermeldung auch gleich die Lösung präsentiert. Die PostgreSQL verfügt über ein mächtiges Regelsystem, mit dem wir diese Einschränkung umgehen können und aus einem Read-only-View einen aktualisierbaren View machen können.

Die Syntax einer Regel ist eigentlich recht übersichtlich. Sie erzeugen eine Regel immer für eine Aktion auf ein Objekt und sagen dann, was stattdessen ausgeführt werden soll. In unserem Beispiel möchten wir der Rechnungsabteilung die Möglichkeit geben, das Rechnungsdatum nach getaner Arbeit zu aktualisieren. Da es sich hierbei nicht um das Einfügen oder Löschen von Daten handelt, sondern lediglich um die Aktualisierung bestehender, benötigen wir eine Regel, die nur dann greift, wenn ein UPDATE durchgeführt werden soll:

```
CREATE RULE set_rgdat AS ON UPDATE TO ausgeliefert DO INSTEAD
UPDATE bestellungen SET rg_dat = NEW.rechnung_dat
WHERE id = NEW.bestellnr;
```

Das Statement bewirkt, dass die Daten nicht in den View, sondern (DO INSTEAD) in die Tabelle bestellungen eingetragen werden. Grundsätzlich handelt es sich bei dem Code, der dem DO INSTEAD folgt, um ein ganz banales UPDATE-Statement. Einzig die verwendeten Werte bekommen wir durch die besondere Notation NEW.rechnung_dat beziehungsweise NEW.bestellnr. Hierbei handelt es sich um die neuen Werte, die dem View übergeben wurden. Bräuchte man die alten Werte, also diejenigen, die vor einer UPDATE-Operation in der entsprechenden Spalte standen, würde man die Notation OLD.spaltenname verwenden.

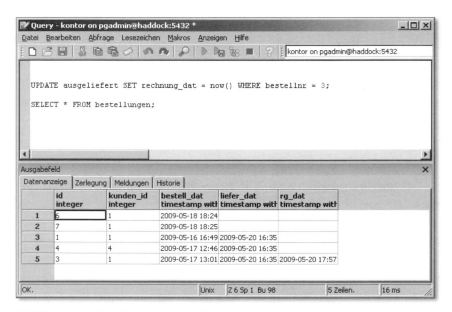

Abbildung 4.30 Das Ergebnis eines aktualisierbaren Views

Versuchen Sie jetzt, obiges UPDATE-Statement noch einmal auszuführen, und schauen Sie sich danach den Inhalt der Tabelle bestellungen an. Sie werden angenehm überrascht sein.

4.16.2 Schemata

Über Schemata gibt es eigentlich nicht viel zu erzählen. Ein Schema ist ein Namensraum, der eigene Datenbankobjekte, wie zum Beispiel Tabellen, Views, Sequenzen und so weiter, enthalten kann. Standardmäßig wird mit der Erstellung einer neuen Datenbank das Schema public angelegt. Auf die Objekte dieses Schemas können Sie zunächst einmal ohne Weiteres zugreifen, das heißt ohne Nennung des Namensraums. Schemata können sinnvoll sein, wenn Sie beispielsweise eine Sammlung von Datenbankobjekten nur für eine bestimmte Personengruppe zugänglich machen wollen. Bei umfangreichen Datenbanken kann es manchmal angebracht sein, Datenbankobjekte, die explizit für einen gesonderten Bereich bestimmt sind, in ein eigenes Schema auszulagern.

Nehmen wir als Beispiel unsere Buchhaltungsabteilung. Diese benötigt Zugriff nur auf ein paar wenige Tabellen und Views. Die anderen Abteilungen interessieren sich für diese Datenbankobjekte der Buchhaltungsabteilung zunächst einmal nicht. Wir erzeugen ein separates Schema buchhaltung:

```
CREATE SCHEMA buchhaltung;
```

Das war einfach. Jetzt möchten wir auch noch ein paar Objekte in diesem Schema erstellen. Wir wählen hierfür eine Tabelle, eine Sequenz und einen View:

```
CREATE TABLE buchhaltung.rechnungen (
    id INTEGER PRIMARY KEY,
    datum DATE DEFAULT CURRENT_TIMESTAMP,
    betrag DECIMAL(10,2)
);

CREATE SEQUENCE buchhaltung.rgnr_seq;
CREATE VIEW buchhaltung.ausgeliefert
(kdnnr, vorname, nachname, bestellnr,
bestell_dat, liefer_dat, rechnung_dat) AS
SELECT b.id AS kdnnr, b.vorname, b.nachname, a.id,
```

```
a.bestell_dat, a.liefer_dat, a.rg_dat
FROM bestellungen a, kunden b WHERE
a.kunden_id = b.id AND
a.liefer_dat IS NOT NULL AND
rg_dat IS NULL;
```

Wenn Sie sich danach den *pgAdmin III*-Objektbrowser anschauen, sollten Sie in etwa die folgende Ansicht erhalten:

Abbildung 4.31 Die Schemata buchhaltung und public im Objektbrowser

Weil Sie dem zu erstellenden Objekt mit Hilfe der Punktnotation den Namen des Schemas vorangestellt haben, wird dieses Objekt dort wie gewünscht platziert. Geben Sie hingegen kein Schema an, wird automatisch das Schema public für die Erstellung neuer Objekte verwendet. Außerdem sehen Sie hier noch einen weiteren ganz interessanten Nebeneffekt. In verschiedenen Schemata können Objekte gleichen Namens existieren. So haben wir beispielsweise eine Tabelle rechnungen im Schema public und eine weitere im Schema buchhaltung. Diese Möglichkeit besteht zwar, ist in der Regel aber nicht zu empfehlen, da sie in der Praxis der Anwendungsentwicklung eher zu Irritationen führt.

Nachdem Sie die Objekte erstellt haben, möchten Sie auch gern darauf zugreifen. Dies tun Sie ebenfalls mit der Punktnotation.

Um also beispielsweise auf alle Zeilen der Tabelle rechnungen im Schema buchhaltung zuzugreifen, verwenden Sie den folgenden Befehl:

```
SELECT * FROM buchhaltung.rechnungen;
```

Stellen Sie dem Objekt hingegen keinen Schemanamen voran, wird automatisch versucht, ein entsprechendes Objekt im Schema `public` zu finden. Es gibt aber auch noch eine andere Möglichkeit, ohne die explizite Nennung des Namens auf Objekte eines Schemas zuzugreifen.

Mit Hilfe der Anweisung `SET searchpath TO` können Sie bestimmen, in welcher Reihenfolge die Schemata der Datenbank durchsucht werden sollen.

Da wir zwei Tabellen namens `rechnung` haben, liefern die folgenden beiden Anweisungblöcke unterschiedliche Ergebnisse:

```
SET search_path TO public, buchhaltung;
SELECT * FROM rechnungen;

SET search_path TO buchhaltung, public;
SELECT * FROM rechnungen;
```

Die Suchreihenfolge im Suchpfad ist dabei von links nach rechts.

Es wäre mit Sicherheit relativ lästig, den Suchpfad vor jedem Statement festzulegen. Sie können diesen aber entweder dauerhaft in der Konfigurationsdatei *postgresql.conf* oder aber bei Herstellung einer Datenbankverbindung einrichten.

In einer PHP-Klasse, die für Sie die »Schmutzarbeit« mit der Datenbank übernimmt, könnten Sie das dann in etwa wie folgt tun:

```
define('DB_SEARCH_PATH', 'buchhaltung, public');
…
public function __construct() {
   $conn_string = 'host=' . DB_HOST . ' port=' . DB_PORT .
   'dbname=' . DB_NAME . ' user=' . DB_USER .
   ' password=' . DB_PASS;
   $this->dbh = pg_connect($conn_string);
  pg_query($this->dbh, 'SET search_path TO ' . DB_SEARCH_PATH);
}
…
```

Damit haben Sie dann den Suchpfad für diese Datenbankverbindung auf den in `DB_SEARCH_PATH` gesetzten Wert initialisiert.

4.17 Mehr Sicherheit: Das Rechte- und Rollensystem [GRANT, REVOKE, OWNER]

Bislang sind wir in unserer Datenbank als administrativer Benutzer unterwegs gewesen. Sie werden aber in der Regel Benutzerkonten einrichten wollen, deren Rechte ein klein wenig eingeschränkt sind. Entweder Sie möchten einen Benutzer für Ihre Webapplikation einrichten, der lesenden Zugriff auf alle Tabellen Ihrer Datenbank bekommt, aber nur für einige wenige den schreibenden. Oder Sie möchten andere eingeschränkte Benutzerkonten einrichten, die zum Beispiel für die Benutzung mit *pgAdmin III* gedacht sind. Spätestens jetzt ist es an der Zeit, sich mit dem Rechte- und Rollensystem der PostgreSQL auseinanderzusetzen.

Um eine Rolle im Datenbanksystem anzulegen, verwenden Sie den Befehl CREATE ROLE.

```
CREATE ROLE webuser;
```

Damit erstellen Sie eine Rolle namens webuser im System. Tatsächlich können wir aber noch nicht besonders viel mit dieser Rolle anfangen. Wir müssen dieser Rolle sagen, dass wir ihr erlauben, sich einzuloggen, und geben ihr hierfür auch noch ein entsprechendes Passwort mit. Wir werfen also per DROP ROLE die soeben erstellte Rolle noch einmal weg und erstellen diese neu:

```
DROP ROLE webuser;
CREATE ROLE webuser LOGIN PASSWORD 'lassie';
```

Jetzt kann sich die Rolle webuser mit dem Passwort lassie am System anmelden. Ok, eine kleine Stolperfalle gibt es noch: Wenn Ihre Einstellungen in der Konfigurationsdatei *pg_hba.conf* nicht die Anmeldung per Passwort erlauben, wird das Datenbanksystem weiterhin seine Tore verschlossen halten für diese Rolle. Gegebenenfalls müssen Sie also die Einträge für die Authentisierungsmethode in der Datei *pg_hba.conf* noch einmal von ident sameuser auf md5 abändern:

```
# TYPE  DATABASE        USER     CIDR-ADDRESS        METHOD
# "local" is for Unix domain socket connections only
#local  all             all                          ident
local   all             all                          md5
# IPv4 local connections:
host    all             all      127.0.0.1/32        md5
```

Sollten Sie hier Anpassungen vorgenommen haben, laden Sie die Konfigurationsdateien neu, um die Änderungen zu aktivieren.

Danach können Sie sich zwar mit *psql* oder *pgAdmin* am System anmelden, besonders viel bringt das jedoch noch nicht. Zwar haben wir die Rolle definiert, aber noch nicht festgelegt, auf welche Objekte des Systems diese Rolle denn Zugriff haben soll. Somit dürfte eine erste Kontaktaufnahme der Rolle webuser mit der Datenbank kontor etwa wie folgt enden:

```
root@haddock:~# psql -U webuser kontor
Passwort für Benutzer webuser:
psql (8.4.0)
Type "help" for help.

kontor=> SELECT * FROM kunden;
FEHLER:   keine Berechtigung für Relation kunden
```

Dieses Problem ist jedoch schnell aus der Welt geschafft. Um der Rolle webuser die SELECT-Rechte für die Tabelle kunden zu geben, verwenden Sie den folgenden Befehl:

```
GRANT SELECT ON kunden TO webuser;
```

Übrigens: Wenn wir hier von Rollen reden, meinen wir damit immer einen Benutzer. Es gibt in der PostgreSQL Rollen und Gruppenrollen, das entspricht Benutzern und Benutzergruppen.

Der Befehl GRANT ermöglicht es Ihnen also, bestimmte Rechte für einen Benutzer zu einem Objekt hinzuzufügen. Möchten Sie beispielsweise der Rolle webuser weiterführende Rechte für die Tabellen bestellungen und bestellungen_produkte gewähren, so könnten Ihnen die folgenden Befehle weiterhelfen:

```
GRANT SELECT, INSERT, UPDATE ON bestellungen TO webuser;
GRANT SELECT, INSERT, UPDATE, DELETE
ON bestellungen_produkte TO webuser;
```

Hiermit haben Sie es der entsprechenden Rolle ermöglicht, SELECT-, INSERT- und UPDATE-Operationen in der Tabelle bestellungen durchzuführen. Zusätzlich hat sie das Recht, Einträge in der Tabelle bestellungen_produkte zu löschen.

So können Sie für alle Objekte in Ihrer Datenbank verfahren, das heißt, Sie können die Zugriffsrechte für die Datenbank sehr fein einstellen. Wie fein, ist dann letztlich von der verwendeten PostgreSQL-Version abhängig. Rechte auf Tabellenspalten zu vergeben, ist erst ab der Version 8.4 möglich. In dem Fall können Sie dann so schöne Dinge machen, wie beispielsweise der Rolle webuser die vollständigen SELECT-Rechte an der Tabelle kunden geben, jedoch nur die UPDATE-Rechte an den Spalten vorname, nachname und email:

```
GRANT SELECT, UPDATE (vorname, nachname, email)
ON kunden TO webuser;
```

Eine Änderung der E-Mail-Adresse eines Kunden durch die Rolle webuser lässt das Datenbanksystem zu:

```
kontor=> UPDATE kunden SET email = 'te@frickel.de' WHERE id = 4;
UPDATE 1
```

Eine Änderung der Straße für den gleichen Datensatz durch die Rolle webuser wird jedoch abgelehnt:

```
kontor=> UPDATE kunden SET strasse = 'Neue Strasse' WHERE id = 4;
ERROR:  permission denied for relation kunden
STATEMENT:  UPDATE kunden SET strasse = 'Neue Strasse'
WHERE id = 4;
ERROR:  permission denied for relation kunden
```

Die Vorgängerversionen bis einschließlich PostgreSQL 8.3 müssen sich hier noch mit Views behelfen. Apropos Views – wir möchten unserer soeben erstellten Rolle zusätzlich Rechte an dem View ausgeliefert erteilen, in diesem Fall sogar alle Rechte:

```
GRANT ALL PRIVILEGES ON ausgeliefert TO webuser;
```

oder einfach nur

```
GRANT ALL ON ausgeliefert TO webuser;
```

Damit darf die Rolle webuser dann fast alles mit dem View anstellen, so elementare Dinge wie ALTER TABLE oder DROP TABLE bleiben jedoch nach wie vor nur dem Eigentümer des Objekts oder aber dem *Superuser* vorbehalten. Da wir gerade dabei sind: Um diese Operationen der Rechtevergabe überhaupt ausführen zu können, müssen Sie natürlich ebenfalls Administratorrechte haben. In der Voreinstellung besitzt der Benutzer *postgres* diese Rechte.

Um den Eigentümer eines Objekts zu ändern, verwenden Sie den Befehl `ALTER TABLE`. Um den Benutzer `webuser` zum Eigentümer der Tabelle `access_log` zu machen und damit zum Herrscher über Sein und Nichtsein dieser Tabelle, setzen Sie folgendes Statement ab:

```
ALTER TABLE access_log OWNER TO webuser;
```

Wenn Sie einer Rolle vormals gewährte Privilegien wieder entziehen wollen, verwenden Sie den Befehl `REVOKE`. Folgender Befehl entzieht dem Benutzer `webuser` also die Einfügen- und Aktualisierungsrechte an der Tabelle `bestellungen`:

```
REVOKE INSERT, UPDATE ON bestellungen FROM webuser;
```

Möchten Sie hingegen, dass einer Rolle alle Rechte an einem Objekt wieder entzogen werden, verwenden Sie wie beim Befehl `GRANT` das Schlüsselwort `ALL`:

```
REVOKE ALL ON bestellungen_produkte FROM webuser;
```

Zusätzlich zu denen von Ihnen erstellten Rollen ist standardmäßig noch die Gruppenrolle `public` im System vorhanden. Diese Gruppenrolle enthält immer automatisch alle Benutzer. Möchten Sie also die Möglichkeit schaffen, dass alle auch zukünftig angelegten Benutzer `SELECT`-, `INSERT`- und `UPDATE`-Rechte für die Tabelle `kunden` haben, so geben Sie der Rolle `public` diese Rechte:

```
GRANT SELECT, INSERT, UPDATE ON kunden TO public;
```

Damit können dann alle Benutzer des Systems beispielsweise neue Datensätze einfügen, nicht aber bereits vorhandene löschen – zumindest in der Theorie. Wenn Sie sich jetzt jedoch als Benutzer `webuser` am System anmelden und dann versuchen, einen neuen Kunden anzulegen, werden Sie eine herbe Enttäuschung erleben:

```
kontor=> insert INTO kunden (vorname, nachname) values ('Harry',
'Hund');
FEHLER:   keine Berechtigung für Sequenz kunden_id_seq
```

Da die Spalte `id` der Tabelle `kunden` vom Typ `serial` ist und somit auf eine Sequenz zurückgreift, muss der Rolle `webuser` auch hierfür die

Berechtigung zugewiesen werden. In diesem Fall genügt jedoch das Recht UPDATE, um die Sequenz zu aktualisieren und somit einen neuen Wert zu generieren. Führen Sie also wieder als Superuser den folgenden Befehl aus:

```
GRANT UPDATE ON kunden_id_seq TO public;
```

Wenn Sie sich danach erneut am System als webuser anmelden, wird das Rechtesystem wie gewünscht funktionieren:

```
kontor=> insert INTO kunden (vorname, nachname) values ('Harry',
'Hund');
INSERT 0 1
kontor=> delete FROM kunden where id = 4;
FEHLER:  keine Berechtigung für Relation kunden
```

Wir wollen jetzt noch einen speziellen Benutzer anlegen, der alle Rechte in unserem Schema buchhaltung an der Tabelle rechnungen erhält. Das tun wir wie folgt:

```
CREATE ROLE buchhalter LOGIN PASSWORD 'dagobert';
GRANT ALL ON buchhaltung.rechnungen TO buchhalter;
```

Wenn Sie sich jetzt mit dieser soeben neu erstellten Rolle am System anmelden und ein einfaches SELECT-Statement ausprobieren, werden Sie erneut enttäuscht sein:

```
kontor=> SELECT * FROM buchhaltung.rechnungen;
FEHLER:  keine Berechtigung für Schema buchhaltung
```

Zwar haben wir alle notwendigen Rechte an dem entsprechenden Objekt, jedoch keine an dem übergeordneten Objekt, dem Schema buchhaltung. Dem werden wir jetzt Abhilfe schaffen. Ein Recht zur Benutzung (USAGE) genügt uns in diesem Fall:

```
GRANT USAGE ON SCHEMA buchhaltung TO buchhalter;
```

Weiterführende Informationen zum Thema Rollen und Rechte, insbesondere auch zum Thema Gruppenrollen, finden Sie in Kapitel 6, »Praxis 3«.

4.18 Wenn mal was anderes gemacht werden soll – Das Regelsystem [CREATE RULE]

Im Zusammenhang mit den aktualisierbaren Views haben wir das Regelsystem bereits kennen gelernt. Wenn eine Abfrage ins Datenbanksystem gelangt, wird diese zunächst vom einem Parser verarbeitet, der die Syntax der Abfrage überprüft. Als Nächstes wird die Abfrage an das sogenannte Rewrite-System weitergeleitet. Hier wird überprüft, ob der vom Parser erstellte Abfragebaum gegebenenfalls umstrukturiert werden muss. Genau an dieser Stelle greifen unsere Regeln. Damit ist es dem Rewrite-System möglich, aus einer Abfrage eine andere Abfrage, eine Abfolge mehrerer anderer Abfragen oder im Extremfall auch gar nichts zu generieren.

Gar nichts? Klingt im ersten Moment merkwürdig – stellen Sie sich aber vor, Sie hätten eine Tabelle, in die über eine Schnittstelle von einem Messgerät Werte übertragen werden.

```
CREATE TABLE messwerte (
    id SERIAL PRIMARY KEY,
    wert INTEGER
);
```

Ihr Messgerät übermittelt jetzt fröhlich Werte, die auch wie erwartet in die Tabelle geschrieben werden.

```
INSERT INTO messwerte (wert) VALUES (10);
INSERT INTO messwerte (wert) VALUES (20);
INSERT INTO messwerte (wert) VALUES (30);
```

Aus einem Grund, den Sie nicht kennen, liefert Ihr Messgerät jedoch in einem Prozent aller Fälle einen völlig abwegigen Wert und übermittelt falsche Daten.

```
INSERT INTO messwerte (wert) VALUES (42000);
```

Diesen Wert möchten Sie auf keinen Fall in Ihren Datenbestand übernehmen. Nun könnten Sie natürlich den Hersteller des Geräts bitten, diese Unschönheit zu beseitigen. Leider ist dieser jedoch aufgrund des durchschlagenden Erfolgs der Messgeräte bereits vor Jahren nach Argentinien ausgewandert und nicht mehr aufzuspüren. Bevor wir uns lange den

Kopf zerbrechen, fügen wir einfach eine Regel in unser Datenbanksystem ein, die den Wertebereich für die Eingaben beschränkt:

```
CREATE RULE messwerte AS
ON INSERT TO messwerte WHERE wert > 100 DO INSTEAD NOTHING;
```

Damit werden alle Messungen, die einen Wert größer 100 liefern, von unserer Datenbank verworfen. Das Messgerät ist weiterhin der Meinung, seine Aufgabe erfolgreich erledigt zu haben.

Ein Beispiel für eine Regel, die eine andere Aktion als die angeforderte ausführt, zeigen wir in Zusammenhang mit dem Löschen von Datensätzen. Grundsätzlich sollen unsere Mitarbeiter Daten löschen können, so zum Beispiel Bestellungen. Das Problem ist nur: Wenn der Datensatz gelöscht wurde, ist er weg, und der Vorgang lässt sich nicht mehr nachvollziehen. Natürlich gäbe es auch hier wieder die Möglichkeit, alles der Applikationen zu überlassen. Wenn wir das aber nicht können oder wollen, sind wir unter Umständen mit der folgenden Regel gut bedient.

Sie erweitern zunächst die Tabelle bestellungen um zwei weitere Spalten. In der ersten wird der Datensatz als gelöscht markiert, in der zweiten vermerken wir den Zeitstempel des Vorgangs:

```
ALTER TABLE bestellungen ADD COLUMN
deleted CHAR(1) DEFAULT '0' CHECK(deleted IN ('0','1'));
ALTER TABLE bestellungen ADD COLUMN
del_dat TIMESTAMP DEFAULT NULL;
```

Danach legen wir die entsprechende Regel an. Den Namen der Regel können Sie selbst bestimmen, er muss allerdings wie immer eindeutig sein. Wichtig ist, dass wir die ID des Datensatzes, den wir als gelöscht markieren möchten, eindeutig identifizieren können. Dies gewährleisten wir mit den Pseudorelationen OLD und NEW. Diese liefern uns, in der Punktnotation angewendet, die alten beziehungsweise neuen Werte der jeweiligen Spalten. Die Notation NEW.[spaltenname] zu verwenden, ist natürlich nur im Zusammenhang mit INSERT- und UPDATE-Statements sinnvoll.

```
CREATE RULE del_bestellung AS ON DELETE TO bestellungen
DO INSTEAD UPDATE bestellungen SET deleted = '1', del_dat = now()
WHERE id = OLD.id;
```

Wenn Sie künftig Datensätze aus der Tabelle bestellungen mit dem Befehl DELETE löschen, werden diese als gelöscht markiert und nicht mehr aus der Tabelle entfernt, sodass wir hier eine Nachvollziehbarkeit gewährleisten können.

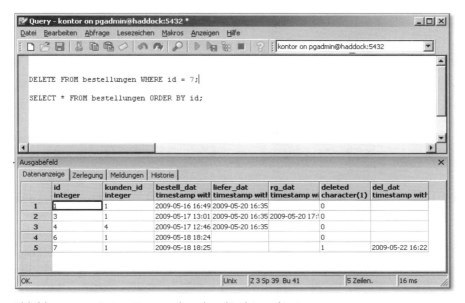

Abbildung 4.32 Datensätze werden als gelöscht markiert.

Rules versus Trigger

Auf Trigger kommen wir noch ausführlich in Kapitel 5, »User Defined Functions«, zu sprechen. Dennoch dürfte der ein oder andere bereits gewisse Ähnlichkeiten erkennen. Tatsächlich lässt sich mit beiden oft dasselbe erreichen, aber beide unterscheiden sich grundsätzlich. Ein Trigger startet *immer* eine zusätzliche Funktion, während eine Rule vom PostgreSQL-Rewrite-System verwaltet wird. Die PostgreSQL nimmt hier direkten Einfluss auf das Statement und kann es gegebenenfalls *umformulieren*.

Wir können aber nicht nur neue Befehle anstelle von bestimmten Aktionen ausführen, sondern auch zusätzliche Aktionen starten, indem wir das Schlüsselwort INSTEAD einfach weglassen. Nehmen wir an, wir möchten Änderungen an der Menge einzelner Positionen einer Bestellung im Hintergrund protokollieren. Dazu müssen wir bei jedem UPDATE der Tabelle bestellungen_produkte die jeweilige ID der Bestellung und des

Produkts sowie die alte geordete Menge und die neue Mengenangabe in unsere Logtabelle schreiben. Außerdem möchten wir noch den Zeitstempel der Änderung und den Namen des Benutzers festhalten, der diese Änderung durchgeführt hat. Wir erstellen zunächst die notwendige Logtabelle:

```
CREATE TABLE log_bestellungen (
    id SERIAL PRIMARY KEY,
    bestellungen_id INTEGER,
    produkte_id INTEGER,
    menge_bevor INTEGER,
    menge_danach INTEGER,
    zeitstempel TIMESTAMP DEFAULT CURRENT_TIMESTAMP,
    benutzer VARCHAR DEFAULT CURRENT_USER
);
```

Danach erstellen wir die Regel, die im Falle einer UPDATE-Operation ausgeführt werden soll. Mit der Einschränkung WHERE NEW.menge <> OLD.menge wollen wir verhindern, dass Einträge protokolliert werden, bei denen keine Mengenänderungen vorliegen. Diese Regel verzichtet auf das Schlüsselwort INSTEAD. Dadurch werden sowohl die geforderten Änderungen in der Tabelle bestellungen_produkte durchgeführt als auch gegebenenfalls die notwendigen Einträge in unserer Logtabelle log_bestellungen vorgenommen. Auch hier verwenden wir wieder die Pseudorelationen OLD und NEW, um auf die jeweiligen Spaltenwerte zuzugreifen.

```
CREATE RULE log_bestellaenderung AS
ON UPDATE TO bestellungen_produkte WHERE NEW.menge <> OLD.menge
DO INSERT INTO log_bestellungen (bestellungen_id, produkte_id,
menge_bevor, menge_danach)
VALUES (NEW.bestellungen_id, NEW.produkte_id, OLD.menge,
NEW.menge);
```

Wenn wir jetzt ein paar UPDATE-Operationen durchführen, wird sich unsere Logtabelle wie von Zauberhand mit den gewünschten Informationen füllen. Die Stasi lässt grüßen.

```
UPDATE bestellungen_produkte SET menge = menge
WHERE produkte_id = 2 AND bestellungen_id = 1;
UPDATE bestellungen_produkte SET menge = menge + 7
WHERE produkte_id = 7 AND bestellungen_id = 3;
```

```
UPDATE bestellungen_produkte SET menge = menge - 2
WHERE produkte_id = 2 AND bestellungen_id = 4;
```

	id integer	bestellungen integer	produkte_id integer	menge_bevor integer	menge_danach integer	zeitstempel timestamp witl	benutzer character var
1	1	1	2	1	3	2009-05-22 16:51	pgadmin
2	2	3	7	5	12	2009-05-22 16:54	pgadmin
3	3	4	2	1	-1	2009-05-22 16:54	pgadmin

Abbildung 4.33 Die Logtabelle wird mit einer Regel befüllt.

Wie schon erwähnt, kann eine Regel nicht nur eine alternative oder zusätzliche Anweisung enthalten, sondern unter Umständen eine ganze Reihe von Anweisungen. In diesem Fall müssen die Anweisungen einfach mit einer Klammer zusammengefasst werden. Wir möchten unser Löschbeispiel ein wenig erweitern, sodass nicht nur eine Bestellung als gelöscht markiert wird, sondern auch alle mit dieser Bestellung verbundenen Produkte in der Tabelle bestellungen_produkte. Wir ergänzen auch hier die Tabelle bestellungen_produkte um die beiden notwendigen Spalten:

```
ALTER TABLE bestellungen_produkte ADD COLUMN
deleted CHAR(1) DEFAULT '0' CHECK(deleted IN ('0','1'));
ALTER TABLE bestellungen_produkte ADD COLUMN
del_dat TIMESTAMP DEFAULT NULL;
```

Danach entfernen wir zunächst mit Hilfe des Befehls DROP RULE die alte Regel, um diese sofort danach neu zu erstellen.

```
DROP RULE del_bestellung ON bestellungen;

CREATE RULE del_bestellung AS ON DELETE TO bestellungen
DO INSTEAD
(
UPDATE bestellungen SET deleted = '1', del_dat = now()
WHERE id = OLD.id;
UPDATE bestellungen_produkte SET deleted = '1', del_dat = now()
WHERE bestellungen_id = OLD.id
);
```

Da wir nach dem Schlüsselwort INSTEAD innerhalb der Klammern eine Reihe von Statements aufgeführt haben, können wir jetzt mehrere Tabellen in einem Rutsch aktualisieren.

4.19   Funktionen für alle Lebenslagen

Wie wir bereits gesehen haben, kann das Datenbanksystem auch Rechenarbeit für uns leisten. Die PostgreSQL verfügt über eine umfangreiche Sammlung von Funktionen, die uns dabei helfen, Problemstellungen zu lösen. Im Folgenden werden wir Ihnen einen kurzen Abriss über diese Funktionen geben. Dabei werden wir feststellen, dass es nicht beim Rechnen bleiben muss.

4.19.1   Mathematische Funktionen

Grundsätzlich brauchen wir natürlich erst einmal ein paar mathematische Operatoren, um überhaupt Berechnungen durchführen zu können. Mit diesen ist es dann beispielsweise möglich, Aufgaben wie »Ermittle den Betrag aus Produkteinzelpreis mal bestellter Menge« zu lösen. Die folgende Tabelle listet die gebräuchlichsten Operatoren auf.

Operator	Beschreibung	Beispiel	Ergebnis
+	Addition	SELECT 6 + 3	9
-	Subtraktion	SELECT 9 - 3	6
*	Multiplikation	SELECT 6 * 7	42
/	Division	SELECT 8 / 2	4
%	Rest nach Division	SELECT 9 % 2	1
^	Potenzierung	SELECT 3 ^ 3	27
|/	Quadratwurzel	SELECT |/ 9	3
@	Betrag	SELECT @ -12	12

Tabelle 4.3 Die gängigsten mathematischen Operatoren

Wenn Sie spaßeshalber die Abfrage SELECT 9 / 2 ausführen, werden Sie ein im ersten Moment unerwartetes Ergebnis erhalten, nämlich 4. Verrechnet sich die PostgreSQL hier? Nein, wenn wir versuchen, einen vermeintlichen Integer-Wert zu dividieren, verhält sich der Divisionsoperator wie bei einer ganzen Ganzzahldivision und schneidet das Ergebnis einfach ab. Übergeben Sie jedoch eine offensichtliche Realzahl, so erhalten Sie das gewünschte Ergebnis:

```
SELECT 9.0 / 2
```

Um Missverständnisse zu vermeiden, können Sie natürlich auch sicherheitshalber ein Typecasting durchführen:

```
SELECT 9::real / 2
```

In der folgenden Tabelle listen wir die verfügbaren mathematischen Funktionen auf.

Funktion	Beschreibung	Beispiel	Ergebnis
abs(x)	Betrag	SELECT abs(-12.5)	12.5
floor(x)	größte ganze Zahl, die kleiner oder gleich dem Argument ist	SELECT floor(13.4)	13
ceil(x)	kleinste ganze Zahl, die größer oder gleich dem Argument ist	SELECT floor(13.4)	14
sqrt(x)	Quadratwurzel	SELECT sqrt (9)	3
cbrt(x)	Kubikwurzel	SELECT cbrt(27);	3
mod(x, y)	Rest nach Division	SELECT mod(27, 5)	2
pow(x, y)	x hoch y	SELECT pow(4,3)	64
round(x)	runden	SELECT round(4.3)	4
round(x, n)	auf n Stellen runden	SELECT round(4.3563, 2)	4.36
trunc(x)	Nachkommastellen abschneiden	SELECT trunc(4.7)	4
trunc(x, n)	auf n Dezimalstellen abschneiden	SELECT trunc(4.3563, 2)	4.35

Tabelle 4.4 Mathematische Funktionen

Funktion	Beschreibung	Beispiel	Ergebnis
pi()	die Zahl π	SELECT pi()	3.14159265358979
random()	zufälliger Wert zwischen 0 und 1	SELECT random()	0.266574462147874
degrees(x)	Radiant in Grad umrechnen	SELECT degrees(0.5 * pi())	90
radians(x)	Grad in Radiant umrechnen	SELECT radians(180)	3.14159265358979
ln(x)	natürlicher Logarithmus	SELECT ln(2)	0.693147180559945
log(x)	Logarithmus zur Basis 10	SELECT log(100)	2
log(x, n)	Logarithmus zur Basis n	SELECT log(2, 64)	6
sign(x)	Vorzeichen des Arguments (+1, -1)	SELECT sign(-12)	-1

Tabelle 4.4 Mathematische Funktionen (Forts.)

Es fehlen noch die trigonometrischen Funktionen, die wir natürlich auch nicht unterschlagen möchten:

Funktion	Beschreibung
sin(x)	Sinus
cos(x)	Kosinus
tan(x)	Tangens
cot(x)	Kotangens
asin(x)	Arkussinus
acos(x)	Arkuskosinus
atan(x)	Arkustangens
atan2(x, y)	Arkustangens von x/y

Tabelle 4.5 Trigonometrische Funktionen

4.19.2 Datums- und Zeitfunktionen

In diesem Abschnitt wird es jetzt ein bisschen interessanter. Funktionen für Datum und Zeit lassen sich einfach besser in unser Praxisbeispiel integrieren. Deshalb wollen wir Sie hier auch nicht mit endlosen Tabellen erschlagen, sondern lieber die wichtigsten und interessantesten Funktionen anhand von praktischen Anwendungsfällen zeigen.

Häufig soll ein Zeitraum zu einem gegebenen Datum addiert oder davon subtrahiert werden. INTERVAL ist hier das Mittel der Wahl. Um also einfach einen Tag zu einem gegebenen Datum zu addieren, verwenden Sie das folgende Kommando:

```
kontor=# SELECT timestamp '2009-05-22 14:00' + INTERVAL '1 day'
AS mydat;
        mydat
--------------------
 2009-05-23 14:00:00
```

Der Typ INTERVAL stellt dabei eine Zeitspanne dar. Es ist also ohne Weiteres möglich, zu einem gegebenen Datum oder einer Uhrzeit ein Intervall zu addieren oder zu subtrahieren. Hier sehen Sie einige Beispiele:

```
SELECT timestamp '2009-05-22 14:00' - INTERVAL '14 hour';
SELECT timestamp '2009-05-22 14:00' + INTERVAL '1 day 3 hour';
SELECT date '2009-05-22' + interval '1 hour 5 minute';
```

Nun aber zu den Funktionen: Die current_*-Funktionen werden häufig benötigt. Eine davon, und zwar current_timestamp, haben wir bereits bei den Defaultwerten unserer Tabelle bestellungen kennen gelernt. Weiterhin existieren die Funktionen current_time und current_date.

Um also beispielsweise das Lieferdatum einer Bestellung zu aktualisieren, können wir folgende Anweisung verwenden:

```
UPDATE bestellungen SET liefer_dat = current_timestamp
WHERE id = 7;
```

Vielleicht möchten Sie aber auch einmal wissen, wie alt eigentlich Ihre noch nicht ausgelieferten Bestellungen sind. Die Funktion age bietet Ihnen hier ein Intervall zu einem gegebenen Zeitstempel an. Dabei wird die Differenz zwischen der gegenwärtigen Zeit und dem gegebenen Zeitstempel ermittelt.

```
kontor=# SELECT age(bestell_dat) as alter FROM bestellungen
WHERE liefer_dat IS NULL;
          alter
------------------------
 5 days 10:58:43.341028
 5 days 11:13:16.180775
 4 days 05:34:01.288187
(3 Zeilen)
```

Möchten Sie hingegen nur wissen, wie viel Zeit zwischen Auftragsein-
gang und Auslieferung vergangen ist, können Sie dies mit einer einfachen Subtraktion erledigen:

```
kontor=# SELECT liefer_dat - bestell_dat as diff FROM
bestellungen WHERE liefer_dat IS NOT NULL;
          diff
------------------------
 4 days 17:25:31.965114
 6 days 19:00:27.713026
(2 Zeilen)
```

Es ist ja sehr schön, dass die PostgreSQL das ermittelte Intervall bis auf
die Millisekunde genau zurückliefert. Wenn wir auf diese Genauigkeit
jedoch verzichten können, verwenden wir die Funktion date_trunc, um
(ähnlich wie bei der mathematischen Funktion trunc) das Ergebnis an
einer angegebene Genauigkeit abzuschneiden. Genügt uns also bei der
Frage nach dem Zeitraum zwischen Bestelldatum und Lieferdatum einer
Angabe in Tagen und Stunden, so verwenden wir:

```
kontor=# SELECT date_trunc('hour', liefer_dat - bestell_dat) as
diff FROM bestellungen WHERE liefer_dat IS NOT NULL;
      diff
----------------
 4 days 17:00:00
 6 days 19:00:00
(2 Zeilen)
```

Die Funktion extract ermöglicht es Ihnen, sich nur einen Teil einer
Datums- und/oder Zeitangabe zurückliefern zu lassen. Möchten Sie eine
Liste der Stunden erhalten, in denen Ihre Bestellungen getätigt wurden,
um zu sehen, wo Ihre Haupt-Bestellzeiten sind?

```
kontor=# SELECT extract(hour from bestell_dat) FROM
bestellungen;
 date_part
-----------
        18
        16
        13
        12
        18
(5 Zeilen)
```

Bei kleinen Datenmengen ist das Statement natürlich akzeptabel, bei größeren müssen wir die Ausgabe allerdings gruppieren.

```
kontor=# SELECT extract(hour from bestell_dat) AS zeit,
count(extract(hour from bestell_dat)) FROM bestellungen
GROUP by zeit ORDER BY zeit;
 zeit | count
------+-------
   12 |     1
   16 |     1
   13 |     1
   18 |     2
(4 Zeilen)
```

Dabei folgt die Funktion extract der Syntax EXTRACT (feld FROM quelle). Mögliche Werte für feld sind Angaben wie day, hour, minute, dow (*day of week*, Wochentag), month, week, year und einige andere, beispielsweise quarter. Um die Anzahl Ihrer Aufträge pro Quartal zu ermitteln, können Sie folgendes Statement verwenden:

```
SELECT extract(quarter from bestell_dat) AS quartal,
count(extract(quarter from bestell_dat)) FROM bestellungen
GROUP BY quartal ORDER BY quartal;
 quartal | count
---------+-------
       1 |     1
       2 |     5
       3 |     1
       4 |     1
(4 Zeilen)
```

4.19.3 Zeichenkettenfunktionen

Für die Ausgabe und Manipulationen von Zeichenketten bietet die PostgreSQL eine Reihe von Funktion. Mit diesen können sie Zeichenketten verknüpfen, umwandeln, beschneiden und vieles mehr. Wir zeigen Ihnen hier einige der am häufigsten benutzten Zeichenkettenfunktionen, die das Leben leichter machen.

Funktion	Beschreibung	Beispiel (SELECT …)	Ergebnis
s1 || s2	String-verkettung	'Tomaten' || 'salat'	Tomatensalat
lower(s)	Umwandlung in Kleinbuchstaben	lower('PostgreSQL')	postgresql
upper(s)	Umwandlung in Großbuchstaben	upper('PostgreSQL')	POSTGRESQL
substr(s, n, m)	Teilzeichenkette zurückliefern	substr('Waldi', 2, 4)	aldi
length(s)	Länge einer Zeichenkette	length('PostgreSQL')	10
strpos(s1, s2)	Position einer Teilzeichenkette ermitteln	strpos('Tomatensa-lat', 'salat')	8
rpad(s, n, c)	Zeichenkette rechts mit n Zeichen c auffüllen	rpad('Tim', 5, '-');	Tim--
lpad(s, n, c)	Zeichenkette links mit n Zeichen c auffüllen	lpad('Tim', 5, '-');	--Tim
split_part(s1, s2, n)	Teilt s1 an der Stelle s2 und gibt Teilstring an der Position n zurück	split_part('info@domain.de', '@', 2);	domain.de

Tabelle 4.6 Zeichenkettenfunktionen

Ein paar praktische Beispiele verdeutlichen den Einsatz dieser Funktionen. Wenn Sie etwa den Nachnamen und Vornamen eines Kunden in einem Feld benötigen und dabei den Nachnamen vom Vornamen durch ein Komma trennen möchten, können Sie Folgendes verwenden:

```
SELECT nachname || ',' || vorname AS name
FROM kunden WHERE id = 1;
```

```
Pfeiffer,Thomas
```

Jetzt benötigen Sie das Ganze für einen Adressaufkleber aufgrund der besseren Lesbarkeit in Großbuchstaben. Hierfür können Sie die Funktion UPPER verwenden:

```
SELECT UPPER(nachname || ',' || vorname) AS name
FROM kunden;
```

```
PFEIFFER,THOMAS
```

Möchten Sie vielleicht nur den ersten Buchstaben des Vornamens mit auf den Adressaufkleber drucken? Verwenden Sie SUBSTR, um einen Buchstaben aus der Zeichenkette herauszuschneiden. Beachten Sie hierbei, dass das erste Zeichen die Position 1 einnimmt und nicht wie in der Programmierung üblich die Position 0.

```
SELECT UPPER(nachname) || ',' || UPPER(SUBSTR(vorname,1,1))
AS name FROM kunden;
```

```
PFEIFFER,T
```

Wir möchten jetzt unserer Ausgabe noch die Domain der E-Mail-Adresse des Kunden hinzufügen. Dazu verwenden wir die Funktion SPLIT_PART, mit der wir die Mailadresse am @-Zeichen zerlegen können.

```
SELECT UPPER(nachname) || ',' || UPPER(SUBSTR(vorname,1,1))
|| '-' || SPLIT_PART(email, '@', 2) AS name
FROM kunden WHERE id = 1;
```

```
PFEIFFER,T-nmmn.com
```

Und für Freunde der vollständigen Standardisierung wollen wir jetzt auch noch alle Ausgaben auf die gleiche Länge von 40 Zeichen bringen. Sind es weniger als 40 Zeichen, soll mit dem #-Zeichen ab links aufgefüllt werden:

```
SELECT LPAD(UPPER(nachname) || ',' ||
UPPER(SUBSTR(vorname,1,1)) || '-' || SPLIT_PART(email, '@', 2),
40, '#') AS name
FROM kunden WHERE id = 1;
```

```
#####################PFEIFFER,T-nmmn.com
```

Dabei sollten Sie allerdings vorsichtig sein, denn so nützlich die Funktionen LPAD und RPAD manchmal auch sein können, so haben sie jedoch einen Nebeneffekt: Sind die Zeichenketten länger als die über den zweiten Parameter angegebene Länge, werden diese rechts bei LPAD beziehungsweise links bei RPAD abgeschnitten. Diesen unter Umständen unschönen Effekt zeigt das folgende Beispiel:

```
SELECT LPAD(UPPER(nachname) || ',' ||
UPPER(SUBSTR(vorname,1,1)) || '-' || SPLIT_PART(email, '@', 2),
5, '#') AS name FROM kunden WHERE id = 1;
```

```
PFEIF
```

4.19.4 Aggregatfunktionen

Ein paar Aggregatfunktionen wie zum Beispiel COUNT oder AVG haben wir ja bereits kennen gelernt. Wir wollen hier noch einmal die in PostgreSQL verfügbaren Aggregatfunktionen zusammen vorstellen. Eine Aggregatfunktion definiert sich dadurch, dass sie ein einzelnes Ergebnis aus einer Reihe von Ergebniszeilen berechnet. Das wohl einfachste Beispiel ist die Funktion COUNT, die eine Anzahl von Zeilen ermittelt.

Mit dem folgenden Statement ermitteln Sie die Anzahl der vorhandenen Einträge in der Tabelle kunden:

```
SELECT COUNT(id) FROM kunden;
```

Häufig möchten Sie aber auch Daten aus der einen Tabelle abfragen und zusätzlich eine Summe aus einer anderen verbundenen Tabelle ermitteln. Wenn Sie also eine Liste Ihrer Kunden erstellen und hinter jedem Kunden zusätzlich vermerken möchten, wie viele Bestellungen er denn bereits getätigt hat, bietet sich folgender Ansatz an:

```
SELECT a.id, a.nachname, count(b.id) FROM kunden a
LEFT JOIN bestellungen b ON a.id = b.kunden_id;
```

Allerdings wird dies nicht von Erfolg gekrönt sein; vielmehr erhalten Sie in etwa die folgende Meldung:

```
FEHLER: Spalte »a.id« muss in der GROUP-BY-Klausel erscheinen
oder in einer Aggregatfunktion verwendet werden
```

Wir müssen also sicherstellen, dass doppelte Ergebniszeilen vermieden werden, und gruppieren in diesem Fall nach id und nachname, um den gewünschten Erfolg zu erzielen. Das erweiterte Statement tut dann das, was wir erwarten:

```
SELECT a.id, a.nachname, count(b.id) FROM kunden a
LEFT JOIN bestellungen b ON a.id = b.kunden_id
GROUP BY a.id, a.nachname;
```

	id integer	nachname character var	count bigint
1	7	Winzig	0
2	4	Ermlich	2
3	1	Pfeiffer	5
4	3	Schütt	1
5	2	Wenk	0

Abbildung 4.34 Anzahl der Bestellungen pro Kunde

Die Funktion SUM ermöglicht es uns, Summen aus den Werten mehrerer Spalten zu bilden. So können wir beispielsweise den Gesamtwert unseres Lagerbestands mit dem folgenden Statement ermitteln:

```
SELECT sum(preis * bestand) AS wert
FROM produkte;
```

Oder vielleicht möchten Sie den Wert jeder einzelnen getätigten Bestellung ermitteln. Zwar müssen Sie hierbei einen JOIN über vier Tabellen machen, beim Rechnen hilft Ihnen jedoch wiederum die Funktion SUM.

```
SELECT b.id, a.nachname, sum(d.preis * c.menge)
FROM kunden a
JOIN bestellungen b ON a.id = b.kunden_id
JOIN bestellungen_produkte c ON c.bestellungen_id = b.id
JOIN produkte d ON d.id = c.produkte_id
GROUP BY b.id, a.nachname;
```

	id integer	nachname character var	sum numeric
1	5	Pfeiffer	122.44
2	3	Pfeiffer	83.25
3	1	Pfeiffer	70.65
4	7	Pfeiffer	117.45
5	4	Ermlich	77.73

Abbildung 4.35 Einzelwerte der Bestellungen

Wie der Name vermuten lässt, liefert Ihnen die Funktion MAX den maximalen Wert aus einer Reihe von Ergebnissen. Um zum Beispiel den höchsten Preis Ihrer Produktpalette zu ermitteln, schreiben Sie:

```
SELECT MAX(preis) FROM produkte;
```

Jetzt kennen Sie zwar den höchsten Preis Ihrer Produkte, nicht aber das dazugehörige Produkt. Um dies zu ermitteln, könnten Sie Folgendes probieren:

```
SELECT bezeichnung, max(preis) FROM produkte
WHERE preis = MAX(preis);
```

Die darauf folgende Fehlermeldung dürfte dann in etwa so aussehen:

```
FEHLER:  Aggregatfunktionen sind nicht in der WHERE-Klausel
erlaubt
```

Da die WHERE-Klausel ja erst bestimmt, welche Zeilen überhaupt in das Ergebnis mit einfließen und somit von einer Aggregatfunktion ausgewertet werden, kann dies so auch nicht funktionieren. Mit Hilfe eines Subselects lässt sich dieses jedoch leicht umgehen:

```
SELECT bezeichnung, preis FROM produkte
WHERE preis = (SELECT MAX(preis) FROM produkte);
```

Was für die Funktion MAX gilt, gilt genauso für die Funktion MIN, die uns den niedrigsten Wert aus einer Reihe von Ergebnissen liefert.

```
SELECT bezeichnung, preis FROM produkte
WHERE preis = (SELECT MIN(preis) FROM produkte);
```

Bleibt in diesem Abschnitt noch die Funktion AVG (engl. average = Durchschnitt), die Ihnen den Durchschnittswert aus einer Reihe von Ergebnissen liefert. Wir ermitteln hier den Durchschnittspreis unserer Produkte auf zwei Dezimalstellen genau:

```
SELECT ROUND(AVG(preis), 2) FROM produkte;
```

In Abschnitt 4.8, »Subselects (Unterabfragen)«, haben Sie bereits gesehen, wie man mit einem Subselect alle Produkte ermittelt, die günstiger als dieser Durchschnittspreis sind:

```
SELECT id, bezeichnung, preis FROM produkte
WHERE preis < (SELECT AVG(preis) FROM produkte);
```

4.20 Die Form wahren: Ausgabeformatierung

Oftmals sind es nicht Zeichenketten, um deren Formatierung wir uns sorgen, sondern Zahlen- bzw. Datumsausgaben, die wir in einer bestimmten Form darstellen möchten. Auch hierbei greift uns die PostgreSQL mit einer Reihe nützlicher Funktionen unter die Arme.

Sehr häufig bekommen wir es mit der Ausgabeformatierung für Datumswerte zu tun. Lassen Sie sich beispielsweise das Datum einer bestimmten Bestellung aus der gleichnamigen Tabelle anzeigen. Die Ausgabe, die wir ohne weitere Formatierung erhalten, ist zwar für die Datenbank prima zu verarbeiten, enthält für uns aber entschieden zu viele Informationen:

```
SELECT bestell_dat FROM bestellungen WHERE id = 1;
2009-05-16 16:49:56.698318
```

So können wir mit Sicherheit auf die Ausgabe der Sekunden, vor allem aber auf die Millisekunden verzichten. Außerdem möchten wir vielleicht für einen Bericht das Datum in der Form TT.MM.YYYY ausgeben. Wir verwenden die Funktion to_char, um unser Ziel zu erreichen.

```
SELECT to_char(bestell_dat, 'DD.MM.YYYY HH24:MI')
FROM bestellungen WHERE id = 1;
16.05.2009 16:49
```

Das erste Argument der Funktion to_char ist der zu formatierende Wert, das zweite Argument ist dann eine Mustervorlage, die das gewünschte Ausgabeformat bestimmt. In dieser Mustervorlage werden bestimmte Muster erkannt und durch die entsprechend formatierten Daten ersetzt. Die nächste Tabelle zeigt einen Überblick über die wichtigsten Mustervorlagen für die Formatierung von Datums- und Zeitangaben.

Muster	Beschreibung
HH12	Stunde (01–12)
HH24	Stunde(01–23)
MI	Minute (00–59)
SS	Sekunde (00–59)
AM oder PM	Vormittags-/Nachmittagsangabe
YYYY	Jahresangabe mit vier Ziffern
YY	Jahresangabe mit zwei Ziffern
Month	voller englischer Monatsname
Mon	abgekürzter englischer Monatsname
MM	Nummer des Monats (01–12)
Day	voller englischer Wochentag
Dy	abgekürzter englischer Wochentag
DDD	Tag im Jahr (001–366)
DD	Tag im Monat (01–31)
D	Wochentag (1–7, Sonntag = 1)
W	Woche im Monat (1–5)
WW	Woche im Jahr (1–53)
Q	Quartal

Tabelle 4.7 Die häufigsten Mustervorlagen für Datums- und Zeitangaben

Was mit Datums- und Zeitangaben funktioniert, geht grundsätzlich auch mit Integer- und Realwerten. Nehmen wir an, Sie müssen für einen Bericht die aktuellen Werte Ihres Lagerbestands ermitteln. Sie multiplizieren also einfach den Bestand des jeweiligen Artikels mit seinem Preis und erhalten somit die gewünschte Liste:

```
SELECT art_nr, preis * bestand AS wert FROM produkte
ORDER BY wert DESC;
```

	art_nr character var	wert numeric
1	123-457	8305.52
2	123-456	1308.15
3	765-342	637.42
4	129	294.52
5	126	294.52

Abbildung 4.36 Unformatierte Zahlenausgabe

Möglicherweise erhalten Sie also eine ähnliche Ausgabe wie in der obigen Abbildung. Für den Bericht sollen Sie die Daten jedoch mit einem Komma als Dezimaltrenner und einem Punkt als Trennzeichen für die Tausenderstellen liefern. Auch hier können Sie die Funktion to_char verwenden. Die Mustervorlage, die Sie hier benutzen, lautet 9G999D99. Dabei steht die 9 für einen Wert mit der angegebenen Anzahl an Ziffern, das D als Trennzeichen für die Nachkommastellen nach Ihrer Locale-Einstellung und das G als Zeichen zur Tausendergruppierung nach Ihrer Locale-Einstellung. Wenn Sie dann das folgende Statement absetzen, werden Sie sehen, dass die Ausgabe wie gewünscht formatiert wurde, ihnen jedoch die Sortierung um die Ohren fliegt.

```
SELECT art_nr, to_char(preis * bestand, '9G999D99') AS wert
FROM produkte ORDER BY wert DESC;
```

	art_nr character var	wert text
1	123-457	8.305,52
2	864-596	69,60
3	765-342	637,42
4	456-876	52,20
5	126	294,52

Abbildung 4.37 Richtig formatiert, aber falsch sortiert

Das passiert, weil Sie mit Hilfe der Funktion to_char eben genau das erzeugt haben, was die Funktion sagt, nämlich eine Zeichenkette. Somit sortieren Sie jetzt nicht mehr nach numerischen Werten, sondern nach alphanumerischen Werten. Das kann dann das obige Ergebnis hervorrufen. Wir ändern dies einfach im Ausdruck in unserem ORDER-BY-Abschnitt ab, sodass wieder richtig sortiert wird:

```
SELECT art_nr, to_char(preis * bestand, '9G999D99') AS wert
FROM produkte ORDER BY preis * bestand DESC;
```

	art_nr character var	wert text
1	123-457	8.305,52
2	123-456	1.308,15
3	765-342	637,42
4	129	294,52
5	126	294,52

Abbildung 4.38 Formatierung nach Locale-Einstellung (deutsch)

Hier sehen Sie noch einmal eine Übersicht über die wichtigsten Muster-vorlagen für die Formatierung von numerischen Werten.

Muster	Beschreibung
9	Wert mit der angegebenen Anzahl Ziffern
0	Wert mit führenden Nullen
.	Punkt als Dezimaltrenner
,	Komma zur Tausendergruppierung
L	Währungssymbol aus der Locale-Einstellung
D	Trennzeichen für Nachkommastellen nach Locale
G	Zeichen zur Tausendergruppierung nach Locale
MI	Minuszeichen wenn Zahl < 0
PL	Pluszeichen wenn Zahl > 0
SG	Plus-/Minuszeichen

Tabelle 4.8 Die häufigsten Mustervorlagen für numerische Werte

4.21 Jede Menge Daten [COPY]

Ihr Chef war wieder einmal auf Einkaufstour und hat von der letzten Messe Unmengen an Produkten mitgebracht, die er ins Sortiment auf-nehmen möchte. Um Ihnen die Arbeit zu erleichtern, stellt er Ihnen die 10.000 Produkte komfortabel im Excel-Format bereit. Tja, und da stehen sie nun und überlegen wie sie ihre neuen Ladenhüter mit möglichst wenig Aufwand ins System bringen. Natürlich könnten Sie die Excel-Lis-ten im CSV-Format abspeichern und ein einfaches Perl-Skript darüber laufen lassen, das die entsprechenden INSERT-Kommandos generiert. Aber es geht auch einfacher: Mit dem Befehl COPY können Sie sowohl Daten zwischen Dateien und Tabellen als auch umgekehrt zwischen Tabellen und Dateien hin- und herkopieren.

Nehmen wir an, Sie haben Ihre zu importierenden Daten in der folgen-den, zugegebenermaßen sehr idealen Form vorliegen:

```
100   123   Produkt 1   Beschreibung 1   1.99   0.190   0.99   100
101   124   Produkt 2   Beschreibung 2   1.99   0.190   0.99   100
```

```
102   125   Produkt 3   Beschreibung 3   1.99   0.190   0.99   100
103   126   Produkt 4   Beschreibung 4   1.99   0.190   0.99   100
104   127   Produkt 5   Beschreibung 5   1.99   0.190   0.99   100
105   128   Produkt 6   Beschreibung 6   1.99   0.190   0.99   100
106   129   Produkt 7   Beschreibung 7   1.99   0.190   0.99   100
107   130   Produkt 8   Beschreibung 8   1.99   0.190   0.99   100
108   131   Produkt 9   Beschreibung 9   1.99   0.190   0.99   100
```

Das Standardtrennzeichen für die Spalten ist das Tabulatorzeichen. Solange Sie dieses in Ihrer Datei verwenden, muss es beim COPY-Befehl nicht extra angegeben werden. Um die obige Liste einfach in die Tabelle produkte einzulesen, verwenden Sie folgendes Statement:

```
kontor=# COPY produkte FROM '/tmp/produkte.dat';
COPY 9
```

Damit lesen Sie aus einer gegebenen Datei Datensätze in die Tabelle produkte ein. In diesem einfachen Fall ist das einzige, was Sie beachten müssen, dass die Datei für den Datenbankserver zugänglich und lesbar sein muss.

Das ging einfach nicht wahr? Wir wagen aber mal zu behaupten, dass es nicht das war was sie wollten. Wie Ihnen sicherlich aufgefallen ist, ist in der ersten Spalte unserer Importdatei ein Wert für die ID des jeweiligen Produkts vermerkt. In dem Tabellendesign, das wir gewählt haben, wird diese ID jedoch mit Hilfe einer Sequenz vom Datenbanksystem vergeben. Da diese Spalte jedoch letztendlich nichts anderes erwartet als einen Integer-Wert und der einzige Anspruch an diesen Wert nur darin besteht, dass er eindeutig ist (Sie erinnern sich: wir verwendeten diese Spalte als Primärschlüssel), kann der COPY-Befehl die Daten einfügen, ohne dass eine Regelverletzung auftritt. Praktisch bedeutet dies, dass Ihre Daten eingefügt wurden, sich in der Sequenz jedoch nichts getan hat. Dass das gut geht, ist vergleichsweise unwahrscheinlich, denn spätestens, wenn Ihre Sequenz die von Ihnen soeben belegten Werte erreicht, würde eine Unique-Constraint-Verletzung vorliegen. Da wäre es doch besser, die Daten wie zuvor einzufügen und nur den Wert für die Spalte id durch das Datenbanksystem vergeben zu lassen. Glücklicherweise bietet COPY Ihnen genau diese Möglichkeit. Wir modifizieren also noch einmal unsere Importdatei, sodass diese jetzt ohne die Spalte id daherkommt:

```
123    Produkt 1    Beschreibung 1    1.99    0.190    0.99    100
124    Produkt 2    Beschreibung 2    1.99    0.190    0.99    100
...
```

Da jetzt aber die erste Spalte unserer Datei nicht der ersten Spalte unserer Tabelle entspricht, müssen wir COPY sagen, welche Spalten es denn in welcher Reihenfolge zu erwarten hat.

```
COPY produkte (art_nr, bezeichnung, beschreibung, preis,
steuersatz, aktionspreis, bestand) FROM '/tmp/produkte.dat';
```

Damit wird dann ein Import genau in die angegebenen Spalten Ihrer Tabelle durchgeführt. Probleme mit nicht vorhandenen oder falschen Werten eines Imports lassen sich so vermeiden.

Daten, die aus einer Anwendung wie Excel importiert werden sollen, werden oft im CSV-Format bereitgestellt. In diesem Fällen treffen wir auf das Semikolon als Trennzeichen:

```
Import-Produkt 10;Beschreibung Import-Produkt 10;2.99
Import-Produkt 11;Beschreibung Import-Produkt 11;2.99
```

Sie können aber ohne Probleme dem COPY-Befehl mit Hilfe des Schlüsselworts DELIMITER sagen, welches Trennzeichen er denn verwenden soll:

```
COPY produkte (bezeichnung, beschreibung, preis)
FROM '/tmp/produkte2.dat' DELIMITER ';';
```

Ein bisschen aufpassen müssen Sie mit Zeichen, die mit einem Backslash beginnen. Zwar werden solche Dinge wie \n für Newline oder \r für Carriage Return von COPY ohne Weiteres erkannt. Damit ist es dann auch problemlos möglich, längere Texte wie Produktbeschreibungen inklusive ihrer Zeilenumbrüche in eine bestehende Tabelle zu importierenden. Etwas anders sieht es jedoch mit den Zeichen \N und \. aus. Diese würden als *NULL-Darstellung* beziehungsweise als *Datenendmarkierung* missverstanden. Ihr Import könnte damit ein genauso vorzeitiges wie ungewolltes Ende finden.

Somit ist COPY ein sehr hilfreiches Werkzeug, um schnell mal größere Datenmengen in eine Tabelle hinein zu pumpen.

Damit hätten sie sich fast beruhigt zurücklehnen können, wäre da nicht schon wieder ihr Chef. Diesmal möchte er einen Export aller bestehenden Produkte in ein Dateiformat, das mit Excel weiterverarbeitet werden kann. Anstelle von COPY FROM benutzen wir jetzt COPY TO, um in eine Datei zu schreiben:

```
COPY produkte TO '/tmp/export.dat';
```

Unser Chef möchte aus unbestimmten Gründen weder den Tabulator als Trennzeichen in seiner Datei noch das hässliche \N für NULL-Werte dort vorfinden. Dem Mann kann geholfen werden:

```
COPY produkte TO '/tmp/export.csv' DELIMITER ';' NULL '';
```

Mit DELIMITER ';' machen wir das Semikolon zum Trennzeichen, und mit NULL '' werden dann NULL-Werte durch eine leere Zeichenkette dargestellt.

Die nächste Frage drängt sich fast auf: Können wir auch nur bestimmte Spalten in unsere Exportdatei übernehmen? Das erledigen wir genau wie bei COPY FROM, indem wir nach dem Namen der zu exportierenden Tabelle einfach die Namen der zu exportierenden Spalten aufzählen:

```
COPY produkte (art_nr, bezeichnung)
TO '/tmp/export2.csv' DELIMITER ';' NULL '';
```

Es bleibt ein kleiner Wermutstropfen, denn COPY funktioniert nur mit Tabellen, nicht jedoch mit Views. Wenn wir also versuchen, Daten aus dem von uns erstellen View mitarbeiter_liste in eine Exportdatei zu schreiben, wird dies zunächst nicht funktionieren:

```
COPY mitarbeiter_liste TO '/tmp/export.dat';
FEHLER:  kann nicht aus Sicht "mitarbeiter_liste" kopieren
HINT:  Versuchen Sie die Variante COPY (SELECT ...) TO.
```

Aber wie so oft präsentiert die PostgreSQL nicht nur den Fehler, sondern auch gleich einen möglichen Lösungsansatz. Wir können also bei COPY TO anstelle eines Tabellennamens auch ein SQL-Statement angeben. Das Problem mit dem View ließe sich dann wie folgt lösen:

```
COPY (select * from mitarbeiter_liste) TO '/tmp/export.dat';
```

Damit lassen sich dann auch Ergebnisse umfangreicherer Abfragen ohne Weiteres in eine Exportdatei übertragen. Und da man im täglichen Büroalltag ja dann doch mal auf den ein oder anderen Excel-Fanatiker trifft, kann hiermit auch diesen Leuten geholfen werden. Eine Umsatzliste, wie wir sie in Abschnitt 4.4, »Daten sortiert und gruppiert ausgeben«, erstellt haben, lässt sich dann mit dem folgenden Statement in eine Exportdatei schreiben:

```
COPY
(SELECT a.id, a.bezeichnung, (a.preis * sum(b.menge)) as umsatz
FROM produkte a
LEFT JOIN bestellungen_produkte b ON a.id = b.produkte_id
GROUP BY a.id, a.bezeichnung, a.preis
ORDER by a.id)
TO '/tmp/export.dat';
```

Beim Datenimport müssen Sie sich natürlich darüber im Klaren sein, dass das Datenbanksystem die Daten nimmt *wie sie sind*. Haben Sie also fehlerhafte Daten vorliegen und versuchen beispielsweise eine Zeichenkette in eine Spalte einzufügen, die nur Dezimalzahlen akzeptiert, wird der Import scheitern und COPY mit einer Fehlermeldung abbrechen. Grundsätzlich ist das zwar ärgerlich, aber nicht schlimm. Datensätze, die bereits in die Tabelle importiert wurden, bevor der Fehler auftrat, sind dann zwar physikalisch vorhanden, jedoch nicht sichtbar. Diese stören also nicht weiter, verbrauchen aber Speicherplatz. Benutzen Sie in diesem Fall den Befehl VACUUM, um diesen Speicherplatz wieder freizugeben. Details zu diesem Befehl finden Sie in Kapitel 6, »Praxis 3«.

Grundsätzlich ist COPY recht problemlos in der Handhabung. Wenn Sie jedoch eine Druckbetankung ihrer Tabellen mit sehr-sehr großen Datenmengen vornehmen möchte, sollten Sie den einen oder anderen Tipp beherzigen, um dies nicht zu einem quälend langsamen Erlebnis werden zu lassen:

► Entfernen Sie Indizes.
► Entfernen Sie foreign-key-Constraints.
► Schalten Sie, wenn möglich, Trigger der betroffenen Tabelle ab.

Um beispielsweise den Index auf die Spalte bezeichnung der Tabelle produkte während des Imports unberücksichtigt zu lassen, könnten Sie diese Befehlsfolge verwenden:

```
DROP INDEX idx_produkte_bezeichnung;
COPY produkte FROM '/tmp/produkte.dat';
CREATE INDEX idx_produkte_bezeichnung ON produkte(bezeichnung);
```

Sollten Sie hingegen Ihre Trigger während des Imports abschalten, so müssen Sie einfach nur berücksichtigen, dass allein durch das nachfolgende Anstalten des Triggers die entsprechenden Aktionen der Trigger-Funktion nicht automatisch ausgeführt werden. Sie müssen also gegebenenfalls Ihre Datensätze noch einmal mit einem UPDATE-Befehl aktualisieren. Weiterführende Informationen finden Sie im Abschnitt über Trigger (5.5, »TRIGGER«).

Mit Hilfe von User Defined Functions erweitern Sie den Funktionsumfang Ihrer PostgreSQL-Datenbank und erreichen unter normalen Umständen einen beträchtlichen Performancegewinn.

5   User Defined Functions

In diesem Kapitel kommen wir zu einem sehr spannenden Thema – den Funktionen beziehungsweise den User Defined Functions. Wir zeigen Ihnen, wie Sie zum einen mit SQL und zum anderen mit PL/pgSQL Funktionen erstellen und einsetzen.

Die PostgreSQL-Dokumentation bezeichnet *User Defined Functions* mit der Sprache SQL als *Query Language Functions* und *User Defined Functions* mit der Sprache PL/pgSQL als *Procedural Language Functions*. Der Bezeichner *PL* ist also aus dem Englischen abgeleitet und steht für *Procedural Language* (prozedurale Sprache). Außerdem gibt es noch interne Funktionen und Funktionen, die in der Sprache C geschrieben sind. Wir werden in diesem Buch allerdings auf die zuletzt genannten Funktionen nicht eingehen.

Neben der prozeduralen Sprache PL/pgSQL gibt es standardmäßig ebenfalls die Unterstützung für PL/Tcl (auf Grundlage der Sprache Tcl), PL/Perl (auf Grundlage von Perl) und PL/Python (basierend auf Python). Wir werden uns in diesem Buch mit der Sprache PL/pgSQL auseinandersetzen. Vorab besprechen wir die Vorteile von User Defined Functions und geben ein paar Hinweise zum Einsatz.

Der Begriff verrät bereits, dass Funktionen gemeint sind, die Sie selbst als Benutzer erstellen. Im Gegensatz dazu stehen die bereits von Haus aus integrierten PostgreSQL-Funktionen (siehe Abschnitt 4.19, »Funktionen für alle Lebenslagen«). Da wir uns in diesem Kapitel ausschließlich mit den von Benutzern erstellten Funktionen befassen, werden wir beide Begriffe – *User Defined Functions* und *Funktionen* – nutzen. Wir meinen damit dasselbe.

5.1 Stored Procedures versus User Defined Functions

Vorab: Eine Funktion ist keine Prozedur. Was hat es damit auf sich? Eine Prozedur hat im Gegensatz zu einer Funktion keinen Rückgabewert. Beachten Sie dabei, dass auch NULL ist ein Rückgabewert ist. Wenn wir dies übersetzen, können wir sagen:

> **Definition Stored Procedure und User Defined Function**
>
> Eine Stored Procedure führt eine oder mehrere Operation(en) in der Datenbank aus, ohne einen konkreten Wert zurückzugeben. Als Beispiel sei hier eine Trigger Prozedur angeführt.
>
> Eine User Defined Function führt ebenso eine oder mehrere Operation(en) in der Datenbank aus und liefert ein Ergebnis in Form eines Werts, einer Menge oder NULL zurück.

Das mag nun sehr theoretisch und akademisch klingen, und in der Tat, das ist es auch. Wie Sie allerdings bestimmt schon festgestellt haben, verfolgen wir mit diesem Buch den Anspruch der Vollständigkeit und haben deshalb diese beiden Definitionen angeführt. Sie werden im allgemeinen Sprachgebrauch sehr häufig den Begriff *Stored Procedures* hören, wenn eigentlich eine *User Defined Function* gemeint ist. Und das ist natürlich auch nicht weiter schlimm. Wir verwenden hier allerdings durchgehend den Begriff *User Defined Function* (oder Funktion).

5.2 Vorteile durch den Einsatz von User Defined Functions

Performance

Der wohl wichtigste Aspekt ist ein möglicher Performancegewinn. Der Hintergrund hierfür ist relativ einfach: Eine User Defined Function wird pro Datenbankverbindung vorgehalten. Das bedeutet, dass die Funktion nicht jedesmal neu »geparsed« beziehungsweise »kompiliert« werden muss. Es kann direkt auf die Funktion zugegriffen werden. Dabei müssen nur die Parameter (sofern die Funktion welche erfordert) bei jedem Aufruf neu übergeben und diese bei der Ausführung an den entsprechenden Stellen eingefügt werden.

In der weit verbreiteten Skriptsprache PHP gibt es einen vergleichbaren Mechanismus – den sogenannten Opcode Cache. Bei der Ausführung eines PHP-Skripts und bei aktiviertem Opcode Cache wird geprüft, ob das Skript nicht schon einmal ausgeführt wurde und im Cache vorhanden ist. Ist das der Fall, wird auf das bereits kompilierte Skript im Cache zurückgegriffen. Somit muss es nicht erneut kompiliert werden, was Zeit spart und letztlich zu einer Steigerung der Performance führt.

Ein weiterer ähnlicher Mechanismus sind *Prepared Statements*. Hier wird ein SQL-Statement als Schablone erstellt und in der Datenbank vorgehalten. Bei der Ausführung des Statements werden nur die Platzhalter im Prepared Statement ersetzt und dieses dann ausgeführt. Das Statement selbst ist bereits geparsed und muss nicht erneut geparsed werden. Wieder erhält man einen deutlichen Performancegewinn. Prepared Statements sind übrigens bei vielen nacheinander auszuführenden INSERT- oder UPDATE-Befehlen sehr hilfreich.

SQL kontra Programmiersprache

Viele Datenbankoperationen erfordern das wiederholte Ausführen von Statements. Oder wir wollen ein Ergebnis in einer Schleife zusammenbauen. Dafür bietet PL/pgSQL die Möglichkeit, Kontrollstrukturen wie IF - THEN - ELSE oder FOR - IN zu nutzen. Wir können also eine gehörige Portion Logik aus unserer Applikation in die Datenbank verlagern.

Gerade bei der Entwicklung von webbasierter Software ist dies ein wichtiger Punkt. Oftmals ist es aufwändiger, komplexe Datenbankoperationen in einer Skriptsprache wie zum Beispiel PHP, Perl oder Ruby zu erstellen, als dies im Gegensatz dazu in einer User Defined Function direkt in der Datenbank zu bewerkstelligen. Dabei zählt nicht nur der Performancevorteil, sondern auch die Zeit, die wir brauchen, um die Logik in unserer Applikation zu implementieren. Die Datenbank ist in beiden Fällen meist schneller.

Es sei an dieser Stelle drauf hingewiesen, dass Kontrollstrukturen in reinen SQL-Funktionen nicht möglich sind. Ausgenommen davon ist CASE - WHEN, sofern Sie dies als Kontrollstruktur betrachten möchten.

5.3   Mit Bordmitteln – SQL

In diesem Abschnitt sehen wir uns nun User Defined Functions auf Basis von reinem SQL an.

5.3.1   Kurzer Überblick

SQL-basierte Funktionen haben folgende Eigenschaften:

▶ Sie stellen eine einfache Erweiterung der PostgreSQL dar.

▶ Rückgabe ist das Ergebnis der letzten Anfrage – ist das Ergebnis leer, wird NULL zurückgegeben.

▶ Auf Argumente wird mit $1, $2 … $n zugegriffen.

▶ Kontrollstrukturen in der Funktion sind nicht möglich (aber CASE - WHEN in SELECT-Statements).

▶ Es ist möglich, Funktionen und Trigger-Prozeduren zu erstellen.

▶ Die Menge der Client-Server-Verbindungen wird reduziert, da ein Block an Anweisungen oder Berechnungen in einer Funktion gekapselt wird.

Wie Sie später bei PL/pgSQL-Funktionen sehen werden, decken sich die Eigenschaften der beiden Typen in den meisten Punkten.

5.3.2   Der Aufbau einer User Defined Function

Sehen wir uns zunächst den prinzipiellen Aufbau einer Funktion an:

```
CREATE OR REPLACE FUNCTION firstsqlfunction (int,text)
   RETURNS text AS $$
      INSERT INTO kapitel VALUES ($1,$2);
      SELECT ueberschrift FROM kapitel WHERE nr = $1;
$$ LANGUAGE SQL;
```

Ok das sieht auf den ersten Blick nicht besonders kompliziert aus. Allerdings stecken hier bereits viele wichtige Punkte drin, die wir jetzt nacheinander und in diesem ersten Schritt ziemlich ausführlich beschreiben. Vorab aber noch ein Hinweis, wie Sie *psql* (unserer Meinung nach) am besten nutzen, um Ihre User Defined Functions zu entwickeln.

User Defined Functions mit psql entwickeln

psql bietet eine sehr komfortable Möglichkeit, Befehle mit einem Editor Ihrer Wahl zu erstellen und in die PostgreSQL einzufügen. Der Parameter dazu heißt \e und steht etwa für: »Öffne meinen voreingestellten Editor.« Wenn Sie nichts weiter an Ihrem System anpassen, startet der Standardeditor.

Auf Debian-basierten Linux-Systemen ist der Standardeditor Nano und die Standard-Shell Bash. Die Einstellung können Sie systemweit ändern, indem Sie in der Datei */etc/profile* oder */etc/bashrc* folgenden Eintrag hinzufügen:

```
export EDITOR="/pfad/zum/editorbinary"
```

Wenn Sie also den Editor Vi nutzen wollen, schreiben Sie:

```
export EDITOR="/usr/bin/vi"
```

Möchten (oder dürfen) Sie das nur für Ihren eigenen Benutzeraccount ändern, passen Sie die Dateien in Ihrem Home-Verzeichnis (*~/.profile* oder *~/.bashrc*) an oder die */etc/alternatives*.

Wenn Sie nun in *psql* den Befehl \e eingeben, startet der eingestellte Editor. Geben Sie alle Befehle ein, und speichern Sie ab, wenn Sie fertig sind. Dadurch wird der Editor geschlossen und *psql* führt das gerade Eingegebene aus, als ob Sie es direkt in *psql* getippt hätten.

Geben Sie in *psql* nun erneut \e ein, öffnet sich der Editor erneut und zeigt Ihnen den zuletzt eingegebenen Befehl. Somit können Sie eventuell aufgetretene Fehler korrigieren und die Kommandos erneut ausführen. Dieses Vorgehen eignet sich somit hervorragend, um User Defined Functions zu erstellen.

Ab der Version 8.4 haben Sie zusätzlich die Möglichkeit, sich alle Funktionen mit dem Befehl \df anzusehen. Und außerdem können Sie mit dem Befehl \ef name-der-funktion eine bestimmte Funktion im Editor bearbeiten. Wenn Sie \ef ohne einen Namen aufrufen, erstellt *psql* für Sie eine Vorlage für eine neue Funktion.

Nun zurück zu unserer ersten Funktion:

```
CREATE OR REPLACE FUNCTION
```

Es reicht normalerweise aus, CREATE FUNCTION zu schreiben, um eine neue Funktion zu erstellen. Schreiben Sie OR REPLACE dazu, haben Sie es leichter, die Funktion zu überschreiben, wenn Sie Änderungen vorgenommen haben. Dabei müssen Sie allerdings beachten, dass Sie die Anzahl und die Datentypen der etwaigen Parameter, die Sie der Funktion übergeben, nicht ändern dürfen. Außerdem dürfen Sie den Rückgabetyp der Funktion auch nicht ändern.

> **Mehrere Funktionen mit gleichem Namen**
>
> Aus dem soeben erklärten Umstand lässt sich ableiten, dass es möglich ist, Funktionen gleichen Namens zu erstellen, solange sich die Parameter, die Sie der Funktion übergeben, voneinander unterscheiden. Dabei reicht es prinzipiell aus, wenn Sie bei gleicher Anzahl der Parameter nur den Datentyp eines Parameters ändern.

```
CREATE OR REPLACE FUNCTION firstsqlfunction (int,text)
```

Als Nächstes geben Sie der Funktion einen Namen. In unserem Beispiel heißt die Funktion `firstsqlfunction`. Gefolgt wird der Name von den Parametern, die Sie der Funktion übergeben wollen. Die Parameter werden in Klammern und kommasepariert geschrieben. In unserem Beispiel geben wir an, dass die Funktion als ersten Parameter einen Wert vom Datentyp *Integer* und als zweiten Parameter einen Wert vom Datentyp *Text* erwartet. Wir werden später sehen, dass es hier noch weitaus mehr Möglichkeiten für die Definition von Parametern gibt.

```
CREATE OR REPLACE FUNCTION firstsqlfunction (int,text)
   RETURNS text AS $$
```

Diese Zeile definiert, was unsere Funktion zurückgeben soll. Hier ist es ein einzelner Wert vom Datentyp *Text*. Zu einem späteren Zeitpunkt werden Sie auch hier sehen, dass es unterschiedliche Rückgabewerte gibt.

Nach der Bestimmung des Rückgabewerts wird der Funktionskörper mit der eigentlichen Logik eingeleitet. Dies wird am häufigsten mit der Notation AS $$ geschrieben. In früheren PostgreSQL-Versionen wurde hierfür noch AS ' geschrieben. Manche Entwickler nutzen auch AS $BODY$. Sie können nach wie vor den Funktionskörper in Hochkommata (') setzen. Allerdings müssen Sie dann alle anderen Hochkommata, die Sie zum Beispiel für Strings in der Funktion nutzen, aufwändig maskieren. Deshalb raten wir Ihnen lieber zur Schreibweise $$ oder $BODY$. Ein weiterer Grund für die Nutzung von $$ ist die Tatsache, dass dadurch lokal Befehlsendezeichen umgesetzt werden, um mehrere Befehle im Funktionskörper mit einem Semikolon (;) trennen zu können.

Natürlich wird das Ende der Funktion dann wiederum mit $$ oder einer entsprechenden Schreibweise gekennzeichnet. Klar sollte auch sein, dass man nicht am Anfang $$ und am Ende $BODY$ schreiben kann.

```
CREATE OR REPLACE FUNCTION firstsqlfunction (int,text)
   RETURNS text AS $$
      INSERT INTO kapitel VALUES ($1,$2);
      SELECT ueberschrift FROM kapitel WHERE nr - $1;
```

Wie eben schon angesprochen, folgt nun der Funktionskörper mit der Logik der Funktion. Wie Sie sehen, erledigen wir hier eine recht simple Aufgabe. Zuerst setzen wir ein INSERT-Statement auf die Tabelle kapitel ab. Als Werte übergeben wir der Tabelle $1 und $2. Moment – was ist das? Sie greifen generell mit der Bezeichnung $1, $2 … $n auf die Parameter der Funktion zu. Also steht in $1 ein Wert mit dem Datentyp *Integer* und in $2 ein Wert mit dem Datentyp *Text*.

```
CREATE OR REPLACE FUNCTION firstsqlfunction (int,text)
   RETURNS text AS $$
      INSERT INTO kapitel VALUES ($1,$2);
      SELECT ueberschrift FROM kapitel WHERE nr = $1;
$$ LANGUAGE SQL;
```

Die letzte Zeile unserer Funktion beendet nun den Funktionskörper und gibt an, auf welcher Sprache die Funktion basiert – in diesem Fall also SQL. Und damit haben wir den prinzipiellen Aufbau einer Funktion (bislang nur in der Sprache SQL) erklärt.

Nun gibt es zwei Fehlerquellen. Zum einen kann es sein, dass wir der Funktion Werte vom falschen Datentyp übergeben. Dies wird mit folgender Fehlermeldung quittiert:

```
kontor=# SELECT * FROM firstsqlfunction('hallo','und noch ne
neue Überschrift') as ueberschrift;
ERROR:  invalid input syntax for integer: "hallo"
```

Dieser Fehler kann also nur bei der Ausführung der Funktion durch eine fehlerhafte Benutzereingabe auftreten.

Der zweite mögliche Fehler kann bei der Erstellung der Funktion selbst auftreten. Was passiert, wenn wir beim Bearbeiten der Funktion firstsqlfunction festlegen, dass der erste Parameter ein Wert vom Datentyp *Text* sein soll? Das Ergebnis sieht so aus:

```
kontor=# CREATE OR REPLACE FUNCTION firstsqlfunction
(text,text)
RETURNS text AS $$
```

```
INSERT INTO kapitel VALUES ($1,$2);
SELECT ueberschrift FROM kapitel WHERE nr = $1;
$$ LANGUAGE SQL;
ERROR: column "nr" is of type integer but expression is of type
text
HINT:  You will need to rewrite or cast the expression.
CONTEXT:  SQL function "firstsqlfunction"
```

Aha! Das geht nicht. Das ist natürlich eine nette Geste der PostgreSQL-Datenbank, dass eine Überprüfung unserer Programmierfähigkeiten erfolgt.

5.3.3 Eine User Defined Function ausführen

Nachdem wir also eine erste Funktion namens firstsqlfunction erstellt und deren Aufbau analysiert haben, lassen Sie uns diese einfach mal ausführen. Dafür gibt es prinzipiell zwei Möglichkeiten.

Generell werden Funktionen in einem SELECT-Statement aufgerufen, also genauso wie bei den PostgreSQL-eigenen Funktionen. Allerdings sehen wir im weiteren Verlauf dieses Kapitels, dass es einen Unterschied macht, ob die Funktion innerhalb der SELECT-Liste oder innerhalb des FROM-Teils eines Statements aufgerufen wird. Für den Moment und bei unserer Beispielfunktion ist das jedoch noch nicht relevant.

```
kontor=# SELECT * FROM firstsqlfunction(10, 'eine weitere
Textzeile');
    firstsqlfunction
-----------------------
 eine weitere Textzeile
(1 row)
```

Hier rufen wir die Funktion im FROM-Teil des Statements auf. Geben wir nichts weiter an, wird hier als Bezeichner des Rückgabewerts der Name der Funktion angegeben. Das können wir einfach ändern:

```
kontor=# SELECT * FROM firstsqlfunction(11, 'eine weitere
Textzeile') AS ergebnis;
        ergebnis
-----------------------
 eine weitere Textzeile
(1 row)
```

Wir können die Funktion aber auch in der SELECT-Liste und ohne den FROM-Teil aufrufen und erhalten das gleiche Ergebnis:

```
kontor=# SELECT firstsqlfunction(12, 'eine weitere Textzeile')
AS ergebnis;
        ergebnis
-----------------------
 eine weitere Textzeile
(1 row)
```

Natürlich ist es möglich, das AS ergebnis auch wegzulassen.

Wie schon angesprochen werden wir im weiteren Verlauf des Kapitels noch sehen, dass es hier Unterschiede gibt, die zu beachten sind.

5.3.4   Eine User Defined Function umbenennen

Wenn Sie eine Funktion umbenennen möchten, nutzen Sie den Befehl ALTER. Dabei müssen Sie beachten, dass es nicht ausreicht, einfach nur den Namen der Funktion anzugeben. Zusätzlich definieren Sie die Parameter:

```
kontor=# ALTER FUNCTION funceins (int,text) RENAME TO
firstsqlfunction;
ALTER FUNCTION
```

Der Grund hierfür ist die Tatsache, dass es mehrere Funktionen gleichen Namens geben kann und die zu ändernde Funktion somit nur über den Namen *und* die Parameter eindeutig identifizierbar ist.

5.3.5   Eine User Definded Function löschen

Natürlich kann es auch vorkommen, dass Sie eine Funktion wieder löschen möchten. Beim Löschen einer Funktion ist wie beim Umbenennen ebenfalls zu beachten, dass die Parameter mit angegeben werden müssen. Die Gründe hierfür sind wiederum die eindeutige Identifizierung der Funktion nur über die Kombination aus Name und Parameter.

Um eine Funktion zu löschen, nutzen Sie den Befehl DROP FUNCTION:

```
kontor=# DROP FUNCTION functionname(text,text);
DROP FUNCTION
```

5.3.6 Alle eigenen User Defined Functions ansehen

Hier zeigen wir Ihnen zum ersten mal, wie Sie unter Zuhilfenahme von pg_catalog an wichtige Informationen herankommen.

Natürlich ist es interessant zu sehen, welche von Ihnen erstellten Funktionen in der Datenbank vorhanden sind. Dazu können Sie folgendes Statement absetzen:

```
kontor=# SELECT DISTINCT p.oid::regprocedure::text as name,
p.prosrc as source
FROM pg_catalog.pg_proc p
LEFT JOIN pg_catalog.pg_namespace n
ON n.oid = p.pronamespace
WHERE n.nspname !~* '^pg_'
AND n.nspname != 'information_schema';
```

Oh ha. Die Abfrage ist ja schon ein wenig deftig. Deshalb erklären wir diese kurz.

Im Prinzip findet hier nur ein JOIN über zwei Tabellen statt. Der JOIN erfolgt über die Tabelle pg_proc mit Alias p aus dem Schema pg_catalog und der Tabelle pg_namespace mit Alias n aus dem Schema pg_catalog. Verknüpft werden die Tabellen über die Spalte oid aus der Tabelle pg_namespace und der Spalte pronamespace aus der Tabelle pg_proc. Die beiden Einschränkungen bewirken, dass keine Funktionen aus dem Schema (beziehungsweise Namespace) pg_[irgendwas] oder aus information_schema selektiert werden. n.nspname !~* '^pg_' ist ein regulärer Ausdruck; mehr dazu lesen Sie in Abschnitt 4.7.2, »Reguläre Ausdrücke«. In unserer Datenbank bedeutet dies, dass nur Funktionen aus dem Schema public gefunden werden. Als Ergebnis möchten wir gerne den Namen und außerdem den Code (Funktionskörper) der Funktion sehen:

```
name                              |                   source
----------------------------------+---------------------------------
firstsqlfunction(integer,text)    |
                                  : INSERT INTO kapitel VALUES
                                    ($1,$2);
                                  : SELECT ueberschrift FROM
                                    kapitel WHERE nr = $1;
(1 row)
```

An dieser Stelle sei der Hinweis nicht unterschlagen, dass *pgAdmin III* Ihnen eine komfortable Möglichkeit bietet, wie Sie auf die von Ihnen erstellten Funktionen zugreifen.

Wie Sie sehen können, finden Sie die von Ihnen erstellten Funktionen im Objektbrowser im entsprechenden Schema (hier `public`) und dann unter dem Punkt FUNKTIONEN. Das ist schon reichlich komfortabel.

Im SQL-Feld haben Sie dann die Möglichkeit, den Quellcode der Funktion einzusehen und diesen zu kopieren und zum Beispiel im SQL-Editor abzuändern.

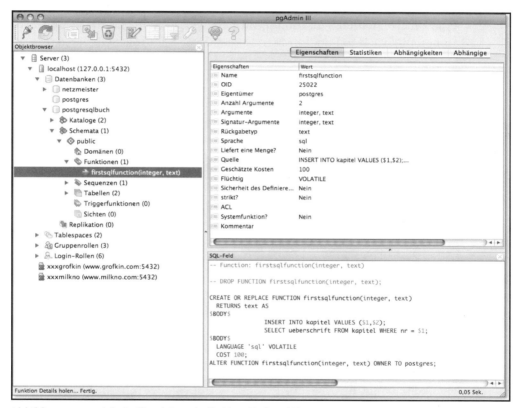

Abbildung 5.1 pgAdmin III zeigt auch die User Defined Functions an.

pgAdmin III fügt sogar netterweise eine auskommentierte Zeile mit einem Befehl für das Löschen der Funktion ein. Beim Bearbeiten oder Verändern der Funktion können Sie dann einfach die Kommentarzeichen entfernen und werden keine Problem haben, wenn Sie zum Beispiel den

Rückgabewert oder die Parameter der Funktion ändern. Die Funktion wird einfach komplett gelöscht und neu erstellt.

Namensgebung für User Defined Functions

In der IT-Welt und speziell bei den Programmierern gibt es mannigfaltige Theorien und Philosophien zum Thema *Namensgebung von Funktionen*. Keine Angst, wir werden Sie nicht damit langweilen.

Es ist jedoch sehr ratsam, sich eine eigene Konvention für die User Defined Functions zu überlegen. Wie Sie im vorigen Abschnitt gesehen haben, fragen wir den Katalog der PostgreSQL-Datenbank ab, um an alle von uns erstellten Funktionen zu gelangen. Wenn Sie in pgAdmin III einen Blick in den Punkt KATALOGE und dort in POSTGRESQL (PG_CATALOG) werfen, sehen Sie, dass der Punkt FUNKTIONEN über 1.900 Funktionen beinhaltet. In dieser Sammlung möchten Sie sicherlich nicht Ihre eigenen Funktionen suchen. Deshalb schlagen wir folgende einfach Konventionen vor:

▶ Alle von Ihnen erstellten Funktionen beginnen mit user_.

▶ Keine Ihrer erstellten Funktionen beginnt mit pg_.

Wenn Sie diese Regeln beachten, können Sie ein einfacheres Statement nutzen, um Ihre Funktionen in *psql* zu finden:

```
kontor=# SELECT proname, prosrc
FROM pg_catalog.pg_proc
WHERE proname LIKE 'user_%';
 proname            |   prosrc
--------------------+------------
 user_meinefunktion |  select 1;
(1 row)
```

Im nächsten Abschnitt befassen wir uns mit den unterschiedlichen Möglichkeiten, die uns die PostgreSQL bei der Nutzung von User Defined Functions auf Basis von SQL bietet.

5.3.7 Funktionen ohne Rückgabewert (RETURNS void)

Am Anfang dieses Kapitels haben wir gelernt, dass eine Funktion auf Basis von SQL eine oder mehrere Statements beinhalten kann. Im Normalfall wird dann das einzeilige Ergebnis (was durchaus nur ein Wert sein kann) des letzten Statements zurückgegeben. Wir können allerdings auch festlegen, dass kein Ergebnis zurückgegeben werden soll. Das erreichen wir durch die Rückgabedefinition RETURNS void. Ein kleines Beispiel verdeutlicht dies: Solche Funktionen finden Ihr Einsatzgebiet häufig bei Wartungsaufgaben in der Datenbank.

```
CREATE OR REPLACE FUNCTION user_update_kapitel()
    RETURNS void AS $$
        UPDATE kapitel set ueberschrift = '' WHERE nr > 9;
$$ LANGUAGE SQL;
```

Sehen wir uns kurz den Inhalt der Tabelle kapitel an:

```
kontor=# SELECT * FROM kapitel;
 nr |          ueberschrift
----+-------------------------------
  1 | Einleitung
  2 | Werkzeuge
 [...]
  9 | und noch ne neue Überschrift
 10 | eine weitere Textzeile
 11 | eine weitere Textzeile
 12 | eine weitere Textzeile
(12 rows)
```

Führen wir diese Funktion aus, erhalten wir folgendes Ergebnis:

```
kontor=# SELECT user_update_kapitel();
 user_update_kapitel
---------------------

(1 row)
```

Und nun kurz die Gegenprobe, wie unsere Tabelle kapitel jetzt aussieht:

```
kontor=# SELECT * FROM kapitel;
 nr |          ueberschrift
----+-------------------------------
  1 | Einleitung
  2 | Werkzeuge
 [...]
  9 | und noch ne neue Überschrift
```

```
10 |
11 |
12 |
(12 rows)
```

Das ist das Ergebnis, das wir erwartet haben. Natürlich wäre es sinnvoll, der Funktion einen Parameter zu übergeben, um festzulegen, ab welcher Nummer (nr) die Spalte ueberschrift geleert werden soll. Probieren Sie den Vorschlag doch mal aus ...

5.3.8 Funktionen mit einfachen Datentypen als Rückgabewert (RETURNS integer, text, numeric ...)

Kommen wir nun zu Funktionen, die als Rückgabewert einen einfachen Datentyp haben. Dies können alle in der PostgreSQL vorhandenen Basisdatentypen sein, wie zum Beispiel *Integer*, *Text*, *Numeric* und so weiter. Mit solchen Funktionen können Sie beispielsweise Berechnungen vornehmen oder ähnliche Operationen durchführen.

Nehmen wir als Beispiel einfach nochmals unsere Funktion von eben, und ändern wir diese wie folgt ab:

```
CREATE OR REPLACE FUNCTION user_update_kapitel(int, text)
   RETURNS text AS $$
      UPDATE kapitel set ueberschrift = $2 WHERE nr = $1;
      SELECT ueberschrift FROM kapitel WHERE nr = $1;
$$ LANGUAGE SQL;
```

Führen wir die Funktion aus, erhalten wir als Ergebnis:

```
kontor=# SELECT user_update_kapitel(9,'neuer eintrag');
 user_update_kapitel
---------------------
 neuer eintrag
(1 row)
```

Dieses Beispiel kommt Ihnen sicherlich bekannt vor, da wir es bereits zu Beginn dieses Kapitels besprochen haben. Lassen Sie Ihrer Fantasie ruhig freien Lauf, und erstellen Sie zur Übung ein paar eigenen Funktionen.

5.3.9 Funktionen mit zusammengesetzten Datentypen

Um den Bereich der Funktionen mit zusammengesetzten Datentypen als Parameter oder Rückgabewert zu besprechen, erweitern wir zuerst unsere Tabelle kapitel:

```
ALTER TABLE kapitel ADD COLUMN seitenzahl integer DEFAULT 0;
```

Damit haben wir eine neue Spalte namens seitenzahl erstellt. Außerdem ist der Standardwert der Spalte 0. Beim Ändern der Tabelle beziehungsweise beim Einfügen dieser Spalte wird automatisch in jede Zeile ins Feld seitenzahl eine 0 geschrieben.

Die Möglichkeit, zusammengesetzte Datentypen an eine Funktion zu übergeben oder als Rückgabewert zu bestimmen, macht das Erstellen eigener Funktionen sehr flexibel. Am besten sehen wir uns wieder ein Beispiel an:

```
CREATE OR REPLACE FUNCTION user_kapitel_seitenzahl(kapitel,int)
   RETURNS int AS $$
      SELECT $1.seitenzahl + $2 FROM kapitel;
$$ LANGUAGE SQL;
```

Wie Sie sehen, greifen wir hier auf die Spalte der Tabelle kapitel innerhalb der Funktion mit einer Punktnotation zu:

```
TABELLE.SPALTE
```

Der Sinn der Funktion soll sein, während der Abfrage an die Tabelle kapitel einen weiteren Wert zu generieren, der dynamisch erstellt wird:

```
kontor=# SELECT *,user_kapitel_seitenzahl(kapitel,50) FROM
kapitel WHERE nr = 4;
 nr | ueberschrift | seitenzahl | user_kapitel_seitenzahl
----+--------------+------------+-------------------------
  4 | Praxis 2     |          0 |                      50
(1 row)
```

So könnte zum Beispiel berechnet werden, wie viele Seiten ein Kapitel momentan hat und wie viele es hätte, wenn wir noch n Seiten hinzufügten:

```
kontor=# SELECT *, SUM(user_kapitel_seitenzahl (kapitel,50))
FROM kapitel WHERE nr = 9 GROUP BY nr, ueberschrift, seitenzahl;
```

```
nr | ueberschrift  | seitenzahl | sum
----+---------------+------------+-----
 9 | neuer eintrag |         20 | 70
(1 row)
```

Klar, das ist ein relativ triviales Beispiel, aber es macht deutlich, welche Möglichkeiten Sie haben. Beachten Sie bitte in diesem Zusammenhang, dass bei beiden Abfragen an die Tabelle kapitel die Funktion nicht im FROM-Teil sondern in der SELECT-Liste angegeben wird.

Sehen wir uns nun noch an, wie wir einen zusammengesetzten Datentyp (wieder die Tabelle kapitel) als Rückgabewert einsetzen:

```
CREATE OR REPLACE FUNCTION user_get_kapitel_row(int,text,int)
   RETURNS kapitel AS $$
      SELECT $1 as nr, $2 as ueberschrift,$3 as
             seitenzahl;
$$ LANGUAGE SQL;
```

Wie Sie sehen geben wir hier als Rückgabewert die Tabelle kapitel an. Beachten Sie, dass es nicht zwingend erforderlich ist, hier Parameter zu übergeben. Sie können diese auch fest in das SELECT-Statement im Körper der Funktion einfügen. Außerdem sollten Sie beachten, dass die Funktion exakt die Spalten zurückgeben muss, die die Tabelle hat, welche als Rückgabewert angegeben wird. Dabei ist auch die Reihenfolge genau einzuhalten. Das Ergebnis der Funktion sieht so aus:

```
kontor=# SELECT user_get_kapitel_row(25,'imaginäre Schrift',35);
   user_get_kapitel_row
-----------------------------
 (25,"imaginäre Schrift",35)
(1 row)
```

Na gut. Aber was fangen wir damit an? Wir können zum Beispiel mit folgender Abfrage nur auf eine Spalte unserer Funktion zugreifen:

```
kontor=# SELECT ueberschrift FROM user_get_kapitel_row(25,
'imaginäre Überschrift',35);
   ueberschrift
-------------------
 imaginäre Schrift
(1 row)
```

Da die Funktion `user_get_kapitel_row()` als Basis die Tabelle `kapitel` hat, gibt sie unter anderem auch Werte der Spalte `ueberschrift` zurück. Deshalb können wir `ueberschrift FROM user_get_…` schreiben. Das `FROM` können Sie bei dieser Schreibweise weglassen beziehungsweise streichen es je nach Gebrauch, wie im nächsten Beispiel zu sehen. Wir können auch den Rückgabewert unserer Funktion als neue Spalte ausgeben:

```
SELECT *, ueberschrift (user_get_kapitel_row(14,'Praxiskapitel
Nr.3',3)) as neue_ueberschrift FROM kapitel WHERE nr = 3;
 nr | ueberschrift | seitenzahl | neue_ueberschrift
----+--------------+------------+--------------------
  3 | Praxis 1     |          0 | Praxiskapitel Nr.3
(1 row)
```

Hier werden zuerst die drei Spalten der Tabelle `kapitel` selektiert. Dann kommt die gerade erwähnte Schreibweise ohne `FROM`. Dadurch greifen wir nur auf den Rückgabewert der Spalte `ueberschrift` in der Funktion zu.

Alternativ ist es auch möglich, den Rückgabewert einer einzelnen Spalte, generiert durch unsere Funktion, als Vergleichsargument zu nutzen.

```
kontor=# SELECT * FROM kapitel WHERE nr = nr(user_get_kapitel_
row(3,'none',1));
 nr | ueberschrift | seitenzahl
----+--------------+------------
  3 | Praxis 1     |          0
(1 row)
```

Wir denken, dass diese Beispiele zeigen, was Sie mit zusammengesetzten Datentypen als Parameter oder Rückgabewerte für Ihre Funktionen alles anstellen können.

5.3.10 Funktionen, die ein Mengenergebnis zurück liefern (RETURNS SETOF)

Bislang haben wir nur Funktionen erstellt, die eine einzelne Zeile als Ergebnis zurückliefern. Wir befassen uns jetzt mit Funktionen, die ein Mengenergebnis zurückgeben. Den Unterschied zwischen diesen beiden Funktionen schauen wir uns am besten an den folgenden beiden Funktionen an. Diese sind bis auf das Ergebnis identisch:

```
CREATE OR REPLACE FUNCTION get_kapitel_single()
   RETURNS kapitel AS $$
      SELECT * FROM kapitel;
$$ LANGUAGE SQL;
```

Der Rückgabewert soll hier vom Typ `kapitel` (also der Tabelle `kapitel`) sein. Dann folgt die zweite Funktion, die ein Mengenergebnis zurückliefert:

```
CREATE OR REPLACE FUNCTION get_kapitel_multi()
   RETURNS SETOF kapitel AS $$
      SELECT * FROM kapitel;
$$ LANGUAGE SQL;
```

Wir bestimmen durch den Bezeichner `SETOF`, dass der Rückgabewert `kapitel` (wieder die Tabelle `kapitel`) ein Mengenergebnis sein soll. Hier sehen Sie die Ergebnisse:

```
kontor=# SELECT * FROM get_kapitel_single() ORDER BY nr;
 nr | ueberschrift | seitenzahl
----+--------------+-----------
  1 | Einleitung   |          0
(1 row)
kontor=# SELECT * FROM get_kapitel_multi() ORDER BY nr;
 nr |        ueberschrift        | seitenzahl
----+---------------------------+------------
  1 | Einleitung                |          0
  2 | Werkzeuge                 |          0
  [...]
 12 |                           |          0
(12 rows)
```

Wie zu erwarten gibt die erste Funktion nur eine Zeile aus der Tabelle `kapitel` aus. Im Gegensatz dazu erhalten wir bei der zweiten Funktion als Ergebnis mehrere Zeilen (nämlich alle) aus der Tabelle `kapitel`. Der Bezeichner `SETOF` bewirkt also, dass wir eine mehrzeilige Ausgabe erzeugen – also ein Mengenergebnis.

Rückgabe SETOF record

Im vorigen Beispiel haben wir die Rückgabe der Funktion mit `SETOF` `tabelle` festgelegt. Das heißt, wir geben Werte aus der definierten

Tabelle zurück. Durch diese Angabe ist eindeutig definiert, welche möglichen Rückgabewerte es geben kann.

Wir können aber auch den Rückgabewert SETOF record angeben, allerdings ist dies mit Einschränkungen verbunden. Wie erstellen zuerst eine abgewandelte Funktion:

```
CREATE OR REPLACE FUNCTION user_get_kapitel_record()
        RETURNS SETOF record AS $$
                SELECT * FROM kapitel;
$$ LANGUAGE SQL;
```

Führen wir diese Funktion aus, erhalten wir folgende Ergebnisse:

```
kontor=# SELECT user_get_kapitel_record();
    user_get_kapitel_record
-----------------------------------
 (1,Einleitung,0)
 (2,Werkzeuge,0)
 (3,"Praxis 1",0)
 (4,"Praxis 2",0)
 (5,"Praxis 3",0)
 (6,Installation,0)
 (7,"neue Überschrift",0)
 (8,"noch ne neue Überschrift",0)
 (10,"",0)
 (11,"",0)
 (12,"",0)
 (9,"neuer eintrag",20)
(12 rows)
```

Hier haben wir die Funktion direkt in der SELECT-Liste aufgerufen. Wir erhalten allerdings folgendes Ergebnis, wenn wir die Abfrage ändern und die Funktion im FROM-Teil aufrufen:

```
kontor=# SELECT * FROM user_get_kapitel_record();
ERROR:  a column definition list is required for functions
returning "record"
```

Die PostgreSQL beschwert sich also. Der Rückgabetyp record erwartet eine genaue Definition, was zurückgegeben werden soll. Lesen Sie im nächsten Abschnitt, wie Sie dieses Problem beheben.

Bestimmung von IN- und OUT- Parametern

Die PostgreSQL-Datenbank bietet uns ein sehr nützliches Feature bezüglich der Parameter, die wir einer Funktion übergeben, und der Rückgabewerte, die wir erhalten wollen. Wir können selbst bestimmen, welche Werte wir als Rückgabewerte erhalten wollen, indem wir diese mit OUT in der Parameterliste der Funktion bestimmen. Die Eingabeparameter bestimmen wir mit IN. Das bietet uns eine sehr detaillierte Steuerung des Verhaltens unserer Funktion.

Beachten Sie, dass Sie dieses Feature auch bei Funktionen nutzen können, die nur eine einzelne Zeile als Rückgabewert liefern.

Die IN- und OUT-Parameter stellen wir an einem sehr einfachen Beispiel vor:

```
CREATE OR REPLACE FUNCTION user_in_out (IN id int, OUT
ueberschrift varchar(255), OUT seitenzahl int)
    RETURNS SETOF record AS $$
            SELECT ueberschrift, seitenzahl FROM kapitel
            WHERE nr < $1;
$$ LANGUAGE SQL;
```

Das Ergebnis sieht so aus:

```
kontor=# SELECT * FROM user_in_out(8);
   ueberschrift   | seitenzahl
------------------+------------
 Einleitung       |          0
 Werkzeuge        |          0
 Praxis 1         |          0
 Praxis 2         |          0
 Praxis 3         |          0
 Installation     |          0
 neue Überschrift |          0
(7 rows)
```

Wir haben bestimmt, dass als Eingabeparameter ein Integer-Wert namens id von der Funktion erwartet wird. Warum nutzen wir dann nicht id sondern $1 im SELECT-Statement? Antwort: weil das hier nicht geht. Sie könnten den Namen auch einfach weglassen. Und noch weiter – Sie könnten auch IN inid streichen. Die PostgreSQL-Datenbank weiß, dass es sich um einen Eingabeparameter handelt. Betrachten Sie den

Namen inid für den Eingabeparameter eher als Hilfe zum besseren Verständnis der Funktion beziehungsweise als Dokumentation.

Weiterhin haben wir zwei Ausgabeparameter mit OUT bestimmt: ueberschrift und seitenzahl. Im weiteren Verlauf des Kapitels werden wir auf die Namensgebung und die Anzahl der Ausgabeparameter, die mit den Rückgabewerten der Funktion übereinstimmen müssen, noch näher eingehen.

Korrektur der Funktion user_get_kapitel_record_out()

Im folgenden Beispiel zeigen wir Ihnen, wie Sie nun die Funktion user_ get_kapitel_record() aus dem vorigen Abschnitt abändern müssen, sodass der Fehler beim Rückgabetyp record und bei der Nutzung der Funktion im FROM-Teil nicht mehr auftritt:

```
CREATE OR REPLACE FUNCTION user_get_kapitel_record_out(OUT nr
int, OUT ueberschrift varchar(255), OUT seitenzahl int)
        RETURNS SETOF record AS $$
                SELECT * FROM kapitel;
$$ LANGUAGE SQL;
```

Als Ergebnis erhalten wir dann Folgendes:

```
kontor=# SELECT * FROM user_get_kapitel_record_out();
 nr |         ueberschrift        | seitenzahl
----+----------------------------+------------
  1 | Einleitung                 |          0
  2 | Werkzeuge                  |          0
[...]
 12 |                            |          0
(12 rows)
```

Halten wir also fest, dass wir bei der Nutzung des Rückgabetyps record immer genau angeben müssen, welche Werte zurückgegeben werden sollen. Hierbei gibt es noch einen wichtige Punkt zu beachten. Die als OUT angegebenen Parameter müssen mit den Rückgabewerten des letzten Statements der Funktion übereinstimmen. Weiter oben haben wir ja bereits festgestellt, dass die Rückgabewerte des letzten Statements die Rückgabewerte der gesamten Funktion sind. Folgendes geht also nicht:

```
CREATE OR REPLACE FUNCTION user_get_kapitel_record_out(OUT nr
int, OUT ueberschrift varchar(255), OUT seitenzahl int)
```

```
            RETURNS SETOF record AS $$
            SELECT nr, ueberschrift FROM kapitel;
$$ LANGUAGE SQL;
ERROR:   return type mismatch in function declared to return
record
DETAIL:   Final SELECT returns too few columns.
CONTEXT:   SQL function "user_get_kapitel_record_out"
```

Was Sie aber durchaus nutzen können, ist das hier:

```
CREATE OR REPLACE FUNCTION user_get_kapitel_record_out(OUT
nr int, OUT ueberschrift varchar(255), OUT seitenzahl int)
     RETURNS SETOF record AS $$
     SELECT nr, ueberschrift, seitenzahl FROM kapitel;
$$ LANGUAGE SQL;
```

Hier wird wohl am deutlichsten, dass eine solche Funktion nur funktioniert, wenn die mit OUT bestimmten Parameter mit den Rückgabewerten des letzten Statements übereinstimmen.

Wenn die Funktion alle Werte zurückgeben soll, können Sie in der SELECT-Liste des letzten Statements auch einfach * schreiben. Wenn Sie nur einzelne Werte durch OUT bestimmen, müssen Sie diese auch explizit im letzten Statement angeben.

Abschließend noch eine Anmerkung zu den Parametern, die wir der Funktion user_get_kapitel_record_out() übergeben haben. Wir haben nicht nur den Bezeichner OUT und den Datentyp angegeben, sondern auch einen (frei wählbaren) Namen für den Rückgabewert. Die Angabe des Namens ist nicht zwingend notwendig, sorgt aber für mehr Übersicht. Als zusätzliches Beispiel sehen wir uns folgende Funktion an:

```
CREATE OR REPLACE FUNCTION user_get_kapitel_record_out(OUT
nummer int, OUT varchar(255), OUT sz int)
     RETURNS SETOF record AS $$
     SELECT nr, ueberschrift, seitenzahl FROM kapitel;
$$ LANGUAGE SQL;
```

Wir haben also im Statement der Funktion angegeben, dass nr, ueberschrift und seitenzahl zurückgegeben werden soll. Als Parameter haben wir allerdings bestimmt, dass der erste Rückgabewert nummer heißen soll, der zweite keinen Namen hat und der dritte sz heißen soll.

Überlegen Sie kurz wie das Ergebnis aussehen wird … haben Sie's? Hier ist es:

```
kontor=# SELECT * FROM user_get_kapitel_record_out();
 nummer |          column2         | sz
--------+--------------------------+----
      1 | Einleitung               |  0
    [...]
      9 | neuer eintrag            | 20
(12 rows)
```

Sie können also frei bestimmen, wie die Namen der Spalten heißen sollen. Wenn Sie keinen Namen angeben, wird je nach Position `column1`, `column2` bis `columnn` als Spaltenname vergeben.

Löschen einer Funktion mit IN- und OUT-Parametern

Beim Löschen einer Funktion mit `IN`- und `OUT`-Parametern wird im Prinzip wie beim Löschen jeder Funktion vorgegangen. Sie nutzen den Befehl `DROP FUNCTION`. Der einzige – etwas erleichternde – Unterschied ist die Tatsache, dass Sie nur die Eingabeparameter, also alle Parameter außer den mit `OUT` gekennzeichneten, angeben müssen. Die Funktion `user_in_out()` sieht per Definition so aus:

```
user_in_out (IN inid int, OUT ueberschrift varchar(255), OUT
seitenzahl int)
```

Beim Löschen müssen Sie allerdings nur Folgendes angeben:

```
DROP FUNCTION user_in_out (int);
```

Das liegt daran, dass PostgreSQL-Funktionen eben nur anhand ihres Namens und ihrer Eingabeparameter identifiziert. Die festgelegten Rückgabewerte spielen in diesem Zusammenhang keine Rolle.

Der Parameter INOUT

Als abschließende Bemerkung zu `IN`- und `OUT`-Parametern sei erwähnt, dass es auch den Bezeichner `INOUT` gibt. Sie können einen Parameter einer Funktion mit `INOUT` definieren und bewirken damit, dass der übergebene Parameter sowohl den Eingabe- als auch den Rückgabewert darstellt.

Dazu ein sehr einfaches Beispiel: Wir möchten eine Funktion schreiben, die als Ergebnis immer den doppelten Wert des übergebenen Werts zurückliefert:

```
CREATE OR REPLACE FUNCTION user_inout(INOUT int)
       RETURNS integer AS $$
           SELECT $1 * 2;
$$ LANGUAGE SQL;
```

Der Aufruf ist denkbar einfach:

```
kontor=# SELECT user_inout(3);
 user_inout
-----------
       6
(1 rows)
```

An dieser Stelle wollen wir nicht tiefer in die Materie der *user defined functions* auf SQL Basis eingehen sondern befassen uns im nächsten Abschnitt mit *user defined functions* mit PL/pgSQL.

5.4 Wenn's ein bisschen mehr sein soll: PL/pgSQL

Kommen wir in diesem Abschnitt zur logischen Fortführung: Funktionen, die mit der Sprache PL/pgSQL geschrieben werden. Sehen wir uns als Erstes einen Überblick an.

5.4.1 Eigenschaften von Funktionen in PL/pgSQL

Die folgende Liste von Features zeigt, dass der Einsatz von Funktionen in PL/pgSQL viele Vorteile bietet und deshalb zum Handwerkszeug eines jeden PostgreSQL-Benutzers gehören sollte.

Sie werden mit CREATE LANGUAGE plpgsql beziehungsweise createlang plpgsql eingebunden.

Sie bieten die Möglichkeit, Kontrollstrukturen zu integrieren.

Alle benutzerdefinierten Datentypen, Funktionen und Operatoren sind verfügbar.

Die Funktion wird pro Datenbankverbindung vorgehalten und muss nicht erneut (wie bei einem einfachen Statement) geparsed werden.

Es ist möglich, Funktionen und Trigger-Prozeduren zu erstellen.

Die Menge der Client-Server-Verbindungen wird reduziert, da ein Block an Anweisungen oder Berechnungen in einer Funktion gekapselt wird.

5.4.2 Installation von PL/pgSQL

PL/pgSQL ist eine Erweiterung der PostgreSQL-Datenbank und muss vor dem Gebrauch installiert werden. Da die Sprache zusammen mit dem PostgreSQL-Standardsystem ausgeliefert wird, gelingt die Installation mit einem einzigen SQL-Befehl. In *psql* geben Sie dazu das Kommando `CREATE LANGUAGE plpgsql` ein, auf der Shell rufen Sie `createlang plpgsql` auf.

Das war's. In der offiziellen PostgreSQL-Dokumentation finden Sie in Kapitel 37.1., »Installing Procedural Languages«, eine Anleitung, wie Sie Sprachen, die nicht standardmäßig vorhanden sind, nachinstallieren (*http://www.postgresql.org/docs/8.4/interactive/xplang-install.html*).

5.4.3 Welche Eingabe- und Rückgabewerte sind möglich?

Wir haben hier zwei Listen zusammengestellt: eine mit allen möglichen Eingabewerten und eine mit allen möglichen Rückgabewerten.

Mögliche Eingabewerte

- ▶ skalare Datentypen
- ▶ Arrays
- ▶ zusammengesetzte Datentypen (aus Tabellen)
- ▶ polymorphische Datentypen (`anyelement`, `anyarray`, `anynonarray`, `anyenum`)

Mögliche Rückgabewerte

- ▶ skalare Datentypen
- ▶ Arrays
- ▶ zusammengesetzte Datentypen

- ▶ record
- ▶ set
- ▶ void
- ▶ OUT
- ▶ polymorphische Datentypen (anyelement, anyarray, anynonarray, anyenum)

Wir werden im weiteren Verlauf des Kapitels auf die meisten dieser Ein- und Rückgabewerte eingehen.

5.4.4 Der Aufbau einer User Defined Function in PL/pgSQL

In diesem Abschnitt erläutern wir den Aufbau einer Funktion in PL/pgSQL. Dabei gehen wir davon aus, dass Sie das vorige Kapitel bereits gelesen haben – wir stellen daher nur die Unterschiede zu den Funktionen in SQL vor.

Hier sehen Sie ein einfaches Beispiel einer Funktion in PL/pgSQL:

```
1 CREATE OR REPLACE FUNCTION user_plpgsql(integer)
2   RETURNS integer AS $$
3 << labelaussen >>
4 DECLARE
5   _id ALIAS FOR $1;
6   _name varchar := 'Kiana';
7   _alter int := 2;
8 BEGIN
9   RAISE NOTICE '% ist % Jahre alt', _name, _alter;
10   DECLARE
11     _alter int := _alter + _id;
12   BEGIN
13     RAISE NOTICE 'Aber jetzt ist % % Jahre alt', \
      _name, _alter;
14     RAISE NOTICE 'Obwohl das Alter doch % ist?',   \
      labelaussen._alter;
15   END;
16   RAISE NOTICE 'In der Tat, % ist % Jahre alt!', _name, \
      _alter;
```

```
17    RETURN _alter;
18 END
19 $$ LANGUAGE plpgsql;
```

Wenn wir diese Funktion ausführen, erhalten wir folgendes Ergebnis:

```
ERROR:  language "plpgsql" does not exist
HINT:  Use CREATE LANGUAGE to load the language into the
database.
```

Ups! Ok – wir haben die Sprache *PL/pgSQL* noch nicht installiert. Holen wir das nach:

```
kontor=# CREATE LANGUAGE plpgsql;
CREATE LANGUAGE
```

Danach sieht das Ergebnis anders aus:

```
kontor=# SELECT user_plpgsql(2);
NOTICE:  Kiana ist 2 Jahre alt
NOTICE:  Aber jetzt ist Kiana 4 Jahre alt
NOTICE:  Obwohl das Alter doch 2 ist?
NOTICE:  In der Tat, Kiana ist 2 Jahre alt!
 user_plpgsql
--------------
            2
(1 row)
```

Sehr gut, das ist genau das, was wir erwartet haben. Gehen wir jetzt also die Funktion Schritt für Schritt durch.

```
CREATE OR REPLACE FUNCTION user_plpgsql(int)
   RETURNS integer AS $$
```

Wie auch bei den User Defined Functions in reinem SQL beginnt eine Funktion in PL/pgSQL mit dem Befehl CREATE [OR REPLACE] FUNCTION. Auch hier legen wir Ihnen für die Vergabe der Namen ans Herz, eine eigene einheitliche Konvention zu nutzen, zum Beispiel user_ als Präfix zu verwenden.

Sie können für Ihre eigenen Funktionen optional OR REPLACE angeben. Damit erreichen Sie, dass beim erneuten Abspeichern der Funktion, nachdem Sie Änderungen vorgenommen haben, die ursprüngliche Funk-

tion ersetzt wird. Allerdings klappt das nur, wenn weder die Eingabe-
noch die Rückgabeparameter geändert werden.

Dann folgt die Angabe, was die Funktion zurückgeben soll, und die Mar-
kierung für den Funktionskörper – in diesem Fall wieder $$.

```
<< labelaussen >>
```

In der Beispielfunktion haben wir einen Label angegeben. Sie können für
jeden Block und Subblock (siehe weiter unten) einen solchen Bezeichner
vergeben. Sie haben dann die Möglichkeit, unter Angabe des Labelna-
mens und einer Variable auf den Wert der Variable zuzugreifen, den
diese im entsprechenden Block hat. Das tun wir zum Beispiel in Zeile 14
über die Angabe labelaussen._alter.

```
DECLARE
    _id ALIAS FOR $1;
    _name varchar := 'Kiana';
    _alter int := 2;
```

Als Nächstes folgt ein Block, in dem Sie Zuweisungen vornehmen kön-
nen – der Deklarationsbereich. Eingeleitet wird der Bereich mit dem
Schlüsselwort DECLARE. Danach folgen Zuweisungen für Variablen, die
Sie im weiteren Verlauf der Funktion nutzen möchten. Dieser Block ist
nicht zwingend erforderlich. Allerdings werden Sie ihn meistens verwen-
den wollen, da einer der Hauptgründe für die Nutzung von PL/pgSQL ist,
dass Sie Variablen deklarieren können, um diese dann in der Funktion zu
nutzen.

```
BEGIN
    RAISE NOTICE '% ist % Jahre alt', _name, _alter;
    DECLARE
        _alter int := _alter + _id;
    BEGIN
        RAISE NOTICE 'Aber jetzt ist % % Jahre alt', \
        _name, _alter;
        RAISE NOTICE 'Obwohl das Alter doch % ist?',   \
            labelaussen._alter;
    END;
    RAISE NOTICE 'In der Tat, % ist % Jahre alt!', _name, \
    _alter;
```

```
    RETURN _alter;
END
```

Als Nächstes folgt der größte Teil der Funktion. Der Bereich, in dem alle Operationen ausgeführt werden, ist wie bei den SQL-Funktion in BEGIN und END gekapselt. Sie sehen also, dass es möglich ist, Verschachtelungen zu nutzen. Die Tiefe der Verschachtelung bleibt dabei Ihnen überlassen. Wichtig ist nur, dass jeder BEGIN- und END-Block mit einem Semikolon (;) abgeschlossen wird. Auch diese Blöcke können wiederum einen Label und davor jeweils einen Deklarationsbereich, eingeleitet durch DECLARE, erhalten.

Im weiteren Verlauf dieses Kapitels werden wir noch näher auf die Möglichkeit eingehen, wie Hinweise, Meldungen oder Exceptions mit RAISE erzeugt werden. Hier nutzen wir RAISE NOTICE, um eine einfache Notiz auszugeben.

Schließlich wird durch RETURN ein Wert zurückgegeben. Wir haben durch RETURNS integer definiert, dass ein Wert vom Typ *Integer* zurückgegeben werden soll. Also kommen wir dieser Anweisung durch den Befehl RETURN alter nach.

```
$$ LANGUAGE plpgsql;
```

Ganz am Ende der Funktion folgt dann die Begrenzung für den Funktionskörper und die Angabe der Sprache – in diesem Fall PL/pgSQL.

Das ist der prinzipielle Aufbau einer Funktion. Der Teil LANGUAGE plpgslq muss nicht zwingend am Ende stehen, sondern kann auch direkt nach RETURNS eingefügt werden. Sie sehen das in einem der nächsten Beispiele.

5.4.5 Debug-Ausgaben und Exceptions

PL/pgSQL bietet mehrere Möglichkeiten, Informationen auszugeben oder den Ablauf der Funktion zu unterbrechen. Wenn Sie mit Programmiersprachen wie PHP, Java oder Python programmieren, wissen Sie, wie wichtig Debugging und Exceptions sind.

Seit PostgreSQL 8.4 gibt es mehr Möglichkeiten für die Ausgabe von Meldungen und den Abbruch von Transaktionen. Prinzipiell wird der Befehl RAISE dazu genutzt. Gefolgt wird der Befehl von der Angabe, welchen

Debug-Level die Meldung haben soll. Die möglichen Werte sind EXCEP-
TION (Standard), DEBUG, LOG, INFO, NOTICE und WARNING. Lassen Sie die
Levelangabe weg, wird immer eine Exception ausgelöst, was schließlich
zum Abbruch der Funktion beziehungsweise der aktuellen Transaktion
führt.

Der Level steht in direktem Zusammenhang mit den Einstellungen für
die Parameter log_min_messages (Standard: WARNING) und client_min_
messages (Standard: NOTICE) in der Datei *postgresql.conf* (siehe Abschnitt
7.3, »Die wichtigsten Konfigurationsdateien«). Je nachdem, welche Einstellungen Sie hier vorgenommen haben, wird beim Aufruf von RAISE
[level] in das angegebene Logfile geschrieben. Dies trifft allerdings nur
bei den Leveln LOG, NOTICE und WARNING zu. Wurde beispielsweise in der
Datei *postgresql.conf* die Option log_min_messages auf LOG gesetzt, und
Sie geben in Ihrer Funktion eine Meldung folgendermaßen aus:

```
RAISE NOTICE 'Ich bin eine Meldung';
```

Da der Level LOG auch alle Ausgaben des Levels NOTICE enthält, wird die
Meldung in das Logfile geschrieben.

Wurde in *postgresql.conf* die Option log_min_messages hingegen auf
WARNING gesetzt, und Sie geben in Ihrer Funktion die gleiche Meldung
aus, wird nichts in das Logfile geschrieben, da erst ab dem Level WARNING
protokolliert werden soll. Die Ausgabe erfolgt natürlich dennoch.

Merken Sie sich einfach, dass alle höheren Level alle Ausgaben der nied-
rigeren Level beinhalten, aber natürlich nicht umgekehrt.

Der Befehl USING ist ebenfalls nützlich. Prinzipiell setzen Sie USING folgendermaßen ein:

```
USING option = expression
expression kann dabei Folgendes sein:
MESSAGE
DETAIL
HINT
ERRCODE
```

Sehen wir uns jetzt ein komplettes Beispiel an:

```
CREATE OR REPLACE FUNCTION user_message(integer)
 RETURNS void
 LANGUAGE plpgsql
```

```
AS $function$
BEGIN
        RAISE NOTICE 'Der übergebene Wert ist %',$1;
        IF ($1 < 3) THEN
                RAISE EXCEPTION 'Der Wert % ist ja viel zu \
                klein', $1 USING HINT = 'Wert vergrössern!';
        END IF;
END
$function$;
```

Wundern Sie sich nicht über den Quelltext. Dies ist die Ausgabe von *psql*, wenn wir den Befehl \ef user_message nutzen, um die Funktion in unserem Lieblingseditior (zum Beispiel Vi) zu bearbeiten (siehe Abschnitt 5.3.2, »Der Aufbau einer User Defined Function«).

Rufen wir die Funktion mit dem Wert 5 auf:

```
kontor=# SELECT user_message(5);
NOTICE:  Der übergebene Wert ist 5
 user_message
--------------

(1 row)
```

Alternativ übergeben wir den Wert 2:

```
kontor=# SELECT user_message(2);
NOTICE:  Der übergebene Wert ist 2
ERROR:  Der Wert 2 ist ja viel zu klein
HINT:  Wert vergrössern!
```

Wenn der Wert zu klein ist, wird die Exception ausgelöst und die Ausführung der Funktion sofort abgebrochen. Mittlerweile haben Sie das Wissen, um den Inhalt der Funktion schnell verstehen zu können. Und somit sollte klar sein, wie Sie Meldungen und Exceptions nutzen können.

5.4.6 Rückgabe: RETURN, RETURN NEXT und RETURN QUERY

Jede Funktion sollte einen Rückgabewert besitzen. Dabei kann dieser ganz unterschiedliche Datentypen haben oder aber auch leer, NULL oder false sein. Um einen Wert aus einer PL/pgSQL-Funktion zurückzugeben, nutzen Sie den Befehl RETURN. Abhängig davon, was Sie im Funktionskopf bestimmt haben, muss dieser Wert einen entsprechenden

Datentyp besitzen. Mögliche Rückgabewerte können folgende Datentypen haben (wir nutzen die englische Bezeichnung, da Sie diese häufiger antreffen werden):

Definition (Bsp.)	Datentyp	Beispiel
`RETURNS integer` `RETURNS text`	`scalar`	`varchar, inte-` `ger, numeric`
`RETURNS RECORD` `RETURNS TABLE`	`composite`	`array, rowtype,` `record`

`RETURNS SETOF scalar,`
`composite`
	`RETURN NEXT,`
	`RETURN QUERY +`
	finales `RETURN`	

`OUT id int, OUT name var-` `char(80)`	**laut Definition**	`varchar, inte-` `ger, numeric`
`RETURNS VOID-`	-	-

Tabelle 5.1 Datentypen mit Rückgabewerten

Wenn `RETURNS SETOF` als Rückgabe definiert wurde, verwenden Sie `RETURN NEXT` oder `RETURN QUERY`, um einen oder (in einer Schleife) mehrere Wert zur Rückgabe zu bestimmen. Dabei werden die Werte zwischengespeichert, bis das gesamte Ergebnis erstellt ist. Erst das abschließende oder finale `RETURN` gibt das Ergebnis dann zurück.

Generell sei noch erwähnt, dass der Aufruf von `RETURN` an irgendeiner Stelle in der Funktion immer zur Folge hat, dass die Funktion verlassen wird – mit oder ohne Rückgabewert. Eine andere Möglichkeit, eine Funktion sofort zu verlassen, ist der Aufruf von EXIT ohne Rückgabewert.

5.4.7 Variablen deklarieren und einen Alias für einen Parameter vergeben

Variablen deklarieren

Der Vorteil von PL/pgSQL- gegenüber SQL-Funktionen ist die Möglichkeit, Variablen zu deklarieren, um diese in der Funktion zu nutzen. Wie bereits gesehen, wird dafür der `DECLARE`-Teil der Funktion genutzt. Sehen wir uns einige Deklarationen an:

```
DECLARE
    _menge integer DEFAULT 23;
```

```
_pi CONSTANT numeric := 3.14;
_hoehe numeric(5);
_breite integer NOT NULL DEFAULT 12;
_name varchar := 'Andy';
_arr_menge record;
_benzinpreis numeric := 0.45 * $1;
```

Wenn einer Variablen ein Defaultwert zugewiesen wird, ist dies der initiale Wert, sobald die Variable verwendet wird.

Geltungsbereich von Variablen

Variablen können vor jedem BEGIN-END-Block im einleitenden DECLARE-Bereich deklariert werden. Sobald die Variable in einem DECLARE-Block deklariert wird, kann auf diese in allen folgenden Blöcken zugegriffen werden. Wenn die Variable nicht mit CONSTANT als Konstante deklariert wurde, kann die Variable in jedem folgenden Bereich überschrieben werden.

Eine Konstante wird mit dem Schlüsselwort CONSTANT bestimmt. Dabei ist zu beachten, dass eine Konstante (wie auch in Programmiersprachen) nicht überschrieben werden kann.

Wenn einer Variablen ein Wert zugewiesen werden soll, geschieht dies mit dem Operator :=. Beachten Sie unbedingt, dass Sie immer einen Datentyp angeben müssen. Zusammenfassend erfolgt eine Deklaration einer Variablen also nach dem folgenden Schema:

```
variable [CONSTANT] type [NOT NULL] [{DEFAULT | :=} ausdruck];
```

Ein Wort zur Benennung von Variablen

Gehen wir kurz auf ein grundlegendes Prinzip der Programmierung ein. Ziel jedes Programmcodes sollte es sein, diesen so sprechend wie möglich zu gestalten. Das bedeutet, die Funktionsnamen sollten uns mitteilen, was die Funktion tut. Das Gleiche gilt auch für Namen für Variablen. Natürlich können Sie für Ihr Programm oder Ihre Funktion Variablen einfach x, y oder z nennen. Allerdings werden Sie nach einem halben Jahr große Probleme haben, Ihren Programmcode zu verstehen. Deshalb empfehlen wir Ihnen, Namen wie _alter oder _flaeche_aussen zu verwenden. Um Fehler zu vermeiden, sollten Sie alles klein schreiben: Alter ist nicht die gleiche Variable wie alter. Um zu kennzeichnen, dass es sich um eine von Ihnen erstellte Variable handelt, sollten Sie ein Präfix wie beispielsweise den Unterstrich verwenden.

Einen Alias für einen Parameter vergeben

Wenn Sie einer Funktion Parameter übergeben, können Sie auf diese über $[NUMMER DES PARAMETERS] zugreifen. Dazu ein kurzes Beispiel:

```
CREATE OR REPLACE FUNCTION user_alias (int, text, int)
RETURNS void
LANGUAGE plpgsql
AS $$
BEGIN
    RAISE NOTICE 'Parameter 1: %', $1;
    RAISE NOTICE 'Parameter 2: %', $2;
    RAISE NOTICE 'Parameter 3: %', $3;
END $$;
```

Das ist machbar, solange Ihre Funktion übersichtlich ist und wenige Parameter beinhaltet. Allerdings wird das Ganze unübersichtlich, wenn Sie zum Beispiel zehn Parameter an die Funktion übergeben müssen und dann ein INSERT-Statement ausführen:

```
INSERT INTO tabelle (id, name, nachname, str, plz, ort …)
VALUES ($1, $4, $3, $9, $2, $6 …)
```

Was war gleich $8? Land oder Geschlecht? Das geht einfacher: Geben Sie den Parametern einen Alias, um sprechende Variablennamen verwenden zu können:

```
CREATE OR REPLACE FUNCTION user_alias (int, text, int)
RETURNS void
LANGUAGE plpgsql
AS $$
DECLARE
    _id ALIAS FOR $1;
    _name ALIAS FOR $2;
    _alter ALIAS FOR $3;
BEGIN
    RAISE NOTICE 'Name: %', _name;
    RAISE NOTICE 'Alter: %', _alter;
```

```
      RAISE NOTICE 'Id: %', _id;
END $$;
```

Das sieht doch wesentlich übersichtlicher aus.

Es gibt noch einen anderen Weg, der sich für wenige Parameter bestimmt gut eignet. Sie können den Alias auch direkt vor den Parameter im Funktionskopf schreiben und auf diesen dann in der Funktion zugreifen:

```
CREATE OR REPLACE FUNCTION user_alias (_id int, _name text, _
alter int)
RETURNS void
LANGUAGE plpgsql
AS $$
BEGIN
   RAISE NOTICE 'Name: %', _name;
   RAISE NOTICE 'Alter: %', _alter;
   RAISE NOTICE 'Id: %', _id;
END
$$;
```

Diese Möglichkeit hat ihre Vorteile. Wir empfehlen Ihnen aber bei der Nutzung von vielen Parametern, die Aliase der Übersicht wegen besser im DECLARE-Bereich zu vergeben.

Nutzung von OUT und RETURNS TABLE

Wie auch bei den SQL-Funktionen steht Ihnen der Parameter OUT zur Verfügung – Das ist eine gute Sache, wenn Sie mehrere Werte zurückgeben möchten. Alternativ zu OUT können Sie auch RETURNS TABLE verwenden. Dazu zwei Beispiele: Um ein wenig mit unserer Datenbank kontor spielen zu können, geben wir zuerst ein paar Daten ein:

```
INSERT INTO kunden (vorname, nachname) VALUES
('Franz', 'Meier'),
('Herbert', 'Richter');
```

Franz Meier hat also die ID 1, Herbert Richter die 2.

```
INSERT INTO bestellungen (kunden_id, bestell_dat) VALUES
(1, '2009-07-23'),
(2, '2009-08-25');
```

```
INSERT INTO bestellungen_produkte (produkte_id, \
bestellungen_id, menge) VALUES
(2, 3, 1),
(8, 3, 1),
(10, 4, 10),
(7, 4, 10);
```

Sehen wir kurz nach, was wir bis jetzt haben:

```
kontor=# SELECT a.vorname, a.nachname, c.menge, d.bezeichnung,
d.preis FROM kunden a, bestellungen b, bestellungen_produkte c,
produkte d
WHERE a.id = b.kunden_id
AND  b.id = c.bestellungen_id
AND c.produkte_id = d.id;
vorname | nachname | menge |        bezeichnung        | preis
---------+----------+-------+---------------------------+-------
 Franz   | Meier    |     1 | Teekanne                  | 22.95
 Franz   | Meier    |     1 | Teekanne groß             | 33.49
 Herbert | Richter  |    10 | Servietten 10.000 Stk.    |  0.00
 Herbert | Richter  |    10 | Teller                    |  1.20
(4 rows)
```

Schreiben wir nun eine Funktion, um mit einer ID und einem angegebenen Steuersatz steuer den Bruttobetrag ausrechnen zu können. Dabei
wollen wir als Rückgabewerte zum einen den Nettopreis netto und zum
anderen den Bruttopreis brutto erhalten:

```
CREATE OR REPLACE FUNCTION user_out_brutto (id int, steuer
numeric, OUT netto numeric, OUT brutto numeric)
RETURNS RECORD
LANGUAGE plpgsql AS
$$
DECLARE
        _kunde ALIAS FOR $1;
        _steuer ALIAS FOR $2;
        _netto numeric;
BEGIN
    SELECT d.preis INTO _netto
    FROM kunden a, bestellungen b, bestellungen_produkte c,\
        produkte d
```

```
        WHERE a.id = b.kunden_id
        AND b.id = c.bestellungen_id
        AND c.produkte_id = d.id
        AND a.id = _kunde;

    netto := _netto;
    brutto := _netto + _netto * (_steuer / 100);
END
$$
```

Ein simpler Aufruf bringt folgendes Ergebnis:

```
kontor=# SELECT * FROM user_out_brutto(1, 19);
 netto |            brutto
-------+----------------------------
 22.95 | 27.3105000000000000000000
(1 row)
```

Natürlich steht es Ihnen frei, den Wert von brutto noch schöner zu formatieren. Zu beachten ist hierbei auch, dass Sie RETURNS RECORD nicht zwingend angeben müssen.

Das Beispiel ist für unseren Zweck relativ aufwändig. Allerdings kann es erweitert werden, und dann erleichtert es Ihnen das Leben. Seit der Version 8.4 haben Sie die Möglichkeit, eine äquivalente Funktion zu schreiben – in unserem Fall sogar etwas einfacher beziehungsweise kürzer. Dabei kommt RETURNS TABLE zum Einsatz. Für den OUT-Parameter definieren wir, welche Werte wir zurückgeben wollen. Bei RETURNS TABLE machen wir das auch, und zwar indem wir die Spalten der Tabelle definieren. Und wie Sie sehen werden, gibt es sogar noch eine Zugabe. Aber hier zuerst die Funktion:

```
CREATE OR REPLACE FUNCTION user_out_brutto_table
        (id int, steuer numeric)
        RETURNS TABLE (netto numeric, brutto numeric)
AS $$
DECLARE
        _kunde ALIAS FOR $1;
        _steuer ALIAS FOR $2;
BEGIN
    RETURN QUERY SELECT d.preis,
```

```
      (d.preis + d.preis * (_steuer / 100))
      FROM kunden a, bestellungen b, bestellungen_produkte c,\
          produkte d
      WHERE a.id = b.kunden_id
      AND b.id = c.bestellungen_id
      AND c.produkte_id = d.id
      AND a.id = _kunde;
END
$$ LANGUAGE 'plpgsql';
```

Hier ist das Ergebnis:

```
kontor=# SELECT * FROM user_out_brutto_table(1, 19);

 netto  |           brutto
--------+---------------------------
 22.95  | 27.3105000000000000000000
 33.49  | 39.8531000000000000000000
(2 rows)
```

Holla – das sind ja zwei Ergebnisse . Das müssen wir erklären: In der Funktion user_out_brutto() konnten wir nur einen Wert betrachten – ohne die Ergebnisse des SELECT-Statements in einer Schleife durchzugehen (das folgt später). Wir haben eine Hilfsvariable _netto deklariert und mit dem Konstrukt SELECT INTO das Ergebnis des zuvor gezeigten SELECT-Statements in diese Variable gepackt. Das kann natürlich nur ein Wert sein. Dann haben wir mit dem Wert _netto unsere Berechnungen ausgeführt und die Werte netto und brutto (definiert durch OUT) zurückgegeben.

Im (fast) äquivalenten Beispiel mit RETURNS TABLE brauchen wir die Hilfsvariable nicht, da wir die Rückgabewerte netto und brutto bereits innerhalb des Statements bestimmen. Dabei muss der Befehl RETURN QUERY genutzt werden, damit klar ist, dass die beiden durch SELECT angegebenen Werte diejenigen sind, die wir im Funktionskopf als Spalten angegeben haben.

Und der Clou an der ganzen Sache ist, dass wir jetzt durch das Ausführen des Statements natürlich alle Bestellungen des Kunden mit der ID id erhalten und deshalb zwei Zeilen zurückgegeben bekommen. Wir sind der Meinung: Das ist Spitze!

5.4.8 Die unterschiedlichen Statements

Kommen wir jetzt zu den unterschiedlichen Statement-Typen, die Sie in einer PL/pgSQL-Funktion nutzen können:

▶ PERFORM wird genutzt, um eine Abfrage ohne Ergebnis abzusetzen, zum Beispiel: PERFORM write_log('Ich hab gerade was gemacht');

▶ SELECT INTO wird genutzt, um eine einzelne Ergebniszeile in eine record- oder row-type-Variable oder in eine Liste von skalaren Variablen zu schieben, zum Beispiel: SELECT preis INTO _preis FROM produkte WHERE id = 2;

▶ Die Variable FOUND kann für Prüfungen, beispielsweise innerhalb von SELECT-INTO-Statements genutzt werden, etwa:

```
SELECT preis INTO _preis FROM produkte WHERE id = $1;
IF NOT FOUND THEN
    RAISE EXCEPTION 'Eintrag mit id % gibt es nicht', $1;
END IF;
```

▶ EXECUTE wird genutzt, um ein dynamisches Statement innerhalb einer User Defined Function abzusetzen, zum Beispiel:

```
EXECUTE 'SELECT to_char(date(''' || dat_start || ''') +
interval ''' || i || ' day'')';
```

Außerdem können Sie natürlich jedes »normale« SQL-Statement in einer UDF ausführen.

Im Folgenden gehen wir auf SELECT INTO und EXECUTE etwas näher ein.

SELECT INTO

Um aus einem Statement ein einzelnes Ergebnis zu filtern, nutzen Sie SELECT INTO. Sie können INTO auch bei INSERT-, UPDATE- und DELETE-Statements benutzen. Die Syntax sieht folgendermaßen aus:

```
INSERT … RETURNING ausdruck INTO [STRICT] ziel;
UPDATE … RETURNING ausdruck INTO [STRICT] ziel;
DELETE … RETURNING ausdruck INTO [STRICT] ziel;
```

Dabei kann das Ziel eine RECORD-Variable, eine Zeilenvariable (row variable) oder eine Liste (kommasepariert) von einfachen Variablen sein. Sobald ein Ergebnis gefunden wurde, wird FOUND auf true gesetzt. Das hat den Vorteil, dass man dann prüfen kann, wie der Zustand von FOUND ist, um dann eine entsprechende Aktion auszuführen. Hier sehen Sie ein Beispiel, das die unterschiedlichen Typen zeigt:

```
CREATE OR REPLACE FUNCTION user_select_into(text, int) RETURNS
record AS
$$
DECLARE
        _do ALIAS FOR $1;
        _id ALIAS FOR $2;
        _out RECORD;
BEGIN
        IF (_do = 'select') THEN
            SELECT * INTO _out FROM produkte WHERE id = _id;
            IF NOT FOUND THEN
                RAISE EXCEPTION 'nichts mit id % gefunden', \
            _id;
            END IF;
        ELSIF (_do = 'insert') THEN
            INSERT INTO produkte (bezeichnung, preis) VALUES \
            ($2,'Teelicht',15.80) RETURNING _id INTO _out;
        END IF;
        RETURN _out;
END
$$ LANGUAGE plpgsql;
```

Und hier noch ein etwas einfacheres Beispiel, in dem zwei OUT-Parameter definiert werden. In diese wird dann nacheinander ein Wert im SELECT-Statement geschoben:

```
CREATE OR REPLACE FUNCTION user_select_into(int, OUT _preis \
numeric, OUT _bezeichnung varchar(255)) AS
$$
BEGIN
        SELECT preis, bezeichnung INTO _preis, _bezeichnung
        FROM produkte
        WHERE id = $1;
END
$$ LANGUAGE 'plpgsql';
```

Ein mögliches Ergebnis ist dann:

```
kontor=# SELECT * FROM user_select_into(4);

 _preis | _bezeichnung
--------+--------------
   0.90 | Becher
(1 row)
```

EXECUTE

Oftmals wollen Sie in Ihrer Funktion in einem Statement dynamische Werte angeben. Dazu verwenden Sie den EXECUTE-Befehl. Mit der aktuellen Version 8.4 ist es jetzt noch einfacher, dynamische Werte an ein Statement zu übergeben. Dafür wird der Befehl USING genutzt und die Platzhalter innerhalb des Statements mit $1 ... $n gekennzeichnet, zum Beispiel:

```
CREATE OR REPLACE FUNCTION user_execute(int)
 RETURNS record
 LANGUAGE plpgsql
AS $function$
DECLARE
        _id ALIAS FOR $1;
        _erg record;
BEGIN
        EXECUTE 'SELECT id as bestell_id, bestell_dat FROM \
        bestellungen
                WHERE  kunden_id = $1'
        INTO _erg
        USING _id;
        RETURN _erg;
END
$function$
```

Führen wir die Funktion aus, erhalten wir folgendes Ergebnis:

```
kontor=# SELECT user_execute(2);
        user_execute
----------------------------
 (4,"2009-08-25 00:00:00")
(1 row)
```

Beachten Sie unbedingt, dass bei der Verwendung von USING nur Werte eingesetzt werden können. Wenn Sie zum Beispiel eine interne Funktion nutzen wollen, um mit dem Wert irgendetwas anzustellen, muss die Konkatenierungs-Schreibweise wie im folgenden Beispiel genutzt werden. Wir möchten einen unscharfen Vergleich durchführen und wandeln deshalb den Wert aus der Spalte nachname und den Suchbegriff in Kleinbuchstaben um:

```
CREATE OR REPLACE FUNCTION user_execute_nachname(varchar)
 RETURNS record
 LANGUAGE plpgsql
AS $function$
DECLARE
        _nachname ALIAS FOR $1;
        _erg record;
BEGIN
        EXECUTE 'SELECT id, nachname, vorname FROM kunden
        WHERE  lower(nachname) = ' || quote_literal(lower($1))
        INTO _erg
        USING _nachname;

        RETURN _erg;
END
$function$
kontor=# SELECT user_execute_nachname('RICHTER');
 user_execute_nachname
-----------------------
 (2,Richter,Herbert)
(1 row)
```

Das Maskieren könnte viel schlimmer aussehen, wenn wir nicht die Funktion quote_literal() nutzen würden, nämlich so:

```
EXECUTE 'SELECT id FROM kunden
        WHERE  lower(nachname) = ''' || lower($1) || ''' '
    ...
```

Ups – nein das wollen Sie nicht schreiben und auch nicht nachvollziehen müssen. Diese Funktion und Funktionen wie quote_ident() (erzeugt Anführungszeichen anstatt Hochkommata) und quote_nullable() (erzeugt einfache Hochkommata oder NULL) gibt es schon lange in der

PostgreSQL, und sie können gut für solche Fälle eingesetzt werden. Die Funktion `quote_literal()` nimmt uns also das eben gesehene hässliche Maskieren ab und schreibt an den Anfang und das Ende des Suchbegriffs ein Hochkomma, sodass es in unserem `SELECT`-Statement korrekt genutzt werden kann.

5.4.9 Es geht rund: Kontrollstrukturen

Kommen wir jetzt zu dem Teil, der User Defined Functions erst richtig interessant und nützlich macht: Kontrollstrukturen. In jeder Programmiersprache gibt es Kontrollstrukturen wie `for`, `foreach` oder `while` – so auch in PL/pgSQL. Sehen wir uns an, welche Möglichkeiten uns die PostgreSQL hier bietet.

IF- und CASE-Bedingungen

In PL/pgSQL gibt es natürlich nicht nur Schleifen, sondern auch die bekannten Bedingungskonstrukte `IF THEN ELSE` und `CASE THEN`. Zwar unterscheiden sich diese Paradigmen in vielen Sprachen ein wenig, aber letztlich tun sie alle das Gleiche. Es wird eine Bedingung geprüft und bei entsprechendem Ergebnis (positiv oder negativ, je nach Bedingung) ein Programmblock ausgeführt. Meistens wird auch ein Defaultblock definiert. Sehen wir uns am besten ein paar Beispiele an, zuerst ein Beispiel mit einer `IF-THEN-ELSE`-Bedingung:

```
CREATE OR REPLACE FUNCTION user_if_condition(_id integer, _
datum timestamp without time zone)
 RETURNS text
 LANGUAGE 'plpgsql'
AS $function$
DECLARE
      _liefer_dat timestamp without time zone;
BEGIN
       SELECT liefer_dat INTO _liefer_dat
       FROM bestellungen
       WHERE id = _id;
       RAISE INFO '_liefer_dat: %', _liefer_dat;
       IF _liefer_dat > _datum THEN
         RETURN 'ist danach versendet';
       ELSEIF _liefer_dat < _datum THEN
```

```
        RETURN 'ist davor versendet';
    ELSEIF _liefer_dat = _datum THEN
        RETURN 'ist heute versendet';
    ELSE
        RETURN 'ist gar nicht versendet';
    END IF;
    RAISE EXCEPTION 'hier sollten wir gar nicht hingelangen';
END
$function$
kontor=# SELECT user_if_condition(3,'2009-08-01');
INFO:  _liefer_dat: 2009-07-30 00:00:00
  user_if_condition
----------------------
 ist davor versendet
(1 row)
```

Wir wollen mit dieser Funktion herausfinden, ob eine Bestellung mit einer bestimmten ID vor einem übergebenen Datum, danach oder noch gar nicht rausgeschickt wurde. Beachten Sie, dass Sie noch beliebig viele weitere ELSEIF-Bedingungen einfügen könnten.

Wir haben den RETURN-Befehl direkt in die Bedingung geschrieben. Sie könnten aber natürlich auch eine Variable definieren, dieser je nach Ergebnis der Bedingungsabfrage den Ausgabe-String übergeben und diesen dann in einem abschließenden RETURN [*Variablenname*] zurückgeben. So ist es in diesem Fall aber einfacher.

Das Gleiche erreichen Sie mit einer CASE-THEN-Bedingung. Die Funktion umzuschreiben, ist trivial:

```
CREATE OR REPLACE FUNCTION user_case_condition(_id integer, _
datum timestamp without time zone)
 RETURNS text
 LANGUAGE 'plpgsql'
AS $function$
DECLARE
        _liefer_dat timestamp without time zone;
BEGIN
        SELECT liefer_dat INTO _liefer_dat
        FROM bestellungen
        WHERE id = _id;
```

```
            RAISE INFO '_liefer_dat: %', _liefer_dat;
            CASE
                    WHEN _liefer_dat > _datum THEN
                            RETURN 'ist danach versendet';
                    WHEN _liefer_dat < _datum THEN
                            RETURN 'ist davor versendet';
                    ELSE
                            RETURN 'ist garnicht versendet';
            END CASE;
        RAISE EXCEPTION 'hier sollten wir garnicht hingelangen';
END
$function$
kontor=# SELECT user_case_condition(3,'2009-08-01');

INFO:  _liefer_dat: 2009-07-30 00:00:00
 user_case_condition
---------------------
 ist davor versendet
(1 row)
```

Beachten Sie, dass Sie auch hier einen Defaultblock ausführen können, indem Sie ELSE nutzen. Das hier gezeigte CASE-THEN-Konstrukt ist ein sogenanntes »searched CASE«. Das bedeutet, dass die Bedingung einen booleschen Wert liefert – also wahr oder falsch. Es gibt auch noch das »simple-CASE«-Konstrukt, in dem Sie Bedingungen mit einem Suchwert füttern:

```
CASE _name
   WHEN  'Reinhold', 'Helge' THEN
     _meldung := 'oh wie lustig';
   WHEN 'Otto', 'Emil' THEN
     _meldung := 'old school lustig';
   ELSE
     _meldung := 'nicht lustig';
END CASE;
```

Wenn hier Reinhold oder (!) Helge für _name gesetzt wird, greift die erste WHEN-Bedingung und so weiter.

Schleifen [LOOP, WHILE, FOR IN]

Um über eine Datenmenge zu iterieren, werden in der Programmierung Schleifen eingesetzt. In der PostgreSQL gibt es dafür verschiedene Möglichkeiten, die für unterschiedliche Einsätze gut geeignet sind.

Beginnen wir mit einer denkbar einfachen Schleife – der LOOP-Schleife. Diese Schleife wird hauptsächlich in Verbindung mit den anderen Schleifentypen genutzt und steht eher selten alleine. Die generelle Syntax ist einfach:

```
LOOP
    Statements ausführen
END LOOP;
```

Wichtig ist hierbei, dass die Schleife erst beendet wird, wenn der Befehl RETURN oder EXIT aufgerufen wird.

Die WHILE-Schleife bietet sich sehr gut an, um Operationen auszuführen, solange eine Bedingung zu trifft. Nehmen wir zum Beispiel an, wir wollen Gutscheine erstellen, um unseren Kunden einen Rabatt zu geben. Wir müssen dafür 10, 20 oder mehr Gutscheine mit einer fortlaufenden Nummer generieren. Dazu erstellen wir als Erstes eine Tabelle namens gutscheine:

```
CREATE TABLE gutscheine (
        id serial PRIMARY KEY,
        erstellt timestamp without time zone,
        wert numeric (10,2),
        code char(4),
        titel varchar(100),
        von timestamp without time zone,
        bis timestamp without time zone);
```

Und dann erstellen wir unsere Funktion:

```
CREATE OR REPLACE FUNCTION user_create_gutscheine(integer)
 RETURNS void
 LANGUAGE plpgsql
AS $function$
DECLARE
    _anzahl ALIAS FOR $1;
    _zaehler int := 1;
```

```
BEGIN
    WHILE _zaehler <= _anzahl LOOP
        INSERT INTO gutscheine
        (erstellt, wert, code, titel, von, bis)
       VALUES (NOW(), 15.00, lpad(_zaehler::varchar(4), 4, '0'), \
           '15 EUR Gutschein', '2009-09-01 00:00:00', \
           '2009-10-01 00:00:00');
           _zaehler := _zaehler + 1;
    END LOOP;
END
$function$;
```

Die Funktion `user_create_gutscheine()` erwartet als Parameter eine Anzahl von Gutscheinen. Als Hilfs- beziehungsweise Zählvariable bestimmen wir `_zaehler` und erhöhen diesen Wert bei jedem Schleifendurchlauf um 1. In jedem Schleifendurchlauf schreiben wir einen Datensatz in die Tabelle, wobei wir den `code` fortlaufend generieren.

Was macht lpad()?

Wir nutzen hier die String-Funktion `lpad()`, um Gutscheincodes der Form `0001`, `0002` und so weiter zu erhalten. Der Aufruf

`lpad(_zaehler::varchar(4), 4, '0')`

bewirkt, dass der übergebene Wert mit Nullen bis zu einer Gesamtbreite von vier Zeichen aufgefüllt wird. Dass hier Zahlen in ein Character-Feld geschrieben werden, ist eigentlich völlig egal. Der Gutscheincode könnte ja auch aus Buchstaben bestehen. Versuchen Sie doch mal, fortlaufend einen Gutscheincode zu erstellen: AAAA, AAAB, AAAC.

Beachten Sie, dass wir als Datentyp `varchar(4)` genutzt haben, weil es sich um einen vierstelligen String handelt.

Dann rufen wir die Funktion auf und erstellen zehn Gutscheine. Das Ergebnis sehen Sie gleich im Anschluss:

```
kontor=# SELECT user_create_gutscheine(10);

 user_create_gutscheine
------------------------

(1 row)
kontor=# select * from gutscheine;
 id |      erstellt       | wert | code |    titel    |
```

```
von            |              bis
----+--------------------------------+-------+------+------------
+---------------------+---------------------
  1 | 2009-08-15 00:30:46.993583 | 15.00 | 0001 | 15 EUR Gutschein
 | 2009-09-01 00:00:00 | 2009-10-01 00:00:00
  2 | 2009-08-15 00:30:46.993583 | 15.00 | 0002 | 15 EUR Gutschein
 | 2009-09-01 00:00:00 | 2009-10-01 00:00:00
  3 | 2009-08-15 00:30:46.993583 | 15.00 | 0003 | 15 EUR Gutschein
 | 2009-09-01 00:00:00 | 2009-10-01 00:00:00
  4 | 2009-08-15 00:30:46.993583 | 15.00 | 0004 | 15 EUR Gutschein
 | 2009-09-01 00:00:00 | 2009-10-01 00:00:00
  5 | 2009-08-15 00:30:46.993583 | 15.00 | 0005 | 15 EUR Gutschein
 | 2009-09-01 00:00:00 | 2009-10-01 00:00:00
  6 | 2009-08-15 00:30:46.993583 | 15.00 | 0006 | 15 EUR Gutschein
 | 2009-09-01 00:00:00 | 2009-10-01 00:00:00
  7 | 2009-08-15 00:30:46.993583 | 15.00 | 0007 | 15 EUR Gutschein
 | 2009-09-01 00:00:00 | 2009-10-01 00:00:00
  8 | 2009-08-15 00:30:46.993583 | 15.00 | 0008 | 15 EUR Gutschein
 | 2009-09-01 00:00:00 | 2009-10-01 00:00:00
  9 | 2009-08-15 00:30:46.993583 | 15.00 | 0009 | 15 EUR Gutschein
 | 2009-09-01 00:00:00 | 2009-10-01 00:00:00
 10 | 2009-08-15 00:30:46.993583 | 15.00 | 0010 | 15 EUR Gutschein
 | 2009-09-01 00:00:00 | 2009-10-01 00:00:00
(10 rows)
```

Wunderbar. Genau das, was wir haben wollten. Die WHILE-Schleife ist für diese Aufgabe optimal.

Kommen wir jetzt zu den Schleifen mit dem Konstrukt FOR IN. Zuerst einmal betrachten wir kurz die Möglichkeit, die vorige Funktion mit FOR IN zu schreiben. Der Schleifenteil sähe dann so aus:

```
FOR _anzahl IN 1.._zaehler LOOP
    INSERT INTO gutscheine
    (erstellt, wert, code, titel, von, bis)
    VALUES (NOW(), 15.00, lpad(_zaehler::char, 4, '0'), '15 \
    EUR Gutschein', '2009-09-01 00:00:00', '2009-10-01 \
    00:00:00');
    _zaehler := _zaehler + 1;
END LOOP;
```

Letztendlich ist es Geschmacksache, welche Form Sie nutzen. Aus unserer Sicht ist in diesem Fall die WHILE-Schleife eleganter, da die Zählvariable im Schleifenrumpf verändert wird. Andernfalls wäre eine FOR-Schleife sinnvoller, da hier die Durchläufe von Beginn an festgelegt sind.

Weitaus häufiger werden Sie vor dem Problem stehen, dass über eine Datenmenge iteriert und eine Datenmenge zurückgegeben werden soll – in diesem Fall Zeilen. Hierfür bestimmen wir im Funktionskopf durch RETURNS SETOF, dass eine Tabelle mit den entsprechenden Spalten zurückgegeben wird. Die Tabelle kann entweder tatsächlich eine Tabelle oder ein selbst definierter Datentyp sein, der zuvor mit diesem Kommando erstellt wurde:

```
CREATE TYPE mytype AS (v1 typ, v2 typ, … vn typ);
```

Die zweite Variante bietet sich an, wenn Sie eine komplexere Funktion erstellt und aus mehreren Tabellen gelesen haben.

Sehen wir uns zuerst ein Beispiel an, in dem wir als Ergebnis die Werte einer Tabelle zurückgeben wollen – in diesem Fall die Werte der Tabelle mitarbeiter:

```
CREATE OR REPLACE FUNCTION user_mitarbeiter()
 RETURNS SETOF mitarbeiter
 LANGUAGE plpgsql
AS $function$
DECLARE
        _tab_mitarbeiter mitarbeiter%rowtype;
BEGIN
        FOR _tab_mitarbeiter IN
                SELECT *
                FROM mitarbeiter
                WHERE id < 4
        LOOP
                RAISE INFO 'id des Mitarbeiters: %',\
                _tab_mitarbeiter.id;
                RETURN NEXT _tab_mitarbeiter;
        END LOOP;
        RETURN;
END
$function$;
```

Führen wir die Funktion aus, erhalten wir folgendes Ergebnis:

```
kontor=# SELECT user_mitarbeiter();
INFO:   id des Mitarbeiters: 1
INFO:   id des Mitarbeiters: 2
INFO:   id des Mitarbeiters: 3
                    user_mitarbeiter
--------------------------------------------------------------
 (1,6,herr,Willi,Winzig,ww@kontor.de,,,,,,,,,1954-12-20)
 (2,5,frau,Berta,Kowalski,bk@kontor.de,,,,,,,,,1970-03-14)
 (3,4,herr,Daniel,Schreiber,ds@kontor.de,,,,,,,,,,1968-06-01)
(3 rows)
oder
kontor=# SELECT * FROM user_mitarbeiter();
INFO:   id des Mitarbeiters: 1
INFO:   id des Mitarbeiters: 2
INFO:   id des Mitarbeiters: 3
 id | abteilungen_id | anrede | vorname | nachname  | ...
----+----------------+--------+---------+-----------+ ...
  1 |              6 | herr   | Willi   | Winzig    |
  2 |              5 | frau   | Berta   | Kowalski  |
  3 |              4 | herr   | Daniel  | Schreiber |
(3 rows)
```

Hier gibt es ein paar Dinge, die wir ansprechen müssen. Im Deklarationsteil der Funktion geben wir mit der Zeile

```
_tab_mitarbeiter mitarbeiter%rowtype;
```

an, dass die Variable _tab_mitarbeiter alle Spalten der Tabelle mit dem entsprechenden Datentyp haben soll. Dann geben wir an, dass wir über alle Spalten der Tabelle mitarbeiter iterieren wollen, mit der Bedingung, dass die ID kleiner als 4 ist. Damit schieben wir sozusagen das Ergebnis der Abfrage in die Variable _tab_mitarbeiter. Mit der LOOP-Anweisung startet die Iteration. In der RAISE-Anweisung greifen wir auf den Wert der ID mit der Notation _tab_mitarbieter.id zu, und mit RETURN NEXT geben wir die aktuelle Zeile zurück. Beachten Sie, dass ganz am Ende ein abschließendes RETURN stehen muss. Außerdem ist es wichtig zu verstehen, dass die gesamte FOR-IN-Schleife bis END LOOP läuft. Zwischen IN und LOOP steht nirgendwo ein Semikolon – ein häufiger Anfängerfehler.

Natürlich ist das obige Beispiel ziemlich einfach. Sie können zwischen LOOP und END LOOP alle möglichen Operationen ausführen. Eine Möglichkeit ist zum Beispiel, einer Variable einen neuen Wert zuzuweisen und diesen wieder in die Tabelle zu schreiben:

```
LOOP
    _tab_mitarbeiter.name = 'anderer Name';
    UPDATE mitarbeiter
    SET name = _tab_mitarbeiter.name
    WHERE id = _tab_mitarbeiter.id;
END LOOP
```

Wenn wir nun ein selbst definiertes Ergebnis erhalten wollen, müssen wir vorher einen eigenen Datentyp erstellen. Im folgenden Beispiel wollen wir ausgehend von den Bestellungen eines Kunden ein paar Werte ausgeben:

```
CREATE TYPE mytype_bestellungen AS (id int, nachname \
varchar(255), vorame varchar(255), summe numeric (10,2));


CREATE OR REPLACE FUNCTION public.user_bestellungen()
 RETURNS SETOF mytype_bestellungen
 LANGUAGE plpgsql
AS $function$
DECLARE
        _tab_bestellungen mytype_bestellungen%rowtype;
BEGIN
        FOR _tab_bestellungen IN
                SELECT a.id, a.nachname, a.vorname, d.preis
                FROM kunden a, bestellungen b,\
                  bestellungen_produkte c, produkte d
                WHERE a.id = b.kunden_id
                AND b.id = c.bestellungen_id
                AND c.produkte_id = d.id
                AND a.id < 4
        LOOP
                RETURN NEXT _tab_bestellungen;
        END LOOP;
        RETURN;
END
$function$;
```

Sehen wir uns das Ergebnis an:

```
kontor=# select user_bestellungen();
    user_bestellungen
--------------------------
 (1,Meier,Franz,22.95)
 (1,Meier,Franz,33.49)
 (2,Richter,Herbert,0.00)
 (2,Richter,Herbert,1.20)
(4 rows)
```

Sehr gut. Genau das, was wir wollen. Aber lassen Sie uns nun ein etwas sinnvolleres Beispiel erstellen. Wir möchten ein kumuliertes Ergebnis pro Kunde haben:

```
CREATE OR REPLACE FUNCTION public.user_bestellungen_sum()
 RETURNS SETOF mytype_bestellungen
 LANGUAGE plpgsql
AS $function$
DECLARE
        _ids record;
        _tab_bestellungen mytype_bestellungen%rowtype;
BEGIN
        FOR _ids IN
                SELECT id FROM kunden
        LOOP
                FOR _ids IN
                        SELECT a.id, a.nachname, a.vorname,
                                sum(d.preis) as preis
                        FROM kunden a, bestellungen b, \
                          bestellungen_produkte c, produkte d
                        WHERE a.id = b.kunden_id
                        AND b.id = c.bestellungen_id
                        AND c.produkte_id = d.id
                        AND a.id < 4
                        AND a.id = _ids.id
                        GROUP BY a.id, a.nachname, a.vorname
                LOOP
                        RAISE INFO 'ID: %', _ids.id;
                        RETURN NEXT _ids;
```

```
            END LOOP;
        END LOOP;
        RETURN;
END
$function$;
```

Und dann sehen wir uns die Ausgabe an:

```
kontor=> SELECT * FROM  user_bestellungen_sum();
INFO:  ID: 1
INFO:  ID: 2
 id | nachname | vorame  | summe
----+----------+---------+-------
  1 | Meier    | Franz   | 56.44
  2 | Richter  | Herbert |  1.20
(2 rows)
```

Bingo! Gehen wir die Funktion kurz durch: Im Prinzip handelt es sich einfach um eine verschachtelte Schleife. In der äußeren Schleife fragen wir die Tabelle kunden ab und erhalten als Ergebnis zwei IDs. Diesen Punkt zu verstehen, ist essenziell wichtig, denn Sie müssen das Ergebnis aus dieser Abfrage nicht etwa in ein Array oder eine andere mehrdimensionale Variable speichern, um dann darüber zu iterieren.

Das heißt also, dass die äußere Schleife zweimal durchlaufen wird. Als Nächstes kommt die innere Schleife. Hier greifen wir mit der Notation _ids.id auf die ID aus der ersten Schleife zu (in diesem Fall also die 1). Das gesamte Statement hat dann als Ergebnis eine Zeile für den Kunden mit der id und dem kumulierten Wert für summe.

Ob Sie für diese einfache Aufgabe eine solche doch etwas aufwändigere Funktion einsetzen, ist natürlich Ihnen überlassen. Aber Sie haben gesehen, wie man SELECT INTO nutzt, verschachtelte Schleifen schreibt und auf einen Wert der Variable zugreift, über die iteriert wird.

5.4.10 Cursor

Zum Ende dieses Kapitels befassen wir uns mit dem Thema *Cursor*. Es gibt zwei Gründe, Cursor einzusetzen: Zum einen hält ein Cursor das Ergebnis einer Abfrage vor, um dann Zeile für Zeile auf dieses zugreifen zu können (oder aber auf eine bestimmte Anzahl von Zeilen). Zum anderen gibt es die Möglichkeit, auf einen Cursor, der von einer Funktion erstellt wurde, per Referenz zuzugreifen, was ebenso einen effizienten Weg darstellt, um auf große Ergebnismengen zuzugreifen. Übrigens benutzt die PostgreSQL intern in einer FOR-Schleife Cursor, um die Ergebnisse zurückzugeben.

Cursor deklarieren

Alle Cursor haben den Datentyp refcursor. Es gibt zwei Möglichkeiten, einen Cursor zu deklarieren. Einerseits kann eine Variable als Cursor bestimmt werden, indem diese einfach als Datentyp refcursor deklariert wird. Andererseits können Sie dem Cursor ein Statement zuweisen. Die Unterschiede betrachten wir im nächsten Abschnitt.

Gebundene und ungebundene Cursor

Es gibt zwei Cursor-Arten. Einem gebundenen Cursor wurde bereits eine Abfrage zugeordnet, zum Beispiel:

```
_cursor_gebunden CURSOR FOR SELECT nachname, vorname \
    FROM kunden;
```

Es besteht aber auch die Möglichkeit, einen Cursor mit einem dynamischen Statement zu binden. Das könnte so aussehen:

```
_cursor_gebunden CURSOR (_id int) FOR SELECT nachname, \
    vorname FROM kunden where id  = _id;
```

Und zu guter Letzt wird der ungebundene Cursor denkbar einfach deklariert:

```
_cursor_ungebunden refcursor;
```

Diese Deklarationen erfolgen im DECLARE-Teil der Funktion. Wir werden nach ein wenig mehr Theorie gleich ein paar Beispiele sehen.

Um einen Cursor nutzen zu können, muss dieser geöffnet werden. Das erfolgt mit dem Befehl OPEN. Hierbei muss nun wiederum zwischen einem gebundenen und einem ungebundenen Cursor unterschieden werden. Ein gebundener Cursor wird durch folgenden Aufruf geöffnet:

```
OPEN _cursor_gebunden;
```

Wenn ein Parameter übergeben werden muss, lautet der Aufruf:

```
OPEN _cursor_gebunden(1);
```

Der Aufruf ähnelt ein wenig dem Aufruf einer Funktion. Der Vorteil ist hier, dass der Cursor ja bereits an ein Statement gebunden ist, das bei der Deklaration angegeben wurde, deshalb der einfach Aufruf. Aber in manchen Fällen leistet ein ungebundener Cursor bessere Dienste. Ein ungebundener Cursor wird geöffnet, indem ein entsprechendes Statement zugewiesen wird. Es werden zwei Varianten unterschieden. Im ersten Fall muss das Statement auf jeden Fall Zeilen zurückgeben – wie es auch das SELECT-Statement tut:

```
OPEN _cursor_ungebunden FOR SELECT nachname, vorname FROM \
    kunden;
```

Die zweite Variante sieht so aus:

```
OPEN _cursor_ungebunden FOR EXECUTE 'SELECT id FROM \
    kunden WHERE nachname = ' || quote_ident($1);
```

Der Unterschied ist ziemlich gut zu erkennen: Der erste geöffnete Cursor gibt einen monolithisches Ergebnis zurück, der zweite Cursor ein dynamisches aufgrund der Übergabe des Parameters.

Einen Cursor nutzen mit FETCH und MOVE

Es gibt zwei grundlegende Möglichkeiten, auf das Ergebnis zuzugreifen, das von einem Cursor vorgehalten wird. FETCH liefert die nächste Zeile zurück. Dabei muss diese in eine row-Variable, eine record-Variable oder eine kommaseparierte Liste von einfachen Variablen geschrieben werden. Alternativ kann aber auch auf eine bestimmte Zeile zugegriffen werden. Dafür stehen folgenden Optionen beziehungsweise »Richtungen« zur Verfügung:

```
NEXT     => nächste Zeile (nichts anzugeben bedeutet ebenfalls
NEXT)
PRIOR    => vorige Zeile
FIRST    => erste Zeile
LAST     => letzte Zeile
ABSOLUTE count => genau die Zeile mit der Nummer count
RELATIVE count => von der aktuellen Position die Zeile mit der
Nummer count
```

```
FORWARD => wie NEXT
BACKWARD => wie PRIOR
```

Beachten Sie, dass der Cursor bei der Definition mit der Option SCROLL definiert werden muss, um eine Position rückwärts aufrufen zu können.

MOVE verhält sich ähnlich, wandert aber nur an die angegebene Position und gibt kein Ergebnis zurück. Die Möglichkeiten zur Angabe der »Richtung« sind die gleichen wie bei FETCH, weshalb wir sie nicht nochmals aufzählen.

Zeit für ein Beispiel: Wir erstellen eine einfache Funktion und spielen mit FETCH und MOVE. Die aktuelle Position geben wir per RAISE INFO aus:

```
CREATE OR REPLACE FUNCTION user_cursor(integer)
 RETURNS record
 LANGUAGE plpgsql
AS $function$
DECLARE
        _cursor refcursor;
        _cursor_gebunden CURSOR FOR SELECT nachname, vorname
FROM kunden ORDER BY id;
        _ergebnis record;
BEGIN
        FOR _ergebnis IN
          SELECT * FROM produkte
            ORDER BY id
        LOOP
            RAISE INFO 'Tabelle produkte: %', _ergebnis;
        END LOOP;

        RAISE INFO 'OPEN CURSOR _cursor';
        OPEN _cursor FOR SELECT * FROM produkte ORDER BY id;
        FETCH _cursor INTO _ergebnis;
        RAISE INFO 'FETCH _ergebnis: %', _ergebnis;
        FETCH LAST FROM _cursor INTO _ergebnis;
        RAISE INFO 'FETCH LAST _ergebnis: %', _ergebnis;
        FETCH RELATIVE -3 FROM _cursor INTO _ergebnis;
        RAISE INFO 'FETCH RELATIVE _ergebnis: %', _ergebnis;
        MOVE RELATIVE -3 FROM _cursor;
        FETCH RELATIVE 0 FROM _cursor INTO _ergebnis;
```

```
          RAISE INFO 'MOVE ABSOLUTE _ergebnis: %', _ergebnis;
          FETCH BACKWARD FROM _cursor INTO _ergebnis;
          RAISE INFO 'FETCH BACKWARD _ergebnis: %', _ergebnis;
          CLOSE _cursor;
          RAISE INFO 'CLOSE CURSOR _cursor';
    RAISE INFO 'OPEN CURSOR _cursor_gebunden';
          OPEN _cursor_gebunden;
          FETCH _cursor_gebunden INTO _ergebnis;
          RAISE INFO 'FETCH _ergebnis: %', _ergebnis;
          CLOSE _cursor_gebunden;
          RAISE INFO 'CLOSE CURSOR _cursor_gebunden';


          RETURN _ergebnis;
END
$function$;
```

Und das Ergebnis sieht so aus:

```
kontor=# SELECT user_cursor(1);
INFO:  Tabelle produkte: (2,978-\
       3236596225,Teekanne,"",22.95,0.070,39.50,"",,12)
INFO:  Tabelle produkte: (3,,"Kerzen 100er \
       Pack","",4.99,0.190,0.00,"",,14)
INFO:  Tabelle produkte: (4,,Becher,"",0.90,0.190,0.00,"",,12)
INFO:  Tabelle produkte: (5,,"Servietten 100 \
       Stk.","",2.99,0.190,0.00,"",,10)
INFO:  Tabelle produkte:
       (6,,Stövchen,"",10.99,0.190,0.00,"",,2)
INFO:  Tabelle produkte: (7,,Teller,"",1.20,0.190,0.00,"",,12)
INFO:  Tabelle produkte: (8,,"Teekanne \
       groß","",33.49,0.190,0.00,"",,12)
INFO:  Tabelle produkte: (9,,"Servietten 250 \
       Stk.","",4.99,0.190,0.00,"",,10)
INFO:  Tabelle produkte: (10,,"Servietten 10.000 \
       Stk.","",0.00,0.190,0.00,"",,14)
INFO:  Tabelle produkte: (11,,Tischbedarf,,0.00,0.190,0.00,,,)
INFO:  Tabelle produkte: (12,,Geschirr,,0.00,0.190,0.00,,,13)
INFO:  Tabelle produkte: (13,,Porzellan,,0.00,0.190,0.00,,,11)
INFO:  Tabelle produkte: (14,,Papier,,0.00,0.190,0.00,,,11)
INFO:  OPEN CURSOR _cursor
```

```
INFO:  FETCH _ergebnis: (2,978- \
       3236596225,Teekanne,"",22.95,0.070,39.50,"",,12)
INFO:  FETCH LAST _ergebnis: (14,,Papier,,0.00,0.190,0.00,,,11)
INFO:  FETCH RELATIVE _ergebnis: \
       (11,,Tischbedarf,,0.00,0.190,0.00,,,)
INFO:  MOVE ABSOLUTE _ergebnis: (8,,"Teekanne \
       groß","",33.49,0.190,0.00,"",,12)
INFO:  FETCH BACKWARD _ergebnis: \
       (7,,Teller,"",1.20,0.190,0.00,"",,12)
INFO:  CLOSE CURSOR _cursor
INFO:  OPEN CURSOR _cursor_gebunden
INFO:  FETCH _ergebnis: (Meier,Franz)
INFO:  CLOSE CURSOR _cursor_gebunden
  user_cursor
- - - - - - - - - - - - - - -
 (Meier,Franz)
(1 row)
```

In der Funktion `user_cursor()` haben wir im Deklarationsteil einen ungebundenen Cursor, einen gebundenen Cursor und eine `record`-Variable definiert. In der Funktion selbst geben wir zuerst das Ergebnis der Tabelle `produkte` aus, sodass Sie die folgenden »Sprünge« mit dem Cursor verfolgen können. Dafür verwenden wir im ersten Schritt den ungebundenen Cursor und dann im zweiten Schritt den gebundenen Cursor. Beachten Sie auch, dass wir den Cursor jeweils mit `CLOSE _cursor_name` geschlossen haben, um den genutzten Speicher wieder freizugeben. Nach Ende einer Transaktion, in der ein Cursor genutzt wurde, wird der Speicherplatz zwar sowieso wieder frei, aber es ist ja denkbar, dass die Transaktion noch läuft, Sie den Cursor aber nicht mehr brauchen oder ihn neu öffnen wollen.

Einen Cursor als Referenz nutzen

Im vorigen Abschnitt haben wir Ihnen gezeigt, wie Sie einen Cursor innerhalb einer Funktion nutzen. In diesem letzten Abschnitt zeigen wir Ihnen, wie Sie eine Funktion schreiben, die einen Cursor öffnet und eine Referenz darauf zurückgibt.

Sinnvollerweise sollten Sie dann über den Namen auf die Cursor-Referenz zugreifen können. Sie können der Funktion deshalb als Parameter einen Namen übergeben, oder Sie überlassen die PostgreSQL die Namensgebung. Die Datenbank wird automatisch einen Namen zuweisen. Ob Sie einen Namen zuteilen oder nicht, ist Geschmacksache – wir empfehlen es allerdings. Beachten Sie, dass der Parameter immer vom Typ `refcursor` sein muss. Das Gleiche gilt für den Rückgabetyp der Funktion. Es wird immer `RETURNS refcursor` verwendet.

Sie können in einer Funktion auch mehrere Cursor öffnen und über den Namen auf den jeweiligen Cursor zugreifen (sehen Sie, deshalb ist es gut Namen zu vergeben ...).

Um die Referenz auf einen Cursor nutzen zu können, müssen Sie dies innerhalb einer Transaktion tun. Sprich: Der Zugriff wird gekapselt in `BEGIN ... COMMIT;`.

Sehen wir uns jetzt ein paar einfache Beispiele an. Zuerst erstellen wir eine Funktion mit einem Cursor.

```
CREATE OR REPLACE FUNCTION public.user_cursor_ref(refcursor)
 RETURNS refcursor
 LANGUAGE plpgsql
AS $function$
DECLARE
     _curs_ref ALIAS FOR $1;
BEGIN
     OPEN _curs_ref FOR SELECT nachname, vorname FROM kunden \
     ORDER BY id;
     RETURN _curs_ref;
END
$function$
```

Und hier ist der Aufruf und das Auslesen aller Ergebnisse:

```
kontor=# BEGIN; SELECT user_cursor_ref('curs1'); FETCH ALL \
   in curs1;COMMIT;
BEGIN
 user_cursor_ref
-----------------
 curs1
(1 row)
 nachname | vorname
----------+---------
```

```
  Meier    | Franz
  Richter  | Herbert
(2 rows)
COMMIT
```

Sie können aber natürlich auch alle Formen von FETCH (oder MOVE) nutzen, um auf das Ergebnis zuzugreifen. Beachten Sie, dass der erste Aufruf von NEXT die erste Ergebniszeile zurückgibt, da die Position des Cursor zu Anfang 0 ist:

```
kontor=# BEGIN; SELECT user_cursor_ref('curs1');
BEGIN
 user_cursor_ref
-----------------
 curs1
(1 row)
kontor=# FETCH NEXT FROM curs1;
 nachname | vorname
----------+---------
 Meier    | Franz
(1 row)
kontor=# FETCH NEXT FROM curs1;
 nachname | vorname
----------+---------
 Richter  | Herbert
(1 row)
kontor=# FETCH NEXT FROM curs1;
 nachname | vorname
----------+---------
(0 rows)
kontor=# COMMIT;
COMMIT
```

Das ist schon mal eine sehr gut Sache. Je nachdem, wie Sie PostgreSQL nutzen, bieten Ihnen Cursor die Möglichkeit, aus Ihrer Applikation heraus auf Teilmengen eines (eventuell sehr großen) Abfrageergebnisses zugreifen zu können. Tun Sie das zum Beispiel mit PHP oder Java (oder einer anderen Sprache), werden Sie viel Speicherverbrauch sparen können, da Sie nicht das gesamte Ergebnis aus der Datenbank holen müssen. Generell sollten Sie das sowieso nicht tun, sondern LIMIT und OFFSET einsetzen. Allerdings erhalten Sie beim Einsatz von LIMIT und OFFSET ein monolithisches Teilergebnis, das Sie dann in der Applikation weiterverarbeiten müssen. Dazu bietet sich innerhalb einer Transaktion beispielsweise die Datenbank an.

Die Frage, wie nun zwei oder mehrere Cursor-Referenzen genutzt werden können, ist einfach beantwortet. Sie übergeben einfach entsprechend viele Parameter mit dem Datentyp refcursor und erstellen die gleiche Anzahl Cursor innerhalb der Funktion. Der Unterschied ist, dass Sie nicht RETURN cursorname sondern RETURN NEXT cursorname schreiben. Ein kleines Beispiel verdeutlicht dies:

```
CREATE OR REPLACE FUNCTION user_cursor_ref_multi(refcursor, \
 refcursor)
 RETURNS SETOF refcursor
 LANGUAGE plpgsql
AS $function$
DECLARE
        _curs_1 ALIAS FOR $1;
        _curs_2 ALIAS FOR $2;
BEGIN
        OPEN _curs_1 FOR SELECT nachname, vorname FROM kunden
ORDER BY id;
        RETURN NEXT _curs_1;
        OPEN _curs_2 FOR SELECT id, bezeichnung FROM produkte\
        WHERE id < 5;
        RETURN NEXT _curs_2;
END
$function$ ;
```

Und so würde der Aufruf funktionieren:

```
kontor=#BEGIN;SELECTuser_cursor_ref_multi('curs1','curs2');
BEGIN
 user_cursor_ref_multi
----------------------
 curs1
 curs2
(2 rows)
 kontor=# FETCH ALL FROM curs1;
 nachname | vorname
```

```
- - - - - - - - - - + - - - - - - - - -
 Meier    | Franz
 Richter  | Herbert
(2 rows)
kontor=# FETCH ALL FROM curs2;
 id |    bezeichnung
- - - - + - - - - - - - - - - - - - - - - - - -
  3 | Kerzen 100er Pack
  2 | Teekanne
  4 | Becher
(3 rows)
kontor=# COMMIT;
COMMIT
```

Sie haben hier die gleichen Möglichkeiten wie im vorigen Beispiel und können innerhalb der Transaktion per FETCH und MOVE auf Teile des Ergebnisses zugreifen. Das Beispiel haben wir der Onlinedokumentation entnommen (*http://www.postgresql.org/docs/8.4/interactive/plpgsql-cursors.html*).

Abschließende Wort

Wir sind am Ende des Abschnitts über PL/pgSQL angelangt. Wir haben Ihnen die Unterschiede zu den User Defined Functions in reinem SQL gezeigt und Ihnen Methoden und Werkzeuge für Ihre tägliche Arbeit mit der PostgreSQL an die Hand gegeben.

Sie haben bestimmt festgestellt, dass das Thema *User Defined Functions* ein sehr großer Bereich der PostgreSQL und der Arbeit mit RDBMS ist. Was wir Ihnen leider nicht geben können, ist Erfahrung und explizite Lösungen für Ihre Aufgabenstellungen. Wir möchten Sie deshalb ermutigen, den Einsatz von User Defined Functions zu üben. Der Weg kann zu Anfang etwas steinig und auch beschwerlich sein, aber seien Sie sicher – die Mühe lohnt sich.

Ein guter Anlaufpunkt, wenn Sie Fragen haben, ist wie erwähnt die PostgreSQL-Onlinedokumentation; die Kapitel 34–38 beschäftigen sich mit User Defined Functions (*http://www.postgresql.org/docs/8.4/interactive/server-programming.html*).

Aber was tun, wenn SQL nicht reicht und PL/pgSQL nicht Ihrem Geschmack entspricht? Dann nutzen Sie eine andere Sprache wie beispielsweise PL/Perl (Kapitel 40: *http://www.postgresql.org/docs/8.4/interactive/plperl.html*), PL/Python (Kapitel 41: *http://www.postgresql.org/docs/8.4/interactive/plpython.html*) oder eine Sprache, die es als Erweiterung zur PostgreSQL gibt (wie zum Beispiel PL/Java (*http://pgfoundry.org/projects/pljava/*).

Dennoch empfehlen wir Ihnen, sich intensiver mit PL/pgSQL auseinanderzusetzen. PL/pgSQL ist eng verwandt mit Oracles PL/SQL, so fällt im Zweifelsfall der Umstieg auf dieses System nicht schwer.

5.5 Auslösende Momente [TRIGGER]

Trigger ermöglichen es Ihnen, automatisch eine Funktion ausführen zu lassen, wenn ein bestimmtes Ereignis eintritt. Grundsätzlich haben Trigger viel Ähnlichkeit mit den bereits besprochenen Rules. Der Unterschied liegt in erster Linie darin, dass ein Trigger immer eine Funktion aufruft, während eine Rule vom PostgreSQL-Rewrite-System verwaltet wird und eine Aktion unter Umständen nur dann ausführt, wenn eine bestimmte Bedingung erfüllt ist. Denken Sie an unsere Funktion für die exotischen Messwerte aus Abschnitt 4.18, »Das Regelsystem«.

Die Ereignisse, die einen Trigger auslösen können, sind INSERT, UPDATE und DELETE. Was den Trigger zu einer spaßigen Angelegenheit macht, ist die Tatsache, dass Sie eine Trigger-Funktion entweder vor der eigentlichen INSERT-, UPDATE- oder DELETE-Aktion oder aber danach ausführen können. Außerdem ist es möglich, eine Trigger-Funktion für jede betroffene Zeile oder aber nur einmal pro Statement ausführen zu lassen. Wir unterscheiden somit *per-row-Trigger* und *per-Statement-Trigger*, und diese können dann entweder sogenannte *before-* oder *after-Trigger* sein. Damit erreichen Sie eine ziemliche Flexibilität.

Bevor Sie einen Trigger für eine Aktion definieren, müssen Sie zunächst die Trigger-Funktion selbst erstellen. Dieser Funktion werden grundsätzlich keine Argumente übergeben. Die Funktion erhält ihre Daten über die spezielle Datenstruktur *TriggerData*. Der Rückgabewert der Funktion muss immer vom Typ *Trigger* sein.

Wenn ein Trigger vor einer manipulierenden Aktion ausgeführt wird, geschieht dies, bevor Constraints geprüft werden. Das bedeutet, dass es hier unter Umständen noch möglich ist, einzugreifen und Daten vor der eigentlichen Aktion noch einmal zu verändern.

Betrachten wir ein einfaches Beispiel: Unsere Tabelle bestellungen speichert für Bestellungen standardmäßig das aktuelle Datum – sofern wir nichts anderes angeben. Es ist aber auch möglich, Bestellungen zu erzeugen, deren Bestelldatum in der Vergangenheit liegt. Das folgende Statement erzeugt so einen Auftrag:

```
INSERT INTO bestellungen (kunden_id, bestell_dat)
VALUES (1, '2008-07-15');
```

Grundsätzlich kann das zwar erwünscht sein, in unserer Anwendung möchten wir aber sicherstellen, dass zumindest das Datum des aktuellen Tages als bestell_dat verwendet wird. Hierzu müssen wir zuerst die notwendige Trigger-Funktion erstellen:

```
CREATE OR REPLACE FUNCTION check_bestell_dat()
RETURNS trigger AS
$$
BEGIN
   IF (new.bestell_dat) < now() THEN
      new.bestell_dat := now();
   END IF;
   RETURN new;
END
$$
LANGUAGE 'plpgsql';
```

Damit haben wir schon mal die notwendige Funktion erstellt, um gegebenenfalls den Wert von new.bestell_dat zu manipulieren, wenn dieser nicht unseren Anforderungen entspricht. Als Nächstes müssen wir dann noch unserer Tabelle bestellungen den eigentlichen Trigger hinzufügen:

```
CREATE TRIGGER trig_bestell_dat_check BEFORE INSERT OR UPDATE
   ON bestellungen FOR EACH ROW
   EXECUTE PROCEDURE check_bestell_dat();
```

Wir haben also festgelegt, dass vor jedem INSERT oder UPDATE die Funktion check_bestell_dat() ausgeführt werden soll. Damit erzeugt auch das obige, vermeintlich falsche INSERT-Statement jetzt ein korrektes Datum. Und da wir mit diesem Trigger per Definition festgelegt haben, dass er für jede Zeile ausgeführt werden soll, wird das folgende Statement zwar Verwirrung in unserer Datenbank, aber keine Daten in der Vergangenheit produzieren:

```
UPDATE bestellungen
SET bestell_dat = bestell_dat - INTERVAL '2 YEAR';
```

Wird ein Trigger hingegen erst nach dem Ereignis ausgelöst, so sind alle Daten bereits in die entsprechende Tabelle geschrieben worden, und somit wurden auch schon alle eventuell bestehenden Constraints erfolgreich geprüft. In der Praxis werden Sie *after-Trigger* verwenden, um zum Beispiel zusätzliche Informationen in weitere Tabellen zu schreiben.

Wir möchten beispielsweise in unserer Kundentabelle nachträglich eine Spalte einrichten, welche die Information enthält, wie viele Aufträge jeder Kunde bei uns getätigt hat:

```
ALTER TABLE kunden
ADD COLUMN anzahl_bestellungen INTEGER DEFAULT 0;
```

Dann erstellen wir wieder eine Trigger-Funktion, die den Wert der Spalte anzahl_bestellungen in der Tabelle kunden jeweils um 1 erhöht:

```
CREATE OR REPLACE FUNCTION kunden_bestellungen()
RETURNS trigger AS
$$
BEGIN
   UPDATE kunden SET anzahl_bestellungen =
   anzahl_bestellungen + 1 WHERE id = new.kunden_id;
   RETURN NULL;
END
$$
LANGUAGE 'plpgsql';
```

Da dies ein *after-Trigger* wird, kann der Rückgabewert der Funktion NULL sein, da alle Werte der INSERT-Operation bereits in die Tabelle bestellungen geschrieben wurden. Jetzt erzeugen wir noch den eigentlichen

Trigger, diesmal nur für die Aktion INSERT, denn nur beim Anlegen einer neuen Bestellung soll dieser Wert erhöht werden:

```
CREATE TRIGGER trig_anzahl_bestellungen AFTER INSERT
    ON bestellungen FOR EACH ROW
    EXECUTE PROCEDURE kunden_bestellungen();
```

Na gut, jetzt werden Sie zu Recht fragen, was denn mit dem Wert in der Spalte anzahl_bestellungen geschieht, wenn eine Bestellung wieder gelöscht wird. Zurzeit leider gar nichts, aber dabei muss es ja nicht bleiben. PostgreSQL-Trigger verfügen unter anderem über die Spezialvariable TG_OP, in der die jeweilige Trigger-Operation vermerkt ist, also INSERT, UPDATE oder DELETE. Diese können wir für eine Fallunterscheidung und somit für eine Erweiterung unserer Trigger-Funktion verwenden:

```
CREATE OR REPLACE FUNCTION kunden_bestellungen()
RETURNS trigger AS
$$
BEGIN
    IF (TG_OP = 'DELETE') THEN
        UPDATE kunden set anzahl_bestellungen =
        anzahl_bestellungen - 1 WHERE id = old.kunden_id;
    ELSIF (TG_OP = 'INSERT') THEN
        UPDATE kunden set anzahl_bestellungen =
        anzahl_bestellungen + 1 WHERE id = new.kunden_id;
    END IF;
    RETURN NULL;
END
$$
LANGUAGE 'plpgsql';
```

Beachten Sie, dass wir für das Runterzählen den Wert old.kunden_id verwenden. Da es sich hierbei um eine Löschaktion handelt, gibt es den Wert new.kunden_id in diesem Fall nicht.

Der alte Trigger hat nur auf das Ereignis INSERT reagiert. Deshalb müssen wir diesen einmal wegwerfen und neu erstellen:

```
DROP TRIGGER trig_anzahl_bestellungen ON bestellungen;

CREATE TRIGGER trig_anzahl_bestellungen
```

```
AFTER INSERT OR DELETE
   ON bestellungen FOR EACH ROW
   EXECUTE PROCEDURE kunden_bestellungen();
```

Wenn Sie das jetzt ausprobieren, indem Sie eine Bestellung in der Tabelle bestellugen löschen, stellen Sie unter Umständen fest, dass es scheinbar nicht funktioniert. Das könnte daran liegen, dass noch die Rule aktiviert ist, die wir Ihnen in Abschnitt 4.18, »Das Regelsystem«, gezeigt haben. Diese besagte ja, dass ein gelöschter Datensatz in der Tabelle bestellungen nicht wirklich aus unserer Tabelle entfernt, sondern nur als gelöscht markiert wird. Das Regelsystem der PostgreSQL hat in diesem Fall aus einem DELETE ein UPDATE gemacht. Das hat natürlich zur Folge, dass unser Trigger nicht ausgelöst wird. Damit auch in diesem Fall unser Beispiel richtig funktioniert, müssen wir den Trigger und die dazugehörige Funktion noch einmal abändern:

```
CREATE OR REPLACE FUNCTION kunden_bestellungen()
RETURNS trigger AS
$$
BEGIN
   IF (TG_OP = 'DELETE') THEN
      UPDATE kunden SET anzahl_bestellungen =
      anzahl_bestellungen - 1 WHERE id = OLD.kunden_id;
   ELSIF (TG_OP = 'UPDATE') THEN
      IF (NEW.deleted = '1') THEN
         UPDATE kunden SET anzahl_bestellungen =
            anzahl_bestellungen - 1 WHERE id = OLD.kunden_id;
      END IF;
   ELSIF (TG_OP = 'INSERT') THEN
      UPDATE kunden SET anzahl_bestellungen =
      anzahl_bestellungen + 1 WHERE id = NEW.kunden_id;
   END IF;
   RETURN NULL;
END
$$
LANGUAGE 'plpgsql';
```

Hier haben wir jetzt eine weitere Bedingung eingefügt, die dann greift, wenn ein UPDATE auf einem Datensatz durchgeführt wird. Da die Zahl in der Spalte anzahl_bestellungen der Tabelle kunden jedoch nur dann um

1 verringert werden soll, wenn der Wert der Spalte deleted der Tabelle bestellungen gesetzt ist, haben wir die zusätzliche IF-Bedingung NEW.deleted = '1' eingefügt. Die Bedingung für DELETE ist in dieser Funktion eigentlich obsolet, da diese Aktion niemals ausgelöst werden kann, wenn die genannte Regel aktiviert ist. Jetzt ändern wir noch (zum letzten Mal) unseren Trigger ab, dann funktioniert alles wie gewünscht:

```
DROP TRIGGER trig_anzahl_bestellungen ON bestellungen;

CREATE TRIGGER trig_anzahl_bestellungen
AFTER INSERT OR DELETE OR UPDATE
    ON bestellungen FOR EACH ROW
    EXECUTE PROCEDURE kunden_bestellungen();
```

Das waren die *per-Row-Trigger*. Schauen wir uns der Vollständigkeit halber noch einmal die *per-Statement-Trigger* an: Diese werden nur einmal pro Statement ausgelöst – unabhängig davon, wie viele Zeilen eine manipulierende Aktion betrifft. Ebenso wird die Triggerfunktion natürlich nur einmal aufgerufen.

Nehmen wir an, Sie hätten eine Tabelle, in der Sie ein paar statistische Informationen über Ihre Daten sammeln möchten. Diese werden dort im Format Schlüssel/Wert abgespeichert. Dort möchten Sie unter anderem die aktuelle Anzahl der Kunden vermerken. Wir legen die Tabelle an und fügen einen initialen Wert ein:

```
CREATE TABLE stats(
    id SERIAL PRIMARY KEY,
    key VARCHAR (50) NOT NULL,
    val TEXT
);
CREATE UNIQUE INDEX idx_stats_val ON stats(key);
INSERT INTO stats(key, val) VALUES ('anzahl_kunden', '0');
```

Wird jetzt in der Tabelle kunden ein Eintrag hinzugefügt oder gelöscht, so soll die aktuelle Zahl unserer Kunden in der Tabelle stats angepasst werden. Einfügen werden Sie im Allgemeinen immer nur einen Datensatz nach dem anderen. Sie können aber gegebenenfalls mehr als einen Datensatz in einem Rutsch löschen, zum Beispiel mit DELETE FROM kunden WHERE id > 100 (nicht sinnvoll, aber möglich). Alternativ wäre auch ein Statement DELETE FROM kunden WHERE deleted = 1 denkbar, wobei dafür aber die Tabelle erweitert werden müsste. Es ist nicht notwendig, dass der Trigger für jede gelöschte Zeile einmal die entsprechende Funktion aufruft. Vielmehr ist es sinnvoll, nach Abschluss der Aktion die verbliebenen Datensätze einmal zu zählen und den entsprechenden Wert in der Tabelle stats zu aktualisieren.

Wir erstellen wieder zuerst die erforderliche Funktion:

```
CREATE OR REPLACE FUNCTION update_anzahl_kunden()
RETURNS trigger AS
$$
BEGIN
    UPDATE stats SET val = (SELECT COUNT(id) FROM kunden)
    WHERE key = 'anzahl_kunden';
    RETURN NULL;
END
$$
LANGUAGE 'plpgsql';
```

Danach erzeugen wir den entsprechenden Trigger, dem wir allerdings diesmal sagen FOR EACH STATEMENT:

```
CREATE TRIGGER trig_update_anzahl_kunden
AFTER INSERT OR DELETE
    ON kunden FOR EACH STATEMENT
    EXECUTE PROCEDURE update_anzahl_kunden();
```

Trigger eignen sich hervorragend zum Sammeln von statistischen Informationen, zum Protokollieren von Veränderungen oder einfach nur zur Durchführung aufwändiger Berechnungen, ohne die Applikation damit belasten zu müssen. Beachten Sie, dass Trigger bei gewissen Anwendungsfällen auch Nachteile in Sachen Performance aufweisen können. Wenn Sie viele Daten in Ihr System pumpen (zum Beispiel per COPY), sollten Sie überprüfen, ob Sie alle vorhandenen Trigger wirklich brauchen. Wenn nicht, ist es besser, diese abzuschalten.

5.6   Darwin in der Datenbank [INHERITS]

PostgreSQL ermöglicht es Ihnen, Eigenschaften und Inhalte einer Tabelle an eine andere zu vererben. Das mag zunächst etwas merkwürdig klingen, tatsächlich gibt es aber durchaus Fälle, in denen eine Vererbung hilfreich und sinnvoll sein kann.

Wir haben ja bereits unsere Tabelle produkte, in der wir alle verkäuflichen Produkte unseres Unternehmens speichern. Wir nehmen jetzt einfach einmal an, dass sich im Unternehmen zwei weitere Filialbetriebe gebildet haben, die zusätzlich zu den angebotenen Produkten weitere Warengruppen verkaufen möchten. Die eine Filiale möchte zusätzlich Kleidung vermarkten, die andere Computer. Ob das erfolgversprechend ist, sei mal dahingestellt. Tatsache ist, dass es sich zunächst einmal um zusätzliche Produkte handelt, die genau wie der Rest unseres Sortiments Eigenschaften wie *Bezeichnung, Preis, Steuersatz* und so weiter haben. Zusätzlich verfügt jede dieser sehr speziellen Warengruppen jedoch über Eigenschaften, die nur sie betreffen. Bei der Kleidung wären das solche wie *Farbe, Material und Größe*, bei den Computern interessieren uns eher *CPU, RAM und Betriebssystem*. Grundsätzlich könnte man zwar die Haupttabelle produkte einfach um die notwendigen Eigenschaften erweitern, der elegantere Ansatz ist jedoch, sich die PostgreSQL-Fähigkeiten zur Vererbung zu Nutze zu machen. Wir erstellen also zunächst eine Tabelle kleidung, in der wir nur die zusätzlichen Eigenschaften der Kleidung zu den sonstigen Produkten speichern wollen:

```
CREATE TABLE kleidung (
    farbe VARCHAR(50),
    material VARCHAR(100),
    groesse VARCHAR(20)
) INHERITS (produkte);
```

Zusätzlich verwenden wir hier das Schlüsselwort INHERITS, um die Vererbung in die Tat umzusetzen. Was damit tatsächlich passiert ist, können Sie am einfachsten nachvollziehen, wenn Sie sich einmal die Beschreibung der Tabelle ausgeben lassen. Wir zeigen hier die (geringfügig gekürzte) Ausgabe des Programms *psql*, in dem Sie sich eine Tabellenstruktur mit \d [Tabellenname] ausgeben lassen können:

```
kontor=# \d kleidung
Tabelle "public.kleidung"
Spalte         |Typ                      | Attribute
---------------+-------------------------+-------------------------
 id            | integer                 | not null default . . .
 art_nr        | character varying(100)  |
```

```
bezeichnung  | character varying(200) | not null
beschreibung | text                   |
preis        | numeric(10,2)          | default 0.00
steuersatz   | numeric(4,3)           | default 0.190
aktionspreis | numeric(10,2)          | default 0.00
bestand      | integer                | default 0
farbe        | character varying(50)  |
material     | character varying(100) |
groesse      | character varying(20)  |
Check-Constraints:
    "produkte_bestand_check" CHECK (bestand >= 0)
    "produkte_steuersatz_check" CHECK (steuersatz > 0::numeric)
Erbt von: produkte
```

Wie Sie sehen sind also zusätzlich zu den eben angelegten Spalten der Tabelle kleidung auch alle Spalten der Tabelle produkte vorhanden.

Wir legen eine weitere Tabelle computer an, die ebenso von der Tabelle produkte erbt:

```
CREATE TABLE computer (
    cpu INTEGER,
    ram INTEGER,
    betriebssystem VARCHAR(100)
) INHERITS (produkte);
```

Als Nächstes fügen wir je einen Datensatz in die Tabellen kleidung und computer ein:

```
INSERT INTO kleidung (art_nr, bezeichnung, preis, farbe,
material, groesse) VALUES
('k-123', 'Jeans', 79.99, 'Blau', 'Baumwolle', 'XXL');

INSERT INTO computer (art_nr, bezeichnung, preis, cpu, ram,
betriebssystem) VALUES
('c-007', 'Server 1', 599.00, 3000, 4000, 'Linux');
```

Wenn Sie sich danach die Inhalte der Tabellen ausgeben lassen, ist dort wie erwartet jeweils nur ein Datensatz vorhanden. Auch hier zeigen wir die Ausgabe von *psql*, dessen Anzeige wir mit \x der Übersichtlichkeit halber umgeschaltet haben:

```
kontor=# \x
Erweiterte Anzeige ist an.
kontor=# SELECT * FROM kleidung;
-[ RECORD 1 ]+----------
id           | 25
art_nr       | k-123
bezeichnung  | Jeans
beschreibung |
preis        | 79.99
steuersatz   | 0.190
aktionspreis | 0.00
bestand      | 0
farbe        | Blau
material     | Baumwolle
groesse      | XXL

kontor=# SELECT * FROM computer;
-[ RECORD 1 ]--+----------
id             | 26
art_nr         | c-007
bezeichnung    | Server 1
beschreibung   |
preis          | 599.00
steuersatz     | 0.190
aktionspreis   | 0.00
bestand        | 0
cpu            | 3000
ram            | 4000
betriebssystem | Linux
```

Sie sehen also, dass wir alle Eigenschaften der Tabelle produkte mit benutzen können, obwohl wir nur zwei Tabellen mit jeweils drei Spalten angelegt haben. Das heißt im Umkehrschluss natürlich auch, dass wir alle dort eventuell hinterlegten Constraints beachten müssen. Damit funktioniert das folgende Statement natürlich nicht, aber ein Produkt ohne Bezeichnung speichern zu wollen macht auch wenig Sinn.

```
INSERT INTO kleidung (farbe, material, groesse)
VALUES ('Blau', 'Baumwolle', 'XXL');
```

```
FEHLER:  NULL-Wert in Spalte »bezeichnung« verletzt Not-Null-
Constraint
```

Interessant an der Vererbung ist unter anderem, dass wenn Sie der »Muttertabelle« nachträglich eine weitere Spalte hinzufügen, diese sofort für alle von dieser Tabelle erbenden Tabellen verfügbar ist.

```
kontor=# ALTER TABLE produkte ADD COLUMN lagerplatz INTEGER
DEFAULT 1;
ALTER TABLE
kontor=# \x
Erweiterte Anzeige ist an.
kontor=# SELECT * FROM kleidung;
-[ RECORD 1 ]+----------
id           | 25
art_nr       | k-123
bezeichnung  | Jeans
beschreibung |
preis        | 79.99
steuersatz   | 0.190
aktionspreis | 0.00
bestand      | 0
farbe        | Blau
material     | Baumwolle
groesse      | XXL
lagerplatz   | 1
```

Bleibt noch die Frage, welche Inhalte denn nun in unserer Tabelle produkte vorhanden sind? Natürlich alle, das heißt sowohl die ursprünglichen Datensätze als auch die soeben neu hinzugefügten aus den Tabellen kleidung und computer. In den erbenden Tabellen werden also jeweils nur die Inhalte der zusätzlichen Spalten sowie der Verweis auf die vererbende Muttertabelle gespeichert. Somit liefert dann ein

```
SELECT * FROM produkte;
```

alle Datensätze zurück, in unserem Fall also auch Kleidungsstücke und Computer. Wer das nicht möchte und nur die Inhalte der Tabelle produkte ohne die Inhalte der erbenden Tabellen erhalten will, verwendet das folgende Statement:

```
SELECT * FROM ONLY produkte;
```

Vererbung lässt sich gut einsetzen, um zum Beispiel Hierarchien zwischen Objekten abzubilden. Außerdem wird es Ihnen damit möglich, Datenstrukturen einfacher und übersichtlicher zu gestalten, was natürlich unter Umständen auch dazu führt, dass Sie Ihren SQL-Code deutlich besser warten können. Sie sollten allerdings berücksichtigen, dass Vererbung von den meisten anderen Datenbanken nicht unterstützt wird. Das heißt, Ihr Code ist nicht ohne Weiteres auf anderen Datenbanksystemen lauffähig. Aber das wollen Sie ja auch gar nicht.

*In diesem Kapitel geht es weiter ins Eingemachte. Die Volltextsu-
che ist ein mächtiges Werkzeug für alle Arten von Applikationen.
Gleichermaßen ist Performance-Tuning eine wichtige Aufgabe für
Sie als Entwickler oder Administrator. PostgreSQL bietet Ihnen
hier vielfältige Möglichkeiten. Die Administration umfasst neben
der Benutzerverwaltung auch die Instandhaltung und Sicherung
Ihres Datenbank-Clusters.*

6 Praxis 3: Textsuche, Performance, Administration

6.1 Suchmaschine im Eigenbau: Volltextsuche

Im fortschreitenden Zeitalter des Internets steht die Information immer
mehr im Mittelpunkt. Allerdings hat das Internet eine immense Größe
erreicht und wächst jeden Tag mit einer Geschwindigkeit, die kaum mehr
vorstellbar ist. Für diese riesige Informationsmenge muss es Werkzeuge
geben, mit denen man die gewünschten Information finden und filtern
kann. Aus diesem Grund ist das Erstellen von Tools, die das Auffinden
der Informationen ermöglichen, eine der wichtigsten und spannendsten
Aufgaben, der sich Entwickler gegenübergestellt sehen.

Seit der PostgreSQL-Version 8.3 ist die Erweiterung *tsearch2* als Volltextsuche fester Bestandteil der Datenbank. In vorherigen Versionen stand
tsearch2 als Contrib-Modul zur Verfügung und wurde durch den Aufruf
der entsprechenden SQL-Datei in der PostgreSQL aufgenommen (was im
Übrigen wie bei den meisten Contrib-Modulen kein Hexenwerk ist).

Die Autoren von tsearch2 sind übrigens Oleg Bartunov und Teodor
Sigaev von der Universität Moskau in Russland. Ein Blick auf die Webseite der Autoren, die Tutorials und Dictionarys lohnt sich auf jeden Fall
(*http://www.sai.msu.su/~megera/postgres/gist/tsearch/V2/*). In diesem Zusammenhang auch noch der Hinweis auf das Kapitel 12, »Full Text
Search« der Online-Dokumentation (*http://www.postgresql.org/docs/8.4/
static/textsearch.html*).

In diesem Abschnitt zeigen wir, wie Sie mit Hilfe der Volltextsuche der PostgreSQL-Datenbank Informationen in Tabellen so speichern, dass diese schnell durchsucht und vor allem gewichtet (*ranked*) ausgegeben werden können.

6.1.1 Prinzip der Volltextsuche

Wenn wir Inhalte beziehungsweise Dokumente durchsuchen, erwarten wir Ergebnisse, die unserem angegebenen Suchausdruck sehr nahekommen. Letztlich bedeutet das, dass wir die Dokumente finden wollen, in denen die Teile unseres Suchausdrucks sehr häufig vorkommen. Anders ausgedrückt heißt das, wir wollen die Dokument finden, welche die größte Ähnlichkeit zu unserer Suchanfrage haben. Übrigens wird im Zusammenhang mit Volltextsuche immer von Dokumenten gesprochen. Das werden wir im Weiteren auch tun und meinen damit die zu durchsuchenden Inhalte.

Um nun so ein gutes Ergebnis zu erhalten, müssen die Dokument, die später durchsucht werden sollen, vor dem Speichern in die Datenbank aufbereitet werden. Dazu sind mehrere Schritte erforderlich.

In einem ersten Schritt wird das Dokument in unterschiedliche Teile aufgeteilt – sogenannte *token*. In PostgreSQL wird dies von einem Parser erledigt, der nach vorgegebenen *token classes* arbeitet, zum Beispiel E-Mail-Adressen, Zahlen, Wörter und so weiter.

In einem weiteren Schritt werden zwei Dinge erledigt. Zum einen wird das sogenannte *Word Stemming* vorgenommen. Dabei werden Worte auf Ihren lexikalischen Stamm reduziert. Das bedeutet, dass von ähnlichen Worten nur der lexikalische Stamm behalten wird. Dieser Schritt ist sehr wichtig, da es von vielen Worten Hunderte von Abwandlungen gibt, zum Beispiel:

```
# SELECT to_tsvector('german', 'Ein Benutzer kann auch vielen \
Benutzern zugehörig sein und benutzt nicht die Bezeichnung \
des Benutzers');
                          to_tsvector
------------------------------------------------------------------
'viel':5 'benutz':2,6,15 'benutzt':10 'zugehor':7
'bezeichn':13
(1 row)
```

Dieses SELECT-Statement nutzt die Funktion to_tsvector(), der wir als ersten Parameter die zu verwendende Sprache und einen Text, der aufgegliedert (to parse) werden soll, übergeben. Der »literarisch wertvolle« Beispieltext enthält drei ähnliche Worte: *Benutzer*, *Benutzern* und *Benutzers*. Das Word Stemming reduziert diese Worte auf den Wortstamm benutz und gibt nur diesen aus. Beachten Sie auch, dass das Wort benutzt nicht fälschlicherweise auch auf den Wortstamm benutz reduziert wird. PostgreSQL »erkennt« die unterschiedliche Bedeutung von Benutzer und benutzt. Die Zahlen hinter den einzelnen »aufbereiteten Worten« geben die Position im ursprünglichen Dokument an. Der Wortstamm benutz ist also an der Stelle 2, 6 und 15 zu finden.

Eine weitere Aufbereitungsmaßnahme ist das Aussortieren von *Stop Words*. Das sind Worte, die nicht dazu beitragen, einen Inhalt zu charakterisieren, zum Beispiel *ein*, *ist*, *und*, *um*, *zu* oder ähnliche Worte. Dass das Ergebnis oben – der Vektor – nur insgesamt 7 (benutz wird dreimal gezählt) von ursprünglich 15 Wörtern umfasst, beweist dies. Außerdem werden alle Worte auf Kleinschreibung geändert und in unserem Fall die deutschen Umlaute entfernt.

Zusammengefasst spricht man hierbei von der Konvertierung von Token zu *Lexemen*. Ein Lexem ist eine lexikalische Einheit, also ein zu einem String aufbereitetes beziehungsweise normalisiertes Token.

Das Vektorraummodell

Wagen wir einen kurzen Einblick hinter das Prinzip der Volltextsuche und der Volltextindizierung der PostgreSQL-Datenbank.

Es kommt dabei das sogenannte »gewichtete Vektorraummodell« zum Einsatz. Dahinter steckt der Grundgedanke, die aufbereiteten Dokumente und Suchanfragen in Vektoren umzuwandeln. Dabei beschreibt die Länge des Vektors die Häufigkeit des Vorkommens der einzelnen Suchbegriffe im Dokument. Bei einer Suchanfrage werden dann die Vektoren der Suchanfrage mit den Vektoren der Dokumente verglichen. Je näher diese beiden Vektoren zusammenliegen (genauer gesagt, je kleiner der Winkel zwischen den Vektoren ist), desto höher ist die Relevanz des Dokuments und letztlich seine Gewichtung. Bei der Auswertung und Anzeige des Suchergebnisses würde dann das Dokument mit der höchsten Gewichtung am weitesten oben stehen.

Wenn Sie tiefer in die theoretische Materie einsteigen möchten, empfehlen wir Ihnen das Buch »Suchmaschinen-Optimierung für Webentwickler« von Sebastian Erlhofer, erschienen bei Galileo Computing.

Volltextsuche in der PostgreSQL

Nachdem wir einen kleinen Einblick in die theoretischen Prinzipien der Volltextsuche gesehen haben, widmen wir uns jetzt wieder unserer Lieblingsbeschäftigung – der Praxis.

Die beiden wichtigsten Funktionen der Volltextsuche sind `to_tsvector()` und `to_tsquery()`. Die beiden Datentypen, die mit diesen Funktionen in Zusammenhang stehen, sind entsprechend `tsvector` und `tsquery`. Vom Prinzip her kann man die Funktionalitäten der Volltextsuche in vier Bereiche gliedern:

▶ Aus dem Dokument, das volltextindiziert werden soll, werden alle Lexeme als Vektoren gespeichert. Das kann zum Beispiel in der gleichen Tabelle geschehen, in der das Dokument vorgehalten wird. Sinnvollerweise nutzt man dafür eine extra Spalte, zum Beispiel mit dem Namen `vector` vom Datentyp `tsvector` oder `tsquery`. Achtung: Beim Indextyp GIN muss es `tsvector` sein, doch dazu später mehr.

▶ Auf die Spalten, in denen die Vektoren gespeichert werden, wird ein Index gesetzt. Dafür wird entweder ein GIN- oder ein GiST-Index genutzt. Mehr zu den beiden Indizes lesen Sie in Abschnitt 6.1.4, »Der GIN- und der GiST-Index«.

▶ Mit der Suchanfrage wird unter Nutzung der Funktionen `to_tsquery()` oder des Datentyps `tsquery` und dem Matching-Operator `&&` die entsprechende Spalte (oder die Spalten) mit den gebildeten Vektoren durchsucht. Das Ergebnis besteht aus den Einträgen, auf die der Suchausdruck passt.

▶ Das Ergebnis wird ausgegeben. Das geschieht am besten nach Relevanz (*ranked*).

6.1.2   Die Funktionen to_tsvector() und to_tsquery() und die Datentypen tsvector und tsquery

Wie schon erwähnt, sind die beiden Funktionen `to_tsvector()` und `to_tsquery()` die wichtigsten Funktionen für die Volltextsuche. Dabei gibt `to_tsvector()` den Datentyp `tsvector` und `to_tsquery()` den Datentyp `tsquery` zurück.

to_tsvector()

Um ein Dokument für die Volltextsuche aufzubereiten, reduzieren wir dessen Inhalt auf Lexeme, wie bereits im vorigen Abschnitt besprochen. Dafür nutzen wir die Funktion `to_tsvector()`. Das Ergebnis ist vom Typ `tsvector`. Wir übergeben der Funktion zum einen die Sprache für das zu nutzende Wörterbuch und zum anderen natürlich den Inhalt des Dokuments, zum Beispiel:

```
CREATE TABLE documents (
    doc text,
    vector tsvector
);
INSERT INTO documents (doc,vector) VALUES ('Bei der EU-Wahl
haben die Wähler die großen Parteien abgestraft und die kleinen
Parteien gestärkt. Knapp vier Monate vor der Bundestagswahl
musste die Union ein Minus von 6,7 Prozent hinnehmen und kam auf
37,8 Prozent. Dabei handelt es sich um das schlechteste Ergebnis
von CDU und CSU bei einer EU-Wahl. Ähnlich schlimm traf es die
Sozialdemokraten. Hatte die SPD vor fünf Jahren als Reaktion auf
die Agenda 2010 schon ihr schlechtestes Ergebnis einer
Europawahl eingefahren, so verschlechterte sie sich nun noch
einmal. Lediglich 20,8 Prozent der Wähler gaben der SPD ihre
Stimme.', to_tsvector('german','Bei der EU-Wahl haben die
Wähler die großen Parteien abgestraft und die kleinen Parteien
gestärkt. Knapp vier Monate vor der Bundestagswahl musste die
Union ein Minus von 6,7 Prozent hinnehmen und kam auf 37,8
Prozent. Dabei handelt es sich um das schlechteste Ergebnis von
CDU und CSU bei einer EU-Wahl. Ähnlich schlimm traf es die
Sozialdemokraten. Hatte die SPD vor fünf Jahren als Reaktion auf
die Agenda 2010 schon ihr schlechtestes Ergebnis einer
Europawahl eingefahren, so verschlechterte sie sich nun noch
einmal. Lediglich 20,8 Prozent der Wähler gaben der SPD ihre
Stimme.'));
INSERT 0 1
\x (Anzeige umschalten)
SELECT * FROM documents;
-[ RECORD1 ]-
id   | 2
doc  | Bei der EU-Wahl haben die Wähler die großen Parteien
abgestraft und die kleinen Parteien gestärkt. Knapp vier Monate
```

vor der Bundestagswahl musste die Union ein Minus von 6,7 Prozent hinnehmen und kam auf 37,8 Prozent. Dabei handelt es sich um das schlechteste Ergebnis von CDU und CSU bei einer EU-Wahl. Ähnlich schlimm traf es die Sozialdemokraten. Hatte die SPD vor fünf Jahren als Reaktion auf die Agenda 2010 schon ihr schlechtestes Ergebnis einer Europawahl eingefahren, so verschlechterte sie sich nun noch einmal. Lediglich 20,8 Prozent der Wähler gaben der SPD ihre Stimme.

```
vector | '6':30 '7':31 '8':38,91 '20':90 '37':37 'eu':4,55
'cdu':49 'csu':51 'gab':95 'kam':35 'spd':65,97 '2010':74
'funf':67 'jahr':68 'traf':59 'vier':19 'wahl':5,8,56,94
'dabei':40 'gross':10 'klein':15 'knapp':18 'ledig':89
'minus':28 'monat':20 'schon':75 'stimm':99 'union':26
'agenda':73 'partei':11,16 'ahnlich':57 'eu-wahl':3,54
'handelt':41 'hinnehm':33 'prozent':32,39,92 'schlimm':58
'ergebnis':47,78 'gestarkt':17 'reaktion':70 'schlecht':46,77
'eingefahr':81 'abgestraft':12 'europawahl':80
'bundestagswahl':23 'sozialdemokrat':62 'verschlechtert':83
```

Wir haben zuerst mit einem INSERT-Statement einen Text in die Datenbank geschrieben, wobei wir den Originaltext in die Spalte doc und den mit der Funktion to_tsvector() reduzierten Text in die Spalte vector schreiben. Außerdem wird zu jedem Lexem eine oder mehrere Positionsangaben hinterlegt. Diese gibt an, an welcher Stelle im Dokument das Lexem zu finden ist.

to_tsquery()

Wollten wir das gleiche Dokument mit der Funktion to_tsquery() speichern, müssten wir eine neue Spalte mit dem Datentyp tsquery einfügen. Da unser Beispieltext auch Satzzeichen enthält, müssten wir die Funktion plainto_tsquery() nutzen, da sie diese nicht berücksichtigt. Der Inhalt der neuen Spalte sähe so aus:

```
'eu-wahl' & 'eu' & 'wahl' & 'wahl' & 'gross' & 'partei' &
'abgestraft' & 'klein' & 'partei' & 'gestarkt' & 'knapp' & 'vier'
& 'monat' & 'bundestagswahl' & 'union' & 'minus' & '6' & '7' &
'prozent' & 'hinnehm' & 'kam' & '37' & '8' & 'prozent' & 'dabei'
& 'handelt' & 'schlecht' & 'ergebnis' & 'cdu' & 'csu' & 'eu-wahl'
& 'eu' & 'wahl' & 'ahnlich' & 'schlimm' & 'traf' &
'sozialdemokrat' & 'spd' & 'funf' & 'jahr' & 'reaktion' &
'agenda' & '2010' & 'schon' & 'schlecht' & 'ergebnis' &
```

```
'europawahl' & 'eingefahr' & 'verschlechtert' & 'ledig' & '20'
& '8' & 'prozent' & 'wahl' & 'gab' & 'spd' & 'stimm'
```

Allerdings sollten Sie dies eher als Anschauungsbeispiel und Erklärung betrachten, denn Sie werden diese Form des reduzierten Dokuments in den meisten Fällen nicht in der Datenbank speichern wollen. Sie werden `to_tsquery()` innerhalb einer Suchanfrage nutzen, um den Suchausdruck zu reduzieren und gegen den Inhalt einer Spalte beziehungsweise mehrerer Spalten oder anderer reduzierter Daten zu matchen. Hier sehen Sie ein einfaches Beispiel:

```
SELECT doc FROM documents WHERE vector @@ to_
tsquery('europawahl');
… [AUSGABE INHALT doc]
```

Geben Sie allerdings nur `europa` als Suchbegriff ein, erhalten Sie kein Ergebnis:

```
SELECT doc FROM documents WHERE vector @@ to_tsquery('europa');
(No rows)
```

Den Grund hierfür erkennen Sie schnell, wenn Sie sich den Inhalt der Spalte `vector` ansehen: Es gibt das Lexem `europa` schlichtweg nicht.

Beachten Sie, dass Sie auf eine Spalte mit dem Datentyp `tsquery` nur einen GiST-Index und keinen GIN-Index setzen können. Um diese beiden Indizes geht es jetzt im folgenden Abschnitt.

Weiteres zu den beiden in der Volltextsuche verwendeten Indizes erfahren Sie jetzt …

6.1.3   Der GIN- und der GiST-Index

Wie wir schon in Abschnitt 4.15, »Finden und gefunden werden: Indizes«, gesehen haben, sind Indizes dazu da, die Geschwindigkeit für Abfragen zu erhöhen, insbesondere für `SELECT`-Statements. Das gilt natürlich auch für die Volltextsuche.

Standardmäßig wird PostgreSQL beim Erstellen eines Index' für eine Spalte einen B-Tree-Index verwenden. Für die Volltextsuche stehen zwei Indextypen zur Verfügung: GIN und GiST. Die Implementierung der beiden Indizes in die PostgreSQL-Datenbank wird übrigens auch von Teodor Sigaev und Oleg Bartunov betreut und vorgenommen. Weitere Informationen erhalten Sie in der PostgreSQL-Dokumentation in den Abschnitten 12.9, »GiST and GIN Index Types«, 51, »GiST Indexes«, und 52, »GIN Indexes«.

Der GIN-Index

GIN-Index bedeutet *Generalized Inverted Index*. In dieser Indexstruktur werden eine Reihe von Paaren der Form »Lexem Zeilenliste«. Ein Lexem stellt hier einen Suchbegriff beziehungsweise einen Wert dar und die *Zeilenliste* eine Reihe von Zeilen einer Tabelle, in denen das Lexem vorhanden ist (1 Lexem in n Zeilen). Der Index wird folgendermaßen erstellt:

```
CREATE INDEX index_name ON [tabelle] USING gin(spalte);
```

Die Spalte kann vom Typ `tsvector` sein, nicht aber vom Typ `tsquery`.

Standardmäßig ist der GIN-Index in der PostgreSQL so implementiert, dass es Operatorklassen für `tsvector` und eindimensionale Arrays gibt.

Was sind Operatorklassen?

Mit dem SQL-Befehl `CREATE OPERATOR CLASS` kann eine neue Operatorklasse erstellt werden. Diese gibt an, wie ein bestimmter Datentyp mit einem Index genutzt werden kann, das heißt also auch, welche Operatoren Sie einsetzen können. Beim GIN-Index können Sie bei eindimensionalen Arrays zum Beispiel die Operatoren `<@`, `@>`, `=` und `&&` nutzen. Folgende Operatoren sind beispielsweise für `tsquery` und `tsvector` **standardmäßig verfügbar**:

```
Name|Left arg type|Right arg type|Result type|Description
----+-------------+--------------+-----------+-------------------
 !! |             | tsquery      | tsquery   | NOT-tsquery
 && | tsquery     | tsquery      | tsquery   | AND-concatenate
 <  | tsquery     | tsquery      | boolean   | less-than
 <  | tsvector    | tsvector     | boolean   | less-than
 <= | tsquery     | tsquery      | boolean   | less-than-or-equal
 <= | tsvector    | tsvector     | boolean   | less-than-or-equal
 <> | tsquery     | tsquery      | boolean   | not equal
 <> | tsvector    | tsvector     | boolean   | not equal
 <@ | tsquery     | tsquery      | boolean   | contained
 =  | tsquery     | tsquery      | boolean   | equal
 =  | tsvector    | tsvector     | boolean   | equal
 >  | tsquery     | tsquery      | boolean   | greater-than
 >  | tsvector    | tsvector     | boolean   | greater-than
 >= | tsquery     | tsquery      | boolean   | greater-than-or-equal
 >= | tsvector    | tsvector     | boolean   | greater-than-or-equal
 @> | tsquery     | tsquery      | boolean   | contains
```

```
@@ | text      | tsquery   | boolean  | match text to tsquery
@@ | tsquery   | tsvector  |  boolean | match tsquery to tsvecto
r
@@  | tsvector  | tsquery   | boolean | match tsvector to ts query
@@@| tsquery   | tsvector  | boolean | match tsquery to tsvector
@@@| tsvector  | tsquery   | boolean | match tsvector to tsquery
|| | tsquery   | tsquery   | tsquery | OR-concatenate
|| | tsvector  | tsvector  | tsvector| concatenate
(23 rows)
```

Die vollständige Liste aller Operatoren erhalten Sie übrigens in *psql* mit dem Shortcut \do. Weitere Informationen zu CREATE OPERATOR CLASS finden Sie in der Onlinedokumentation (*http://www.postgresql.org/docs/8.4/static/sql-createopclass.html*).

Der GiST-Index

GiST-Index bedeutet *Generalized Search Tree Index*. Es handelt sich um eine Zugriffsmethode auf Daten, die in einer Baumstruktur vorgehalten werden. Der Index stellt ein Template oder einen Container dar, um unterschiedliche Arten von Indexschemata aufnehmen zu können. Dazu gehören zum Beispiel B-Tree, R-Tree und andere. Der Index wird folgendermaßen erstellt:

```
CREATE INDEX index_name ON [tabelle] USING gist(spalte);
```

Die Spalte kann vom Typ tsvector oder tsquery sein.

Prinzipiell hat der GiST-Index bei der Suche erhebliche Vorteile gegenüber einem B-Tree- oder R-Tree-Index. Bei einem B-Tree-Index können Sie zum Beispiel nur die Operatoren »kleiner als«, »gleich« oder »größer als« einsetzen ($<$, = und $>$). Das heißt, in unseren Produkten könnten wir beispielsweise nur nach »alle Bücher, deren ISBN kleiner als 1234 ist« suchen. Mit einem GiST-Index ist es jedoch möglich, nach so etwas wie »alle Bücher mit dem Thema *PostgreSQL*« zu suchen. Der Grund hierfür ist die Implementierung von weitaus mehr Operatorklassen für den GiST- und GIN-Index als für B-Tree in Zusammenhang mit der Volltextsuche (Datentyp tsvector und tsquery).

Der GiST-Index ist verlustbehaftet und kann fehlerhafte Treffer bei der Suche produzieren, wobei diese von der PostgreSQL automatisch korrigiert werden. Dieser Zustand entsteht durch die Art und Weise, wie die zu indizierenden Dokumente im Index vorgehalten werden. Letztlich ist hierbei wichtig zu wissen, dass dies natürlich einen Performanceverlust darstellt, da die fehlerhaften Treffer und deren Bereinigung »Kosten« verursachen.

Mehr Informationen zum GiST-Index erhalten Sie auf der GiST-Projektwebseite der Universität Berkeley (*http://gist.cs.berkeley.edu/*), und Anleitungen zu Außerdem erhalten Sie weitere Informationen zu GiST in der PostgreSQL unter *http://www.sai.msu.su/~megera/postgres/gist/*.

Gegenüberstellung: Performance von GIN und GiST

Welchen der beiden Indizes sollten Sie denn nun nehmen? Eine berechtigte Frage. Dazu eine kleine Geschichte aus eigener Erfahrung:

Bei der Indizierung von 250.000 Datensätzen haben wir einen GIN-Index auf mehrere Spalten einer Tabelle gesetzt. Das Ganze hat 34 Stunden gedauert, was nicht akzeptabel war. Nach einigen Konfigurationsänderungen, aber bei gleich bleibendem Index, konnten wir die Dauer der Index Erstellung auf circa 29 Stunden reduzieren – auch nicht akzeptabel. Also haben wir anstatt des GIN Index einen GiST Index genutzt. Und ach Du Schreck – nach 40 Minuten war der Index erstellt. Das ist ein nicht all zu kleiner Unterschied ... oder?

In der kleinen Geschichte ging es darum, einen Index zu erstellen. Hierbei sollten Sie berücksichtigen, dass die Erhöhung des Konfigurationsparameters `maintenance_work_mem` die Zeit für das Erstellen des GIN-Index' verkürzt, nicht aber die Zeit für das Erstellen des GiST-Index'. Das hatte also keinen Einfluss auf die Geschwindigkeit. In diesem Fall und wegen der zu indizierenden Daten war der GiST-Index einfach die bessere Wahl.

Das ist aber nicht der einzige Punkt, der berücksichtigt werden muss. Die Frage ist ja auch, wie sich die unterschiedlichen Indizes zum Beispiel bei Abfragen verhalten. Es gibt ein paar allgemeine Performance-Unterschiede:

▸ Die Erstellung eines GIN-Index' dauert im Durchschnitt dreimal so lange wie die Erstellung eines GiST-Index'.

▸ Abfragen mit einem GIN-Index sind circa dreimal so schnell wie Abfragen mit einem GiST-Index und deshalb gut geeignet für Dokumente, die sich nicht ändern (statische Dokumente).

▶ Für Dokumente, die sich häufig ändern (dynamische Dokumente), ist der GiST-Index sehr gut geeignet, vor allem wenn die Anzahl von einzelnen Lexemen unter 100.000 liegt. Der GIN-Index ist allerdings bei mehr als 100.000 Lexemen schneller, wobei berücksichtigt werden muss, dass die Aktualisierung des Index' ja länger dauert.

▶ Die Aktualisierung eines GIN-Index' dauert bis zu zehnmal länger als die Aktualisierung eines GiST-Index'.

▶ GIN-Indizes sind zwei- bis dreimal so groß wie GiST-Indizes.

Eine generelle Sache sollten Sie immer im Hinterkopf behalten: Es ist oft ratsam, bei der Aktualisierung von Dokumenten den Index zuerst zu löschen, die Daten zu aktualisieren und dann den Index neu zu erstellen. Ein solcher Fall wäre zum Beispiel, wenn Sie einen GIN-Index für dynamische Daten nutzen wollen. Das Aktualisieren des GIN-Index' ist circa zehnmal langsamer, das Neuerstellen des Index' aber nur dreimal langsamer als beim GiST-Index.

Außerdem sollten Sie die Partitionierung von großen Tabellen und partielle Indizes in Betracht ziehen. So könnten Sie zum Beispiel für eine Spalte mit Daten, die häufig aktualisiert werden, einen GiST-Index nutzen und für eine Spalte mit eher statischen Daten, die hauptsächlich gelesen werden, einen GIN-Index. Wiederum ist hier Testen gefragt.

6.1.4 Aufbau einer Suche

Kommen wir jetzt zum eigentlichen Handwerk: Wir erstellen eine Volltextsuche. Als Beispiel nehmen wir natürlich unsere Beispielapplikation. Zuerst überlegen wir uns, wie wir die indizierten Daten ablegen. Es bietet sich natürlich an, die Spalte `beschreibung` der Tabelle `produkte` zu indizieren. Allerdings wäre es auch gut, eine Spalte `stichworte` (Tags) zu haben und diese ebenso durchsuchbar zu machen. Also erweitern wir zuerst einmal unsere Tabelle und fügen die Spalte `stichworte` ein:

```
ALTER TABLE produkte ADD COLUMN stichworte text;
```

Wir haben uns dazu entschieden, die Suchanfragen mit der Funktion `to_tsvector()` nicht »on the fly« auszuführen, sondern wir werden eine extra Spalte namens `vector` einführen, in der wir die Ergebnisse von `to_tsvector()` in einem `INSERT`-Statement speichern. Also erstellen wir zuerst einmal die Spalte `vector`:

```
ALTER TABLE produkte ADD COLUMN vector tsvector;
```

Außerdem legen wir noch einen GIN-Index für die Spalte `vector` an:

```
CREATE INDEX produkte_vector_idx ON produkte USING gin(vector);
```

An dieser Stelle machen wir einen Zwischenstopp und befassen uns kurz mit dem Thema *Gewichtung*.

Gewichtung angeben

Die PostgreSQL-Volltextsuche bietet die Möglichkeit, eine Gewichtung anzugeben. Dazu stehen die Buchstaben von A–D zur Verfügung. Das bietet uns die Möglichkeit, zu bestimmen, welche Teile eines Dokuments wie stark gewichtet werden sollen.

Ein Beispiel: Nehmen wir an, wir haben einen Content Crawler programmiert, der Inhalte von Webseiten liest und in die Datenbank schreibt. Wir möchten gerne, dass der Titel der Webseite (`<title></title>`) sehr stark gewichtet wird. Alle Überschriften ersten Grades (`<h1></h1>`) sollen eine etwas geringere Gewichtung erhalten, Aufzählungen noch eine geringere Gewichtung, und Text in einem Absatz soll die geringste Gewichtung erhalten. In diesem Fall würde das also so aussehen:

Inhalt	Gewichtung
`<title></title>`	A
`<h1></h1>`	B
`<li></li>`	C
`<p></p>`	D

Tabelle 6.1 Gewichtung

Wenn Sie keine Gewichtung angeben, ist das gleichbedeutend mit D – dies ist die Standardeinstellung. Die Gewichtung wird nun beim Schreiben der Inhalte in die Datenbank innerhalb der Funktion `to_tsvector()` vorgenommen. Die dazugehörige Funktion heißt `setweight()` und wird folgendermaßen angewendet:

```
setweight([TSVECTOR], [A|B|C|D])
```

Wenn wir später eine Suche starten, wird PostgreSQL diese Gewichtung berücksichtigen. Das Beispiel am lebenden Objekt folgt jetzt.

Daten für die Volltextsuche in die Datenbank schreiben

Im theoretischen Teil haben wir ja bereits besprochen, dass ein zu indizierendes Dokument aufbereitet werden muss. Um nun Inhalte in die Datenbank zu schreiben, können wir eine einfache User Defined Function schreiben:

```
CREATE OR REPLACE FUNCTION user_insert_vector_data
    (text,text,text,numeric,numeric,numeric,text)
RETURNS void AS $$
DECLARE
        v_art_nr ALIAS for $1;
        v_bezeichnung ALIAS FOR $2;
        v_beschreibung ALIAS FOR $3;
        v_preis ALIAS FOR $4;
        v_steuersatz ALIAS FOR $5;
        v_aktionspreis ALIAS FOR $6;
        v_stichworte ALIAS for $7;
        vect tsvector;
BEGIN
        vect := setweight(to_tsvector('german', \
                coalesce(v_stichworte,'')),'A') || \
                setweight(to_tsvector('german', \
                coalesce(v_beschreibung,'')),'B');
        INSERT INTO produkte (art_nr, bezeichnung, beschreibung, \
                preis, steuersatz, aktionspreis, stichworte, \
                vector)
    VALUES (v_art_nr, v_bezeichnung, v_beschreibung, v_preis, \
        v_steuersatz, v_aktionspreis, v_stichworte, vect);
END;
$$ LANGUAGE plpgsql;
```

Die Funktion ist nicht weiter aufregend. Wenn Sie Kapitel 4, »Praxis 2«, gelesen haben, sollten Sie alles verstehen und nachvollziehen können. Ein Teil, auf den wir näher eingehen wollen, ist folgender:

```
vect := \
setweight(to_tsvector('german', \
coalesce(v_stichworte,'')),'A')||\
setweight(to_tsvector('german',\
coalesce(v_beschreibung,'')),'B');
```

Das sieht komplizierter aus als es ist. Zuerst betrachten wir den Wert von
v_stichworte. Dieser soll die Gewichtung A erhalten. Deshalb übergeben wir der Methode setweight() das Ergebnis von to_tsvector(). Da
wir mit NULL-Werten nichts anfangen können, nutzen wir die Funktion
coalesce() und stellen sicher, dass wir entweder einen Wert von v_
stichworte oder einen leeren String an to_tsvector() übergeben. So
weit, so gut.

Die Funktion coalesce()

Die Funktion coalesce() ist sehr praktisch, weil sie auf jeden Fall ein Ergebnis liefert. Nehmen wir an, Sie haben in der Tabelle produkte Daten eingefügt. Wenn es keine Artikelnummer art_nr gibt, soll der Inhalt der Spalte
stichworte zurückgegeben werden. Wenn dort auch nichts steht, soll NULL
das Ergebnis sein. Das Statement sähe so aus:

```
SELECT id, coalesce(art_nr, stichworte, NULL) as erg
FROM produkte
ORDER BY id;
```

Ein mögliches Ergebnis könnte dies sein:

```
kontor=# SELECT id, coalesce(art_nr, stichworte, NULL) as er
FROM produkte
ORDER BY id;
 id |       erg
----+-----------------
  2 |
  3 |
  4 |
  5 |
  6 | hallo
  7 |
  8 |
  9 |
 10 |
 11 |
 12 |
 13 |
 14 |
 15 | 978-3236596224
 16 | 978-3236596225
(15 rows)
```

Wir wollen nicht nur die Daten von v_stichworte in die Spalte vector
schreiben und gewichten, sondern auch die Daten aus v_beschreibung
und dies mit einer anderen Gewichtung. Deshalb konkatenieren wir die

beiden Ausdrücke und übergeben sie der Variablen vect – fertig. Der Aufruf der Funktion sieht dann so aus:

```
SELECT user_insert_vector_data ('978-3897217775', 'PostgreSQL-
Administration', 'PostgreSQL - das fortschrittlichste Open-
Source-Datenbankmanagementsystem der Welt. So lautet weithin
unangefochten seit einem Jahrzehnt der Untertitel zu PostgreSQL.
Mittlerweile ist es millionenfach im Einsatz, Teil der
kritischen öffentlichen Infrastruktur des Internets und ein
zentrales Element in der Zukunft der Datenbankwelt. PostgreSQL
ist Open Source, es ist kostenlos verfügbar und wird von einer
großen, offenen Community aus Anwendern und Entwicklern
vorangetrieben.', 34.90, 0.070, 30.54, 'postgresql, datenbank,
eisentraut');
```

Perfekt. Sehen Sie sich das Ergebnis einfach mal mit einer SELECT Abfrage an.

Besserer Weg die Daten zu schreiben

Der Weg über eine User Defined Function ist weitaus eleganter, als jedes Mal ein INSERT-Statement von Hand zu schreiben. Allerdings geht es noch eleganter, indem wir einen Trigger nutzen. Dieser wird jedes Mal ausgeführt, wenn ein INSERT- oder UPDATE-Statement auf die Tabelle produkte abgesetzt wird. Die Trigger-Prozedur sieht folgendermaßen aus:

```
CREATE OR REPLACE FUNCTION user_update_product_vector()
    RETURNS trigger AS
$$
BEGIN
    new.vector := setweight(to_tsvector('german',\
                   coalesce(new.stichworte,'')),'A')|| \
                   setweight(to tsvector('german',\
                   coalesce(new.beschreibung,'')),'B');
    return new;
END
$$
LANGUAGE 'plpgsql';
```

Dann erstellen wir noch den Trigger:

```
CREATE TRIGGER produkte_vector_update
BEFORE INSERT OR UPDATE
ON produkte
FOR EACH ROW
EXECUTE PROCEDURE user_update_product_vector();
```

Wenn Sie jetzt ein INSERT- oder UPDATE-Statement auf die Tabelle pro-dukte absetzen, wird die Spalte vector automatisch aktualisiert:

```
INSERT INTO produkte (art_
nr,bezeichnung,beschreibung,preis,steuersatz,aktionspreis, \
stichworte)
VALUES ('978-3236596224', 'PostgreSQLbuch', 'Hier steht ein \
beschreibung über das vorliegende PostgreSQL Buch', 49.90, \
0.070, 39.50, 'postgresql, administration, datenbank, dbms');
```

Das ist der Weg, die Funktion und den Trigger von Hand zu schreiben. Es gibt aber tatsächlich einen noch eleganteren und einfacheren Weg.

Aktualisierung der Spalte vector mit tsvector_update_trigger()

Die bereits vorhandene Funktion tsvector_update_trigger() ermög-licht es uns, die Aktualisierung der Spalte vector noch einfacher zu gestalten. Hier sehen Sie den Trigger:

```
CREATE TRIGGER produkte_tsvector_update
BEFORE INSERT OR UPDATE
ON produkte
FOR EACH ROW EXECUTE PROCEDURE
tsvector_update_trigger(vector, 'pg_catalog.german', \
stichworte,beschreibung);
```

Leider hat die integrierte Funktion tsvector_update_trigger() die Ein-schränkung, dass Sie keine Gewichtung vornehmen können. Benötigen Sie dies – so wie wir es im Beispiel oben gezeigt haben –, müssen Sie die Trigger-Prozedur selbst erstellen, wie oben gezeigt.

6.1.5   Weitere Funktionen für die Volltextsuche

Neben den bereits vorgestellten Funktionen haben die PostgreSQL-Ent-wickler noch weitere nützliche Funktionen für die Volltextsuche integriert. Wir werden hier einen kleinen Überblick liefern und kurz erläutern, wie diese eingesetzt werden können.

length(tsvector)

Diese Funktion gibt die Anzahl der Lexeme in einem Vektor beziehungsweise einer Spalte vom Datentyp `tsvector` zurück:

```
SELECT length(vector) FROM produkte;
 length
--------
    8
(1 Zeile)
```

strip(tsvector)

Mit `strip()` können Sie sich alle Lexeme eines Vektors ohne Positionierungs- und Gewichtungsangaben zurückgeben lassen:

```
SELECT strip(vector) FROM produkte;
                          strip
-------------------------------------------------------
'buch' 'dbms' 'steht' 'vorlieg' 'beschreib' 'datenbank'
'postgresql' 'administration'
(1 Zeile)
```

ts_rewrite(tsquery, tsquery, tsquery)

Eventuell möchten Sie Suchanfragen oder Suchausdrücke manipulieren. Dies können Sie mit `ts_rewrite()`. Dabei erwartet die Funktion als ersten Parameter den Suchausdruck, als zweiten den zu ersetzenden Suchausdruck und als dritten den Suchausdruck, der als Ersetzung dienen soll. Ein Beispiel für eine Suchanfrage könnte so aussehen:

```
SELECT bezeichnung
FROM produkte,
ts_rewrite(to_tsquery('postgresql & buch'),
      to_tsquery('postgresql'),
      to_tsquery('haus')) query
WHERE query @@ vector;
```

An dieser Stelle mag das Beispiel noch etwas unverständlich sein. Es soll hier nur der Verdeutlichung der Funktionsweise von `ts_rewrite()` dienen. Da bislang nur ein Datensatz in die Tabelle produkte eingegeben wurde, erhalten Sie hier sehr wahrscheinlich kein Ergebnis, was auch richtig ist. Sobald mehrere Datensätze (oder besser viele) in der Tabelle vorhanden sind, erhalten Sie Ergebnisse, die über die Suchbegriffe haus und buch gefunden wurden.

Wenn Sie das nächste Unterkapitel gelesen haben, sollten Sie an diese Stelle des Buchs zurückkehren und das Beispiel ausprobieren und abändern.

ts_stat()

Diese Funktion liefert eine Statistik über einen Vektor beziehungsweise eine Spalte mit Vektoren. Zuerst betrachten wir ein Beispiel:

```
SELECT * FROM ts_stat('SELECT vector FROM produkte');
      word        | ndoc | nentry
------------------+------+--------
  buch            |   1  |    1
  dbms            |   1  |    1
  steht           |   1  |    1
  vorlieg         |   1  |    1
  beschreib       |   1  |    1
  datenbank       |   1  |    1
  postgresql      |   1  |    2
  administration  |   1  |    1
(8 Zeilen)
```

Hierbei beinhaltet die Spalte word die Lexeme, ndoc die Anzahl der Zeilen (Dokumente), in denen das Lexem vorkommt, und nentry die gesamte Anzahl, wie oft das Lexem insgesamt vorkommt. Sie können übrigens als zweiten Parameter eine Gewichtung angeben:

```
SELECT * FROM ts_stat('SELECT vector FROM produkte', 'bc');
```

In diesem Fall würden nur Lexeme betrachtet, die so gewichtet sind (hier B oder C).

ts_debug()

Eine hilfreiche Funktion ist mit Sicherheit ts_debug(). Sie liefert Ihnen wichtige Informationen bei der Entwicklung Ihrer Suchapplikation. Sie können zum Beispiel testen, was die Volltextsuche mit Suchausdrücken tut:

```
SELECT * FROM ts_debug('german', 'PostgreSQL & Buch');
alias|description|token | dictionaries | dictionary  |  lexemes
-----+-----------+------+--------------+-------------+----------
asciiword|Word,all ASCII|PostgreSQL|{german_stem}|german_stem| \
{postgresql}
blank    |Space symbols |           |{}            |            | \
blank    |Space symbols |&          |{}            |            | \
asciiword|Word,all ASCII|Buch       |{german_stem}|german_stem| \
{buch}
```

Dem Ergebnis können Sie entnehmen, dass das Wort postgresql im ASCII-Zeichensatz erkannt wurde, und der deutsche Stamm dictionary für die Umwandlung in das Lexem postgresql genutzt wurde.

Sie können die Ausgabe beeinflussen, indem Sie nur einzelne Spalten abfragen. Betrachten wir ein anderes Beispiel:

```
SELECT alias,description, token, lexemes, dictionary FROM ts_
debug('Die PostgreSQL 8.4 Datenbank ist x-orbitant cool');
alias    |description     |   token    |   lexemes    |dictionary
---------+----------------+------------+--------------+----------
asciiword|Word,all ASCII  |Die         |{die}         | simple
blank    |Space symbols   |            |              |
asciiword|Word,all ASCII  | PostgreSQL | {postgresql}| simple
blank    |Space symbols   |            |              |
float    |Decimal notation| 8.4        | {8.4}        | simple
blank    |Space symbols   |            |              |
asciiword|Word, all ASCII | Datenbank  | {datenbank}  | simple
blank    |Space symbols   |            |              |
asciiword|Word, all ASCII | ist        | {ist}        | simple
blank    |Space symbols   |            |              |
asciih\
word     |Hyphenated word\
         ,all ASCII       | x-orbitant | {x-orbitant} | simple
hword_\
ascii\
part     |Hyphenated word\
    part, all ASCII  | x         | {x}          | simple
```

```
blank    | Space symbols  | -            |              |
hword_\
ascii \
part     |Hyphenated word\
           part, all ASCII | orbitant   | {orbitant}   | simple
blank    | Space symbols  |             |              |
asciiword|Word,all ASCII  | cool        | {cool}       | simple
(16 Zeilen)
```

Zum Testen ist diese Funktion also hervorragend geeignet.

ts_lexise()

Diese Funktion eignet sich sehr gut, um Dictionarys zu testen. Die Funktion erwartet zwei Parameter: zum einen das zu verwendende Dictionary und zum anderen den Suchbegriff. Dabei setzt sich der Name des Dictionarys aus dem Schemanamen und dem Namen des Dictionarys zusammen. Wenn Sie nur den Namen des Dictionarys angeben, wird automatisch in pg_catalog nach dem Dictionary gesucht. Als Ergebnis erhalten Sie entweder ein Array aus im Dictionary gefundenen Worten oder kein Ergebnis, wenn der Suchbegriff nicht im Dictionary vorhanden ist. Sie erhalten ebenfalls kein Ergebnis, wenn es sich um ein *Stop Word* handelt.

Die ausführliche Schreibweise sieht so aus:

```
SELECT ts_lexize('pg_catalog.german_stem','Frau');
 ts_lexize
-----------
 {frau}
(1 row)
Es folgt die Kurzschreibweise:
SELECT ts_lexize('german_stem','Frau');
 ts_lexize
-----------
 {frau}
(1 row)
Es gibt kein Ergebnis, weil es sich um ein Stop Word handelt:
SELECT ts_lexize('german_stem','und');
 ts_lexize
-----------
 {}
(1 row)
```

6.1.6 Operatoren für die Volltextsuche

Die Volltextsuche in PostgreSQL wäre natürlich ohne den Einsatz von Operatoren nicht brauchbar. Prinzipiell gibt es Operatoren für die Datentypen `tsvector` und `tsquery`. Führen Sie vorher noch ein `INSERT`-Statement aus, um die Beispiele nachvollziehen zu können:

```
INSERT INTO produkte (art_
nr,bezeichnung,beschreibung,preis,steuersatz,aktionspreis,
stichworte)
VALUES ('978-3236596225', 'PostgreSQLbuch 2', 'Das ist eine
andere Beschreibung über das vorliegende PostgreSQL Buch',
49.90, 0.070, 39.50, 'postgresql, administration, datenbank,
dbms, geodaten');
```

Die folgende Tabelle führt die Operatoren auf.

Datentyp	Operator	Bedeutung	Ergebnis Datentyp
tsvector	||	Konkatenieren	tsvector

	Beispiel:
	`CREATE OR REPLACE FUNCTION user_insert_vector_data \`
	`(text,text,text,numeric,numeric,numeric,text)`
	`RETURNS void AS $$`
	`DECLARE`
	`        v_art_nr ALIAS for $1;`
	`        v_bezeichnung ALIAS FOR $2;`
	`        v_beschreibung ALIAS FOR $3;`
	`        v_preis ALIAS FOR $4;`
	`        v_steuersatz ALIAS FOR $5;`
	`        v_aktionspreis ALIAS FOR $6;`
	`        v_stichworte ALIAS for $7;`
	`        vect tsvector;`
	`BEGIN`
	`    vect := setweight(to_tsvector('german', \`
	`            coalesce(v_stichworte,'')),'A') || \`
	`            setweight(to_tsvector('german', \`
	`            coalesce(v_beschreibung,'')),'B');`
	`    INSERT INTO produkte (art_nr, bezeichnung, \`
	`        beschreibung, preis, steuersatz, aktionspreis, \`
	`        stichworte, vector)`
	`    VALUES (v_art_nr, v_bezeichnung, v_beschreibung, \`
	`        v_preis, v_steuersatz, v_aktionspreis, \`
	`        v_stichworte, vect);`
	`END;`
	`$$ LANGUAGE plpgsql;`		

tsquery	&&	UND	tsquery

Tabelle 6.2 Operatoren für Volltextsuche

Datentyp	Operator	Bedeutung	Ergebnis Datentyp

	Beispiel:
	`SELECT bezeichnung FROM produkte WHERE to_tsquery('german',`
	`'dbms')` **&&** `to_tsquery('german','geodaten') @@ vector;`
	`  bezeichnung`
	`-----------------`
	`  PostgreSQLbuch 2`
	`(1 row)`		

tsquery	||	ODER	tsquery

	Beispiel:
	`SELECT bezeichnung FROM produkte WHERE to_tsquery('german',`
	`'dbms')` || `to_tsquery('german','geodaten') @@ vector;`
	`bezeichnung`
	`-----------------`
	`  PostgreSQLbuch`
	`  PostgreSQLbuch 2`
	`(2 rows)`		

tsquery	!!	NOT	tsquery

	Beispiel:
	`SELECT bezeichnung FROM produkte WHERE (!! to_tsquery('ger-`
	`man','geodaten')) @@ vector;`
	`  bezeichnung`
	`-----------------`
	`  PostgreSQLbuch`
	`(1 row)`		

Tabelle 6.2 Operatoren für Volltextsuche

Warum nutzen wir nicht die Kurzform 'geodaten'::tsquery?

Eine berechtigte Frage. Wenn Sie diese Kurzform wählen, wird PostgreSQL das *default dictionary* nutzen. Je nachdem, welche Sprache Sie bei der Installation gewählt haben, ist das unterschiedlich. Auf unseren Rechnern ist PostgreSQL 8.4 in englischer Sprache installiert. Das bedeutet, dass die Volltextsuche versuchen wird, das Wort `geodaten` im englischen `dictionary` zu suchen. Dies wird kein Ergebnis geben. Deshalb haben wir in den obigen Beispielen die ausführliche Schreibweise und die Funktion `to_tsquery()` genutzt.

Nutzen Sie die Funktion `ts_debug()`, um herauszufinden, was die Volltextsuche tut:

```
SELECT alias, token, dictionary, lexemes
FROM ts_debug('german','Geodaten');
   alias   |  token   | dictionary  | lexemes
-----------+----------+-------------+----------
 asciiword | Geodaten | german_stem | {geodat}
(1 row)
```

Das ist nicht das Gleiche wie:

```
SELECT alias, token, dictionary, lexemes
FROM ts_debug('english','Geodaten');
  alias   | token    | dictionary   | lexemes
----------+----------+--------------+-----------
 asciiword | Geodaten | english_stem | {geodaten}
(1 row)
```

Da wir die Daten aufgrund der *german dictionarys* in die Tabelle produkte eingefügt haben, hätten wir falsche Ergebnisse bei den obigen Statements erhalten. Lesen Sie mehr zur Konfiguration der Volltextsuche im Abschnitt 6.1.10, »Konfiguration«.

Nutzen Sie den folgenden Befehl, um herauszufinden, welche Standardeinstellungen von PostgreSQL genutzt werden:

```
SHOW default_text_search_config;
 default_text_search_config
----------------------------
 pg_catalog.german
(1 Zeile)
```

Um die Einstellungen zu ändern, schreiben Sie:

```
SET default_text_search_config = 'german';
SET
```

Ist das richtig?

```
SHOW default_text_search_config;
 default_text_search_config
----------------------------
 pg_catalog.german
(1 row)
```

Übrigens können Sie diesen Befehl natürlich auch »on the fly« in Ihrer Applikation nutzen und so die Konfiguration je nach Anforderung beeinflussen.

6.1.7 Eine Suche starten

Wir haben nun Daten indiziert und gewichtet in der Datenbank abgelegt. Es gilt nun also, eine Suche zu realisieren. Um mit der Suche »spielen« zu können, brauchen Sie natürlich Daten in der Datenbank. Als Idee könnten Sie ja die Datenbank dazu beispielsweise mit Buchinformationen füllen. Es wird Ihnen nicht schwer fallen »brauchbare« Daten im Internet zu finden ...

Die PostgreSQL-Volltextsuche bietet dafür zwei grundlegende Funktionen an: to_tsquery() und plainto_tsquery() (siehe Abschnitt 6.1.2, »Die Funktionen to_tsvector() und to_tsquery() und die Datentypen tsvector und tsquery«). Der Unterschied der beiden Funktionen besteht darin, welchen Art Suchstring Sie übergeben. `plainto_tsquery()` können Sie im Prinzip alle möglichen Strings mit sämtlichen Zeichen übergeben. Allerdings ist die Funktion weniger mächtig als `to_tsquery()`. Hier muss ein »ordentlicher« Suchstring übergeben werden. Die einzelnen Lexeme müssen mit einem der folgenden Parameter getrennt werden:

```
& oder AND
| oder OR
! oder NOT
```

Dabei können Sie auch gerne Verschachtelungen nutzen, zum Beispiel:

```
to_tsquery('(postgresql | Linux) ! windows')
```

Ausgesprochen heißt das, dass entweder `postgresql` oder `Linux`, aber nicht `windows` genutzt werden soll. Beachten Sie dabei die Klammerung und dass der Ausdruck in Hochkommata stehen muss.

Jetzt folgt eine erste einfache Suchanfrage:

```
SELECT bezeichnung
FROM produkte, to_tsquery('postgresql') query
WHERE query @@ vector
ORDER BY bezeichnung ASC
Und hier sehen Sie ein denkbares Ergebnis:
bezeichnung
------------------------------------------
 PostgreSQL-Administration
 PostgreSQL Administration und Einsatz
 PostgreSQL-professionell und praxisnah
 PostgreSQL und Windows
(4 rows)
```

Das war leider nicht allzu aufschlussreich. Von vier Einträgen wurden alle vier gefunden. Verfeinern wir die Suchanfrage:

```
SELECT bezeichnung
FROM produkte, to_tsquery('postgresql & !einsatz') query
WHERE query @@ vector
ORDER BY bezeichnung ASC
Als Ergebnis erhalten wir jetzt:
bezeichnung
```

```
------------------------------------------
 PostgreSQL-professionell und praxisnah
 PostgreSQL und Windows
(2 rows)
```

Sehr schön und wie zu erwarten. Wenn wir die Spalte `stichworte` betrachten, finden wir bei zwei Einträgen den Begriff `einsatz`. Deshalb nur noch diese zwei Ergebnisse.

Im nächsten Beispiel möchten wir nun gerne ein gewichtetes Ergebnis erhalten. Dazu stellt die Volltextsuche die Funktion `ts_rank()` und `ts_rank_cd()` zur Verfügung. Erstere ist die Standard-Ranking-Funktion, und die zweite Funktion verarbeitet das *Cover Density Ranking* der Such-anfrage und des Vektors (in unserem Fall die Inhalte aus der Spalte `vector`). Auf `ts_rank_cd()` gehen wir hier aus Platzgründen nicht weiter ein; weitere Informationen dazu finden Sie unter *http://www.postgresql.org/docs/8.4/interactive/textsearch-controls.html*.

Zurück zu unserer Suchanfrage:

```
SELECT bezeichnung, ts_rank(vector, query) AS rank
FROM produkte, to_tsquery('postgresql') query
WHERE query @@ vector
ORDER BY rank DESC
Das Ergebnis lautet:
 bezeichnung                            |   rank
----------------------------------------+----------
 PostgreSQL Administration und Einsatz  | 0.732381
 PostgreSQL-Administration              | 0.710937
 PostgreSQL-professionell und praxisnah | 0.710937
 PostgreSQL und Windows                 | 0.607927
(4 rows)
```

Das sieht sehr gut aus. Wir haben jetzt ein gewichtetes Suchergebnis. Prinzipiell kann man das Ergebnis so erklären: Das Ranking gibt an, wie oft der Suchausdruck im Dokument vorkommt, wie nah die gefundenen Ergebnisse beieinander liegen (Vektorraummodell!) und wie stark ge-wichtet die Ergebnisse im Dokument sind.

In unserem Ergebnis ist das Ranking ziemlich ähnlich, und die Werte lie-gen alle unter 1. Aber Vorsicht – Sie können daraus keine Prozentanga-ben errechnen. Die Werte können auch über 1 liegen. Sie haben allerdings die Möglichkeit, ts_rank() einen dritten (optionalen) Parameter zu übergeben, um die Ausgabe des Ranking-Werts zu beeinflussen. Die möglichen Werte sind:

▶ 1: Rank / 1 + Logarithmus der Dokumentlänge

▶ 2: Rank / Dokumentlänge

▶ 4: Rank / durchschnittliche harmonische Distanz zwischen den Extents (nur bei ts_rank_cd())

▶ 8: Rank / Anzahl der eindeutigen Worte des Dokuments

▶ 16: Rank / 1 + Logarithmus der Anzahl der eindeutigen Worte des Dokuments

▶ 32: Rank / Rank + 1

Um annähernd Prozentwerte errechnen zu können, nutzen Sie 32, da der Wertebereich von rank immer zwischen 0 und 1 sein wird.

Wenn wir das obige Statement anpassen und noch einmal absetzen, können wir eine Prozentangabe für das Ranking bekommen. Wir nutzen dafür die Funktion round([WERT], [NACHKOMMASTELLEN]), um die Ausgabe zu formatieren. Beachten Sie, dass wir auch ein *Type Casting* durchführen müssen, da round() nicht mit dem Datentyp double presicion umgehen kann.

```
SELECT bezeichnung, round((ts_rank(vector, query,32) * \
100)::numeric, 2) AS rank
FROM produkte, to_tsquery('postgresql') query
WHERE query @@ vector
ORDER BY rank DESC
 bezeichnung       | rank
------------------+-------
 PostgreSQLbuch   | 40.07
 PostgreSQLbuch 2 | 40.07
(2 Zeilen)
```

Optisches Finetuning des Suchergebnisses

In diesem Abschnitt möchten wir Ihnen noch gerne zeigen, wie Sie die Ausgabe des Suchergebnisses beeinflussen können.

Sie werden das Suchergebnis auf verschiedenen Medien ausgeben wollen. Wenn Sie dies im HTML-Format für das Web machen möchten, wäre es zum Beispiel denkbar, die Suchbegriffe im Suchergebnis fett darzustellen. Dafür stellt die PostgreSQL-Volltextsuche die Funktion `ts_headline()` zur Verfügung.

Wir nutzen wieder unser sich weiterentwickelndes Statement und verfeinern es nochmals:

```
SELECT ts_headline('german', beschreibung, query) as result, rank
FROM
(SELECT beschreibung, query, \
 round((ts_rank(vector, query,32) * 100)::numeric, 2) AS rank
 FROM produkte, to_tsquery('postgresql') query
 WHERE query @@ vector
 ORDER BY rank DESC ) AS subselect;
    result                                          | rank
----------------------------------------------------+-------
Hier steht ein beschreibung über das vorliegende
<b>PostgreSQL</b> Buch                              | 40.07
Das ist eine andere Beschreibung über das vorliegende
<b>PostgreSQL</b> Buch                              | 40.07
(2 Zeilen)
```

Die Funktion `ts_headline()` kann bis zu vier Parameter aufnehmen, wobei der erste und der letzte optional sind. Als ersten Parameter (Typ `regconfig`) können Sie wiederum angeben, welche Konfiguration Sie nutzen wollen (dies kann auch eine selbsterstellte sein – siehe dazu Abschnitt 6.1.9, »Konfiguration«). Wir wollen hier wieder `german` nutzen.

Als zweiten Parameter (Typ `text`) geben wir an, welches Dokument beziehungsweise welche Spalte wir durchsuchen wollen – in unserem Fall ist das die Spalte `beschreibung`. In dieser wird dann der entsprechende Bereich markiert und ausgegeben.

Der dritte Parameter (Typ `tsquery`) ist der Suchausdruck, und der vierte Parameter (Typ `text`) ist dann schließlich ein String bestehend aus Anweisungen, wie die gefundenen Textbereiche dargestellt werden sollen. Wird dieser Parameter nicht angegeben, werden folgende Einstellungen genommen:

```
StartSel=<b>, StopSel=</b>,
MaxWords=35, MinWords=15, ShortWord=3, HighlightAll=FALSE,
MaxFragments=0, FragmentDelimiter=" ... "
```

Die Angaben sind fast selbsterklärend:

- StartSel und StopSel geben an, in welchen Zeichen der Treffer gekapselt wird.
- MaxWords und MinWords geben an, wie groß das Ergebnis mindestens beziehungsweise höchstens ist.
- ShortWord bestimmt, dass Worte, die diese Länge haben oder kürzer sind, am Anfang und Ende des Ergebnisses weggelassen werden.
- HighlightAll gibt an, ob das gesamte Dokument als Ergebnis ausgegeben wird (in diesem Fall sind die vorigen Parameter alle unwirksam) oder nicht.
- MaxFragments definiert, wie viele Fragmente mit dem Suchausdruck und der Länge MaxWords beziehungsweise MinWords erzeugt werden sollen. 0 bedeutet keine Fragmentierung.
- FragmentDelimiter gibt schließlich an, wie die Fragmente voneinander getrennt werden.

Die Handhabung von ts_headline() ist ziemlich einfach. Beachten Sie allerdings die Nutzung eines subselect-Statements in unserem Beispiel. Da ja als Ausgabe von ts_headline() die Spalte beschreibung herhalten muss und nicht die indizierten Vektoren, ist die Funktion entsprechend langsam. Deshalb sollte ts_headline() nicht für jeden Matching-Durchlauf ausgeführt werden.

Abschließend zeigen wir noch ein einfaches Beispiel. Wir ändern die Werte für StartSel, StopSel und MinWords ab und erhalten folgendes Ergebnis:

```
SELECT ts_headline('german', beschreibung,
query,'StartSel=<i>, StopSel=</i>, MinWords=5') as result, \
rank
FROM
(SELECT beschreibung, query, \
 round((ts_rank(vector, query,32) * 100)::numeric, 2) AS rank
 FROM produkte, to_tsquery('postgresql') query
WHERE query @@ vector
ORDER BY rank DESC ) AS subselect;
   result                                        | rank
------------------------------------------------+-------
 über das vorliegende <i>PostgreSQL</i> Buch | 40.07
```

```
über das vorliegende <i>PostgreSQL</i> Buch | 40.07
(2 rows)
```

Experimentieren Sie ruhig weiter, und gestalten Sie Ihre Ausgabe.

6.1.8 Dictionarys

Die Volltextsuche erstellt Lexeme als Vektoren auf Basis von Wörterbüchern, sogenannten Dictionarys. Dabei werden prinzipiell folgende Typen von Wörterbüchern unterschieden:

▶ Simple Dictionary

▶ Synonym Dictionary

▶ Thesaurus Dictionary

▶ Ispell Dictionary

▶ Snowball Dictionary

Bei der Erstellung all dieser Dictionarys wird außerdem immer der Name der Stop-Words-Datei angegeben.

Betrachten Sie die einzelnen Dictionary-Typen als Vorlagen (Templates, siehe auch das SQL-Statement, um ein Dictionary zu erstellen). Im Folgenden werden wir diese einzelnen Dictionarys und ihre Eigenschaften nur anreißen können. Für ausführlichere Informationen müssen wir auf die Onlinedokumentation der PostgreSQL (Abschnitt 12.6, *http://www.postgresql.org/docs/8.4/interactive/textsearch-dictionaries.html*) verweisen, da wir über dieses Thema ohne Probleme ein eigenes, kleines Buch schreiben könnten.

Prinzipiell haben Sie die Möglichkeit, eigene Dictionarys zu erstellen. Bei der Erstellung geben Sie den Namen einer Datei an, in der die Begriffe für die einzelnen Dictionarys zu finden sind. Dabei sollten Sie beachten, dass die Dictionarys immer ein bestimmtes Format haben. Achten Sie darauf, dieses unbedingt beizubehalten.

Wenn Sie die PostgreSQL auf einem Debian-basierten System mit Aptitude installiert haben, finden Sie die Wörterbücher im Verzeichnis */usr/share/postgresql/8.3/tsearch_data/*. Wenn Sie die Dateien nicht finden können, verwenden Sie das Programm find. Das folgende Kommando sucht nach Dateien mit der Endung .stop (Stop-Words-Datei):

```
$ sudo find / -name *.stop -type f
```

Das Erstellen eines Dictionarys geschieht mit folgendem Befehl:

```
CREATE TEXT SEARCH DICTIONARY [SCHEMA][NAME] (
    TEMPLATE = [ispell,simple,snowball,synonym,thesaurus],
    STOPWORDS = [NAME],
    DICTFILE = [NAME],
    AFFFILE = [NAME],
    LANGUAGE = [LANGUAGE]
);
```

TEMPLATE gibt hierbei an, um welche Art Dictionary es sich handelt. D er Name setzt sich aus *Schema.Name* zusammen, wobei standardmäßig das Schema pg_catalog genutzt wird und deshalb auch weggelassen werden kann. STOPWORS wiederum gibt an, um welche Stop-Words-Datei es sich handelt, und Language definiert die Sprache. DICTFILE und AFFFILE sind ebenfalls Angaben für Dictionary-Dateien. Je nach Template stehen nicht alle Parameter zur Verfügung.

Wenn Sie *psql* nutzen, geben Sie folgende Befehlskürzel, ein um einen Überblick über die Dictionary-Templates zu erhalten:

```
kontor=# \dFt
                 List of text search templates
   Schema   |   Name    |          Description
-----------+-----------+-------------------------------------------
 pg_catalog | ispell    | ispell dictionary
 pg_catalog | simple    | simple dictionary: just lower case and\
                        | check for stopword
 pg_catalog | snowball  | snowball stemmer
 pg_catalog | synonym   | synonym dictionary: replace word by \
                        | its synonym
 pg_catalog | thesaurus | thesaurus dictionary: phrase by phrase\
                        | substitution
(5 rows)
kontor=# \dFd
                 List of text search dictionaries
   Schema   |    Name      |          Description
-----------+--------------+--------------------------------------
 pg_catalog | danish_stem  | snowball stemmer for danish \
                          | language
 pg_catalog | dutch_stem   | snowball stemmer for dutch \
```

```
                                     language
 pg_catalog | english_stem     | snowball stemmer for english \
                                     language
 pg_catalog | finnish_stem     | snowball stemmer for finnish \
                                     language
 pg_catalog | french_stem      | snowball stemmer for french \
                                     language
 pg_catalog | german_stem      | snowball stemmer for german \
                                     language
[...]
 public      | andy_dict       |
(17 rows)
kontor=# \dFp+
        Token types for parser "pg_catalog.default"
   Token name      |                Description
-----------------+-------------------------------------------
 asciihword       | Hyphenated word, all ASCII
 asciiword        | Word, all ASCII
 blank            | Space symbols
 email            | Email address
 entity           | XML entity
 file             | File or path name
 float            | Decimal notation
 host             | Host
 hword            | Hyphenated word, all letters
 hword_asciipart  | Hyphenated word part, all ASCII
 hword_numpart    | Hyphenated word part, letters and digits
 hword_part       | Hyphenated word part, all letters
 int              | Signed integer
 numhword         | Hyphenated word, letters and digits
 numword          | Word, letters and digits
 protocol         | Protocol head
 sfloat           | Scientific notation
 tag              | XML tag
 uint             | Unsigned integer
 url              | URL
 url_path         | URL path
 version          | Version number
 word             | Word, all letters
(23 rows)
```

Diese drei Ausgaben zeigen alle verfügbaren Templates, alle vorhandenen Dictionarys und alle Typen für die Charakterisierung von Suchstrings.

Stop Words

Wie schon erwähnt handelt es sich bei der Stop-Words-Datei nicht um ein Wörterbuch, sondern um eine Datei mit Worten, die als *Stop Words* deklariert werden. Im Deutschen sind beispielsweise *ein, und, die, der, das* Worte, die für die Volltextsuche nicht relevant sind, da sie ein Dokument nicht beschreiben. Deshalb werden diese auf Grundlage der Stop-Words-Datei bei der Erstellung der Vektoren mit der Funktion to_ tsvector() ausgeschlossen.

Simple Dictionary

Wie der Name schon sagt, handelt es sich hier um ein einfaches Dictionary. Bei der Verwendung dieses Wörterbuchs werden die Begriffe in einem Dokument in Kleinschreibweise umgewandelt und alle Stop Words entfernt. Mit dieser SQL-Anweisung wird das Dictionary in der Datenbank erstellt. Eine Dictionary-Datei *andy.simple* gibt es nicht (wie Sie eventuell vermutet haben). Die Basis ist nur die jeweilige Stop-Word-Datei (hier *andy.stop*) im entsprechenden Verzeichnis.

```
CREATE TEXT SEARCH DICTIONARY public.andy_dict (
    TEMPLATE = simple,
    STOPWORDS = andy
);
```

Synonym Dictionary

Dieser Typ dient dazu, Wörter durch ein Synonym zu ersetzen. Die Datei, in der die Synonyme enthalten sind, enthält *Key-Value-Paare* (durch Leerzeichen getrennt), wobei der *Key* der ursprüngliche Begriff ist und *Value* das Synonym. Die Erstellung erfolgt folgendermaßen:

```
CREATE TEXT SEARCH DICTIONARY andy_synonym (
    TEMPLATE = synonym,
    SYNONYMS = synonym_sample
);
```

Die Synonymdatei heißt *synonym_sample.syn* und ist als Beispieldatei
bereits vorhanden. Darin enthalten sind unter anderem unterschiedliche
Schreibweisen für *pgsql*. Damit wir nun das Synonym Dictionary während der Volltextsuche zu Rate ziehen können, müssen wir die Konfiguration ändern:

```
ALTER TEXT SEARCH CONFIGURATION german
    ALTER MAPPING FOR asciiword, asciihword, hword
    WITH andy_synonym, german_stem;
```

Setzen wir jetzt eine Suche ab:

```
SELECT * FROM ts_debug('german', 'postgres');
alias    |token  | dictionaries            | dictionary | lexemes
---------+-------+-------------------------+------------+--------
asciiword|postgres|{andy_synonym,german_stem}    |andy_synonym
|{pgsql}
(1 row)
```

Wie Sie sehen wurde als Lexem *pgsql* gewählt. Der Grund hierfür ist die
Tatsache, dass zuerst in dem Synonym Dictionary *andy_synonym* nach
postgres gesucht wird, dort als Synonym *pgsql* gefunden wird und dieses
dann an das deutsche Stemmer Dictionary weitergereicht wird, was zum
obigen Ergebnis führt.

Thesaurus Dictionary

Ein Thesaurus Dictionary wird verwendet, um ganze Ausdrücke durch
andere zu ersetzen. Die Ähnlichkeit zum Synonym Dictionary ist offen-
sichtlich. Beachten Sie aber, dass das Synonym Dictionary nur mit einzelnen Begriffen und deren Ersetzung umgehen kann.

Um ein Thesaurus Dictionary zu erstellen, nutzen wir wiederum das
bekannte SQL-Statement und erweitern dieses:

```
CREATE TEXT SEARCH DICTIONARY ardy_thesaurus (
    TEMPLATE = thesaurus,
    DictFile = thesaurus_sample,
    Dictionary = german_stem
);
```

Bei der Erstellung des Thesaurus Dictionarys muss immer auch ein
»Unter-Dictionary« angegeben werden, auf das Bezug genommen wer-

den kann, um die Normalisierung bei der Erstellung von Vektoren mit der Funktion `to_tsvector()` vorzunehmen – hier das deutsche Stemmer Dictionary. Die Datei, die hier genutzt wird, heißt *thesaurus_sample.ths* und ist bereits vorhanden. Es handelt sich vom Aufbau her wieder um eine Key-Value-Datei mit einem Doppelpunkt als Trennzeichen zwischen ursprünglichem Ausdruck und Ersetzung.

Im nächsten Schritt ändern wir wieder die Konfiguration:

```
ALTER TEXT SEARCH CONFIGURATION german
    ALTER MAPPING FOR asciiword, asciihword, hword_asciipart
    WITH andy_thesaurus;
```

Probieren wir das nun aus. In der Datei *thesaurus_sample.ths* finden wir eine Ersetzung für den Ausdruck `booking tickets` durch `order invitation cards`:

```
SELECT to_tsvector('german','booking tickets');
          to_tsvector
----------------------------------
 'ord':1 'card':3 'invitation':2
(1 row)
```

Beachten Sie, dass Sie wahrscheinlich nicht nur das Thesaurus Dictionary in Ihrer Konfiguration nutzen wollen, sondern gleichzeitig auch mit anderen Dictionarys arbeiten möchten. Das erreichen Sie folgendermaßen:

```
ALTER TEXT SEARCH CONFIGURATION german
    ALTER MAPPING FOR asciiword, asciihword, hword_asciipart
    WITH andy_thesaurus, andy_synonym, german_stem;
```

Hier nutzen wir also das Thesaurus Dictionary, das Synonym Dictionary und das deutsche Stemmer Dictionary. Wichtig ist hierbei, dass Sie die richtige Reihenfolge wählen. Ändern Sie doch einmal die Reihenfolge so, dass das Thesaurus Dictionary zum Schluss eingebunden wird, und setzen Sie das obige Statement nochmals ab. Sie werden sehen, dass das Thesaurus Dictionary wirkungslos bleibt.

Ispell Dictionary

Ein Ispell Dictionary dient dazu, die unterschiedlichen Formen eines Begriffs zu normalisieren. Die Datei hat die Endung *.affix*. Standardmäßig gibt es kein Ispell Dictionary in der PostgreSQL (außer einer sehr kurzen Beispieldatei). Sie finden allerdings unter der Adresse *http://ficus-www.cs.ucla.edu/geoff/ispell-dictionaries.html#German-dicts* einige Ressourcen für deutschsprachige Ispell Dictionarys.

Um ein Ispell Dictionary zu erstellen , nutzen Sie wiederum folgendes SQL-Statement:

```
CREATE TEXT SEARCH DICTIONARY andy_ispell (
    TEMPLATE = ispell,
    DictFile = andy_ispell,
    AffFile = andy_ispell,
    StopWords = german
);
```

Die Parameter erklären sich wieder von selbst. Als Template geben wir ispell an, dann folgt der Name des Dictionarys, der Name der *.affix*-Datei (das Ispell Dictionary) und schließlich kommt der Name der Stop-Word-Datei.

Snowball Dictionary

Das Snowball Dictionary basiert auf dem *Stemming-Algorithmus* von Martin Porter. Verschiedene Verkürzungsregeln (Word Stemming) reduzieren Begriffe auf ihren Wortstamm und erstellen daraus dann ein Dictionary. Hier sehen Sie ein Beispiel:

Wort	Stemmer
auffallen	auffall
auffallend	auffall
auffallenden	auffall
auffallender	auffall
auffällig	auffall
auffälligen	auffall
auffälliges	auffall

Tabelle 6.3 Beispiel für ein Snowball Dictionary

Die Dictionary-Datei hat die Endung *.stem*, und das Dictionary wird folgendermaßen erstellt:

```
CREATE TEXT SEARCH DICTIONARY andy_stem (
    TEMPLATE = snowball,
    Language = german,
    StopWords = german
);
```

Es wird immer ein Ergebnis erzeugt, daher sollten Sie dieses Dictionary immer ans Ende der zu nutzenden Dictionarys in der Konfiguration für die Volltextsuche setzen:

```
ALTER TEXT SEARCH CONFIGURATION german
    ALTER MAPPING FOR asciiword, asciihword, hword_asciipart
    WITH andy_thesaurus, andy_synonym, german_stem;
```

Wie eingangs bereits erwähnt, möchten wir an dieser Stelle nicht weiter in die Tiefe gehen. Das Thema *Dictionarys* ist ein großer Bereich, der sehr interessant ist. Für weitere Informationen verweisen wir abermals auf die PostgreSQL-Onlinedokumentation (*http://www.postgresql.org/docs/8.4/ interactive/textsearch-dictionaries.html*).

6.1.9   Konfiguration

In diesem Abschnitt werden wir kurz auf die Konfiguration der Volltextsuche eingehen.

Um herauszufinden, welche Einstellungen es bereits gibt, verwenden Sie in *psql* den folgenden Befehl:

```
kontor=# \dF
              Liste der Textsuchekonfigurationen
    Schema   |   Name    |          Beschreibung
------------+-----------+-------------------------------------------
 pg_catalog | danish    | configuration for danish language
 pg_catalog | dutch     | configuration for dutch language
 pg_catalog | english   | configuration for english language
 pg_catalog | finnish   | configuration for finnish language
 pg_catalog | french    | configuration for french language
 pg_catalog | german    | configuration for german language
 pg_catalog | hungarian | configuration for hungarian language
 pg_catalog | italian   | configuration for italian language
 pg_catalog | norwegian | configuration for norwegian language
```

```
pg_catalog | portuguese | configuration for portuguese language
pg_catalog | romanian   | configuration for romanian language
pg_catalog | russian    | configuration for russian language
pg_catalog | simple     | simple configuration
pg_catalog | spanish    | configuration for spanish language
pg_catalog | swedish    | configuration for swedish language
pg_catalog | turkish    | configuration for turkish language
(16 Zeilen)
```

Das ist also die Standardkonfigurationen. Eine detailliertere Ausgabe erhalten Sie mit folgendem Befehl:

```
kontor=# \dF+ german
Textsuchekonfiguration "pg_catalog.german"
Parser: "pg_catalog.default"
        Token       | Wörterbücher
------------------+--------------
 asciihword        | german_stem
 asciiword         | german_stem
 email             | simple
 file              | simple
 float             | simple
 host              | simple
 hword             | german_stem
 hword_asciipart   | german_stem
 hword_numpart     | simple
 hword_part        | german_stem
 int               | simple
 numhword          | simple
 numword           | simple
 sfloat            | simple
 uint              | simple
 url               | simple
 url_path          | simple
 version           | simple
 word              | german_stem
```

In der Spalte Token finden Sie alle unterschiedlichen Elemente, welche die Volltextsuche behandelt. Das tut sie auf unterschiedliche Weise, nämlich so, wie in der Spalte Wörterbücher angegeben. Für ein normales

Wort (word) nutzt die Volltextsuche zum Beispiel das Dictionary german_stem – also das deutsche Stemmer-Wörterbuch. Für eine URL hingegen wird die Volltextsuche das Dictionary simple verwenden.

Um herauszufinden, welche Konfiguration aktuell genutzt wird, geben Sie folgenden Befehl ein:

```
SHOW default_text_search_config;
 default_text_search_config
----------------------------
 pg_catalog.german
(1 Zeile)
```

Das sagt uns also, dass die deutsche Konfiguration im Einsatz ist. Sie wollen diese ändern, weil zum Beispiel auf Ihrer Webseite mehrere Sprachen möglich sind? Kein Problem. Mit dem SET-Befehl ändern Sie die Einstellungen (das würden Sie dann in Ihrer Applikation je nach ausgewählter Sprache tun):

```
SET default_text_search_config = 'pg_catalog.english';
```

Und hier ist der Beweis, dass es geklappt hat:

```
SHOW default_text_search_config;
 default_text_search_config
----------------------------
 pg_catalog.english
(1 Zeile)
```

Mit dem folgenden Befehl erstellen Sie eine eigene Konfiguration:

```
CREATE TEXT SEARCH CONFIGURATION public.andy
```

Es ist ebenfalls hilfreich, eine vorhandene Konfiguration zu kopieren und diese zu ändern. Nutzen Sie dafür den folgenden Befehl:

```
CREATE TEXT SEARCH CONFIGURATION public.andy (COPY = \ pg_catalog.german)
```

Mit nächsten Befehl ändern Sie die Konfiguration dann:

```
ALTER TEXT SEARCH CONFIGURATION …
```

Dabei gibt es mehrere Möglichkeiten:

▶ Sie können einen neuen Token-Typ hinzufügen:

```
ADD MAPPING FOR token_type [, … ] WITH dictionary_name [, … ]
```

▶ Alternativ ändern Sie einen bestehenden Token-Typ:

```
ALTER MAPPING FOR token_type [,…] WITH dictionary_name [, … ]
```

oder

```
ALTER MAPPING REPLACE old_dictionary WITH new_dictionary
```

▶ Oder Sie geben ein neues Dictionary für einen bestehenden Token-Typ an:

```
ALTER MAPPING FOR token_type [, … ] REPLACE old_dictionary \
WITH new_dictionary
```

▶ Sie können die Zuordnungen für einen bestehenden Token-Typ löschen:

```
DROP MAPPING [ IF EXISTS ] FOR token_type [, … ]
```

▶ Geben Sie alternativ der Konfiguration einen neuen Namen:

```
ALTER TEXT SEARCH CONFIGURATION name RENAME TO newname
```

▶ Sie können auch die Rolle der Konfiguration ändern:

```
ALTER TEXT SEARCH CONFIGURATION name OWNER TO newowner
```

Mit diesen letzten Hinweisen und den anderen Abschnitten in diesem Kapitel sollten Sie nun in der Lage sein, die Volltextsuche zu konfigurieren. Als Nächstes widmen wir uns dem Thema *Performance*.

Damit sind wir am Ende des höchst spannenden Themas Volltextsuche in der PostgreSQL angelangt und widmen uns im nächsten Kapitel dem Thema Performance.

6.2   Performance-Tuning

Mit Sicherheit ist dieses Thema eines der am häufigsten besprochenen Themen, nicht zuletzt deshalb, weil die PostgreSQL gegenüber anderen Datenbanken wie zum Beispiel MySQL eine schlechtere Performance nachgesagt wird. Wir werden Ihnen in den folgenden Abschnitten mit dieser falschen Annahme aufräumen und zeigen, wie Sie aus der PostgreSQL das beste Ergebnis herausholen – ganz nach dem Motto: »Kickstart my PostgreSQL!«

6.2.1 Einführende Überlegungen

Um eine gute bis optimale Performance zu erreichen, ist es notwendig, an verschiedenen Rädchen zu drehen und einige Zusammenhänge zu verstehen. Wir möchten deshalb einen Überblick über die unterschiedlichen Bereiche geben, die Sie berücksichtigen sollten.

Datenbankdesign

Wenn Sie ein Programm entwerfen, einen Prototypen erstellen, letztlich die Applikation entwickeln und auch bei der Modellierung eines Datenbankdesigns ist es extrem wichtig, sorgsam zu arbeiten. Ein schlechtes Design kann zu schlechter Performance führen.

Ein wichtiger Punkt in diesem Zusammenhang ist sicherlich die Normalisierung. Relationale Datenbanksysteme sind so konzipiert, dass logische Strukturen für die Haltung und Verknüpfung der Daten eingesetzt werden. Die Normalisierung hilft Ihnen dabei, diese Strukturen zu erstellen. Sie sollten allerdings darauf achten, die Normalisierung nicht exzessiv zu betreiben. Es nutzt Ihnen nicht viel, wenn Sie Ihr Modell soweit wie möglich normalisiert haben, Sie dann aber JOIN-Abfragen über 25 Tabellen ausführen müssen. Natürlich ist (De-)Normalisierung immer auf Grundlage der vorliegenden Applikation zu betrachten.

Ein weiterer Punkt ist die Datenmenge, die zu erwarten ist. Je größer die Datenmenge wird, desto wichtiger ist es, Indizes einzusetzen (siehe auch Abschnitt 4.15, »Finden und gefunden werden: Indizes«). Dabei ist es natürlich wichtig, den richtigen Index einzusetzen (bei der Volltextsuche den GiST- oder GIN-Index, für skalare oder String-Datentypen aber besser den B-Tree-Index) und dann den Index auf die richtigen Spalten zu setzen. Es ergibt keinen Sinn, einfach auf jede Spalte einen Index zu setzen. Die Performance würde darunter leiden.

An dieser Stelle soll nicht unerwähnt bleiben, dass Indizes nicht das Allheilmittel schlechthin sind. Für das Handling wachsender Datenmengen gibt es weitere Mittel wie Archivierung und Partitionierung (auf Tabellen- oder Hardwarebasis).

Statement-Optimierung

Aus eigener leidlicher Erfahrung ist dies ein extrem wichtiger Punkt. Zu allererst ist ein fundiertes Wissen über SQL und insbesondere über das von der PostgreSQL unterstützte SQL notwendig. Gewappnet mit der geballten Ladung Wissen erstellen Sie dann Ihre Abfragen. Kontrollieren beziehungsweise testen Sie Ihre Abfragen mit EXPLAIN und EXPLAIN ANALYZE (siehe weiter unten), um herauszufinden, wie Ihre Abfrage abläuft, und verbessern Sie Ihre Abfrage (und/oder Ihr Datenbankdesign) so lange, bis die Performance ok ist. Dabei sollten Sie die unterschiedlichen JOIN-Typen wie LEFT OUTER JOIN oder RIGHT OUTER JOIN genau unter die Lupe nehmen und prüfen, ob es alternative Möglichkeiten gibt.

Dann sollte noch getestet werden, ob Sie eventuell User Defined Functions einsetzen können. Der bereits in Kapitel 5, »User Defined Functions«, erwähnte Vorteil trägt natürlich auch hier zu besserer Performance bei: Die SQL-Abfragen und -Befehle in einer User Defined Function sind bereits kompiliert. Ein von Hand erstelltes Statement muss bei jedem Aufruf zuerst kompiliert werden.

Hardware

Der Sysadmin sagt: Noch mehr RAM ist besser als viel RAM. Das ist eindeutig klar, denn PostgreSQL arbeitet hauptsächlich mit dem Arbeitsspeicher und greift nur, wenn es notwendig wird, auf die Festplatte zu, um fehlenden Speicher für die Ausführung der Jobs zu aktivieren. Je mehr RAM Sie Ihrem Server spendieren, desto höher können Sie die Einstellungen für die RAM-Nutzung in der Datei *postgresql.conf* drehen, und desto besser wird die Performance.

Für die Datenspeicherung ist es auf der anderen Seite wichtig, schnelle Festplatten einzusetzen, damit die Zugriffszeiten so kurz wie möglich sind. Generell sind Festplatten allerdings immer vergleichsweise langsam. Deshalb ist es wichtig, den Zugriff auf die Festplatte so gering wie möglich zu halten – zum Beispiel durch den Einsatz von Indizes, da dadurch die Menge der zu durchsuchenden Daten reduziert wird.

Letztlich kommen dann noch die CPU und das Netzwerk in Betracht. Allerdings sind diese Hardwarekomponenten meistens nicht der Grund für eine schlechte Performance.

Die Datei postgresql.conf

Wir haben bereits mehrmals erwähnt, dass die Einstellungen der Parameter in *postgresql.conf* sehr konservativ sind. Deshalb ist es zwingend notwendig, dass Sie diese Optionen an die Leistungsstärke Ihres Servers anpassen. Als Richtwerte können Sie das Ergebnis von *pgtune* zu Grunde legen (siehe Abschnitt 7.3.3, »pgtune für Linux-Systeme«). Sie sollten aber wiederum auf EXPLAIN ANALYZE zurückgreifen, wenn es tiefergeht.

Aber Vorsicht: Mit falschen Einstellungen können Sie den Planer wieder so beeinflussen, dass dieser von falschen Voraussetzungen ausgeht, deshalb einen falschen Plan ermittelt und letztlich die Performance leidet.

Belastungstests

Um zu testen, wie sich Ihre Datenbank, deren Einstellungen und die Hardware verhält, sollten Sie Belastungstests vornehmen. Eine gute Möglichkeit bietet *pgbench*. Dies ist ein kleines Programm, das eine Reihe von SELECT-, UPDATE- und INSERT-Statements immer wieder ausführt und somit einen *Benchmarking Report* generiert. Für die Tests können Sie auch eigene Statements erstellen.

Weitere Informationen zu *pgbench* finden Sie in der Onlinehilfe (Kapitel F.21, *http://www.postgresql.org/docs/8.4/interactive/pgbench.html*).

Natürlich können Sie auch Ihre eigenen Benchmarking-Tests schreiben. Das kann zwar relativ aufwändig sein, hat aber den Vorteil, dass Sie mit reellen Daten arbeiten. Ohne reelle Daten steht der Aufwand aber wiederum in keinem Verhältnis zu dem, den Sie haben, wenn Sie *pgbench* einsetzen. Wie Sie vorgehen ist letztlich egal – wichtig ist nur, dass Sie überhaupt testen.

Kurz angerissen: VACUUM und VACUUM FULL

Seit PostgreSQL-Version 8.3 ist der *Autovacuum Daemon* standardmäßig aktiviert. Das ist eine gute Sache und sollte in der Datei *postgresql.conf* auch nicht geändert werden. Der VACUUM-Daemon stellt vor allem sicher, dass die Statistiken durch Ausführen von ANALYZE regelmäßig aktualisiert werden. Diese Statistiken sind die Grundlage für den Planer, um Ausführungspläne zu erstellen.

Sie haben außerdem die Möglichkeit, den VACUUM-Daemon durch die autovacuum_*-Parameter zu beeinflussen, was in der Regel allerdings nicht notwendig ist. Weitere Informationen zu VACUUM lesen Sie in Abschnitt 6.3.4, »Wartung der Datenbank [VACUUM]«.

Halten wir also fest, dass es wichtig ist,

- ausreichend RAM zur Verfügung zu haben,
- die Parameter in der Datei *postgresql.conf* an die verwendete Hardware anzupassen,
- gute SQL-Statements zu schreiben,
- Indizes richtig einzusetzen und
- die Statistiken aktuell zu halten.

6.2.2 Der Weg einer Anfrage bis zum Ergebnis

Bevor wir näher auf das Analysieren von Abfragen mittels EXPLAIN ANALYZE zu sprechen kommen, muss geklärt werden, wie der Lebenszyklus einer Anfrage aussieht, die wir an den Server senden. Im Folgenden beschreiben wir diesen Weg Schritt für Schritt und erläutern, was währenddessen geschieht.

Schritt 1: Client-Server-Kommunikation

Eine Anfrage an die PostgreSQL, zum Beispiel in Form eines SELECT-Statements, wird über eine Client-Server-Verbindung geschickt. Das kann entweder über TCP/IP oder eine Unix-Socket-Verbindung erfolgen. Prinzipiell wird dabei das SQL-Statement als reiner Text übertragen und dann je nach Kodierung des Servers entsprechend umgewandelt.

Schritt 2: Syntaxparser, Syntaxanalyzer

Dieser Schritt teilt sich in zwei Unterschritte auf. Zuerst wird erkannt, um was für ein Statement es sich handelt und dessen korrekte Syntax überprüft. Werden Fehler entdeckt, wird eine Fehlermeldung an den Client gesendet. Danach wird das SQL-Statement in sogenannte Token zerlegt und in einen Query-Tree (Parse-Baum) umgewandelt. Der Query-Tree besteht aus Teilbäumen, die durch entsprechende Operatoren aus dem SQL-Statement mit den jeweiligen *Parent Node* (Elternknoten) verknüpft sind. Die Teilbäume stellen die im SQL-Statement angegebenen Tabellen dar.

Im zweiten Unterschritt wird nach *Optimizable-* und *Utility-Statements* unterschieden. Erstere sind die SELECT-, INSERT-, UPDATE- und DELETE-

Statements. Diese sind also optimierbar und werden an den Query Rewriter weitergegeben. Die Utility-Statements (Hilfsbefehle) werden sofort ausgeführt und nicht weiter verarbeitet.

Schritt 3: Query Rewriter

Der Query Rewriter hat die Aufgabe, die Query Rewrite Rules, die im Systemkatalog nachgeschlagen werden, im Query-Tree aus Schritt 2 auszuführen. Das bedeutet, dass zum Beispiel VIEWS aufgelöst werden oder zusätzliche Rules für INSERT, UPDATE oder DELETE angewendet werden und der Query-Tree gegebenenfalls umgeschrieben wird.

Schritt 4: Planer beziehungsweise Optimizer

In diesem Schritt wird vom Planer ein möglichst optimaler (deshalb auch die Bezeichnung Optimizer)*Query Plan* (Ausführungsplan) auf Grundlage des Query-Tree erstellt. Dabei wird der Planer mehrere Planvarianten erstellen und innerhalb des Plans jeweils festlegen, in welcher Reihenfolge die einzelnen Befehle (JOINS) auszuführen sind, welche Indizes genutzt werden sollen, welche JOIN-Typen und Algorithmen eingesetzt werden und so weiter. Schließlich legt der Planer fest, welche Planvariante am effizientesten scheint und gibt diese an den Executor weiter.

Der Query Plan hat eine baumartige Struktur und ist in einzelne Teilpläne aufgeteilt – man spricht auch von *Nodes* (Planknoten). Der Planer unterteilt die einzelnen Operationen also in einzelne Schritte, um je nach Anforderung die richtige Ausführungsmethode zu wählen. Dadurch kann zum Beispiel in einem Query Plan an einer Stelle ein Hash Join und an einer anderen Stelle ein Merge Join verwendet werden.

In einigen anderen RDBMS wie zum Beispiel Oracle gibt es sogenannte *Optimizer Hints*, die ein Benutzer in einem SQL-Statement angeben kann. In PostgreSQL gibt es das nicht. Die Entwickler verzichten darauf und arbeiten von Release zu Release an der Optimierung des Planers, der deswegen wirklich sehr gut arbeitet.

Ihre Aufgabe ist es, die SQL-Statements zu optimieren und gegebenenfalls umzuschreiben.

In den einführenden Überlegungen haben wir bereits angemerkt, dass die Datei *postgresql.conf* einige Parameter bietet, mit denen Sie den Planer beeinflussen können. Die generelle Regel lautet hier jedoch, dass diese Einstellungen für die meisten Fälle gut sind und normalerweise nicht geändert werden müssen. Sie sind aber trotzdem eingeladen, zu experimentieren und Erfahrungen zu sammeln.

Prinzipiell ist zu berücksichtigen, dass die Reihenfolge der JOINS und die Art der Bedingungen im SQL-Statement frei gewählt werden können.

> ### Genetic Query Optimizer (GEQO)
>
> Natürlich kann das Herausfinden des besten Plans durch den Planer in manchen Fällen extrem aufwändig werden. Deshalb wurde in PostgreSQL der sogenannte *Genetic Query Optimizer* eingebaut. Dieser Algorithmus basiert auf einer *heuristischen Suche* (Kompromiss zwischen aufzuwendender Zeit und der Qualität des Ergebnisses) und springt an, wenn die Zeit für das Erstellen eines Plans einen gewissen Wert überschreitet. Die Konfigurationseinstellung in der Datei *postgresql.conf*, um GEQO zu aktivieren oder deaktivieren heißt geqo. Der Standardwert ist on. Alle weiteren Parameter, wie zum Beispiel der für den Schwellwert (geqo_threshold), beginnen mit geqo_. Das Ergebnis kann wegen des Algorithmus' von Durchlauf zu Durchlauf variieren.

Schritt 5: Executor

Schließlich kommt der Executor zum Zug und führt den Query Plan in der vorgegebenen Hierarchie aus. Zusätzlich wird der Executor auch Berechtigungen für Objekte der Datenbank wie Schemata und Tabellen prüfen, Berechnungen und sonstige Operationen ausführen und vorhandene Constraints prüfen.

Schritt 6: Ergebnis der Server-Client-Kommunikation

Wenn der Executor erfolgreich war, liegt bei einem SELECT-Statement ein Ergebnis vor, das zurückgegeben wird. Dies kann zeilenweise geschehen oder , je nach query plan, auch als Ganzes. Handelt es sich um andere Statements oder Befehle, wird nur ein Status (erfolgreich oder Fehlermeldung) zurückgegeben.

Hier ist zu berücksichtigen, wie die Einstellungen in der Datei *postgresql.conf* für den RAM gewählt wurden (work_mem, maintenance_work_mem). Ist der zur Verfügung gestellte Arbeitsspeicher zu gering gewählt, und wird bei einer Anfrage mehr Speicher notwendig, wird auf die Festplatte zugegriffen – was eine Performancebremse darstellt. Das kommt besonders zum Tragen, wenn Ergebnisse als Gesamtes zurückgegeben werden.

6.2.3 EXPLAIN ANALYZE – einen Query Plan lesen

Wir haben nun schon mehrmals auf die Verwendung von EXPLAIN ANA-LYZE hingewiesen um nicht zu sagen gedrängt. Im Folgenden erklären wir nun, was EXPLAIN und ANALYZE tun und wie Sie einen Query Plan lesen. Letztlich wird dies dazu beitragen, den Planer besser zu verstehen und Performanceprobleme aufzudecken.

Weiter oben haben wir gesagt, dass der Query Plan in Teilpläne (die Planknoten) untergliedert ist. Dabei werden zwei große Bereiche von Planknoten-Typen unterschieden: die Scan-Typen und die Join-Typen.

EXPLAIN und EXPLAIN ANALYZE

Wenn wir schon die ganze Zeit über EXPLAIN und EXPLAIN ANALYZE reden, möchten wir natürlich eine Definition nicht für uns behalten:

EXPLAIN wird schlicht und ergreifend genutzt, um einen Query Plan zu generieren und auszugeben. Er enthält geschätzte Werte des Planers für den Ausführungsaufwand und gibt an, welche Scan- und Join-Typen der Planer vorsieht.

ANALYZE sammelt Statistiken über die Inhalte der Tabellen in der Datenbank und speichert diese in der Tabelle *pg_statistics*. Der Planer erstellt auf Grundlage dieser Statistiken den bestmöglichen Query Plan. Der Vacuum Daemon nutzt ANALYZE, wenn sich Tabellen sehr verändert haben.

Man verwendet die Kombination aus EXPLAIN und ANALYZE, um vor der Ausführung des Statements und des sich daraus ergebenden Query Plan die Statistiken zu aktualisieren. Natürlich gilt hier auch die Regel, dass beim Einspielen oder Löschen von großen Datenmengen vor dem Analysieren der Statements mit EXPLAIN ANALYZE ein Aufruf von VACUUM hilfreich ist, damit auch alle Tabellen bereinigt sind.

Scan-Typen

Welcher Scan-Typ genutzt wird, hängt davon ab, ob und welche Indizes in den einzelnen Tabellen und den abzufragenden Spalten vorhanden sind. Dabei kann ein Sequential Scan immer genutzt werden.

In PostgreSQL stehen drei Scan-Typen zur Verfügung:

▶ **Sequential Scan**
Dies ist die langsamste Art, eine Tabelle auf Bedingungen aus dem SQL-Statement zu prüfen. Alle Zeilen der Tabelle werden dabei komplett durchlaufen.

▶ **Index Scan**

Wenn eine Spalte einer Tabelle einen Index hat und diese Spalte im SQL-Statement abgefragt wird, wird der Executor einen Index Scan nutzen. Dabei wird eben dieser Index nach zutreffenden Bedingungen durchsucht. Das sollte im Normalfall wesentlich schneller geschehen, als beim Durchlaufen der gesamten Tabelle. Allerdings gibt es in PostgreSQL einen Fallstrick. Wenn auf eine Spalte einer Tabelle ein Index gesetzt wird, werden physikalisch auf der Festplatte zwei Dateien erstellt – eine für die Daten der Tabelle und eine für die Indizes der Tabelle. Das bedeutet, beim Index Scan muss in der Indexdatei jedes Mal nachgesehen werden, ob die aktuelle Zeile für die aktuelle Transaktion aufgrund der MVCC-Architektur (siehe Abschnitt 6.3.3, »Exkurs: Multiversion Concurrency Control (MVCC)«) sichtbar ist oder nicht. Der Lesekopf der Festplatte muss also zwischen diesen beiden Tabellen (Dateien) Pingpong veranstalten. Das kann dazu führen, dass der Index Scan langsamer ist als ein Sequential Scan, wenn ein Großteil der Tabelle durchsucht werden muss. Dies ist mit ein Grund, warum Tabellenpartitionierung sinnvoll sein kann, doch dazu später mehr.

▶ **Bitmap Index Scan**

Beim *Bitmap Index Scan* werden alle Zeilen in einer Bitmap im RAM in der Reihenfolge, wie sie in der Tabelle vorkommen, zwischengespeichert. Erst dann wird geprüft, ob die Zeile für die aktuelle Transaktion überhaupt sichtbar ist und das tatsächliche Ergebnis zurückgegeben. Im Gegensatz zum Index Scan muss also nicht für alle Treffer zwischen der Tabelle und der Indextabelle hin- und hergesprungen werden.

Bei großen Abfragen ist es für einen Bitmap Index Scan übrigens gut, viel RAM zu haben und die Einstellungen für `work_mem` entsprechend hoch zu stellen.

Join-Typen

Der Planer wird auf der Basis der gefundenen Scan-Typen einen Join-Typ für zwei Tabellen erstellen. Wenn Joins über mehrere Tabellen durchgeführt werden sollen, wird der Planer einen Baum mit Joins (Join Tree) erstellen, in dem dann immer über zwei Tabellen ein Join ausgeführt wird.

In PostgreSQL stehen drei Join-Typen zur Verfügung:

▶ **Nested Loop Join**

Bei diesem Join-Typ handelt es sich um zwei in einer Schleife verschachtelte Tabellen. Eine Tabelle stellt die linke und eine die rechte dar (in anderer Literatur zum Thema wird auch von der äußeren (linken) und inneren (rechten) Tabelle gesprochen). In der Schleife wird die linke Tabelle einmal durchsucht, wobei dabei pro Zeile jede Zeile der rechten Tabelle durchsucht wird und die gegebene Bedingung geprüft wird. Das ist relativ aufwändig. Allerdings kann die Performance mit Indizes deutlich verbessert werden.

Außerdem bietet PostgreSQL einen Caching-Mechanismus – das bedeutet, dass die rechte Tabelle nach dem ersten Durchlauf im Cache liegt und dann schneller durchsucht werden kann.

Der Planer hat die Aufgabe, herauszufinden, welches die rechte und welches die linke Tabelle ist (die kleinere Tabelle ist meistens die rechte, durch den Einsatz von Indizes kann das aber auch anders herum sein). Der Nested Loop Join kann immer angewendet werden.

▶ **Hash Join**

Hier wird die kleinere Tabelle zuerst durchlaufen und daraus eine Hash-Tabelle im Speicher erstellt. In der Hash-Tabelle wird ein Schlüssel abgelegt. Beim Durchlaufen der größeren Tabelle wird bei zutreffender Bedingung über den Schlüssel in der Hash-Tabelle der entsprechend passende Datensatz in der kleineren Tabelle gesucht. Auch hier kann das Durchlaufen auf unterschiedliche Weise beziehungsweise mit verschiedenen Scan-Typen geschehen.

Der Hash Join eignet sich gut für zwei größere Tabellen, hat aber auch durch das Erstellen der Hash-Tabelle einen größeren Speicherverbrauch.

▶ **Merge Join**

Bei diesem Join-Typ werden beide Tabellen im ersten Schritt nach den für die jeweilige Tabelle vorliegenden Bedingungen aus dem SQL-Statement sortiert. Dann werden die beiden Tabellen parallel durchlaufen und die entsprechenden zueinander gehörenden Datensätze gelesen. Das bedeutet, dass jede Zeile durch die Sortierung nur einmal gelesen werden muss, weil davon ausgegangen wird, dass beim Finden eines größeren Treffers durch die Sortierung kein weiterer mehr gefunden werden kann.

Aufwändig ist dabei natürlich das Sortieren. Der Planer wird den Merge Join anwenden, wenn die vorliegenden Daten bereits sortiert sind oder zum Beispiel von einem vorher gelaufenen Index Scan stammen. Effizient ist der Merge Join außerdem bei einem Outer Join.

Es gibt noch ein paar andere Planknoten-Typen, auf die wir allerdings nicht weiter eingehen werden. Sie sollen aber zumindest einmal erwähnt werden:

- ▶ Sort: wenn zum Beispiel ORDER BY im Statement verwendet wird
- ▶ Limit: wenn wir im Statement LIMIT übergeben
- ▶ HashAggregate: wenn wir im Statement GROUP BY nutzen
- ▶ Unique: um doppelte Werte zu filtern
- ▶ Materialize: Ergebnisse auf der Festplatte zwischenspeichern

Es ist übrigens nicht möglich, den Planer zu einem sinnlosen Plan zu überreden. Er wird wie schon erwähnt zumindest immer einen Seqential Scan und einen Nested Loop Join ausführen.

Einen Plan lesen

Nachdem wir im letzten Abschnitt die unterschiedlichen Scan- und Join-Typen kennen gelernt haben, sehen wir uns in diesem Abschnitt die Ausgabe eines Query Plan an und besprechen diese Schritt für Schritt. Zuerst werden wir ein Statement mit EXPLAIN und danach mit EXPLAIN ANALYZE ausführen.

Die Ausgabe erreichen wir, indem wir den Befehl EXPLAIN vor unser SELECT-Statement schreiben. Das zeigt uns den Plan, den der Planer für unser Statement erstellt hat. Nehmen wir unsere Mitarbeiterverwaltung und erstellen eine Abfrage – davor sollten Sie noch ein paar Daten in die Tabellen *kunden*, *bestellungen* und *bestellungen_produkte* einfügen, um auch ein Ergebnis zu erhalten. Hier ist also das Statement:

```
EXPLAIN SELECT a.bestell_dat,b.menge
FROM bestellungen a, bestellungen_produkte bWHERE a.id =
b.bestellungen_id;
                      QUERY PLAN
---------------------------------------------------------------
1 Hash Join  (cost=1.11..2.23 rows=5 width=12)
2    Hash Cond: (a.id = b.bestellungen_id)
```

```
3    -> Seq Scan on bestellungen a  (cost=0.00..1.05 rows=5 \
        width=12)
4    -> Hash  (cost=1.05..1.05 rows=5 width=8)
5        -> Seq Scan on bestellungen_produkte b \
            (cost=0.00..1.05 rows=5 width=8)
(5 rows)
```

Et voila - unser erster *query plan* (beachten Sie, dass diese Ausgabe mit der auf Ihrem System nicht identisch sein muss). Diesen ersten Query Plan haben wir mit Hilfe von EXPLAIN erstellt. Das bedeutet, PostgreSQL teilt uns mit, was der Planer zu tun gedenkt und welche Schätzungen er für den Aufwand herausgefunden hat. Das bedeutet auch, dass die Abfrage nicht durchgeführt wurde. Gehen wir das Ganze Schritt für Schritt durch.

In Zeile 1 wird angegeben, dass der Planer einen *Hash Join* für die Bedingung in Zeile 2 (a.id = b.bestellungen_id) nutzen will. In Klammern steht hinter cost ein Wert, der angibt, wie groß der Aufwand für den Executor ist, um ein Ergebnis für diesen Planknoten liefern zu können. Hier ist dieser Wert 0.00, da der Sequential Scan sofort nach dem Start Ergebnisse liefert. Der zweite Wert gibt an, welcher Aufwand benötigt wird, um den Planknoten auszuführen. Beachten Sie, dass dies nur ein Wert ohne eine bestimmte Einheit ist. Er dient nur zum Vergleich mit einem anderen Query Plan. rows gibt an, was der Planer annimmt, wie viele Zeilen dieser Planknoten als Ergebnis liefern wird. Und der Wert width gibt an, wie viel Speicher eine Zeile des Ergebnisses voraussichtlich belegen wird. Hier sind das: *12 Bytes * 5 rows = 60 Bytes*.

In Zeile 3 sehen wir, dass ein Sequential Scan auf die Tabelle *bestellungen a* durchgeführt werden soll.

In Zeile 4 soll dann eine Hash-Tabelle erstellt werden. Dort können Sie anhand des ersten Werts nach cost sehr gut sehen, dass ein gewisser Aufwand betrieben werden muss, bis ein Ergebnis vorliegt – in diesem Fall heißt das, dass zuerst die Hash-Tabelle erstellt werden muss und erst danach ein Ergebnis geliefert werden kann.

In Zeile 5 sehen Sie, dass wiederum ein Sequential Scan, diesmal auf die Tabelle *bestellungen_produkte b,* ausgeführt werden soll.

Ganz am Ende steht 5 rows, was bedeutet, dass dieser Plan fünf Zeilen geliefert hat – nicht etwa das Statement fünf Ergebniszeilen.

Wie lese ich nun den Plan?

Anhand des Hash Joins kann sehr gut gezeigt werden, wie der Plan zu lesen ist:

1. Es werden immer zwei Tabellen bei einem Join und damit pro Join-Planknoten abgefragt. Deshalb wird hier zuerst die Hash-Tabelle in Zeile 4 basierend auf dem Ergebnis des Sequential Scans aus Zeile 5 erstellt.

2. Es wird ein Sequential Scan in Zeile 3 durchgeführt.

3. Der Hash Join in Zeile 1 wird mit der Bedingung aus Zeile 2 und auf Grundlage der Ergebnisse aus Zeile 3 und 4 ausgeführt.

> **So wird ein Query Plan gelesen**
>
> Halten wir also fest, dass ein Query Plan von innen nach außen gelesen wird. Außerdem zeigen uns die Einrückungen der jeweiligen Planknoten, dass der weiter rechts eingerückte Planknoten ein Ergebnis für den darüber liegenden Planknoten liefert.

So weit, so gut. Gehen wir nun einen Schritt weiter und sehen uns an, was der Executor tatsächlich tut. Dazu fügen wir ANALYZE zu unserem Statement hinzu:

```
EXPLAIN ANALYZE SELECT a.bestell_dat,b.menge
FROM bestellungen a, bestellungen_produkte b
WHERE a.id = b.bestellungen_id;
                    QUERY PLAN
-----------------------------------------------------------
1 Hash Join  (cost=1.11..2.23 rows=5 width=12) (actual \
  time=0.035..0.044 rows=5 loops=1)
2 Hash Cond: (a.id = b.bestellungen_id)
3 ->  Seq Scan on bestellungen a  (cost=0.00..1.05 rows=5 \
  width=12) (actual time=0.007..0.010 rows=5 loops=1)
4 ->  Hash  (cost=1.05..1.05 rows=5 width=8) (actual \
  time=0.014..0.014 rows=5 loops=1)
5 ->  Seq Scan on bestellungen_produkte b \
  (cost=0.00..1.05 rows=5 width=8) (actual \
  time=0.004..0.008 rows=5 loops=1)
6 Total runtime: 0.140 ms
(6 rows)
```

Der erste große Unterschiede zu EXPLAIN ist die Tatsache, dass hinter den cost-Angaben bei jedem Planknoten eine weitere Klammer mit Informationen zu sehen ist. actual time gibt dabei die Start und Endzeit für die Ausführung, rows die Anzahl der zurückgelieferten Zeilen und loops die Häufigkeit der Ausführung des jeweiligen Planknotens an.

Der zweite Unterschied ist, dass das Statement tatsächlich ausgeführt wird. Das erklärt sich von selbst, denn sonst könnten keine tatsächlichen Werte angegeben werden.

Und zu guter Letzt ist in Zeile 6 ein Unterschied: Dort finden Sie die Zeit die benötigt wird, um das Statement komplett auszuführen.

Performance-Analyse und Verbesserung

Mit EXPLAIN ANALYZE haben wir jetzt das richtige Tool, um unser Statement zu analysieren und zu verbessern. Natürlich können wir das hier nur beispielhaft tun. Aber Sie werden den Ansatz sehen und für Ihre Zwecke umsetzen können.

Weiter oben haben wir festgestellt, dass es in PostrgeSQL keine *Optimizer Hints* wie in anderen RDBMS gibt. Es gibt aber eine Möglichkeit, gewisse Scan- und Join-Typen zur Laufzeit abzuschalten. Für uns sind die folgenden interessant:

```
SET enable_bitmapscan = [on | off];
SET enable_indexscan = [on | off];
SET enable_seqscan = [on | off];
SET enable_hashjoin = [on | off];
SET enable_mergejoin = [on | off];
SET enable_nestloop = [on | off];
```

In der Voreinstellung sind diese alle in der Datei *postgresql.conf* auf on gesetzt, und Sie tun gut daran, das auch so zu lassen. Um zu sehen, was geschieht, wenn einzelne Typen ausgeschaltet sind, ist das aber eine gute Sache. Beachten Sie dabei, dass die Änderung der Einstellungen nur pro Session aktiv sind (was auch gut so ist). Um die Einstellungen dauerhaft zu ändern, müssen Sie die Parameter in der Datei *postgresql.conf* ändern – machen Sie das aber nur, wenn Sie genau wissen, was Sie tun.

Um zu sehen, wie ein Parameter eingestellt ist, nutzen Sie das Kommando SHOW:

```
kontor=# SHOW enable_indexscan;
enable_indexscan
------------------
 on
(1 row)
```

Um ein paar Testdaten zu haben, haben wir eine kleine User Defined Function geschrieben. Sie könne diese ausführen, um eine gewisse Anzahl an Daten in die Tabelle *produkte* zu schreiben. Natürlich sind diese Daten bis auf die Artikelnummer alle gleich:

```
CREATE OR REPLACE FUNCTION create_produkt_dummy_data(integer)
  RETURNS void AS
$BODY$
    DECLARE
      count ALIAS FOR $1;
      _cnt int := 1;

    BEGIN
      WHILE _cnt <= count LOOP
      INSERT INTO produkte (art_nr, bezeichnung, beschreibung,\
        stichworte) VALUES
        (random() * 89764 * _cnt,'PostgreSQL Buch' || _cnt, \
         'Beschreibung für das PostgreSQL Buch' || \
         _cnt,'postgrsql,buch');
         _cnt := _cnt + 1;
      END LOOP;
    END
    $BODY$
  LANGUAGE 'plpgsql' ;
```

Rufen Sie die Funktion wie folgt auf, pumpen Sie 100.000 Datensätze in die Tabelle produkte:

```
SELECT create_produkt_dummy_data(100000);
```

Sehen wir uns jetzt das Statement an, das wir zu Anschauungszwecken nutzen werden. Es ist wie das obige mit einer Erweiterungen:

```
EXPLAIN ANALYZE SELECT a.bestell_dat,b.menge,c.bezeichnung
FROM bestellungen a, bestellungen_produkte b, produkte c
WHERE a.id = b.bestellungen_id
```

```
AND to_tsquery('german','postgresqlbuch') @@ c.vector;
                        QUERY PLAN
-----------------------------------------------------------------
1 Nested Loop  (cost=2.24..4236.31 rows=2500 width=32) (actual \
    time=139.201..139.201 rows=0 loops=1)
2    -> Seq Scan on produkte c  (cost=0.00..4184.07 rows=500 \
        width=20) (actual time=139.200..139.200 rows=0 \
        loops=1)
3          Filter: ('''postgresqlbuch'''::tsquery @@ vector)
4    -> Materialize  (cost=2.24..2.29 rows=5 width=12) (never \
        executed)
5          -> Hash Join  (cost=1.11..2.23 rows=5 width=12) \
              (never executed)
6                Hash Cond: (a.id = b.bestellungen_id)
7              -> Seq Scan on bestellungen a  (cost=0.00..1.05 \
              rows=5 width=12) (never executed)
8                  -> Hash  (cost=1.05..1.05 rows=5 width=8) \
                    (never  executed)
9                    -> Seq Scan on bestellungen_produkte b \
                    (cost=0.00..1.05 rows=5 width=8) \
                    (never executed)
10 Total runtime: 139.362 ms
(10 rows)
```

Wir haben dem Statement eine Volltextsuche hinzugefügt. Die relativ lange Ausführungszeit von 139 ms liegt natürlich am Sequential Scan auf die Tabelle *produkte* und die Anwendung des Filters. Sie können das an der Zeit (actual time) in Zeile 2 ablesen. Das ist unser Flaschenhals, und das müssen wir verbessern. Zum einen können wir eine weitere Bedingung einfügen. Allerdings wollen wir das nicht. Zum anderen können wir einen Index auf die Spalte *vector* der Tabelle *produkte* erstellen:

```
CREATE INDEX idx_produkte_vector ON produkte USING \
gin(vector);
```

Danach führen wir unser Statement nochmals aus:

```
        QUERY PLAN
-----------------------------------------------------------------
1 Nested Loop  (cost=30.40..1382.45 rows=2500 width=32) (actual \
time=0.070..0.070 rows=0 loops=1)
```

```
2   -> Bitmap Heap Scan on produkte c (cost=28.17..1330.21 \
rows=500 width=20) (actual time=0.068..0.068 \
          rows=0 loops=1)
3           Recheck Cond: ('''postgresqlbuch'''::tsquery @@ vector)
4        -> Bitmap Index Scan on idx_produkte_vector \
            (cost=0.00..28.04 rows=500 width=0) (actual \
            time=0.059..0.059 rows=0 loops=1)
5               Index Cond: ('''postgresqlbuch'''::tsquery @@ \
                vector)
6   -> Materialize (cost=2.24..2.29 rows=5 width=12) (never \
                executed)
7         -> Hash Join  (cost=1.11..2.23 rows=5 width=12) \
            (never executed)
8             Hash Cond: (a.id = b.bestellungen_id)
9           -> Seq Scan on bestellungen a  (cost=0.00..1.05 \
rows=5 width=12) (never executed)
10             -> Hash  (cost=1.05..1.05 rows=5 width=8) \
               (never executed)
11               -> Seq Scan on bestellungen_produkte b \
(cost=0.00..1.05 rows=5 width=8) \
               (never executed)
12 Total runtime: 0.244 ms
(12 rows)
```

Ajajajai – das ist ein nicht unerheblicher Unterschied. Das Statement ohne Index hat eine Gesamtlaufzeit von 139.362 ms und das mit dem Index nur eine Laufzeit von 0.244 ms. In Zeile 4 können wir lesen, dass der von uns erstellte Index *idx_produkte_vector* tatsächlich genutzt wird – hervorragend.

Hier können wir weiter nichts verbessern. Mit einer Ausführungszeit von 0.244 ms mit einer Volltextsuche über 100.000 Datensätzen geben wir uns zufrieden. Beachten Sie aber trotzdem, dass dies natürlich Laborbedingungen sind und nicht mit dem wirklichen Leben vergleichbar sind.

Ist der Planer doch beeinflussbar (explicit JOIN clauses)?

Der Plan ist bedingt durch das Umschreiben eines Statements mit INNER JOIN, CROSS JOIN oder JOIN beeinflussbar, ohne das Ergebnis zu ändern.

Der Planer hat bei dem folgenden Statement freie Hand, welche Tabellen er zuerst »joined«:

```
SELECT a.bestell_dat, b.menge, c.bezeichnung
FROM bestellungen a, bestellungen_produkte b, produkte c
WHERE a.id = b.bestellungen_id
AND b.produkte_id = c.id;
```

Wir können dieses Statement aber auch folgendermaßen schreiben:

```
SELECT a.bestell_dat, b.menge, c.bezeichnung
FROM bestellungen a
JOIN (bestellungen_produkte b JOIN produkte c ON \
(b.produkte_id \ = c.id))
ON (a.id = b.bestellungen_id);
```

Probieren Sie es aus – das Ergebnis ist dasselbe. Allerdings wird der Planer hier gezwungen, zuerst einen JOIN zwischen *bestellungen_produkte* und *produkte* vorzunehmen und dann das Ergebnis mit *bestellungen* zu verbinden. Damit wird die freie Auswahl der Pläne für den Planer reduziert.

Wenn Sie dieses Beispiel mit EXPLAIN ANALYZE ausführen, werden Sie kaum einen Unterschied sehen. Unsere Tests verbesserten das normale Statement von 0.3 ms auf 0.1 ms für und ergaben 0.2 ms für das mit expliziten JOIN-Klauseln – das ist allerdings nicht wirklich verwertbar. Diese Methode ist deshalb eher bei Statements mit vielen Tabellen (also mehr als drei oder vier) hilfreich, um einen Performanceschub zu erreichen.

Um explizite JOIN-Klauseln zu nutzen, setzen Sie den Parameter join_ collapse_limit auf 1.

Es sei uns noch der Hinweis erlaubt, dass wir diese Methode erfahrenen Nutzern empfehlen. In der weiterführenden Literatur und in der Onlinedokumentation finden Sie noch weitere Beispiele.

Wie geht es weiter?

Nun sind Sie gefragt. Wir haben Ihnen in diesem Kapitel die Grundlagen für das Performance-Tuning der PostgreSQL-Datenbank gegeben. Wir möchten Sie außerdem ermutigen, weiterführende Literatur zu diesem Thema zu lesen und sich auch mit der Anpassung der Kostenparameter in der Datei *postgresql.conf* zu beschäftigen. Gute Anlaufstellen für diese Informationen sind die PostgreSQL-Mailinglisten (*http://www.postgresql.org/community/lists/*), insbesondere die Liste *pqsql-performance*.

6.3 Administration

Sie haben die PostgreSQL erfolgreich installiert. Sie haben die Einstellungen in der postgresql.conf eingestellt und Ihre Datenbanken im Cluster erstellt. Alles läuft. Alles gut. Naja – das ist wohl richtig und Sie können davon ausgehen, dass die PostgreSQL sehr stabil und zuverlässig läuft. Allerdings muss die PostgreSQL auch gepflegt werden.

Zum einen müssen Benutzer und die Zugriffsrechte verwaltet werden. und es muss sichergestellt werden, dass die Zugriffsrechte auf die Datenbank ordentliche eingestellt sind.Zum anderen muss die Datenbank gewartet werden. Wegen der PostgreSQL-Architektur sollten Sie ein gutes Verständnis von VACUUM haben. Und was passiert, wenn Daten fälschlicherweise gelöscht werden? Tja – dann ist das Gejammer groß (wie unsere Sysadmins immer zu sagen pflegen). Also muss ein ordentliches Backup der Daten her.

All diese Dinge werden wir in diesem Kapitel besprechen und Ihnen das Wissen vermitteln, um für alle Situationen gewappnet zu sein.

6.3.1 Benutzerverwaltung [CREATE ROLE]

PostgreSQL verwaltet seine Benutzer in einem Rollensystem. Ein Benutzer ist eine sogenannte Role und auch eine Gruppe bezeichnet man als Role – ganz schön verwirrend auf den ersten Blick, oder? Keine Sorge, wir werden alles Schritt für Schritt durchgehen und erklären. Dabei werden wir von *Benutzerrollen*, also *Rollen* für einzelne Benutzer, und von *Gruppenrollen* für *Gruppen von Benutzern* sprechen (beachten Sie dazu auch den Kasten »Am Anfang waren Users und Groups« weiter unten).

Rollen – CREATE ROLE

In Abschnitt 4.17, »Das Rechte- und Rollensystem [GRANT, REVOKE, OWNER]«, haben Sie bereits gesehen, wie eine Rolle erstellt wird. Wir werden hier das Wissen noch weiter vertiefen. Starten wir mit dem

Erstellen einer Rolle. Aber vorher wollen wir erst einmal sehen, welche Rollen es in unserer Datenbank gibt.

In pgAdmin III können Sie alle Rollen und Gruppenrollen sehr einfach im Objektbrowser einsehen. Öffnen Sie dazu eine Verbindung zu Ihrem Datenbank-Cluster. Unter dem Eintrag LOGIN ROLES (Login-Rollen) sehen Sie alle Benutzerrollen und unter GROUP ROLES (Gruppenrollen) alle Gruppenrollen. Weil diese beiden Punkte unterhalb der Datenbanken angeordnet sind und nicht in jeder Datenbank selbst, könnte man schlussfolgern, dass die Rollen nicht pro Datenbank, sondern pro Datenbank-Cluster verwaltet werden. Und das ist auch so.

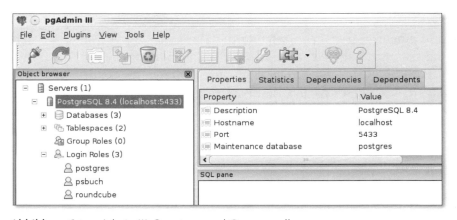

Abbildung 6.1 pgAdmin III: Benutzer- und Gruppenrollen

In *psql* gibt es einen Shortcut zur Anzeige der Rollen (\du):

```
postgres=# \du
                List of roles
 Role name |  Attributes  | Member of
-----------+--------------+-----------
 postgres  | Superuser    | {}
           : Create role
           : Create DB
 psbuch    |              | {}
```

Es ist ganz interessant, mit der Option -E das zu Grunde liegende Statement für den *psql*-Befehl \du anzusehen:

```
SELECT r.rolname, r.rolsuper, r.rolinherit,
```

```
    r.rolcreaterole, r.rolcreatedb, r.rolcanlogin,
    r.rolconnlimit,
    ARRAY(SELECT b.rolname
          FROM pg_catalog.pg_auth_members m
          JOIN pg_catalog.pg_roles b ON (m.roleid = b.oid)
          WHERE m.member = r.oid) as memberof
FROM pg_catalog.pg_roles r
ORDER BY 1;
```

Das sind nicht alle Spalten, aber die wichtigsten. Wenn Sie das folgende einfache Statement absetzen, sehen Sie alle Spalten:

```
SELECT * FROM pg_catalog.pg_roles
```

Das aber nur nebenbei und für das etwas tiefere Verständnis.

Momentan gibt es in diesem Datenbank-Cluster also zwei Rollen: die Standardrolle *postgres* und eine weitere namens *psbuch*. Außerdem sehen wir in der Spalte `Attributes` noch Einträge (Attribute oder Eigenschaften) für den Benutzer *postgres*. Erstellen wir also eine einfache Rolle:

```
postgres=# CREATE ROLE psbuch_role;
postgres=# \du
                List of roles
  Role name   |   Attributes   | Member of
--------------+----------------+-----------
 postgres     | Superuser      | {}
              : Create role
              : Create DB
 psbuch       |                | {}
 psbuch_role  | Cannot login   | {}
```

OK, das hat geklappt. Allerdings kann diese Rolle relativ wenig bisher. ie Meldung `Cannot Login` sagt uns zum Beispiel, dass die Rolle sich nicht an unserem Datenbank-Cluster anmelden kann. Sehen wir uns an, welche Attribute es gibt:

Attribut	Gegenteil	Beschreibung
SUPERUSER	NOSUPERUSER	Rolle mit allen Rechten
CREATEDB	NOCREATEDB	Rolle darf Datenbanken erstellen
CREATEROLE	NOCREATEROLE	Rolle darf andere Rollen erstellen

Tabelle 6.4 Attribute für Benutzerrollen

Attribut	Gegenteil	Beschreibung
LOGIN	NOLOGIN	Rolle darf sich am Datenbank-Cluster anmelden
PASSWORD	-	Passwort für die Rolle
ENCRYPTED	UNENCRYPTED	Passwort explizit MD5-hashen. Standardmäßig ist der Parameter password_encryption in der Datei *postgresql.conf* auf on. Wenn nichts angegeben wird, richtet sich PostgreSQL nach dieser Option.
IN ROLE	-	Die Rolle wird diesen Gruppenrollen hinzugefügt.
ROLE	-	Der Rolle werden diese Rollen hinzugefügt; dadurch entsteht eine Gruppenrolle.
ADMIN	-	Wie ROLE, aber mit der Option, dass die aufgeführten Rollen das Recht haben, andere Rollen in diese Gruppenrolle aufzunehmen (WITH ADMIN OPTION).
INHERIT	NOINHERIT	Die Rolle erbt alle Privilegien der Gruppenrollen, in denen sie Mitglied ist. Das ist das Standardverhalten.
CONNECTION LIMIT	-	Anzahl der gleichzeitigen Verbindungen, welche die die Rolle etablieren darf. Standard ist -1, was kein Limit bedeutet.
VALID UNTIL	-	Angabe, bis zu welchem Datum die Rolle aktiv/gültig ist.

Tabelle 6.4 Attribute für Benutzerrollen

Neben diesen Attributen gibt es noch ein paar veraltete, die wir hier nicht erwähnen.

Um jetzt einen Benutzer zu erstellen, der sich unter Verwendung eines Passworts an unserem Datenbank-Cluster anmelden darf, nutzen Sie folgenden Befehl:

```
postgres=# CREATE ROLE buch_leser LOGIN PASSWORD 'hallo123';
```

Das hat geklappt. Erstellen wir jetzt eine Testdatenbank, um auszuprobieren, was der Benutzer *buch_leser* alles darf.

```
postgres=# CREATE DATABASE buch_leser_test OWNER buch_leser;
postgres=# \c buch_leser_test buch_leser;
Password for user bbuch_leser:
psql8.4 (8.4.0)
You are now connected to database "buch_leser_test" as user
"buch_leser".
buch_leser_test=> CREATE ROLE buch_leserin;
ERROR:  permission denied to create role
```

Wie ärgerlich, aber das ist schon richtig so. Wir wollten Ihnen mit diesem Beispiel zeigen, dass Sie der Rolle explizit die Attribute geben müssen, die benötigt werden. Und das, obwohl die Rolle *buch_leser* der Inhaber der Datenbank *buch_leser_test* ist – aber Vorsicht: Rollen werden nicht pro Datenbank sondern pro Cluster vergeben. Prinzipiell wird sichergestellt, dass eine Rolle im Zweifelsfall eher zu wenig kann als zu viel.

Ändern wir also die Rolle ab – das müssen wir als Rolle *postgres* tun:

```
buch_leser_test=> \c buch_leser_test postgres
Password for user postgres:
psql8.4 (8.4.0)
You are now connected to database "buch_leser_test" as user
"postgres".
buch_leser_test=# ALTER ROLE buch_leser CREATEROLE;
```

Wir haben hier als Rolle *postgres* (Superuser) die Rolle *buch_leser* um ein Attribut erweitert. Beachten Sie, dass Sie pro ALTER ROLE nur ein Attribut ändern können.

Ok – und jetzt nochmal der Versuch mit dem Benutzer. Da wir uns ja gerade schon in der Datenbank *buch_leser_test* bewegen, wechseln wir einfach die Rolle (was gleichbedeutend ist mit einem Connect zu dieser Datenbank):

```
buch_leser_test=# \c buch_leser_test buch_leser
Password for user buch_leser:
psql8.4 (8.4.0)
You are now connected to database "buch_leser_test" as user
"buch_leser".
buch_leser_test=> CREATE ROLE buch_leserin;
```

Diesmal hat es geklappt.

ALTER ROLE etwas detaillierter

Der Befehl `ALTER ROLE` ist durchaus wichtig, weshalb wir Ihnen diesen gerne etwas detaillierter vorstellen möchten. Prinzipiell gibt es vier unterschiedliche Varianten.

Der Befehl, den wir oben genutzt haben, setzt einfach ein neues Attribut – wie gesagt: immer nur eins pro Aufruf.

```
ALTER ROLE buch_leser CREATEROLE
```

Dann gibt es als zweites eine Variante, in der das `SET`-Attribut genutzt wird, zum Beispiel wollen wir der Rolle *buch_leserin* nur 2 MByte Arbeitsspeicher gönnen:

```
buch_leser_test=# ALTER ROLE buch_leserin SET work_mem = 2048;
```

Naja, setzen wir es lieber wieder zurück:

```
buch_leser_test=# ALTER ROLE buch_leserin SET work_mem =
DEFAULT;
```

> **Hinweis**
>
> Anstatt des Zeichens = können Sie auch TO schreiben.

Die dritte Variante nutzt den Befehl `RESET`. Hiermit kann ein Konfigurationsparameter wieder zurückgesetzt werden. Ändern wir noch einmal die Einstellungen des Arbeitsspeichers (`work_mem`) für die Rolle *buch_leserin*, lesen die Einstellung dann aus und setzen sie schließlich zurück:

```
buch_leser_test=# ALTER ROLE buch_leserin SET work_mem = 2048;
postgres=# SELECT rolconfig FROM pg_catalog.pg_roles WHERE
rolname = 'buch_leserin';
    rolconfig
----------------
 {work_mem=2048}
(1 row)
postgres=# ALTER ROLE buch_leserin RESET work_mem;
postgres=# SELECT rolconfig FROM pg_catalog.pg_roles WHERE
rolname = 'buch_leserin';
    rolconfig
----------------

(1 row)
```

Das SELECT-Statement bringt wie zu erwarten kein Ergebnis, denn nur wenn es eine extra Konfiguration gibt, wird diese in der Spalte *rolconfig* gespeichert.

Kommen wir dann noch zur vierten Variante. Mit RENAME können Sie eine Rolle umbenennen:

```
postgres=# ALTER ROLE buch_leserin RENAME TO buch_leserin_del;
NOTICE:  MD5 password cleared because of role rename
```

Eine wichtige Information wollen wir in diesem Zusammenhang nicht vergessen: Das Passwort wurde zurückgesetzt. Sie müssen der Rolle also ein neues Passwort geben beziehungsweise das alte erneut eingeben (PASSWORD).

Gruppenrollen [CREATE ROLE]

Kommen wir jetzt zu den Gruppenrollen. Eine Gruppenrolle ist eine Rolle, die kein LOGIN-Attribut und die mehrere Mitglieder hat.

Erstellen wir zuerst eine einfache Rolle, die wir dann zur Gruppenrolle umwandeln, indem wir ihr andere Rollen zuweisen:

```
postgres=# CREATE ROLE group_buch;
```

Wir können beim Erstellen von neuen Rollen sehr komfortabel das Attribut IN ROLE nutzen, um die neue Rolle einer Gruppenrolle zuzuweisen:

```
postgres=# CREATE ROLE ps_buch_group IN ROLE group_buch LOGIN;
  List of roles
   Role name    |   Attributes   |  Member of
---------------+---------------+---------------
 group_buch    | Cannot login  | {}
 postgres      | Superuser     | {}
               : Create role
               : Create DB
 ps_buch_group |               | {group_buch}
 ps_buch       |               | {}
```

Hier sehen wir, dass die Rolle *ps_buch_group* Mitglied der Gruppenrolle *group_buch* ist. Damit ist *group_buch* praktisch eine Gruppenrolle.

Der Weg für bestehende Rollen ist etwas anders. Wir wollen die Rolle *ps_buch* der Gruppenrolle *group_buch* zuweisen:

```
postgres=# GRANT group_buch TO ps_buch;
postgres=# \du
                List of roles
   Role name   |   Attributes   |  Member of
---------------+----------------+--------------
 group_buch    | Cannot login   | {}
 postgres      | Superuser      | {}
               : Create role
               : Create DB
 ps_buch_group |                | {group_buch}
 ps_buch       |                | {group_buch}
```

Sehr gut. Jetzt sind beide Rollen Mitglieder der Gruppenrolle *group_buch*.

Natürlich können Sie eine Rolle auch wieder aus einer Gruppenrolle entfernen. Dazu verwenden Sie den Befehl REVOKE:

```
postgres=# REVOKE group_buch FROM psbuch;
        List of roles
   Role name   |   Attributes   |  Member of
---------------+----------------+--------------
 group_buch    | Cannot login   | {}
 postgres      | Superuser      | {}
               : Create role
               : Create DB
 ps_buch_group |                | {group_buch}
 psbuch        |                | {}
```

Und zu guter Letzt zeigen wir Ihnen auch noch, wie Sie eine Rolle (egal, ob Benutzer- oder Gruppenrolle) löschen:

```
postgres=# DROP ROLE group_buch;
                List of roles
   Role name   |   Attributes   |  Member of
---------------+----------------+-----------
 postgres      | Superuser      | {}
               : Create role
               : Create DB
 ps_buch_group |                | {}
 psbuch        |                | {}
```

Es ist nicht schlimm, wenn einer Gruppenrolle noch Rollen zugewiesen sind – die Gruppenrolle wird trotzdem gelöscht. Beachten Sie das unbedingt, wenn Sie komplexere Rollenstrukturen erstellen.

Die Programme creatuser und dropuser

Auch für das Erstellen von Rollen beziehungsweise Datenbankbenutzern und zum Löschen dieser liefert PostgreSQL ein eigenes Programm mit. Das Programm zum Erstellen eines Benutzers heißt *createuser*. Auf Linux-Systemen ist dieses in der Regel im Verzeichnis */usr/bin*, auf Windows-Systemen im *bin*-Ordner der PostgreSQL-Installation zu finden. Es gibt einige Optionen, die Sie beim Aufruf von *createuser* angeben können. Dieses sind im Prinzip die gleichen Parameter wie beim Befehl CREATE ROLE.

Um herauszufinden, welche Optionen zur Verfügung stehen, geben Sie beim Programmaufruf auf der Kommandozeile den Parameter --help an:

```
$ createuser --help
createuser creates a new PostgreSQL role.

Usage:
  createuser [OPTION]... [ROLENAME]

Options:
  -c, --connection-limit=N  connection limit for role (default: \
                            no limit)
  -d, --createdb            role can create new databases
  -D, --no-createdb         role cannot create databases
  -e, --echo                show the commands being sent to the \
                            server
  -E, --encrypted           encrypt stored password
  -i, --inherit             role inherits privileges of roles \
                            it is a
                            member of (default)
  -I, --no-inherit          role does not inherit privileges
  -l, --login               role can login (default)
  -L, --no-login            role cannot login
  -N, --unencrypted         do not encrypt stored password
  -P, --pwprompt            assign a password to new role
```

```
-r, --createrole            role can create new roles
-R, --no-createrole         role cannot create roles
-s, --superuser             role will be superuser
-S, --no-superuser          role will not be superuser
--help                      show this help, then exit
--version                   output version information, then exit

Connection options:
-h, --host=HOSTNAME         database server host or socket directory
-p, --port=PORT             database server port
-U, --username=USERNAME     user name to connect as (not the \
            one to create)
-w, --no-password           never prompt for password
-W, --password              force password prompt
```

```
If one of -d, -D, -r, -R, -s, -S, and ROLENAME is not specified, you
will be prompted interactively.
```

Alternativ steht Ihnen natürlich auf Unix-artigen Systemen auch die Man-page über *man [Programmname]* zur Verfügung.

Ein beispielhafter Aufruf des Programms *createuser* sieht so aus:

```
$ createuser -S -l -d -R -E -P abteilungsleiter
Enter password for new role:
Enter it again:
```

Ok, gehen wir das der Reihe nach durch. Die Option -S bedeutet, dass kein Superuser erstellt wird; ein -s hingegen würde einen Benutzer mit Superuser-Rechten anlegen. -l weist das Programm an, eine Login-Rolle zu erstellen. Weiterhin bedeutet -d, dass der Benutzer das Recht hat, Datenbanken zu erstellen, -R, dass er keine weiteren Rollen anlegen darf, und -E legt ein verschlüsseltes Passwort an (das Gegenteil wäre -D für ein unverschlüsseltes Kennwort). -P bedeutet, dass wir ein Passwort für die Rolle eingeben wollen, und am Ende folgt der Name der Rolle.

Als weitere Optionen gibt es wie immer die üblichen Verdächtigen für die Angabe des Hosts, des Ports, des Benutzers, der sich zur Datenbank verbinden soll, und so weiter.

Um eine Rolle wieder zu löschen, verwenden Sie *dropuser*, ebenfalls unter Verwendung der zuletzt gezeigten Standardoptionen:

```
$ dropuser abteilungsleiter
```

Privilegien für Datenbankobjekte [GRANT]

In Abschnitt 4.17, »Das Rechte- und Rollensystem [GRANT, REVOKE, OWNER]«, haben wir Ihnen schon ziemlich ausführlich gezeigt, wie Sie Privilegien setzen. Wir wollen das an dieser Stelle kurz wiederholen.

Wenn ein Datenbankobjekt erstellt wird, hat der Eigentümer prinzipiell alle Rechte und kann damit tun und lassen, was er möchte. Anderen Rollen müssen bestimmte Privilegien für diese Objekte aber explizit eingeräumt werden. Privilegien sind zum Beispiel:

TABLE, FUNCTION, DATABASE, SEQUENCE, TABLESPACE ...

Für das Erteilen der Privilegien wird wieder der GRANT-Befehl genutzt. In der Datenbank *postgresqlbuch* haben wir beispielsweise folgende Tabellen:

```
kontor=# \dt
  List of relations
 Schema |          Name          | Type  | Owner
--------+------------------------+-------+--------
 public | abteilungen            | table | psbuch
 public | bestellungen           | table | psbuch
...
```

Jetzt möchten wir der Rolle *ps_buch_group* das Recht geben, auf die Tabelle *abteilungen* SELECT- und INSERT-Statements absetzen zu dürfen:

```
kontor=# GRANT SELECT,INSERT ON abteilungen TO ps_buch_group;
```

Sehen wir uns nun an, wie die Privilegien der Tabelle *abteilungen* aussehen. Dafür nutzen wir den Befehl \z:

```
kontor=# \z abteilungen
Access privileges
 Schema|   Name     | Type| Access privileges    |Column access pr
-------+------------+-----+----------------------+----------------
 public|abteilungen|table|psbuch=arwdDxt/psbuch |
                        :ps_buch_group=ar/psbuch
(1 row)
```

In der Spalte *Access privileges* sehen wir jetzt, welche Rolle welche Privilegien für diese Tabelle hat. Der String setzt sich folgendermaßen zusammen:

```
[ROLLE]=[PRIVILEGIEN]/[ROLLE DIE PRIVILEGIEN GESETZT HAT]
```

Im Detail bedeuten die einzelnen Flags:

Flag	Bedeutung	SQL-Befehl
r	read = lesen	SELECT
w	write = schreiben	UPDATE
a	append = anhängen	INSERT
d	delete = löschen	DELETE
D	truncate = leeren	TRUNCATE
x	references = bezieht sich auf	REFERENCES
t	trigger = auslösen	TRIGGER
X	execute = ausführen	EXECUTE
U	usage = Nutzung	USAGE
C	create = erstellen	CREATE
c	connect = verbinden	CONNECT
T	temporary = temporär	TEMPORARY
arwdDxt	all privileges = alle Privilegien	ALL PRIVILEGES

Tabelle 6.5 Flags

Im gerade gezeigten Fall heißt das also: »Die Rolle *ps_buch* hat der Rolle *ps_buch_group* die Privilegien SELECT und INSERT für die Tabelle *abteilungen* gegeben.« Das entspricht genau unserem Befehl.

Beachten Sie, dass es keinen nativen Weg gibt, mehreren Tabellen gleichzeitig Benutzerrechte zu geben. In PostgreSQL will jedes Objekt (Tabellen, Views, Funktionen und so weiter) seine eigene explizite Behandlung für die Privilegien erfahren. Der Grund dafür ist der SQL-Standard – dieser lässt eine Änderung der Rechte eben nur für ein Objekt pro Befehl zu.

Allerdings bietet pgAdmin III mit dem Grant Wizard genau diese Funktion, wie wir bereits in Abschnitt 2.2, »pgAdmin III – das Standard-Frontend«, gezeigt haben.

Es ist natürlich ein ziemlich großer Aufwand, für jeden User jedes Mal ein fein gegliedertes Privilegien-Konstrukt für die Datenbankobjekte zu setzen. Deshalb sollten Sie mit Gruppenrollen arbeiten. Erstellen Sie eine Gruppenrolle, und setzen Sie für diese Gruppenrolle die Privilegien für die einzelnen Datenbankobjekte. Da die Mitglieder einer Gruppenrolle die Privilegien dieser erben, reicht es aus, einen neuen Nutzer einfach dieser Rolle zuzuweisen. Damit hat er die gleichen Operationsmöglichkeiten wie die Gruppenrolle selbst. Lassen Sie uns das an einem Beispiel zeigen:

```
kontor=# CREATE ROLE marketing;
kontor=# CREATE ROLE vertrieb;
kontor=# CREATE ROLE vertriebsleiter LOGIN PASSWORD 'vertrieb1'
IN ROLE vertrieb;
kontor=# CREATE ROLE vertriebshelfer LOGIN PASSWORD 'vertrieb2'
IN ROLE vertrieb;
   List of roles
     Role name      |   Attributes   | Member of
------------------+----------------+------------
  marketing         | Cannot login   | {}
  postgres          | Superuser      | {}
                    : Create role
                    : Create DB
  psbuch            |                | {}
  vertrieb          | Cannot login   | {}
  vertriebshelfer   |                | {vertrieb}
  vertriebsleiter   |                | {vertrieb}
```

Das bedeutet, die Rollen *vertriebshelfer* und *vertriebsleiter* sind Mitglieder der Gruppenrolle *vertrieb*. Gewähren wir jetzt der Gruppenrolle *vertrieb* das SELECT-Privileg. Danach verbinden wir uns als Rolle *vertriebsleiter* mit der Datenbank und versuchen, ein SELECT- und ein INSERT-Statement auszuführen:

```
kontor=# GRANT SELECT ON abteilungen TO vertrieb;
kontor=# \c postgresqlbuch vertriebsleiter
Password for user vertriebsleiter:
psql8.4 (8.4.0)
You are now connected to database "postgresqlbuch" as user
"vertriebsleiter".
kontor=> SELECT * FROM abteilungen;
```

```
 id | abt_nr | abteilung
----+--------+-----------
(0 rows)
kontor=> INSERT INTO abteilungen VALUES (1,2,'vertrieb');
ERROR:  permission denied for relation abteilungen
```

Das Ergebnis ist wie zu erwarten: SELECT funktioniert, und INSERT schlägt fehl. Damit ist klar, dass die Rolle *vertriebsleiter* aufgrund ihrer Zugehörigkeit zur Gruppenrolle *vertrieb* das Privileg SELECT auf die Tabelle *abteilungen* erbt. Sehen wir uns das kurz an:

```
                              Access privileges
 Schema |        Name        |  Type  | Access privileges |...
--------+--------------------+--------+-------------------+
 public | abteilungen        | table  |psbuch=arwdDxt/psbuch
                                      : vertrieb=r/psbuch
```

Nehmen wir nun die Rolle aus der Gruppenrolle *vertrieb* heraus, kann diese kein SELECT mehr auf die Tabelle *abteilungen* ausführen:

```
kontor=> \c postgresqlbuch postgres;
kontor=# REVOKE vertrieb FROM vertriebsleiter;
kontor=# \c postgresqlbuch vertriebsleiter
Password for user vertriebsleiter:
psql8.4 (8.4.0)
You are now connected to database "postgresqlbuch" as user
"vertriebsleiter".
kontor=> SELECT * FROM abteilungen;
ERROR:  permission denied for relation abteilungen
```

Beachten Sie in diesem Zusammenhang, dass die Attribute LOGIN, SUPERUSER, CREATEDB und CREATEROLE nicht vererbt werden, wie oben beschrieben, sondern explizit für jede Rolle gesetzt werden müssen. Man könnte theoretisch also Administrations- und Operationsattribute beziehungsweise Privilegien unterscheiden.

Am Anfang waren Users und Groups

Einen wichtigen Hinweis wollen wir nicht vergessen. Vor der PostgreSQL-Version 8.1 gab es das Konzept der *Users* und *Groups* – ähnlich wie auf Betriebssystemen. Mittlerweile ist man aber dazu übergegangen, *Roles* zu nutzen.

Wie erwähnt spricht man hier gern von Rollen und Gruppenrollen. Allerdings gibt es genau genommen keinen Unterschied. Jede Gruppenrolle kann Mitglieder (*members*) haben, und jede Gruppenrolle kann das LOGIN-Attribut haben oder nicht – und umgekehrt. Es ist »good practice«, einer Gruppenrolle das LOGIN-Attribut nicht zu geben, sodass man das Fehlen als Hinweis auf eine Gruppenrolle verstehen kann – mehr aber auch nicht.

In *psql* finden Sie den Befehl \du[+], um alle Rollen anzuzeigen, und einen weiteren Shortcut namens \dg[+], der (aus historischen Gründen) die Gruppenrollen anzeigen soll. Allerdings werden Sie bemerken, dass es keinen Unterschied im Ergebnis gibt.

Privilegien für Datenbankobjekte wieder entziehen [REVOKE]

Natürlich gibt es auch die Möglichkeit, einer Rolle Privilegien wieder zu entziehen. Der analoge Befehl zu GRANT ist REVOKE.

Im Folgenden verwenden wir das Kommando \dp, um alle Privilegien zu betrachten:

```
kontor=# \dp
                             Access privileges
Schema |Name |Type    |Access privileges| Column access privileges
-------+-----+--------+-----------------+-------------------------
public |abteilungen| table |psbuch=arwdDxt/psbuch    |
                           :ps_buch_group=ar/psbuch
public |abteilungen_id_seq |sequence |                |
public |bestellungen        |table    |                |
public |bestellungen_id_seq|sequence |                |
public |bestellungen_produkte|table  |                |
...
```

Entziehen wir jetzt zum Testen der Rolle *ps_buch_group* das INSERT-Privileg:

```
kontor=# REVOKE INSERT ON abteilungen FROM ps_buch_group
kontor=# \z abteilungen
                            Access privileges
Schema |Name   |Type   |Access privileges |Column access privileges
-------+-------+-------+------------------+------------------------
public |abteilungen |table |psbuch=arwdDxt/psbuch   |
                           :ps_buch_group=r/psbuch
(1 row)
```

Das Ergebnis sehen wir in der Spalte `Access privileges` – es gibt nur noch das Flag `r` für `SELECT`.

Wir haben Ihnen in diesem Abschnitt gezeigt, wie Sie Rollen und Gruppenrollen anlegen und verwalten. Im nächsten Schritt geht es um die Authentisierung in PostgreSQL.

6.3.2   Authentifizierung – die Datei pg_hba.conf

In diesem Abschnitt gehen wir näher auf die Authentisierung ein. Alle Einstellungen werden in der Datei *pg_hba.conf* (*pg_hba = PostgreSQL host-based authentication*) vorgenommen. Standardmäßig finden Sie die Datei in Ihrem Datenverzeichnis (zum Beispiel *data* oder *main*) Wenn Sie PostgreSQL auf einem Debian-artigen System über den Paketmanager installiert haben, finden Sie die Datei im Verzeichnis */etc/postgresql/8.4/main/*.

Was tut die Datei pg_hba.conf?

Wenn eine Verbindung zu PostgreSQL hergestellt wird, zum Beispiel mit *pgsql* oder mit einem anderen Programm, geschieht dies über zwei unterschiedliche Wege: entweder über eine TCP/IP-Verbindung oder über einen lokalen Unix-Domain-Socket.

TCP/IP und Unix-Domain-Sockets

Das Netzwerkprotokoll *TCP/IP (Transmission Control Protocol/Internet Protocol)* beschreibt einen Weg, wie Datenströme (*TCP*) und Datenpakete (*IP*) in Netzwerken übertragen werden. TCP ist also ein Transport-Layer und IP ein Internet-Layer.

Ein *Unix-Domain-Socket* stellt eine Schnittstelle zwischen einzelnen Prozessen für den Austausch von Daten auf einem Unix-artigen System dar. Diesen Austausch nennt man auch *Inter Process Communication (IPC)*. Im Unterschied zu TCP/IP wird dabei kein Netzwerkprotokoll genutzt, und der Austausch findet immer auf dem gleichen Rechner statt.

Ob diese Verbindungen zugelassen werden oder nicht, wird in der Datei *pg_hba.conf* festgelegt. Lassen Sie uns zuerst einmal eine solche Konfiguration ansehen:

```
# Database administrative login by UNIX sockets
local    all          postgres        ident
local    psbuch       all             ident
map=psbuch
```

```
# TYPE    DATABASE     USER         CIDR-ADDRESS          METHOD
# "local" is for Unix domain socket connections only
local   all         all                                 trust
# IPv4 local connections:
host    all         all         127.0.0.1/32            password
host    all         all         216.104.34.90/32        md5
# IPv6 local connections:
host    all         all          ::1/128                md5
```

Zeilen, die mit einer Raute (#) beginnen, sind Kommentare. Gehen wir die Datei im Schnelldurchlauf durch. Vorab geben wir aber noch eine kurze Übersicht über die Spalten und deren mögliche Optionen.

Die einzelnen Spalten:

TYPE	bestimmt den Typ der Verbindung: local: Unix-Domain-Sockets host: TCP/IP-Sockets hostssl: TCP/IP-Sockets nur über SSL hostnossl: TCP/IP-Sockets ohne SSL
DATABASE	all: alle Datenbanken im Cluster sameuser: DB-Name = Benutzername samerole: Benutzer ist Mitglied der Rolle db1, "däb2": bestimmte Datenbank @externedatei: Datei mit DB-Namen (eine pro Zeile)
USER	all: alle Benutzer andy,"günther": ein bestimmter Benutzer @benutzer: Datei mit Benutzernamen +benutzer: Benutzer muss Gruppenrolle angehören
CIDR-ADDRESS	*Ipv4:* 127.0.0.1/32 | 192.168.0.12/24 | 214.168.90.13/16 Ipv6: ::1/128 (127.0.0.1/32)
METHOD	trust: alle Verbindungen, keine Kontrolle reject: Verbindungen unterbinden md5: Passwort wird MD5-gehashed übertragen password: Passwort wird im Klartext übertragen ident: Authentisierung über Betriebssystem, mapping oder pg_ident.conf krb5, gss, sspi: Kerberos, GSSAPI, SSPI (Client und Server Windows)

```
pam:              PAM übernimmt Authentisierung, Zugriff auf Datei
                  /etc/shadow, LDAP oder NIS
ldap:             Authentisierung gegen einen LDAP-Server
cert:             Authentisierung mit SSL-Zertifikat
```

Betrachten wir wieder die Beispieldatei. Der erste Eintrag legt explizit fest, dass der Benutzer *postgres* über einen Unix-Domain-Socket auf die Datenbank zugreifen darf. Im Abschnitt über die Installation werden wir zeigen, dass standardmäßig ein Benutzer *postgres* angelegt wird. Ändern Sie dies ab, müssen Sie dies auch hier entsprechend tun. Die Authentifizierungsmethode ist in diesem Fall *ident*, das heißt, dieser Benutzer muss im System vorhanden sein.

Der zweite Eintrag legt fest, dass für die Datenbank *psbuch* eine Authentifizierungsmethode wie GSSAPI und SSPI genutzt wird (nicht Kerberos, da diese Methode nur für TCP/IP zur Verfügung steht). Da diese Methoden extern sind und die Benutzernamen dieser Methoden eventuell nicht mit denen von PostgreSQL übereinstimmen, wird ein Mapping (Zuweisung) in der Datei *pg_ident.conf* genutzt. Die Datei *pg_ident.conf* liegt im selben Verzeichnis wie *pg_hba.conf* und hat folgenden Aufbau:

```
# Put your actual configuration here
# ----------------------------------
# MAPNAME        SYSTEM-USERNAME       PG-USERNAME
psbuch          andy                  psbuch_role
```

Das Mapping heißt also *psbuch* (wie in *pg_hba.conf* oben als Methode angegeben: `ident map=psbuch`), der Benutzer im System heißt *andy* und in der Datenbank heißt dieser *psbuch_role*.

Der nächste Eintrag lässt alle Verbindungen auf alle Datenbanken von lokalen Unix-Domain-Sockets zu. Die Methode *trust* besagt, dass keine Authentifizierung notwendig ist, sondern der Verbindung »vertraut« wird. Nutzen Sie diese Einstellung nur für Testzwecke und niemals im produktiven Einsatz. Wenn Sie lokale, passwortlose Verbindungen zulassen wollen, sollten Sie die Methode auf *ident* stellen. Beachten Sie, dass die Reihenfolge hier von entscheidender Bedeutung ist. Diese Zeile sagt, dass allen Verbindungen für alle Datenbanken vertraut wird.– böse böse ...

Die nächsten beiden Einträge regeln die TCP/IP-Verbindungen und zwar für IPv4 (Internet Protocol Version 4). Zuerst steht dort ein Eintrag für alle Datenbanken und Benutzer für die lokale IP-Adresse 127.0.0.1 und die Subnetzmaske 255.255.255.255, und danach folgt ein Eintrag, der Verbindungen für alle Datenbanken und jegliche Benutzer vom Host mit der IP-Adresse 216.104.34.90 zulässt. Die Methode md5 schreibt vor, dass die gesendeten Zugangsdaten (Username und Passwort) für den Verbindungsaufbau verschlüsselt sein müssen.

IP-Adressen

Das Internet Protocol Version 4 benutzt 32-Bit-Adressen (maximal 4.294.967.296 möglich), das neuere Internet Protocol Version 6 verwendet 128-Bit-Adressen (maximal 3.4028236692093846346337460743177e+38 möglich). In der Datei *pg_hba.conf* wird die Schreibweise CIDR-ADRESS *(CIDR = Classless Inter-Domain Routing)* genutzt. Ein Beispiel ist 127.0.0.1/32. Die 32 besagt, dass alle 32 Bit der Subnetzmaske 1 sind. Das entspricht 255.255.255.255 und lässt nur exakt den Host 127.0.0.1 zu. 127.0.0.1/24 würde 255.255.255.0 entsprechen und ließe 256 Hosts im Adressraum 127.0.0.1 mit der Subnetzmaske von 255.255.255.0–255.255.255.255 zu.

Der letzte Eintrag beschreibt ebenfalls die Verbindung über TCP/IP, aber diesmal für das Protokoll IPv6. In diesem Fall ist es auch localhost (::1/128) und erwartet ein MD5-gehashtes Passwort.

Anmerken möchten wir gerne noch die Möglichkeit Benutzer aus einer externen Datei zu holen. Das erreichen Sie, indem Sie bei USER eine Datei mit @dateiname angeben. In dieser Datei werden einfach sämtliche Benutzernamen untereinander aufgeführt.

Eine weitere Möglichkeit bietet die Notierung in der Spalte USER +gruppenname. Das bedeutet, dass die Benutzer der Gruppe *gruppenname* des Systems angehören müssen, um sich an der Datenbank anmelden zu können.

Die vorgestellte Datei *pg_hba.conf* bietet eine solide Grundlage für Ihren Datenbankserver. Sie können nun weitere IP-Adressen für TCP/IP hinzufügen, um Verbindungen von anderen Rechnern beziehungsweise Clients zu akzeptieren. Beachten Sie aber, dass die Datei *pg_hba.conf* nicht als Firewall verstanden werden sollte. Ihr System schützen Sie vor unbefugten Zugriffen durch die Einstellungen in *pg_hba.conf* nicht, sondern Sie regeln nur den Zugriff auf Ihre PostgreSQL-Datenbank. Setzen Sie auf jeden Fall zusätzlich eine Firewall ein, um Ihr System zu schützen.

6.3.3 Exkurs: Multiversion Concurrency Control (MVCC)

Sicher haben Sie schon von diesem Modell gehört, vielleicht in Zusammenhang mit anderen Datenbanken wie MySQL unter Verwendung der InnoDB Storage Engine oder CouchDB. *Multiversion Concurrency Control (MVCC)* ist ein Modell, das es unterschiedlichen Benutzern ermöglicht, gleichzeitig auf die Datenbank zuzugreifen. Die Daten, auf die zugegriffen wird, werden dabei nicht gesperrt (Locking), sondern die vom Benutzer gestartete Transaktion betrachtet einen aktuellen Snapshot der Datenbank und ihrer Daten. Änderungen an der Datenbank durch den Benutzer werden erst nach erfolgreichem Beenden seiner gestarteten Transaktion für andere Benutzer sichtbar.

Durch das Vermeiden von explizitem Locking wird zum einen eine bessere Performance erreicht und zum anderen vermieden, dass schreibende Transaktionen lesende blockieren und umgekehrt.

Es gibt auch die Möglichkeit, Locking explizit einzusetzen. Wenn das normale Verhalten der MVCC-Implementierung nicht den Anforderungen einer Applikation genügt, kann mit dem Befehl LOCK auf unterschiedliche Weise gesperrt werden. Dabei gibt es unterschiedliche *Lock Level*, die entsprechend den Anforderungen eingesetzt werden können. Lesen Sie darüber mehr in der Onlinedokumentation in Kapitel 13.3, »Explicit Locking«.

Das in PostgreSQL eingesetzte MVCC-Modell hat nun für die Wartung der Datenbank direkte Auswirkungen. Wenn Daten in einer Tabelle verändert oder gelöscht werden (INSERT, UPDATE, DELETE), werden diese nicht überschrieben, sondern es wird eine neue Version erstellt und mit den ursprünglichen Daten verknüpft. Es werden also für einen gewissen Zeitraum alle Versionen der Daten aufbewahrt (im sogenannten *Heap* der Tabelle), damit andere Transaktionen, die bei der Änderung der aktuellen Daten laufen, noch den richtigen Stand der Daten »sehen« beziehungsweise verwenden können.

Aber woher weiß die Datenbank, welche Daten die aktuellen sind? Zuerst einmal hat jede Transaktion eine Transaktions-ID (XID). Außerdem hat jede Zeile der Datenbank zwei Systemfelder, die den Lebenszeitraum der Daten definieren (XMIN und XMAX). Dies sind ebenfalls Transaktions-IDs, wobei XMIN die ID der Transaktion ist, welche die Zeile erstellt hat, und XMAX die ID der Transaktion, welche die Zeile als abgelaufen markiert hat.

Ein Snapshot, also die Sicht auf die Datenbank für die aktuelle Transaktion, wird nun folgendermaßen definiert:

▶ Die Transaktions-ID XMIN ID der Zeile gehört zu einer Transaktion, die abgeschlossen und niedriger ist als die ID der aktuellen Transaktion ist.

▶ Die Zeile hat keine XMAX ID, oder die Transaktion, die zur XMAX ID gehört, ist noch nicht abgeschlossen (läuft also noch).

Durch das MVCC-Modell und die Überwachung der Transaktionen mit ihren IDs ist PostgreSQL also in der Lage, auf das Sperren (Locking) von Tabellen für gleichzeitige Schreib- und Lesezugriffe zu verzichten. Das bringt viele Vorteile (gerade im Bereich Performance) gegenüber Datenbanksystemen, die hierfür Sperren auf Tabellen- oder Zeilenbasis einsetzen müssen.

6.3.4 Wartung der Datenbank [VACUUM]

Der VACUUM-Daemon

Der VACUUM-Daemon ist sozusagen der Aufräum- und Ordnungsmechanismus für PostgreSQL und daher essenziell wichtig. Der Parameter autovacuum in der Datei *postgresql.conf* ist seit der Version 8.3 standardmäßig auf on gesetzt.

Die beiden Programme vacuumdb und vacuumlo

PostgreSQL bietet neben den SQL-Befehlen auch zwei Programme: *vacuumdb* und *vacuumlo*. Zweiteres ist dazu da, verwaiste *Large Objects* in der Datenbank zu finden und zu löschen. Ein solches verwaistes Objekt wird dadurch identifiziert, dass seine OID (genauer: LOID) in keiner Spalte der Datenbank auftaucht.

Was ist ein Large Object?
Ein *Large Object* ist ein binäres Objekt wie ein Bild oder eine Audiodatei. Diese Objekte werden in der Systemtabelle *pg_largeobject* gespeichert und können eine Größe von bis zu 2 GByte haben. Die Referenzierung erfolgt über die LOID. In manchen anderen DBMS wie etwa MySQL nennt man diese Objekte auch *Blob*.

vacuumdb ist auf der anderen Seite das Pendant zu VACUUM beziehungsweise setzt auf VACUUM auf. Die wichtigsten Optionen zeigt die folgende Tabelle.

Option	Bedeutung
-a, --all	VACUUM für alle DBs
-d, --dbname=DBNAME	VACUUM für eine bestimmte DB
-e, --echo	Ausgabe der ausgeführten Befehle
-f, --full	VACUUM FULL
-F, --freeze	VACUUM FREEZE
-q, --quiet	keine Meldungen schreiben
-t, --table='TABLE[(COLUMNS)]'	VACUUM nur für bestimmte Tabelle
-v, --verbose	Informationen ausgeben
-z, --analyze	VACUUM ANALYZE

Diese Liste macht klar, dass es sich hier nur um einen Wrapper für VACUUM handelt.

VACUUM und VACUUM FULL

Der VACUUM-Befehl führt mehrere wichtige Aufgaben durch:

▶ Tabellen und Indizes defragmentieren und reorganisieren

▶ Tabellen von *Dead Tuples* (gelöschte Zeilen) bereinigen

▶ für reibungslosen Ablauf von Transaktionen sorgen

▶ Statusinformationen aktualisieren

Um die Liste und Aufgaben besser zu verstehen, muss nachvollzogen werden, was beim Schreiben oder Aktualisieren von Daten einer Tabelle passiert.

Wie bei der Erklärung des MVCC-Modells schon gezeigt, werden die unterschiedlichen Versionen der Zeilen im Heap der Tabelle abgelegt. Allerdings gibt es dort ja nun Versionen, die für keine Transaktion mehr sichtbar und somit veraltet sind. VACUUM untersucht nun den Heap und legt diese nicht mehr benötigten Versionen in der sogenannten *Free*

Space Maps (*FSM*) ab. Sollen nun Daten in die Tabelle geschrieben oder aktualisiert werden (INSERT, UPDATE), wird zuerst in der FSM nachgesehen, ob es in der Tabelle einen freien Bereich gibt, der genutzt werden kann. Die FSM verwaltet also den freien Speicherplatz aller Tabellen. Gibt es keinen Platz, werden die Daten einfach ans Ende der Tabelle geschrieben.

Der ganz große Vorteil von VACUUM ist natürlich, dass der Befehl im laufenden Betrieb gestartet werden kann (und durch autovacuum ja auch wird).

Es gibt einige Parameter in der Datei *postgresql.conf*, um das Verhalten von VACUUM zu beeinflussen. So können Sie zum Beispiel einen Schwellwert (vaccum_cost_limit) angeben, um bei dessen Erreichen VACUUM für eine gewisse Zeit pausieren zu lassen (vacuum_cost_delay). Das ist sinnvoll, wenn die Performance der Datenbank durch VACUUM zu sehr beeinträchtigt wird.

Zusammenhang vacuum_cost_limit und vaccum_cost_delay

Die entstehenden »Kosten« werden auf Grundlage der I/O-Auslastung berechnet. Erreichen sie das Limit (bestimmt durch vacuum_cost_limit), werden sie für die Zeit (vacuum_cost_delay) ausgesetzt.

VACUUM FULL geht hier noch einen Schritt weiter. Der Heap der Tabelle wird hierbei komplett neu organisiert, das heißt, freie Speicherbereiche werden mit den vorher sortierten vorhandenen Daten der Reihe nach aufgefüllt. Sind alle Möglichkeiten ausgeschöpft, wird der Heap am Ende kleiner sein und nicht mehr so viel Speicherplatz benötigen. Deshalb wird der gewonnene Speicher an das Betriebssystem zurückgegeben. Man kann diesen Vorgang ansatzweise mit der Defragmentierung eines FAT-Dateisystems vergleichen.

Beachten Sie unbedingt, dass bei VACUUM FULL die Tabellen gesperrt werden (Locking), da ja am physikalischen Speicher gearbeitet wird. Deshalb sollte VACUUM FULL auch nur eingesetzt werden, wenn es nicht mehr anders geht. Wenn der VACUUM-Daemon regelmäßig und in den richtigen Zeitabständen läuft, sollte VACUUM FULL nicht notwendig sein.

VACUUM kann außerdem noch in Verbindung mit FREEZE und VERBOSE aufgerufen werden, wobei der Aufruf von FREEZE veraltet ist und in zukünftigen PostgreSQL-Versionen entfernt wird.

Zukünftig sollte nur noch der Parameter *vacuum_freeze_min_page* in der Datei *postgresql.conf* genutzt werden. Dieser gibt an, nach wie vielen Transaktionen (Standard 50.000.000) eine Transaktionsnummer (XID) durch eine »eingefrorene Transaktionsnummer« (frozenXID) ersetzt wird. Das ist notwendig, um einen ausreichend großen Wertebereich für Transaktionsnummern zur Verfügung zu haben und Überlauf zu vermeiden.

VACUUM VERBOSE gibt an, dass pro Tabelle beim Durchlauf von VACUUM eine detaillierte Ausgabe erzeugt wird.

Die Free Space Map (FSM)

Wie erwähnt wird in der *Free Space Map* der Speicher verwaltet, der in den Tabellen durch das Entfernen veralteter Versionen von Zeilen frei ist. Standardmäßig bietet die FSM Platz für 1.000 Objekte. Diese Anzahl der Datenbankseiten, die in die FSM aufgenommen werden können, kann durch den Parameter max_fsm_pages und die Anzahl von Tabellen und Indizes durch den Parameter max_fsm_reltupels in der Datei *postgresql.conf* bestimmt werden. Dabei muss man wissen, dass dies globale Einstellungen sind, also für alle Datenbanken im Cluster gelten.

Beachtet werden muss bei der FSM, dass immer genug Objekte aufgenommen werden können. Denn wenn die FSM »voll« ist, werden Tabellen automatisch immer größer und größer und fragmentiert.

Statistiken mit ANALYZE aktualisieren

ANALYZE haben wir schon mehrmals beim Performance-Tuning genutzt. Der Vollständigkeit halber sei hier noch zusammengefasst, was ANALYZE tut.

Durch die Ausführung von ANALYZE werden Statistiken über Tabellen und deren Inhalte gesammelt. Diese sind essenziell wichtig für den Planer, damit dieser korrekte Pläne erstellen kann. Deshalb ist ein regelmäßiger Lauf von ANALYZE sehr wichtig. Der VACUUM-Daemon ruft bei seinen Durchläufen ANALYZE auf, um eben diese Statistiken zu aktualisieren.

ANALYZE rufen Sie zusammen mit EXPLAIN auf. Das hat zur Folge, dass der Planer für den aktuellen Plan die aktuellsten Statistiken erhält und als Grundlage nutzt. Der Aufruf kann einfach über das Kommando ANALYZE geschehen. Außerdem können Sie auch eine Tabelle und eine Spalte einer Tabelle angeben:

```
ANALYZE TABELLENAME SPALTENNAME
```

Und um ein wenig darüber zu erfahren, was ANALYZE so getan hat, können Sie VERBOSE als Option hinzufügen. Ein Ergebnis könnte so aussehen:

```
kontor=# ANALYZE VERBOSE;
INFO:  analyzing "public.bestellungen_produkte"
INFO:  "bestellungen_produkte": scanned 0 of 0 pages, containing
0 live rows and 0 dead rows; 0 rows in sample, 0 estimated total
rows
INFO:  analyzing "public.kunden"
INFO:  "kunden": scanned 0 of 0 pages, containing 0 live rows and
0 dead rows; 0 rows in sample, 0 estimated total rows
INFO:  analyzing "public.mitarbeiter"
INFO:  "mitarbeiter": scanned 1 of 1 pages, containing 44 live
rows and 0 dead rows; 44 rows in sample, 44 estimated total rows
INFO:  analyzing "public.produkte"
INFO:  "produkte": scanned 1 of 1 pages, containing 2 live rows
and 0 dead rows; 2 rows in sample, 2 estimated total rows
INFO:  analyzing "public.abteilungen"
INFO:  "abteilungen": scanned 0 of 0 pages, containing 0 live
rows and 0 dead rows; 0 rows in sample, 0 estimated total rows
INFO:  analyzing "public.produkte2"
INFO:  "produkte2": scanned 0 of 0 pages, containing 0 live rows
and 0 dead rows; 0 rows in sample, 0 estimated total rows
```

6.3.5   Sicher ist sicher: Backup und Recovery

Kommen wir jetzt zu einem wichtigen Thema: die Datensicherung. Wir stellen in diesem Kapitel einige grundsätzlichen Überlegungen zum Thema *Backup* an und zeigen Ihnen dann, wie Sie die Programme *pg_dump*, *pg_dumpall* und *pg_restore* einsetzen.

Warum soll ein Backup angelegt werden?

Die Frage ist durchaus berechtigt. Allerdings kann es gefährlich sein, die falsche Antwort zu geben. Es gibt viele Gründe, Sicherungskopien anzulegen. Einerseits spielt die Hardware eine wichtige Rolle. Hardware läuft eine gewisse Zeit und geht dann kaputt. Je besser die Hardware ist, desto höher stehen die Chancen, dass diese lange und problemlos läuft. Aber das Ableben ist unumgänglich. Dumm nur, wenn das passiert und all Ihre Daten weg sind.

Ein weiterer Punkt ist mit Sicherheit Software, die nicht richtig funktioniert. Das kann das Betriebssystem sein oder aber auch eine Clientsoftware, die Daten ganz oder auch nur teilweise zerstört. Das Beschädigen von Daten kann aber auch mutwillig durch einen Benutzer geschehen und stellt also ebenfalls ein Risiko dar. Aber selbst, wenn es kein mutwilliger Akt war, kann ein versehentliches DELETE viel Schaden anrichten – wenn Sie kein Backup haben.

Wie oft soll ein Backup durchgeführt werden?

Kommt darauf an – prinzipiell sollten Sie in regelmäßigen Abständen ein Backup Ihrer Datenbank erstellen. Allerdings müssen Sie abwägen, wie wichtig die Daten sind, die Sie in Ihrer Datenbank vorhalten. Die Wichtigkeit kann sich zum Beispiel über Anforderungen eines Kunden definieren oder aber auch die Masse an Daten, die in einer gewissen Zeit in die Datenbank geschrieben werden. Es ist nicht sinnvoll, ein halbstündiges Backup laufen zu lassen, wenn nur zweimal am Tag insgesamt 30 Datensätze geschrieben werden.

Natürlich hängt die Häufigkeit des Backups auch von der Last ab, die der Datenbankserver verkraften muss. Wenn Sie durch das Backup eine Applikation, die auf Daten der Datenbank zugreift, regelmäßig in die Knie zwingen, sollten Sie an der Hardware-Infrastruktur arbeiten oder das Intervall der Backups ändern.

Wohin soll gesichert werden?

Das ist eine Frage der Hardware beziehungsweise der finanziellen Möglichkeiten. Es ergibt allerdings wenig Sinn, ein Backup auf dem gleichen Server abzulegen, auf dem Ihr Datenbank-Cluster läuft – womöglich noch auf der gleichen Festplatte. Damit produzieren Sie einen *Single Point Of Failure*, den Sie vermeiden sollten. Um das zu verhindern, gibt es natürlich diverse Möglichkeiten. Sie können das Backup direkt auf einen anderen Server schreiben. Sie können das Backup aber auch lokal sichern und von einem Backupsystem (wie etwa Bacula) abholen lassen oder per Kopierprogramm (wie SCP) auf einen anderen Server übertragen.

Wo auch immer das Backup hingeschrieben wird – es sollte definitiv auf einem anderen Server, aber mindestens auf einer anderen Festplatte landen.

pg_dump

Das allerwichtigste zuerst: *pg_dump* und *pg_dumpall* können immer während des laufenden Betriebs eingesetzt werden.

Sehen wir uns jetzt an, wie ein Backup der Datenbank hergestellt wird. Dazu verwenden wir zuerst das Programm *pg_dump*. Im nächsten Beispiel erstellen wir ein Backup unserer Mitarbeiterverwaltung. Wir gehen hierbei davon aus, dass Sie der Benutzer *postgres* sind und sich im Datenverzeichnis des Datenbank-Clusters befinden:

```
$ pg_dump kontor > kontor.sql
```

Damit haben Sie einen SQL-Dump in reinem Textformat erstellt. Das Gleiche erreichen Sie, wenn Sie die Option -Fp (*format plain*) angeben. Das ist das Standardverhalten von *pg_dump*.

Bleiben wir bei der Option -F. *pg_dump* bietet die Möglichkeit, ein Tar-Archiv anzulegen, zum Beispiel mit folgendem Kommando:

```
$ pg_dump -Ft kontor > kontor.tar
```

Anstelle des Umleitungs-Operators (>) können Sie auch die Option -f verwenden und dahinter die Ausgabedatei definieren:

```
$ pg_dump -Ft -f kontor.tar kontor
```

Tar ist ein Archivformat, das viele Möglichkeiten beim Wiederherstellen des Backups mit *pg_restore* bietet. Sie können zum Beispiel das Inhaltsverzeichnis ausgeben lassen, dieses umschreiben um etwa Datenbankobjekte beim Wiederherstellen wegzulassen oder die Reihenfolge zu ändern.

Ein weitere Möglichkeit ist die Angabe eines PostgreSQL-internen Formats. Dazu benutzen Sie die Option -Fc (*format custom*):

```
$ pg_dump -Fc -f kontor.bak kontor
```

Als Ergebnis haben wir nun drei Backups angelegt:

```
-rw-r--r-- 1 postgres postgres 17159 2009-07-22 00:28 kontor.bak
-rw-r--r-- 1 postgres postgres 15347 2009-07-22 00:11 kontor.sql
-rw-r--r-- 1 postgres postgres 43008 2009-07-22 00:26 kontor.tar
```

Ganz spannend ist dabei die Größe der Dateien. Das Tar-Archiv ist dabei mit 42 KByte am größten. Das Backup im PostgreSQL-internen Format ist relativ klein, da es von Haus aus komprimiert wird. Es ist also ein guter Tipp, dieses Format zu wählen. Alternativ können Sie aber auch das Tar-Archiv gleichzeitig mit einem Komprimierungsprogramm wie Gzip oder Bzip2 verkleinern (hier für Unix-Systeme):

```
$ pg_dump -Ft -f kontor.tar kontor | gzip > kontor.tar.gz
```

Diese Datei hat nur noch eine Größe von 20 Bytes im Gegensatz zu 42 KByte.

Je nachdem, welcher Benutzer das Backup ausführen soll und wie viele unterschiedliche Cluster auf Ihrem System laufen, sind folgende Optionen noch wichtig:

- ▶ -p port: gibt an, auf welchem Port die zu sichernde DB läuft
- ▶ -U username: der Benutzername, mit dem Sie sich an der DB anmelden
- ▶ -h hostname: definiert, auf welchem Host die Datenbank läuft

Zwei weitere wichtige Optionen sind unserer Meinung nach -t gefolgt vom Namen einer Tabelle (am besten mit dem Schema in der Form *schema.tabelle*), um nur diese Tabelle zu sichern, und -a, um nur die Daten der Datenbank zu sichern.

Natürlich gibt es noch viele weitere Optionen. Sie finden diese in der PostgreSQL-Dokumentation (*http://www.postgresql.org/docs/8.4/interactive/app-pgdump.html*) oder auch in der Manpage des Programms *pg_dump*.

pg_dumpall

Eben haben wir gesehen, wie ein Dump einer einzelnen Datenbank mit *pg_dump* erstellt wird. Das ist für ein Backup erst einmal ausreichend, wenn wir davon ausgehen, dass wir diesen Speicherauszug notfalls wieder in einen bestehenden Datenbank-Cluster einspielen müssen. Aber was ist mit den ganzen globalen Datenbankobjekten wie zum Beispiel den Informationen zu den Rollen und deren Privilegien? Diese globalen Objekte werden von *pg_dump* nicht erfasst, weil sie nicht in einer einzelnen Datenbank sondern übergreifend im Datenbankcluster gespeichert werden.

Hier kommt *pg_dumpall* ins Spiel. Dieses Programm erstellt einen Dump unseres Datenbank-Clusters. Intern ruft *pg_dumpall* für jede Datenbank im Cluster *pg_dump* auf. Der Aufruf von *pg_dumpall* gleicht dem von *pg_dump*:

```
$ pg_dumpall -U postgres -W > cluster8.4
```

oder

```
$ pg_dumpall -U postgres -W -f cluster8.4
```

Die Optionen -p (Port), -U (User) und -W (Passwort-Prompt) haben wir ja bereits besprochen. Wichtig ist hier zu wissen, dass Sie bei der Authentisierungsmethode *password* für jede Datenbank nach dem Passwort gefragt werden. Besser wäre als Methode also *ident*, um das zu vermeiden. Vor allem, wenn Sie das Erstellen der Dumps automatisieren (zum Beispiel mit einem täglichen Cronjob), sollten Sie das berücksichtigen.

Das Ergebnis des Programmaufrufs oben erzeugt eine Datei im reinen Textformat. *pg_dumpall* bietet wiederum viele Optionen. Unter den wichtigsten sind unserer Meinung nach -g, um nur die globalen Objekte wie Rollen und Privilegien, aber auch Tablespaces zu speichern. Etwas feiner untergliedert sind die Optionen -r, um nur Rollen zu sichern, -s, um nur die Schemata zu speichern, und -t, um nur Tablespaces zu sichern.

Ein ganz interessanter Aufruf von *pg_dumpall* ist zum Beispiel dieser:

```
$ pg_dumpall -U postgres -W -g -f cluster8.4-3
```

Das Ergebnis sieht dann so aus:

```
--
-- PostgreSQL database cluster dump
--
\connect postgres
SET client_encoding = 'UTF8';
SET standard_conforming_strings = off;
SET escape_string_warning = off;
```

```
--
-- Roles
--
CREATE ROLE marketing;
ALTER ROLE marketing WITH NOSUPERUSER INHERIT NOCREATEROLE
NOCREATEDB NOLOGIN;
CREATE ROLE postgres;
ALTER ROLE postgres WITH SUPERUSER INHERIT CREATEROLE CREATEDB
LOGIN PASSWORD 'md5d2511aa46aad985e2eeaf2b852bdcd84';
CREATE ROLE psbuch;
ALTER ROLE psbuch WITH NOSUPERUSER INHERIT NOCREATEROLE
NOCREATEDB LOGIN PASSWORD
'md5ce1d8d80ed00daf46261e0ffbd5dd7c5';
CREATE ROLE roundcube;
ALTER ROLE roundcube WITH NOSUPERUSER INHERIT NOCREATEROLE
NOCREATEDB LOGIN PASSWORD
'md518dbfca53d37f4c6e15820631459e57b';
CREATE ROLE vertrieb;
ALTER ROLE vertrieb WITH NOSUPERUSER INHERIT NOCREATEROLE
NOCREATEDB NOLOGIN;
CREATE ROLE vertriebshelfer;
ALTER ROLE vertriebshelfer WITH NOSUPERUSER INHERIT
NOCREATEROLE NOCREATEDB LOGIN PASSWORD
'md5f38799deadc9b9d4da2194ffa2fc0d8c';
CREATE ROLE vertriebsleiter;
ALTER ROLE vertriebsleiter WITH NOSUPERUSER INHERIT
NOCREATEROLE NOCREATEDB LOGIN PASSWORD
'md5de9f83126da4f4983a4509f309d32c65';
--
-- Role memberships
--
GRANT vertrieb TO vertriebshelfer GRANTED BY postgres;
--
-- PostgreSQL database cluster dump complete
--
```

Sie können sich nun verschiedene Szenarien ausdenken, in denen solch ein Dump in Verbindung mit anderen Dumps hilfreich sein kann. So könnten Sie beispielsweise regelmäßig einen solchen Speicherauszug erstellen, um alle globalen Objekte und dann jede einzelne Datenbank im

Cluster gesondert mit *pg_dump* zu sichern. Bei einem Totalausfall haben Sie dann die Möglichkeit, aus den unterschiedlichen Dumps den Cluster wiederherzustellen.

Die weiteren Optionen können Sie in der Onlinedokumentation (*http://www.postgresql.org/docs/8.4/interactive/app-pg-dumpall.html*) oder in der *pg_dumpall*-Manpage nachlesen.

Daten wieder einspielen

Der denkbar einfachste Weg, einen mit *pg_dump* erstellten Speicherauszug wieder einzuspielen, ist folgender:

```
$ psql -d kontor -f kontor.sql
```

Sie werden jetzt sicher mit Schrecken feststellen, dass es ganz viele Fehlermeldungen gibt. Das ist korrekt, denn in unserem Dump stehen ja Befehle, um alle Objekte der Datenbank zu erstellen. Deshalb ist es hilfreich, die vorhandene Datenbank erst einmal zu löschen. Dazu verwenden Sie das Programm *dropdb*:

```
$ dropdb kontor
```

Im nächsten Schritt erstellen wir eine neue Datenbank mit *createdb*:

```
$ createdb -O psbuch kontor
```

Dieser *createdb*-Aufruf erstellt nun die neue Datenbank *kontor* und gibt an, dass der Besitzer *psbuch* ist.

Jetzt rufen Sie *psql* noch einmal auf – diesmal unter der Verwendung der Option -d, welche die Datenbank *kontor* neu erstellt:

```
$ psql -d kontor -f kontor.sql
```

Der alternative Weg geht über das Erstellen eines anderen Dumps mit der Option -c. Diese löscht vor dem Wiederherstellen zuerst einmal alle Objekte der ausgewählten Datenbank. Hier demonstrieren wir das einmal im Schnelldurchlauf:

```
$ pg_dump -c kontor -f kontor2.sql
$ psql -d kontor -f kontor2.sql
```

Der Speicherauszug wird dann ohne Fehlermeldungen wieder eingespielt.

Um einen mit *pg_dumpall* erstellten Dump wieder einzuspielen, gibt es eigentlich nur zwei Möglichkeiten:

```
$ psql -p 5433 -f cluster8.4 postgres
```

oder

```
$ psql -p 5433 postgres < cluster8.4
```

Dabei ist es egal, welche Datenbank Sie angeben, da ja ein globaler Cluster-Dump wieder eingespielt wird. Auch hier sollten Sie erwägen, beim Erstellen des Dumps die Option `-c` anzugeben.

pg_restore

Kommen wir nun zu dem etwas spannenderen Weg, mit *pg_restore* einen Dump im Tar- oder PostgreSQL-Format wieder einzuspielen.

Wir haben weiter oben bereits geschrieben, dass es die Möglichkeit gibt, einen Dump vor dem Einspielen zu verändern. Dafür modifizieren wir das sogenannte *Table Of Contents* (*TOC*) des Speicherauszugs. Sehen wir uns ein solches TOC an:

```
$ pg_restore -l kontor.bak > kontor.toc
$ less kontor.toc
; Archive created at Wed Jul 22 00:28:24 2009
;     dbname: kontor
;     TOC Entries: 56
;     Compression: -1
;     Dump Version: 1.11-0
;     Format: CUSTOM
;     Integer: 4 bytes
;     Offset: 8 bytes
;     Dumped from database version: 8.4.0
;     Dumped by pg_dump version: 8.4.0
;
; Selected TOC Entries:
;
3; 2615 2200 SCHEMA - public postgres
1849; 0 0 COMMENT - SCHEMA public postgres
1850; 0 0 ACL - public postgres
327; 2612 16386 PROCEDURAL LANGUAGE - plpgsql postgres
```

```
19; 1255 16910 FUNCTION public user_update_product_vector()
postgres
1515; 1259 16399 TABLE public abteilungen psbuch
1851; 0 0 ACL public abteilungen psbuch
[…]
```

Mit der Option -l geben wir an, dass wir das Inhaltsverzeichnis von *kontor.bak* extrahieren möchten. Das Ganze schieben wir dann in eine neue Datei namens *postgresql.toc* (die Endung *.toc* is natürlich nicht zwingend, genauso wenig wie die Endung *.bak*). Sie haben jetzt die Möglichkeit, einzelne Zeilen zu löschen oder die Reihenfolge der Einträge zu ändern. Die Nummer am Anfang der Zeile ist die Archiv-ID. Um das Inhaltsverzeichnis nicht zu zerstören, können Sie einfach vor eine Zeile ein Semikolon schreiben, was bewirkt, dass dieser Eintrag ignoriert wird. Um den Dump nun auf Grundlage des geänderten Inhaltsverzeichnisses einzuspielen, rufen Sie *pg_restore folgendermaßen auf:*

```
$ pg_restore -L kontor.toc kontor.bak
```

Auch hier ist es wahrscheinlich, dass Sie bei dieser Methode und dem Versuch, das Backup in eine bestehende Datenbank einzuspielen, einige Fehlermeldungen erhalten. Deshalb ist auch hier der Weg, die Datenbank zuerst zu löschen, eine neue leere Datenbank zu erstellen und dann den Dump einzuspielen. Der ganze Prozess sieht dann so aus:

```
$ dropdb kontor
$ createdb -O psbuch -T template0 kontor
$ pg_restore -l kontor.bak > kontor.toc
```

Dump bearbeiten:

```
$ pg_restore -L kontor.toc kontor.bak
```

Natürlich können Sie das Erstellen des TOC auch weglassen und einfach nur den Dump einspielen:

```
dropdb kontor
createdb -O psbuch -T template0 kontor
pg_restore -d kontor kontor.bak
```

Automatische Backups mit einem Shell-Skript und dem Cron-Daemon (Linux)

Sie wissen nun, wie Sie ein Backup erstellen. Allerdings werden Sie nicht jedenTag um 05:00 Uhr vor Ihrem Rechner sitzen und Backups von all

Ihren Datenbanken ziehen wollen. Um diesen Prozess zu automatisieren, gibt es einige Möglichkeiten. Wir wollen Ihnen hier relativ einfache Beispiele unter Unix-artigen Betriebssystemen zeigen – wir verwenden wie immer ein Debian-Lenny-System.

Um regelmäßig Aufgaben auszuführen, verwendet man den sogenannten *Cron-Daemon.* Sie finden unter */etc/cron.[daily|hourly|monthly|weekly]* Verzeichnisse, in denen Sie Skripte ablegen können, die je nach Zeitinterval (beschrieben durch den Name des Ordners) ausgeführt werden. In */etc/cron.de* können Sie Erweiterungen beziehungsweise Teile für die Crontab ablegen. Die Crontab finden Sie unter */etc/crontab*. In dieser Datei geben Sie in einem bestimmten Format an, welche Jobs oder Tasks in welchem Zeitabstand ausgeführt werden sollen. Hier ein Beispiel:

```
# /etc/crontab: system-wide crontab
SHELL=/bin/sh
PATH=/usr/local/sbin:/usr/local/bin:/sbin:/bin:/usr/sbin:/usr
/bin
# m h dom mon dow user  command
17 *   * * *  root   cd / && run-parts --report /etc/cron.hourly
25 6   * * *  root    test -x /usr/sbin/anacron || ( cd / && \
run-parts --report /etc/cron.daily )
47 6   * * 7  root    test -x /usr/sbin/anacron || ( cd / && \
run-parts --report /etc/cron.weekly )
52 6   1 * *  root    test -x /usr/sbin/anacron || ( cd / && \
run-parts --report /etc/cron.monthly )
#
# backup postgresql for each customer
50 2   * * *  postgres     cd /var/lib/postgresql/scripts/ \
&& ./postgresql_backup.sh
```

Der Aufbau erklärt sich fast von selbst. Sie geben zuerst an, zu welchem Zeitpunkt der Job ausgeführt werden soll. Danach definieren Sie, unter welcher Benutzerkennung er läuft und geben dann schließlich den Job selbst an. Die ersten Einträge sind immer da und sorgen dafür, dass die Jobs in den oben beschriebenen Verzeichnissen ausgeführt werden. Ein von uns eingerichteter Job ist der Aufruf eines Backup-Skripts namens *postgresql_backup.sh* jeden Tage um 02:50 Uhr durch den User *postgres*.

Sehen wir uns jetzt das Backup-Skript an. Wir möchten ein Backup erstellen, das von jeder einzelnen Datenbank in unserem Cluster ein Backup im Custom-Format erstellt. Das machen wir, weil jede Datenbank einem Kunden gehört. Damit sollte es sehr schnell möglich sein, die Datenbank eines einzelnen Kunden wiederherzustellen. Wir schieben das Backup in einen bestimmten Ordner auf unserem Rechner, damit unser Backup-System die darin abgelegten Dateien abholt und extern speichert. Außerdem wollen wir lokal keine Backups vorhalten, die älter als sieben Tage sind. Und zu guter Letzt wollen wir nur informiert werden, wenn etwas schiefgeht. Das übernimmt der Cron-Daemon für uns per E-Mail. Achtung: Sie müssen Mitglied der Gruppe *admins* sein.

Ein solches Skript könnte folgendermaßen aussehen:

```
#!/bin/bash
# aw 19.01.2009
# pg_backup.sh
#
# script to create a dumo from each database in the cluster in
# custom format
# USAGE:
# ./postgresql_backup.sh
#
# variables
DATE=`/bin/date "+%F-%T"`
BACKUPDIR="/var/backups/postgres/"
FILEFORMAT=".bak"
SERVER=`hostname`

# which databases have to be saved?
psql -t -c "SELECT datname FROM pg_catalog.pg_database WHERE \
(datname NOT LIKE 'template%' AND datname != 'postgres');" | \
while read i;
do
    if [ ! -z $i ]; then
      # create backup or exit in case of error
      pg_dump -p 5432 -Fc $i > "$BACKUPDIR$DATE-$i$FILEFORMAT" ||
        echo "error: backup $i not successfull." >&2
    fi;
done
```

```
# delete backup files older than 7 days
find $BACKUPDIR -ctime +7 -exec rm {} \;
```

Zuerst deklarieren wir ein paar Variablen. Dann rufen wir *psql* auf und übergeben direkt einen SQL-Befehl mit der Option `-c`. Die Option `-t` bedeutet, dass wir nur die Zeilen als Ergebnis und keine weiteren Angaben wollen. Der SQL-Befehl selbst führt eine Abfrage auf die Tabelle *pg_catalog.pg_database* aus, um alle Datenbanknamen zu erhalten. Ausgeschlossen werden die Datenbank *postgres* und alle Template-Datenbanken. Über das Ergebnis iterieren wir und erstellen für jede einzelne Datenbank einen Dump oder brechen das gesamte Skript mit einer Fehlermeldung ab. Als Letztes wird noch die Befehlszeile ausgeführt, um alle Backups zu löschen, die älter als sieben Tage sind.

Dies ist ein relativ einfaches Beispiel für ein Backup. Es geht aber noch einfacher. Um den gesamten Datenbank-Cluster zu sichern, könnten Sie den Befehl dazu auch direkt in die Crontab schreiben:

```
5 20 * * * pg_dumpall | /var/backup/pg_backup-$(date +%F-%T).bak
```

Natürlich haben wir hier nur ein Gesamt-Backup. Allerdings ist dies ja ziemlich einfach einzurichten. Die beste Strategie ist in diesem Fall, in einem großen Abstand ein volles Backup mit *pg_dumpall* zu erstellen (zum Beispiel alle zwei Wochen oder einmal im Monat) und zusätzlich ein solches wie oben beschrieben einzusetzen.

Wie eingangs erwähnt ist dies ein Skript für Linux- beziehungsweise Unix-artige Systeme. Die Windows-Benutzer mögen es uns verzeihen, dass wir kein Windows-Beispiel mitbringen. Tendenziell sind wir allerdings auch der Meinung, dass PostgreSQL auf eine Unix-artige Maschine gehört – zumindest dann, wenn Backups ein Thema werden. Eine Möglichkeit, ein Unix-System unter Windows zu nutzen, ist zum Beispiel der Einsatz von virtuellen Maschinen wie etwa VirtualBox oder VMware. Das Gleiche gilt übrigens auch für Mac-OS-X-Benutzer. Dort bietet sich VirtualBox oder Parallels an, wenn man das zu Grunde liegende Unix-System nicht nutzen will (was aber problemlos möglich ist).

Weiterführende Backup-Methoden

Wir haben Ihnen in den vergangenen Abschnitten das einfache Anlegen von Backups mit *pg_dump*, *pg_dumpall* und die Wiederherstellung der

Daten mit *pg_restore* gezeigt. Es gibt noch weitere Methoden, um Backups anzulegen und Failover-Systeme einzurichten.

Zunächst sei hier die *WAL-Archivierung* erwähnt. *WAL* bedeutet *Write Ahead Log* und ist das Log, das alle Informationen über Transaktionen der Datenbank beinhaltet. Dieses Log wird in regelmäßigen Abständen gelöscht, da ja nur die aktuellen Transaktionen benötigt werden. Da das WAL immer einen konsistenten Zustand der Datenbank zu einem gewissen Zeitpunkt enthält, können Sie daraus auch ein Backup erstellen.

Aus einem WAL-Backup alleine kann keine Datenbank wiederhergestellt werden. Es muss auf jeden Fall eine initiales Backup der Datenbank angelegt werden. Bei der Wiederherstellung würde man aus diesem initialen Backup die Datenbank wiederherstellen und dann das WAL-Backup sozusagen »oben drauf packen«.

Bei der Herstellung des initialen Backups bietet es sich an, in gewissen Abständen einen Cronjob laufen zu lassen, der ein Backup-Skript (zum Beispiel ein Shell-Skript) aufruft. Das WAL-Backup wird auf der anderen Seite innerhalb von PostgreSQL gestartet. Dafür gibt es in der Datei *postgresql.conf* den Parameter `archiv_command`, in dem der Befehl für die Archivierung angegeben wird.

Es würde an dieser Stelle zu weit führen, das Thema *WAL-Backup* weiter zu vertiefen. Wir empfehlen dazu das Buch »PostgreSQL-Administration« von Peter Eisentraut und Bernd Helmle, O'Reilly, 2008. Wir legen Ihnen insbesondere Kapitel 4, »Datensicherung«, ans Herz, wenn Sie mit WAL-Backups arbeiten möchten.

6.3.6   Schlussbemerkungen

Wir haben Ihnen in diesem Kapitel die aus unserer Sicht wichtigsten Aspekte der PostgreSQL-Administration nähergebracht. Sie sind jetzt in der Lage, einen PostgreSQL-Cluster einzurichten, die Performance an die Gegebenheiten Ihrer Hardware anzupassen, die Benutzer der Datenbank zu verwalten, den Zugriff beziehungsweise die Authentisierung für Ihren Cluster zu steuern und schließlich Datensicherungen zu erstellen und wieder einzuspielen.

Was wir Ihnen nicht gezeigt haben, ist die Replikation. Wir haben zwar zunächst mit dem Gedanken gespielt, das Thema zumindest anzureißen und einige Beispiele zu geben. Allerdings finden wir, dass Replikation in den Aufgabenbereich von Datenbankadministratoren fällt, und dies hier ist ein Buch für Anwender. Besteht Bedarf, sich mit dem Thema *Replikation* näher zu beschäftigen, sollten Sie einen Blick auf *pg_standby* (*http://www.postgresql.org/docs/8.4/interactive/pgstandby.html*) und *slony* (*http://www.slony.info/*) werfen.

Interessieren Sie sich für den Zugriff auf eine Datenbank über einen Connection-Pool, sollten Sie einen Blick auf pgPool II (*http://pgpool.projects.postgresql.org/*) und pgBouncer (*http://pgfoundry.org/projects/pgbouncer/*) werfen.

Im letzten Teil dieses Kapitels beschäftigen wir uns mit den Themen *Tablespaces* und *Partitionierung*.

6.4 Tablespaces und Tabellenpartitionierung

In diesem Abschnitt geht es um die verteilte Vorhaltung der Daten in der Datenbank. Dabei stellen *Tablespaces* einen Speicherort dar, und mit der Tabellenpartitionierung teilen Sie Daten auf unterschiedliche Tabellen in der Datenbank unter Zuhilfenahme der Vererbung auf.

6.4.1 Tablespaces

Wie in der Einleitung bereits erwähnt, stellt ein Tablespace einen physikalischen Speicherort für Datenbankobjekte dar. Daraus erschließt sich ziemlich schnell, dass der Systembenutzer, der die Rechte auf die Datenbankverzeichnisse hat, auch die Rechte an den Tablespace-Verzeichnissen haben muss. Standardmäßig wird dies der Systembenutzer *postgres* sein.

Wofür brauche ich Tablespaces?

Es gibt einige Gründe, warum man Tablespaces einsetzen sollte. Ein oft angeführter Grund ist die Auslagerung von sehr häufig genutzten Datenbankobjekten wie zum Beispiel Indizes oder hoch frequentierten Tabellen auf eine schnellere Festplatte. Dadurch lassen sich Kosten sparen, da nicht der gesamte Datenbank-Cluster auf sehr teurer Hardware laufen muss.

Weiterhin bieten Tablespaces natürlich die Möglichkeit, die Systemarchitektur in Bezug auf das Speichersystem des Datenbank-Clusters frei zu bestimmen. Bei einer solchen Architektur kommt natürlich die Frage auf, ab wann das notwendig wird. Zu Anfang werden Sie für Ihre Software die Datenbank auf dem gleichen Server laufen lassen wie zum Beispiel Ihre Webapplikation. Das geht bis zu einer gewissen Zugriffszahl gut. Sobald aber eine verträgliche Anzahl an Requests überschritten wird, werden Sie in Richtung Load-Balancing-Plattform ausbauen. Das bedeutet, dass Sie die Webserver von der Datenbank abtrennen. Die Last auf die Webserver wird über einen Load Balancer gesteuert, und die Datenbank hat ihr eigenes Reich auf einem eigenen Server. An dieser Stelle kann bei erneut eintretender mangelnder Performance die Auslagerung einzelner Datenbankobjekte interessant werden – vorausgesetzt, dass die Hardwareleistung der Flaschenhals ist.

Tablespaces erstellen

Wir wollen jetzt an einem einfachen Beispiel zeigen, wie Tablespaces eingerichtet werden. Dafür sehen wir uns als Erstes an, welche Tablespaces bereits vorhanden sind. In *psql* nutzen Sie dafür den Befehl \db oder \db+:

```
postgres=# \db+
                        List of tablespaces
   Name     |  Owner   | Location |Access privileges |Description
------------+----------+----------+------------------+-----------
 pg_default | postgres |          |                  |
 pg_global  | postgres |          |                  |
(2 rows)
```

Es existieren also bereits zwei Tablespaces: *pg_default* und *pg_global*. Diese beiden Tablespaces sind immer vorhanden. Hierbei ist *pg_default* der Tablespace, in dem alle Datenbanken und alle dazugehörigen Objekte gespeichert werden. Alle neuen Objekte werden standardmäßig in diesem Tablespace erstellt – solange nichts anderes angegeben wird. *pg_global* speichert dagegen globale Datenbankobjekte wie Informationen über die Datenbanken, Rollen und Tablespaces selbst. Der Zugriff erfolgt nur lesend, der Benutzer kann hier nichts ändern.

Um nun einen neuen Tablespace erstellen zu können, müssen folgende Voraussetzungen geschaffen werden:

- ▶ Es werden Superuser-Rechte benötigt, um Tablespaces zu erstellen.
- ▶ Es muss möglich sein, symbolische Links zu erstellen.
- ▶ Das Verzeichnis, das als Tablespace genutzt wird, muss bestehen, leer sein und dem gleichen Systembenutzer gehören wie die Datenbankverzeichnisse (also im Normalfall *postgres*).

Wo das Verzeichnis liegt – also auf welchem Rechner oder Laufwerk – ist übrigens völlig egal. Für das Beispiel werden wir ein Verzeichnis nutzen, das auf dem gleichen Rechner liegt. Da das aber eher unüblich ist, nutzen wir das Verzeichnis */mnt*, um darauf hinzuweisen, dass wir im Live-Betrieb eher auf ein externes Laufwerk zugreifen würden.

```
$ mkdir /mnt/mita_space_1
$ chown postgres /mnt/mita_space_1
```

In *psql* geben Sie danach folgendes Kommando ein:

```
postgres=# CREATE TABLESPACE mita_space_1 LOCATION '/mnt/mita_
space_1';
postgres=# \db
            List of tablespaces
     Name     |  Owner   |    Location
--------------+----------+-------------------
 mita_space_1 | postgres | /mnt/mita_space_1
 pg_default   | postgres |
 pg_global    | postgres |
(3 rows)
```

Beachten Sie, dass im Datenverzeichnis des Clusters im Unterordner *pg_tblspc* ein symbolischer Link zu allen von Ihnen erstellten Tablespaces existiert:

```
$ /var/lib/postgresql/8.4/data/pg_tblspc$ ls -l
total 0
lrwxrwxrwx 1 postgres postgres 17 2009-07-26 01:25 17135 -> \
/mnt/mita_space_1
```

Dabei ist 17135 die OID des Tablespace. Jede Datenbank im Cluster vergibt eigene OIDs. Somit ist gewährleistet, dass Sie von jeder Datenbank aus auf den gleichen Tablespace zugreifen können, ohne dass es Kollisionen gibt.

Jetzt müssen wir noch sicherstellen, dass die Rolle *psbuch* auch Zugriff auf diesen Tablespace hat. Geben wir ihr also die nötigen Rechte:

```
postgres=# GRANT ALL ON TABLESPACE mita_space_1 TO psbuch;
```

Der Einfachheit halber haben wir hier einfach ALL angegeben. Sie könnten das natürlich auch feiner aufgliedern. Sehen wir uns erneut an, was \db+ ausgibt:

```
postgres=# \db+
                       List of tablespaces
       Name    |  Owner   |Location           |Access privileges   |
---------------+----------+-------------------+--------------------
 mita_space_1 |postgres  |/mnt/mita_space_1| postgres=C/postgres |
                                           : psbuch=C/postgres
  pg_default   | postgres |                 |                    |
  pg_global    | postgres |                 |                    |
(3 rows)
```

Datenbankobjekte im Tablespace erstellen

Sehen wir uns jetzt an, wie wir Objekte in dem gerade angelegten Tablespace erstellen. Momentan ist das Tablespace-Verzeichnis noch leer und enthält lediglich eine Datei namens *PG_VERSION*. Das ist der Hinweis darauf, dass dieses Verzeichnis von PostgreSQL genutzt wird. Die Rechte sind auch entsprechend gesetzt:

```
/mnt/mita_space_1# ls -l /mnt/mita_space_1
total 4
-rw------- 1 postgres postgres 4 2009-07-26 01:25 PG_VERSION
```

Erstellen wir jetzt eine Tabelle:

```
postgres=# CREATE TABLE suchindex (id serial, suchbegriff
varchar(255)) TABLESPACE mita_space_1;
NOTICE:  CREATE TABLE will create implicit sequence "suchindex_
id_seq" for serial column "suchindex.id"
```

Und jetzt sehen wir uns nochmals das Verzeichnis an:

```
/mnt/mita_space_1# ls -l
total 8
drwx------ 2 postgres postgres 4096 2009-07-26 01:43 16967
```

```
-rw------- 1 postgres postgres    4 2009-07-26 01:25 PG_VERSION
```

Jetzt sehen wir ein Verzeichnis, das unsere Tabelle und alle relevanten Informationen enthält.

Übrigens ist in *psql* mit dem Befehl \dt+ nicht sofort ersichtlich, dass die Tabelle *suchindex* in einem anderen Tablespace platziert wurde. Allerdings interessiert uns dies auch nicht so sehr:

```
postgres=# \dt+
                            List of relations
 Schema |         Name          | Type  |  Owner   |    Size     |
--------+-----------------------+-------+----------+-------------
 public | abteilungen           | table | psbuch   | 0 bytes     |
 public | bestellungen          | table | psbuch   | 0 bytes     |
 public | bestellungen_produkte | table | psbuch   | 0 bytes     |
 public | kunden                | table | psbuch   | 0 bytes     |
 public | mitarbeiter           | table | psbuch   | 8192 bytes  |
 public | produkte              | table | psbuch   | 8192 bytes  |
 public | produkte2             | table | psbuch   | 0 bytes     |
 public | suchindex             | table | psbuch   | 0 bytes     |
(8 rows)
```

(Auf die Spalte Description wurde auf Grund von Platzmangel verzichtet.)

Das hat wunderbar geklappt.

Sehen wir uns jetzt noch an, wie wir einen Index für eine Tabelle im *pg_default*-Tablespace erstellen, der aber im Tablespace *mita_space_1* vorgehalten wird. Die Tabelle *bestellungen* hat eine Spalte *kunden_id*. Auf diese ID soll ein Unique Index gesetzt werden.

```
postgres=# CREATE UNIQUE INDEX kunden_id_idx ON bestellungen
USING BTREE (kunden_id) TABLESPACE mita_space_1;
```

Hat das geklappt? Sehen wir uns das Verzeichnis an:

```
$ ls -l /mnt/mita_space_1/
total 16
-rw------- 1 postgres postgres 8192 2009-07-26 01:57 17145
-rw------- 1 postgres postgres 8192 2009-07-26 02:01 17149
```

Das sieht gut aus: Eine neue Datei wurde erstellt, welche die Indexinformationen enthält.

Sie können sich mit folgendem Statement sehr gut ansehen, welche Objekte in einem Tablespace gespeichert werden:

```
kontor=> SELECT relname
FROM pg_class
WHERE reltablespace =
(
  SELECT oid
  FROM pg_tablespace
  WHERE spcname = 'mita_space_1'
);
    relname
--------------
 suchindex
 kunden_id_idx
(2 rows)
```

Das entspricht exakt den beiden Objekten, die wir erstellt haben.

In diesem Abschnitt haben wir Ihnen gezeigt, wie Sie Tablespaces erstellen und einsetzen können. Im nächsten Abschnitt besprechen wir nun die Tabellenpartitionierung.

6.4.2 Tabellenpartitionierung

Im vorigen Abschnitt haben wir gezeigt, wie Sie physikalische Speicherorte für Datenbankobjekte oder ganze Datenbanken erstellen. Kommen wir jetzt zu der Möglichkeit, Daten einer Tabelle in kleinere Einheiten aufzuteilen. Das Prinzip der Tabellenpartitionierung kann man sehr einfach darstellen:

```
Haupttabelle
    - Untertabelle 1
    - Untertabelle 2
    - Untertabelle 3
    - Untertabelle n
```

In der PostgreSQL-Datenbank wird die Tabellenpartitionierung mit der Vererbung (SQL: `INHERITS`) realisiert. Sie sollten also den Abschnitt 5.6, »Darwin in der Datenbank [INHERIT]«, lesen, bevor Sie fortfahren.

Wann die Tabellenpartitionierung sinnvoll ist

Natürlich soll auch hier wieder kurz betrachtet werden, wann der Einsatz dieser Technik Sinn ergibt. Prinzipiell geht es auch hier wieder um größere bis große Datenmengen. In Abschnitt 6.2.3, »EXPLAIN ANALYZE – einen Query Plan lesen«, haben wir die unterschiedlichen Scan-Typen besprochen. Dabei haben wir festgehalten, dass ein Sequential Scan bei einer kleinen Datenmenge sehr performant ist. Er wird im Verhältnis zu einem Index Scan über eine große Tabelle mit vielen Zeilen schneller sein. Deshalb leuchtet ein, dass wir mit kleineren Partitionen einer großen Tabelle einen Performancegewinn erreichen können.

Ein weiterer Aspekt ist die Reduzierung der Indexgröße. Natürlich bringt es Performancevorteile, wenn der Index in den Arbeitsspeicher passt. Bei einer großen Tabelle könnte es sein, dass der Index so groß ist, das er eben nicht in den Arbeitsspeicher passt und teilweise auf die Festplatte ausgelagert werden muss. Der Zugriff ist dementsprechend langsamer. Mit der Partitionierung hält man die Indizes kleiner und stellt sicher, dass diese in den Arbeitsspeicher passen.

Tabellenpartitionierung mit Trigger

Sehen wir uns ein praktisches Beispiel an. Unsere derzeitige Tabellenstruktur sieht folgendermaßen aus:

```
kontor=> \dt
                 List of relations
   Schema |         Name           | Type  | Owner
  --------+------------------------+-------+--------
   public | abteilungen            | table | psbuch
   public | bestellungen           | table | psbuch
   public | bestellungen_produkte  | table | psbuch
   public | kunden                 | table | psbuch
   public | mitarbeiter            | table | psbuch
   public | produkte               | table | psbuch
   public | produkte2              | table | psbuch
```

```
public | suchindex            | table | psbuch
(8 rows)
```

Wir fügen unserer Datenbank noch ein Tabelle *feedback* hinzu. Da wir ja extrem viele Produkte verkaufen werden und dadurch auch extrem viel Kundenfeedback erwarten, entscheiden wir uns dazu, die Tabelle *feedback* zu partitionieren. Aber nach welchen Kriterien teilen wir die Tabelle auf? Wir sollten unsere Applikation auch um ein Kategoriensystem für Produkte erweitern. Das werden wir zwar an dieser Stelle nicht tun, aber zumindest den Gedanken aufgreifen. Sagen wir, es gibt drei unterschiedliche Kategorien: *food*, *clothing* und *technics*. Machen wir uns also ans Werk:

```
BEGIN;
CREATE TABLE feedback(
  id serial NOT NULL,
  kunden_id integer NOT NULL,
  feedback text,
  datum timestamp without time zone DEFAULT now(),
  category character varying(100) NOT NULL,
  CONSTRAINT feedback_pkey PRIMARY KEY (id)
);
CREATE TABLE feedback_food (
  CHECK(category = 'food')
) INHERITS(feedback);
CREATE INDEX feedback_food_idx ON feedback_food (feedback);
CREATE TABLE feedback_clothing (
  CHECK(category = 'clothing')
) INHERITS(feedback);
CREATE INDEX feedback_clothing_idx ON feedback_clothing \
(feedback);
CREATE TABLE feedback_technics (
  CHECK(category = 'technics')
) INHERITS(feedback);
CREATE INDEX feedback_technics_idx ON feedback_technics \
(feedback);
COMMIT;
```

Wir haben also die Tabelle *feedback* und die Partitionstabellen in einer Transaktion erstellt. Außerdem haben wir pro Tabelle einen Index auf die Spalte *feedback* gesetzt, gekapselt in einer Transaktion, weil wir natürlich nur die ganze Partitionierung haben wollen und bei etwaigen Fehlern den gesamten Vorgang verwerfen.

Die einzelnen Partitionstabellen definieren sich über die Haupttabelle – deshalb müssen wir auch keine weiteren Spalten definieren. Wir prüfen nur über einen CHECK-Constraint, ob ein etwaiger INSERT-Befehl für diese Partition zulässig ist. Sehen wir uns das Ergebnis an:

```
kontor=> \dt+
                            List of relations
 Schema |          Name         | Type  | Owner  |    Size     |
--------+-----------------------+-------+--------+-------------
 public | abteilungen           | table | psbuch | 0 bytes     |
 public | bestellungen          | table | psbuch | 0 bytes     |
 public | bestellungen_produkte | table | psbuch | 0 bytes     |
 public | feedback              | table | psbuch | 0 bytes     |
 public | feedback_clothing     | table | psbuch | 0 bytes     |
 public | feedback_food         | table | psbuch | 0 bytes     |
 public | feedback_technics     | table | psbuch | 0 bytes     |
 public | kunden                | table | psbuch | 0 bytes     |
 public | mitarbeiter           | table | psbuch | 8192 bytes  |
 public | produkte              | table | psbuch | 8192 bytes  |
 public | produkte2             | table | psbuch | 0 bytes     |
 public | suchindex             | table | psbuch | 8192 bytes  |
(12 rows)
```

(Auf die Spalte Description wurde auf Grund von Platzmangel verzichtet.)

Damit bei einem INSERT-Statement die Daten in die richtige Partition geschrieben werden, müssen wir jetzt noch eine Trigger-Funktion und einen entsprechenden Trigger erstellen, die für uns diesen Job erledigt. Die Trigger-Funktion prüft dabei, welche category angegeben wird und schreibt die Daten in die entsprechende Tabelle. Da wir in der Tabellendefinition von *feedback* die Spalte category NOT NULL deklariert haben, muss die category also bei jedem INSERT-Statement angegeben werden. Hier sehen Sie die Trigger-Funktion:

```
CREATE OR REPLACE FUNCTION user_feedback_partitioning()
RETURNS TRIGGER AS
$$
```

```
BEGIN
    IF (NEW.category = 'food') THEN
        INSERT INTO feedback_food VALUES (NEW.*);
    ELSIF (NEW.category = 'clothing') THEN
        INSERT INTO feedback_clothing VALUES (NEW.*);
    ELSIF (NEW.category = 'technics') THEN
        INSERT INTO feedback_technics VALUES (NEW.*);
    END IF;

    RETURN NULL;
END
$$ LANGUAGE plpgsql;
```

Und der dazu gehörige Trigger sieht so aus:

```
CREATE TRIGGER feedback_partitioning
BEFORE INSERT ON feedback
FOR EACH ROW
EXECUTE PROCEDURE user_feedback_partitioning();
```

Im Klartext bedeutet das, dass vor (!) jedem INSERT-Statement auf die Tabelle *feedback* die Funktion user_feedback_partitioning() ausgeführt wird. Diese ist ja wie gesagt da, um die Daten in die richtige Partition zu schreiben. Probieren wir es aus:

```
kontor=> INSERT INTO feedback (kunden_id, feedback, category)
VALUES ('25','Der Haartrockner gefällt mir äußerst gut', \
'technics');
```

Sehen wir uns jetzt die Tabelle *feedback* an:

```
kontor=> SELECT * FROM feedback;
 id | kunden_id | feedback         | datum              | category
----+-----------+------------------+--------------------+---------
 11 |        25 | Der Haartr. ...| 2009-07-27 00:10:37.| technics
(1 row)
```

Der von uns gerade eingefügte Datensatz ist hier vorhanden. Das hat seine Richtigkeit und ist begründet durch die Vererbung. Sie haben ja bereits gesehen, dass die Haupttabelle (*Parent Table*) immer alle Daten der vererbten Tabellen anzeigt (solange die Definition der Spalten in beiden Tabellen gleich sind). Das bedeutet also, dass dieser Datensatz nur in einer der Partitionstabellen zu finden sein darf und dort physikalisch abgelegt ist – nämlich in *feedback_technics*. Prüfen wir das:

```
kontor=> SELECT * FROM feedback_food;
 id | kunden_id | feedback | datum | category
----+-----------+----------+-------+----------
(0 rows)
kontor=> SELECT * FROM feedback_technics;
 id | kunden_id | feedback         | datum                | category
----+-----------+------------------+----------------------+---------
 11 |        25 | Der Haartr. ...| 2009-07-27 00:10:37.| technics
(1 row)
kontor=> SELECT * FROM feedback_clothing;
 id | kunden_id | feedback | datum | category
----+-----------+----------+-------+----------
(0 rows)
```

Was der Planer macht, kann auch sehr gut über ein EXPLAIN-Statement angesehen werden:

```
kontor=> EXPLAIN SELECT * FROM feedback;
                          QUERY PLAN
--------------------------------------------------------------------
 Result  (cost=0.00..50.80 rows=1080 width=266)
   -> Append  (cost=0.00..50.80 rows=1080 width=266)
       -> Seq Scan on feedback  (cost=0.00..12.70 rows=270 \
width=266)
           -> Seq Scan on feedback_food feedback \
(cost=0.00..12.70 rows=270 width=266)
           -> Seq Scan on feedback_clothing feedback \
(cost=0.00..12.70 rows=270 width=266)
           -> Seq Scan on feedback_technics feedback \
(cost=0.00..12.70 rows=270 width=266)
(6 rows)
```

Da wir das Statement ohne Einschränkung auf die Tabelle *feedback* abgefeuert haben, wird die Tabelle *feedback* und alle Partitionen durchsucht. Wenn wir nun noch die category mit angeben, sieht das Ergebnis folgendermaßen aus:

```
kontor=> EXPLAIN SELECT * FROM feedback WHERE category = 'technics';
                         QUERY PLAN
---------------------------------------------------------------
 Result  (cost=0.00..26.75 rows=2 width=266)
   -> Append  (cost=0.00..26.75 rows=2 width=266)
         -> Seq Scan on feedback  (cost=0.00..13.38 rows=1 \
width=266)
               Filter: ((category)::text = 'technics'::text)
         -> Seq Scan on feedback_technics feedback \
(cost=0.00..13.38 rows=1 width=266)
               Filter: ((category)::text = 'technics'::text)
(6 rows)
```

Und genau dieses Ergebnis zeigt den Sinn und Zweck der Tabellenpartitionierung: Durch die Einschränkung durchsucht die PostgreSQL eben nur die Haupttabelle und die entsprechende Partition. Der Planer weiß, dass die anderen beiden Tabellen irrelevant sind und lässt sie deshalb außen vor.

Beachten Sie hierbei, dass das nur so funktioniert, wenn der Parameter `constraint_exclusion = on` ist (was dem Standard entspricht). Würde dieser auf `off` stehen, würden alle Partitionstabellen durchsucht werden.

Wir haben hier beispielhaft Trigger und Trigger-Funktionen für ein `INSERT`-Statement gezeigt. Natürlich müssen Sie dasselbe auch für `UPDATE`- und `DELETE`-Statements schreiben. Das sollte allerdings ziemlich einfach sein, sodass wir die Befehle hier nicht aufschreiben.

Tabellenpartitionierung mit Rules

Eine alternative Möglichkeit, Daten in die Partitionstabellen zu schreiben, ist die Verwendung von Rules. Allerdings haben diese auf jeden Fall eine schlechtere Performance als Trigger. Wir wollen Ihnen aber trotzdem ein Beispiel zeigen:

```
CREATE RULE rule_feedback_partitioning_technics AS
ON INSERT TO feedback WHERE
    ( category = 'technics')
DO INSTEAD
    INSERT INTO feedback_technics VALUES (NEW.*);
```

Hier sehen Sie also eine Rule für `category = technics` innerhalb eines `INSERT`-Statements. Anschließend müssten Rules für die `UPDATE`- und `DELETE`-Statements erstellt werden.

The End

Wir sind nun am Ende dieses Unterkapitels und auch am Ende des gesamten Kapitels 6 angelangt. Wir haben Ihnen unterschiedlichste Werkzeuge vorgestellt, um bei Ihrer täglichen Arbeit mit der PostgreSQL-Datenbank erfolgreich zu sein. Wir jedenfalls wünschen Ihnen viel Erfolg!

Das wichtigste kommt zum Schluss. Ohne eine Installation wird es eher schwierig die PostgreSQL Datenbank zu nutzen. Wie Sie die Installation unter Linux und Windows bewerkstelligen, zeigen wir Ihnen in diesem Kapitel.

7 Installation

Im ersten Kapitel haben wir bereits auf dieses Kapitel verwiesen. Sie mögen sich fragen, warum das Kapitel zur Installation am Ende des Buchs zu finden ist. Wir haben uns für diesen Schritt aus zwei Gründen entschieden: Zum einen möchten wir mit der Reihenfolge der Kapitel einem Praxisbuch gerecht werden. Wir gehen davon aus, dass die meisten Leser die PostgreSQL-Datenbank bereits installiert haben. Sie sollen sofort mit der Arbeit loslegen können und nicht etliche Seiten überblättern müssen.

Zum anderen ist die Platzierung des Kapitels *Installation* am Ende des Buchs sinnvoll, weil Sie es als letztes Kapitel schnell finden und aufschlagen können – genau wie das erste Kapitel hat das letzte Kapitel einen ziemlich prominenten Status.

Es hätte auch ein Teil des Appendix' werden können, dafür wäre es allerdings zu umfangreich; es ist deshalb als Kapitel besser geeignet. Jetzt aber genug der didaktischen Erläuterungen und los …

7.1 Installation auf Linux-Systemen

7.1.1 Die Quellen selbst übersetzen (kompilieren)

Dies ist wohl die rudimentärste, aber auch schwierigste Installation der PostgreSQL-Datenbank (zumindest für unerfahrene Benutzer). Deshalb empfehlen wir das Übersetzen der Quellen nur fortgeschrittenen Benutzern und auch nur dann, wenn es einen guten Grund dafür gibt. Das wäre zum Beispiel der Fall, wenn das verfügbare Paket der eigenen Distribution nicht über die erforderlichen Features wie zum Beispiel SSL-

Unterstützung verfügt oder wenn die neuste PostgreSQL-Version noch nicht über den jeweiligen Paketmanager installiert werden kann. Für Debian-basierte Systeme besteht auch die Möglichkeit, in den Backports (*http://backports.org*) nachzusehen, ob dort die gewünschte Version schon vorhanden ist.

Im Folgenden gehen wir davon aus, dass Sie sich auf der Linux-Kommandozeile befinden und dass die Programme *configure*, *automake* und *autoconf* keine Unbekannten für Sie sind.

Im ersten Schritt laden Sie die Quellen von *http://www.postgresql.org/download* herunter. Während wir diese Zeilen schreiben, liegt die Beta1-Version 8.4 vor. Nachdem Sie das Archiv heruntergeladen haben, entpacken Sie dieses in einem Ordner Ihrer Wahl. Wir haben das mit Gzip komprimierte Tar-Archiv gewählt, es liegt aber auch ein mit Bzip2 komprimiertes Tar-Archiv vor.

```
$ tar xfz postgresql-8.4beta1.tar.gz
```

Es wird ein Ordner *postgresql-8.4beta1* erstellt, in den Sie mit dem Befehl `cd` wechseln. In diesem Ordner finden Sie ein *configure*-Skript, das Sie folgendermaßen ausführen:

```
$ ./configure
```

Das Skript ist ein Teil von *automake* beziehungsweise *autoconf*, die dazu dienen, das Makefile für die Installation der PostgreSQL-Datenbank zu erstellen. Die Ausführung des *configure*-Skripts ist notwendig, um herauszufinden in welcher Umgebung und auf welchem System die PostgreSQL-Datenbank installiert werden soll, ob alle notwendigen anderen Programme und Bibliotheken für die Installation vorhanden sind und ob die Installation überhaupt möglich ist.

Optionen für das configure-Skript

Mit verschiedenen Optionen nehmen Sie Einfluss auf die Makefile-Erstellung und damit auch auf die Installation selbst. Denkbar sind zum Beispiel folgende Optionen:

```
./configure --prefix=/usr/local/pgsql --with-tcl --with-perl \
--with-python --with-krb5 --with-pam --with-openssl --with-\ libxslt --
with-gssapi
```

Dabei geben Sie mit der Option `--with-prefix=` das Verzeichnis an, in dem die PostgreSQL installiert werden soll. Mit den Optionen `--with-tcl`, `--`

---

with-perl und --with-python bestimmen Sie, dass die Sprachen PL/Tcl, PL/Perl und PL/Python als prozedurale Sprachen für User Defined Functions zur Verfügung stehen sollen. Weiterhin sorgen die Parameter --with-krb5 für die Kerberos-, --with-pam für die PAM- und --with-gssapi für die GSSAPI-Authentisierungen. --with-openssl bietet die Unterstützung für SSL-verschlüsselte Verbindungen, und --with-libxslt macht es möglich, XSL-Transformationen von XML unter Nutzung der *contrib/xml2*-Library durchzuführen.

Sie können die Installation natürlich auch ohne die Optionen problemlos durchführen, haben dadurch aber einen geringeren Funktionsumfang.

Das *configure*-Skript gibt Fehlermeldungen zurück, falls es Probleme gibt. Sie müssen diese Probleme zuerst beheben, um fortfahren zu können. Das bedeutet, dass Sie gegebenenfalls Programme oder Bibliotheken installieren müssen. Ist ein Fehler aufgetreten und haben Sie diesen behoben, führen Sie das Skript erneut aus – bis es komplett durchläuft und das Makefile erstellt wurde. Beachten Sie, dass das *configure*-Skript nicht immer alle Abhängigkeiten finden muss – das merken Sie allerdings leider erst beim Kompilieren.

Im nächsten Schritt führen Sie dann das Programm make aus. Es kompiliert nun auf Grundlage des Makefile die PostgreSQL-Datenbank. Starten Sie den Vorgang folgendermaßen (beachten Sie, dass Sie sich immer noch im selben Verzeichnis befinden):

```
$ make
```

GNU make

Weitere Informationen und Erklärungen zum Programm *make* erhalten Sie unter *http://www.gnu.org/software/make*.

Beachten Sie bitte, dass das Kompilieren einige Zeit in Anspruch nimmt. Anschließend finden Sie im Verzeichnis *src* die für Ihr System kompilierten Dateien und Programme. Um PostgreSQL nun endgültig zu installieren, führen Sie abschließend make mit dem Parameter install aus. Beachten Sie dabei, dass Sie je nach angegebener Option --with-prefix= dafür Root-Rechte benötigen. Dies ist der eigentliche Installationsprozess, denn nun wird das Programm an die von den Entwicklern vorgesehenen Stellen im System kopiert.

```
$ make install
```

Et voila. Die PostgreSQL Datenbank ist nun auf Ihrem System installiert. Übrigens sollten Sie unbedingt einen Blick in die Dateien *INSTALL* und *README* werfen. Sie erhalten dort wichtige Informationen und Hilfe zu häufigen Installationsproblemen. Insbesondere erfahren Sie in der Datei *INSTALL*, welche Abhängigkeiten samt Header-Dateien installiert werden müssen.

Hilfreiche Tipps für den Weg durch die Hölle

Die Überschrift soll nicht ganz so ernst genommen werden. Aber es ist schon was dran an dem Weg durch die Hölle den Sie gehen müssen, wenn Sie die PostgreSQL aus den Quellen selbst kompilieren wollen. Eine Frage unserer Systemadministratoren war eindeutig: »Es gibt doch den Paketmanager – warum wollt Ihr selbst kompilieren?« Die Antwort: »Weil wir's ausprobieren und unseren Lesern Vollständigkeit bieten wollen.«

Sie werden bei Ihrem Weg allerdings auf mehrere Hürden stoßen, die es zu überwinden gilt. Wir wollen Ihnen hier ein paar Hilfestellungen geben. Beachten Sie, dass Sie für die Nachinstallation von Paketen und das Installieren der PostgreSQL mit `make install` Root-Rechte benötigen.

Der hier beschrieben Weg ist eine Möglichkeit unter Verwendung der Abhängigkeiten einer vorherigen PostgreSQL Version die Version 8.4 auf Ihrem System zu installieren. Der Weg über die Installation der Abhängigkeiten der postgresql-8.3 kann natürlich nur funktionieren, wenn diese als Paket vorhanden ist. Also müssen Sie im Zweifelsfall zuerst das Pakte postgresql-8.3 installieren.

Als erste Information müssen Sie Berücksichtigen, dass Sie die Development-Version der fehlenden Pakete für das erfolgreiche Kompilieren benötigen. Mit großer Wahrscheinlichkeit erhalten Sie eine *configure*-Fehlermeldung, dass das die Pakete *readline* und *zlib* fehlen. Suchen Sie mit Ihrem Paketmanager (zum Beispiel Aptitude unter Debian) nach den Paketen, und installieren Sie diese nach:

```
$ aptitude search readline-dev
...
libreadline5-dev - GNU readline and history libraries, \
development files
...
```

```
$ aptitude search zlib-dev
libghc6-zlib-dev - Compression and decompression in the gzip \
and zlib formats
$ aptitude install libreadline5-dev libghc6-zlib-dev
```

Man kann getrost annehmen, dass die Abhängigkeiten zu anderen Paketen der PostgreSQL 8.3 dieselben wie die der PostgreSQL 8.4 sind –
zumindest zu einem großen Teil. Also versuchen wir die Abhängigkeiten
der Version 8.3 aufzulösen, indem wir die fehlenden Pakete installieren:

```
$ aptitude build-depends postgresql-8.3
Paketlisten werden gelesen... Fertig
Abhängigkeitsbaum wird aufgebaut
Lese Status-Informationen ein... Fertig
Die folgenden NEUEN Pakete werden installiert:
  cdbs fdupes hardening-wrapper intltool libossp-uuid-dev \
libossp-uuid15 libpam0g-dev libperl-dev libxslt1-dev python-dev \
python2.6-dev tcl8.5-dev
0 aktualisiert, 12 neu installiert, 0 zu entfernen und 0 nicht
aktualisiert.
Es müssen 9716kB an Archiven heruntergeladen werden.
Nach dieser Operation werden 25,3MB Plattenplatz zusätzlich
benutzt.
Möchten Sie fortfahren [J/n]?
```

Bestätigen Sie die Installation mit ⑆, und die Pakete werden installiert.
Somit sind Sie dem Ziel wieder einen Schritt nähergekommen.

Als letzten Tipp geben wir noch einen Hinweis für *tcl* und *libxml*. Sehr
wahrscheinlich werden Sie von *configure* eine Fehlermeldung erhalten,
dass das Verzeichnis für *libxml* nicht gefunden werden kann (um genau
zu sein: der Ort, an dem die C-Header-Dateien zu finden sind). Abhilfe
schafft das Suchen des Verzeichnisses und die Angabe des Pfads als
Option für den Aufruf von *configure*. Auf einem Debian-basierten System
finden Sie die *libxml*-Header-Dateien im Verzeichnis */usr/include/libxml2*.

Außerdem wird sich *configure* noch über das Fehlen der Tcl-Konfigurati-
onsdatei beschweren. Gesucht wird der Pfad zur Datei *tclConfig.sh*. Auf
Debian-Systemen lautet dieser wahrscheinlich */usr/lib/tcl8.5/* – je nachdem, welche Tcl-Version installiert ist oder welche Version bei einer
Mehrfachinstallation als bevorzugte festgelegt ist (Stichwort *update-alter-*

natives). Diese beiden Pfadangaben packen wir nun einfach ans Ende des configure-Aufrufs:

```
$ ./configure --prefix=/usr/local/pgsql --with-tcl -with-perl \
--with-python --with-krb5 --with-pam --with-openssl -with- \
libxslt --with-gssapi --with-tclconfig=/usr/lib/tcl8.5 -with- \
includes=/usr/include/libxml2
```

Wenn Sie diese Tipps berücksichtigen, stehen die Chancen recht gut, dass Sie die PostgreSQL erfolgreich kompilieren werden – wenn Sie die zu Anfang des Kapitels empfohlenen Optionen nutzen möchten. Natürlich stehen die Chancen besser, wenn Sie die Optionen weglassen. Allerdings haben Sie dann eine PostgreSQL-Installation, mit der Sie nicht wirklich viel anfangen können, da wichtige Features nicht unterstützt werden.

Es sei nochmals der Hinweis gegeben, dass wir Ihnen empfehlen, Ihren Paketmanager für die Installation von PostgreSQL 8.4 zu nutzen.

Abschließend notieren wir noch einmal alle Schritte hintereinander:

```
$ aptitude install libreadline5-dev libghc6-zlib-dev
$ aptitude build-depends postgresql-8.3
$ ./configure --prefix=/usr/local/pgsql --with-tcl -with-perl \
--with-python --with-krb5 --with-pam --with-openssl -with- \
libxslt --with-gssapi --with-tclconfig=/usr/lib/tcl8.5 -with- \
includes=/usr/include/libxml2
$ make && make install
```

Wir wünschen viel Erfolg!

Konfiguration

Um PostgreSQL nutzen zu können, müssen Sie noch ein paar Dinge erledigen. Generell wird empfohlen, einen Systembenutzer namens *postgres* einzurichten und diesem alle Rechte auf Verzeichnisse zu geben. Dem schließen wir uns kommentarlos an. Nutzen Sie dafür das Programm *useradd* (beachten Sie, dass Sie dafür Root sein müssen):

```
$ useradd -m postgres
$ passwd postgres
Geben Sie ein neues UNIX-Passwort ein:
Geben Sie das neue UNIX-Passwort erneut ein:
```

Außerdem müssen wir nun noch das Verzeichnis für die Datenbank erstellen (falls noch nicht vorhanden), den Benutzer *postgres* zum Eigentümer der Verzeichnisse machen und den Datenbank-Cluster initialisieren. Beachten Sie, dass Sie für diese Operationen wiederum Root-Rechte benötigen:

```
root$ mkdir /usr/local/pgsql/data
root$ chown postgres /usr/local/pgsql/data
root$ su - postgres
postgres$ initdb /usr/local/pgsql/data
```

Der Befehl `su - postgres` bewirkt übrigens, dass Sie beim Accountwechsel gleich in das Home-Verzeichnis des Benutzers *postgres* wechseln. Um PostgreSQL zu starten, nutzen Sie das mitgelieferte Programm *pg_ctl*. Achten Sie darauf, dass Sie das als Benutzer *postgres* tun:

```
postgres$ /usr/local/pgsql/bin/pg_ctl -D /usr/local/pgsql/data \
start
```

Um den Server wieder zu stoppen, geben Sie *pg_ctl* einfach die Option `stop` mit auf den Weg:

```
postgres$ /usr/local/pgsql/bin/pg_ctl -D /usr/local/pgsql/data \
stop
```

Das soll es für diesen Abschnitt gewesen sein. Sie haben nun eine lauffähige, aus dem Quellcode selbst kompilierte PostgreSQL. Im nächsten Abschnitt zeigen wir Ihnen nun die Installation mit dem Debian-Paketmanager.

7.1.2 Installation mit dem Paketmanager

Zu Anfang sei uns der Hinweis auf eine Einschränkung für diesen Abschnitt erlaubt – wir hoffen Sie sehen es uns nach. Wir behandeln im Folgenden beispielhaft die Installation mit dem Debian-Paketmanager Aptitude. Natürlich können Sie auch einen anderen Paketverwalter zu Hilfe nehmen, wenn Sie dies bevorzugen – wir beschränken uns hier allerdings auf ein Programm, da wir sonst den Rahmen des Buchs sprengen würden.

Alle auf der Linux-Distribution Debian basierenden System wie Ubuntu, Kubuntu und so weiter verfügen über den Paketmanager Aptitude. Geben Sie einfach mal folgenden Befehl auf der Kommandozeile ein:

```
$ aptitude search ^postgresql-
```

Als Ergebnis erhalten Sie eine Liste aller verfügbaren Pakete, die mit der PostgreSQL zu tun haben. Durch das Zirkumflex-Zeichen (^) am Anfang und das Minuszeichen (-) am Ende unseres Suchbegriffs schränken wir das Ergebnis ein auf Pakete, deren Name mit *postgresql-* beginnt. Wenn Sie nur `postgresql` eingeben, ist die Liste extrem lang, da auch Pakete aufgelistet werden, welche die Zeichenkette mitten im Namen tragen.

> **Versionen der Installationspakete**
>
> Die unterschiedlichen Linux-Distribution verfolgen unterschiedliche Strategien, was die Versionen der Pakete angeht. Debian ist zum Beispiel ziemlich strikt. Bevor ein Paket in die Distribution aufgenommen wird, muss dieses viele Tests bestehen. Außerdem ist der Release-Zyklus sehr lang, was fast immer bedeutet, dass Sie eine etwas veraltete PostgreSQL-Version beziehen werden. Wundern Sie sich also nicht, wenn Sie kurz nach Erscheinen einer neuen Version diese nicht über Aptitude erhalten können.

Los geht's. Um mit Aptitude ein Programm zu installieren, geben Sie folgenden Befehl auf der Shell ein:

```
$ aptitude install postgresql
```

Aber stop ... einen Moment. Wenn Sie diesen Befehl ausführen, wird das Paket sofort installiert. Um erst einmal zu sehen, was denn alles eingespielt werden soll, können Sie die Installation simulieren:

```
$ aptitude install --simulate postgresql
```

Ok – wenn Sie dann mit allem einverstanden sind, lassen Sie einfach den Paramter `--simulate` weg, und die Installation geht los. Und das war's dann auch schon – damit ist die PostgreSQL auf Ihrem System installiert.

Konfiguration

Im Gegensatz zur Installation des PostgreSQL-Servers aus den Quellen haben Sie hier ein leichteres Spiel. Es wurde bereits standardmäßig ein Benutzer *postgres* angelegt, und bei den Debian-basierten Linux-Distributionen finden Sie die Konfigurationsdateien unter *etc/postgresql/8.4/main* und die Datenbankverzeichnisse unter */var/lib/postgresql/8.4/main*. Außerdem können Sie den Datenbankserver mit *pg_ctl* wie bereits beschrieben starten und stoppen oder auf ein Init-Skript (*/etc/init.d/postgresql*) zurückgreifen. Und weil es so schön ist, bringt Debian zusätzlich ein Skript namens *pg_ctlcluster* mit. Damit starten und stoppen Sie PostgrSQL als Benutzer *postgres* folgendermaßen:

```
$ pg_ctlcluster 8.4 main start|stop
```

Also noch ein wenig einfacher. Der Vorteil von *pg_ctlcluster* ist mit Sicherheit die Möglichkeit, PostgreSQL-Datenbanken unterschiedlicher Version gleichzeitig laufen zu lassen (korrekte Konfiguration des Ports oder IP-Adresse vorausgesetzt). Außerdem ist die Handhabung gegenüber *pg_ctl* wohl etwas vereinfacht. Im Übrigen können Sie *pg_ctlcluster* direkt aufrufen, da das Programm in */usr/bin* liegt und dieses Verzeichnis in der Umgebungsvariablen *PATH* ist. Bei *pg_ctl* ist das nicht der Fall.

Welche pg_-Programme gibt es?

Das finden Sie für Ihre Distribution heraus, indem Sie auf der Kommandozeile Folgendes eingeben:

```
$ pg_ [TAB][TAB]
pg_config    pg_dropcluster    pg_lsclusters    pg_upgradecluster
pg_createcluster    pg_dump    pg_maintenance
pg_ctlcluster    pg_dumpall    pg_restore
```

Dies ist Bash-Shellspezifisch. Alternativ können Sie auch folgendes Kommando eingeben:

```
$ ls [prefix]/bin/pg_* oder ls [prefix]/sbin/pg_*
```

`prefix` ersetzen Sie im Aufruf zum Beispiel durch `/usr` oder Ähnliches.

Was diese *pg_*-Programme tun, erfahren Sie in der jeweiligen Manpage:

```
$ man pg_[PROGRAMM]
```

Und damit möchten wir auch diesen Abschnitt beenden. Sehen Sie im nächsten Kapitel wie die Installation und Nutzung der PostgreSQL unter Windows funktioniert.

7.2 Installation unter Windows

Für die Installation unter Windows möchten wir Ihnen zwei Installationspakete vorstellen.

7.2.1 Der Downloadbereich der Webseite

Vorab holen wir ein wenig aus und gehen kurz auf den Downloadbereich und dessen Struktur ein. Prinzipiell erreichen Sie den Bereich unter *http://www.postgresql.org/download*. Hier finden Sie für alle unterstützten Systeme PostgreSQL-Ressourcen oder Verweise zu anderen Quellen. Um den besten Überblick zu erhalten, surfen Sie doch einmal zu *http://www.postgresql.org/ftp/* – Sie erreichen die Seite per Klick auf den Link FILE BROWSER im Menü links. Dort finden Sie im Ordner *binary* alle PostgreSQL-Versionen und können in die einzelnen Versionsordner absteigen und stöbern.

7.2.2 pgInstaller – One-Click-Installer

Kommen wir jetzt zum *pgInstaller* beziehungsweise dem *One-Click-Installer*. Wenn Sie den pgInstaller für Windows aus einer Version vor PostgreSQL 8.4 heruntergeladen haben, so werden Sie diesen nun vergeblich suchen. Unter *http://www.postgresql.org/ftp/binary/v8.4.0/win32/* erwartet Sie ein Hinweis mit folgendem Wortlaut:

> *The pgInstaller distribution of PostgreSQL for Windows is not being maintained for PostgreSQL 8.4 and above.*
> *PostgreSQL 8.4 'one-click' installers for Windows may be downloaded from:*
> *http://www.enterprisedb.com/products/pgdownload.do*
>
> ----
>
> *Der Vertrieb des pgInstaller der PostgreSQL für Windows wird für PostgreSQL 8.4 und höher nicht beibehalten.*
> *Der PostgreSQL 8.4 ‚'one-click'-Installer für Windows kann hier heruntergeladen werden:*
> *http://www.enterprisedb.com/products/pgdownload.do*

Nach einer Rückfrage haben wir folgende Antwort erhalten:

> *It's been deprecated due to the high maintenance overhead and how difficult it is to debug problems, amongst other reasons.*
>
> ----
>
> *Es wurde wegen des hohen Verwaltungsaufwands und neben anderen Problemen) wegen der großen Schwierigkeiten ihn zu debuggen aufgegben.*

Das heißt für alle Windows-Anwender, dass sie den wirklich guten One-Click-Installer jetzt auf der EnterpriseDB-Webseite finden (*http://www.enterprisedb.com/products/pgdownload.do*). Sehr angenehm ist die Tatsache, dass es nicht nur für Windows, sondern auch für Linux und Mac OS X Installationspakete des One-Click-Installers gibt.

Nach dem Download extrahieren Sie den Inhalt des Zip-Archivs in einen beliebigen Ordner und wechseln Sie in das neue Verzeichnis. Um die Installation nun zu starten, doppelklicken Sie die Installerdatei *postgresql-8.4.1-1-windows.exe* (aktuell zur Zeit, als wir diese Zeilen schreiben). Während der Installationsroutine werden Sie aufgefordert, verschiedene Informationen anzugeben. Standardmäßig wird ein Benutzer *postgres* angelegt, dem Sie noch ein Passwort geben müssen. Ansonsten ist die Installation trivial. Im Folgenden sehen Sie ein paar Screenshots vom Installationsablauf.

Nach dem Aufruf der Datei *postgresql-8.4.1-1-windows.exe* begrüßt Sie der Installer:

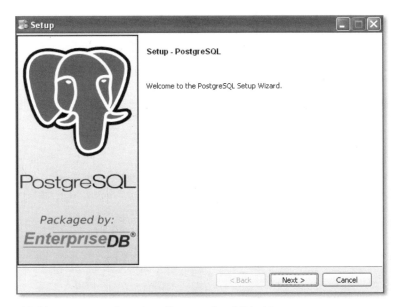

Abbildung 7.1 Windows-Installation – Startbildschirm

In den nächsten beiden Schritten wird der Ort für die Installation und für das Datenverzeichnis abgefragt (hier nur der Screen für das Datenverzeichnis).

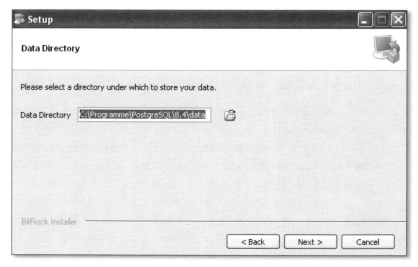

Abbildung 7.2 Windows-Installation – Auswahl des Datenverzeichnisses

Im nächsten Schritt werden Sie aufgefordert, ein Passwort für den Systembenutzer *postgres* einzugeben. Wenn der Benutzer noch nicht existiert, wird er angelegt. Wenn er bereits vorhanden ist, müssen Sie das bereits vergebene Passwort korrekt eingeben – sonst verweigert der Installer die weitere Zusammenarbeit.

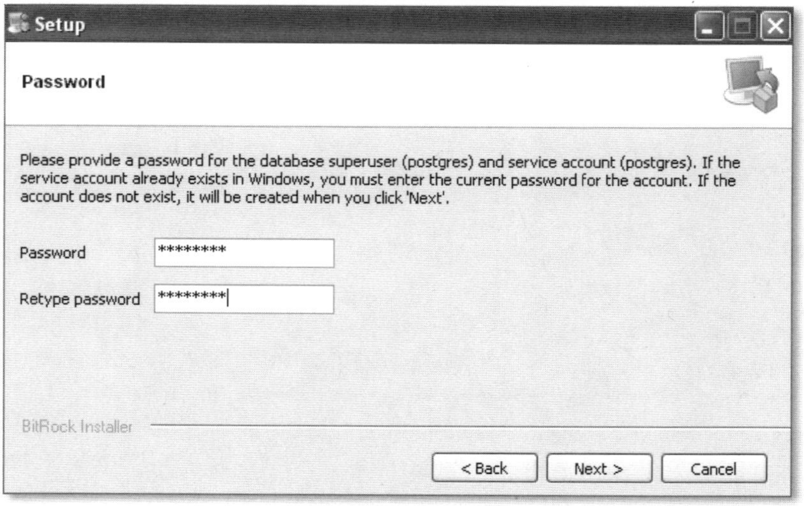

Abbildung 7.3 Windows-Installation – Passwort eingeben

In den nächsten beiden Schritten konfigurieren Sie den Port und die Spracheinstellungen (*Locale*). Standardmäßig ist der Port 5432 vorgegeben. Wenn Sie mehrere Cluster laufen lassen wollen, geben Sie hier für jeden weiteren Cluster eine andere Port-Nummer ein, zum Beispiel 5433, 5434 und so weiter. Als *Locale* können Sie den Standard übernehmen oder etwas wie GERMAN, GERMANY auswählen.

Danach teilt Ihnen der Installer mit, dass er bereit ist, die Installation zu starten. Mit einem Click auf NEXT geht's dann los. Je nach Hardware dauert die Installation einen Augenblick.

Wenn alles geklappt hat, werden Sie mit einer Bestätigung belohnt und der Möglichkeit, den *Stack Builder* zu starten. Der Stack Builder installiert zusätzliche Module für PopstgreSQL wie zum Beispiel unterschiedliche Datenbanktreiber oder Slony I.

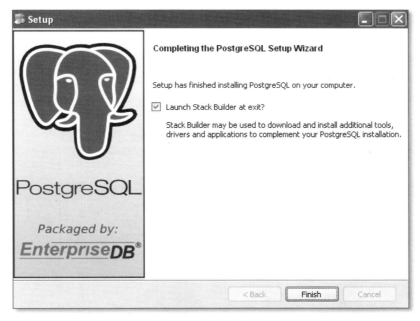

Abbildung 7.4 Windows-Installation – fertig

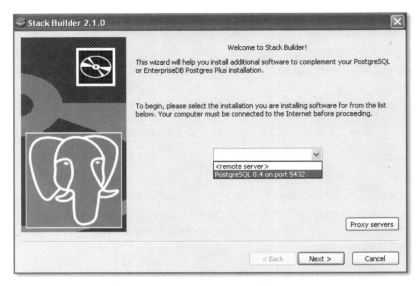

Abbildung 7.5 Windows-Installation – Stack Builder

Wenn Sie sich dazu entscheiden, den Stack Builder zu starten, müssen Sie einen PostgreSQL-Server auswählen und erhalten dann ein Menü mit allen möglichen Erweiterungen:

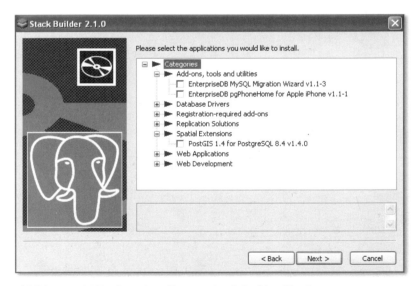

Abbildung 7.6 Windows-Installation – Stack-Builder-Menü

Damit ist die Installation unter Windows abgeschlossen.

Wie auf Windows-Systemen üblich, wird im Startmenü unter Programme ein Ordner zur Installation untergebracht. Dort finden Sie alle Programme, die Sie zum Starten, Stoppen und Verwalten der PostgreSQL benötigen:

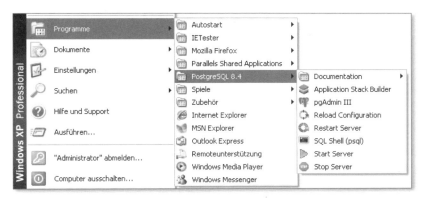

Abbildung 7.7 PostgreSQL im Windows-Startmenü

In Abbildung 7.7 sehen Sie im rechten Fenster übrigens auch einen Eintrag für pgAdmin III – sehr schön, das bekommen Sie mit dem One-Click-Installer gleich frei Haus mitgeliefert. Am häufigsten werden Sie wohl die Einträge DIENST STARTEN und DIENST BEENDEN nutzen. Außerdem finden Sie hier natürlich die beiden PostgreSQL-Verwaltungstools pgAdmin III und den Eintrag psql NACH 'POSTGRES', was bedeutet: »Rufe *psql* als Benutzer *postgres* auf.«

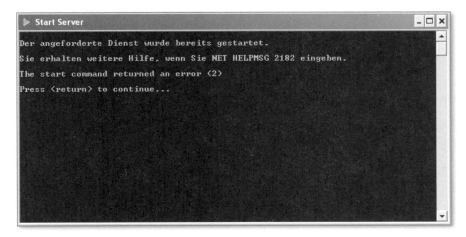

Abbildung 7.8 Windows – den Server starten

Auch die PostgreSQL Kommandozeile steht Windows Benutzern zur Verfügung. Im Windows Startmenü unter PostgreSQL 8.4 führen Sie das Programm SQL Shell (psql) aus und geben dort nacheinander die Angaben für Ihren PostgreSQL Server ein:

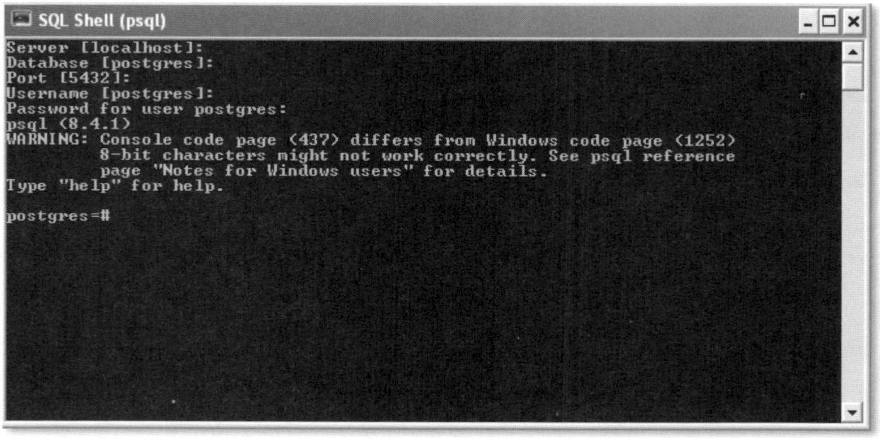

Abbildung 7.9 Windows - psql

Die Windows-Kommandozeile

Natürlich können Sie die mit PostgreSQL mitgelieferten Programme auch auf der Windows-Kommandozeile ausführen. Nutzen Sie dazu einfach die Verknüpfung AUSFÜHREN im Startmenü (siehe Abbildung 7.7). Sie befinden sich nach dem Öffnen des Eingabefensters sofort Verzeichnis *bin* der PostgreSQL-Installation. Geben Sie dort den Befehl dir ein, so sehen Sie alle vorhandenen PostgreSQL-Programme.

7.3 Die wichtigsten Konfigurationsdateien

Sie haben die Installation abgeschlossen, und der PostgreSQL-Server läuft. Sehr gut. Jetzt kommt ein essenzieller Schritt – die Konfiguration Ihres PostgreSQL-Servers.

Wir besprechen in diesem Abschnitt die Datei *postgresql.conf*. Die Konfigurationsdatei selbst ist auf allen Betriebssystemen gleich, nur der Speicherort unterscheidet sich.

Die Datei *pg_hba.conf* behandeln wir aus didaktischen Gründen im Abschnitt 6.3.2, »Authentisierung – die Datei pg_hba.conf«.

7.3.1 postgresql.conf

Gehen wir davon aus, dass Sie PostgreSQL unter Windows im Verzeichnis *C:\Programme\PostgreSQL\8.4* installiert haben. Dann finden Sie die Datei im Verzeichnis *C:\Programme\PostgreSQL\8.4\data*. Dies ist im Normalfall der Ort, an dem die Daten des Datenbank-Clusters gespeichert werden – das sogenannte Datenverzeichnis.

Haben Sie PostgreSQL auf Debian-basierten Linux-Systemen mit Hilfe des Paketmanagers Aptitude installiert, finden Sie die Konfigurationsdatei im Verzeichnis */etc/postgresql/8.4/main/*. Beachten Sie, dass die Datei dem Eigentümer der PostgreSQL-Installation (im Normalfall dem Benutzer *postgres*) gehören muss. Achten Sie darauf, dass dies auch so bleibt, wenn Sie die Dateien bearbeiten.

Wenn Sie die PostgreSQL aus den Quellen selbst kompiliert haben, befindet sich die Datei in dem Verzeichnis, das Sie beim Erstellen des Datenbank-Clusters mit *initdb* angegeben haben. In unserem Beispiel war das */usr/local/pgsql/data*.

7.3.2 Die Einstellungen in der Datei postgresql.conf

Die Datei *potgresql.conf* kann getrost als Herzstück des PostgreSQL-Servers betrachtet werden. Sie ist sehr umfangreich und hat sehr viele Schrauben (Einstellungsparameter), an denen gedreht werden kann. Die gute Nachricht ist, dass Sie mit den richtigen Einstellungen einen sehr gut funktionierenden Server haben werden. Die schlechte ist, dass Sie mit den falschen Einstellungen einen unbrauchbaren Server erhalten werden.

Von Haus aus sind die Einstellungen in der Datei *postgresql.conf* sehr konservativ gehalten. Der Grund hierfür ist das Ziel, die PostgreSQL mit den »Hauseinstellungen« auf so viel Systemen wie möglich lauffähig zu gestalten – auch auf Systemen, die in puncto RAM und CPU eher schwach auf der Brust sind. Leider ist daraus ein Vorurteil entstanden, dass die PostgreSQL generell langsam ist. Wir sind eher der Meinung, dass es eine gute Sache ist, die Datenbank auf so vielen Systemen wie möglich aus dem Stand lauffähig zu halten. Außerdem sind wir der Meinung, dass sich professionelle Software über gute Konfigurationsmöglichkeiten auszeichnet, also individuell an das vorliegende System angepasst werden kann. Ein kleiner Versuch mit dem unberechtigten Vorurteil aufzuräumen ...

Im Umkehrschluss bedeutet das, Sie sollten die Einstellungen an Ihr System anpassen und Änderungen an der Datei *postgresql.conf* vornehmen.

Da es so viele Einstellungsparameter gibt, werden wir hier nicht alle besprechen können. Wir werden Ihnen aber die aus unserer Sicht wichtigsten Einstellungsparameter erklären und eine Empfehlung für sinnvolle Werte geben.

Die Datei ist in mehrere Abschnitte unterteilt. Wir werden die Datei von oben nach unten durchgehen und die Abschnitte, in denen wir Einstellungsparameter erklären, jeweils als Überschriften aufführen. Wir nennen dabei den jeweils zu besprechenden Parameter mit seinem Standardwert.

Beachten Sie auch, dass eine Raute # das verwendete Kommentarzeichen ist. Ein Parameter in einer Zeile, die am Anfang mit einem Kommentarzeichen beginnt, wird also ignoriert. Sie müssen das Rautezeichen entfernen, um die jeweilige Einstellung zu aktivieren.

Und als letzter Punkt sei noch erwähnt, dass die geänderten Einstellungen unterschiedlich wirksam werden. Alle geänderten Einstellungen erfordern zumindest einen Reload der Datei *postgresql.conf*. Auf Linux-Systemen laden Sie die Änderungen neu über

```
$ /usr/bin/pg_ctlcluster 8.4 main reload
```

bzw.

```
$ /usr/bin/pg_ctl -D /usr/local/pgsql/data reload
```

Auf Windows-Systemen öffnen Sie aus dem Startmenü den Eintrag PRO-GRAMME • POSTGRESQL 8.4 • KONFIGURATION ERNEUT LADEN.

Andere Änderungen wiederum erfordern sogar einen kompletten Neustart des Datenbank-Clusters. Unter Linux verwenden Sie das Kommando

```
$ /usr/bin/pg_ctlcluster 8.4 main restart
```

bzw.

```
$ /usr/bin/pg_ctl -D /usr/local/pgsql/data restart
```

Unter Windows rufen Sie aus dem Menü START • PROGRAMME • POSTGRE-SQL 8.4 den Eintrag DIENST BEENDEN beziehungsweise DIENST STARTEN auf.

CONNECTIONS AND AUTHENTICATION

```
listen_addresses = 'localhost'
```

Sie können hier angeben, auf welchen IP-Adressen der PostgreSQL-Server lauscht, also Verbindungen entgegennimmt. Tragen Sie eine kommaseparierte Liste von IP-Adressen oder * für alle ein. Wenn Sie mit Programmen von außen (also nicht auf dem gleichen Server liegend) auf PostgreSQL zugreifen wollen, sollten Sie einfach das * nutzen. Ist dies nicht der Fall, bedeutet der Eintrag localhost, dass nur lokal (vom gleichen Server) auf die Datenbank zugegriffen werden kann.

```
port = 5432
```

Standardmäßig hat PostgreSQL den TCP-Port 5432. Wenn Sie mehrere PostgreSQL-Instanzen parallel laufen lassen möchten (was problemlos möglich ist), geben Sie jeder Instanz in ihre *postgresql.conf*-Datei einen anderen Port, zum Beispiel 5433, 5434 und so weiter.

```
max_connections = 100
```

Wie viele gleichzeitige Verbindungen zum PostgreSQL-Server werden zugelassen? Dieser Wert muss an die Applikation, mit der Sie auf PostgreSQL zugreifen, angepasst werden. Ist dies zum Beispiel eine Webseite mit sehr vielen Zugriffen, werden Sie diesen Wert erhöhen wollen. Beachten Sie dabei, dass das gegebenenfalls mehr *Shared Memory* Ihres Linux-Systems erfordert. Sollten Sie beim Neustart des Datenbank-Clusters eine Fehlermeldung erhalten, müssen Sie den Shared Memory im Linux-Kernel erhöhen. Der folgende Befehl definiert 128 MByte dafür:

```
$ sysctl -w kernel.shmmax=134217728
```

Außerdem sollten Sie verhindern, dass der Kernel Ihren Programmen auf dem System mehr Speicher zur Verfügung stellt als vorhanden ist:

```
$ sysctl -w kernel.vm.overcommit_memory=2
```

Shared Memory

Shared Memory bezeichnet die gemeinsame Nutzung des Arbeitsspeichers (RAM) durch unterschiedliche Prozesse des Systems. Mit der oben beschriebenen Einstellung des Kernel-Parameters shmmax wird festgelegt, wie viel RAM für die gemeinsame Nutzung durch unterschiedliche Prozesse zur Verfügung steht.

RESOURCE USAGE (except WAL)

```
shared_buffers = 32MB
```

Dieser Parameter gibt an, wie viel gemeinsam genutzter Speicher (Shared Memory) dem PostgreSQL-Server zur Verfügung steht. Man spricht hier auch vom sogenannten *Shared-Buffer-Pool*. Die Standardeinstellung sollte erhöht werden. Als Faustregel können Sie davon ausgehen, dass 10–25 % des Arbeitsspeichers Ihres Systems für eine gute Performance sorgen. Für eine Applikation, die sehr viele Schreibzugriffe hat, sind auch bis zu 50 % denkbar.

```
work_mem = 1MB
```

Die Einstellung für den `work_mem` ist eine Obergrenze. Der Parameter gibt an, wie viel RAM für Datenbankoperationen wie Sortieren oder bestimmte JOIN-Typen wie Hash Joins und Bitmap Index Scans benötigt wird. Beachten Sie, dass die PostgreSQL auf die Festplatte ausweicht, wenn nicht genug Arbeitsspeicher zur Verfügung steht. Insofern müssen Sie auch diesen Parameter je nach System und Ihrer Anwendung anpassen und (deutlich) erhöhen.

```
maintenance_work_mem = 16MB
```

Auch diese Einstellung ist eine Obergrenze. Mit `maintenance_work_mem` wird angegeben, wie viel RAM für Wartungsarbeiten wie VACUUM, CREATE INDEX, ALTER TABLE und CLUSTER zur Verfügung steht. Hier muss also auch wieder abgewogen werden, wie viel die PostgreSQL aufräumen muss. Werden zum Beispiel viele löschende Transaktionen ausgeführt, entstehen fragmentierte Tabellen, die »vacuumisiert« werden wollen – ergo sollte `maintenance_work_mem` erhöht werden. Außerdem ist die Anpassung dieses Werts hilfreich bei der Erstellung von Indizes.

```
max_fsm_pages  = 153600
```

Dieser Parameter legt fest, wie viele Datenbankseiten in der sogenannten *Free Space Map* (FSM) abgelegt werden können. In der FSM werden »Zeiger« auf den von VACUUM freigegebenen Speicher verwaltet. Dieser Parameter muss immer groß genug sein, denn sonst müssen Dienste wie VACUUM FULL oder REINDEX zu oft ausgeführt werden. (Berechnung: `max_fsm_relations` * 16, jede Datenbankseite hat eine Größe von 6 Bytes)

```
max_fsm_relations = 1000
```

Dieser Wert gibt die Anzahl der Tabellen und Indizes an, die in der FSM gespeichert werden können. Der Wert kann durchaus erhöht werden, wobei aber davon auszugehen ist, dass 1.000 in den meisten Fällen ausreicht.

WRITE AHEAD LOG

Sobald Transaktionen vorgenommen werden, werden diese im sogenannten *Write Ahead Log (WAL)* protokolliert. Damit wird sichergestellt, dass die Datenbank in einem konsistenten Zustand bleibt. Für eine Datenbanksicherung kann auch ein WAL-Backup eingesetzt werden. Allerdings lohnt sich das erst ab einer Datenbankgröße von circa 20–30 GByte.

```
wal_buffers = 64KByte
```

Dieser Parameter beschreibt die Größe des Puffers für das Transaktionslog. Der Wert ist im Normalfall ausreichend, kann aber wiederum bei großen Transaktionen erhöht werden.

```
checkpoint_segments = 3
```

Dieser Parameter beschreibt die Anzahl der Segmente im Transaktionslog, wobei jedes Segment eine Größe von 16 MByte hat. Die Zahl 3 gibt also an, dass PostgreSQL drei Segmente für Datenänderungen innerhalb einer Transaktion zur Verfügung stehen, bevor ein Checkpoint ausgelöst wird. Der Wert ist ziemlich gering und sollte auf 8–12 heraufgesetzt werden.

> **Checkpoint**
>
> Ein Checkpoint synchronisiert alle Änderungen im Transaktionslog mit der Datenbasis. Standardmäßig geschieht dies alle fünf Minuten. Mit dem Parameter `checkpoint_timeout` können Sie dieses Intervall verringern oder vergrößern.

```
checkpoint_completion_target = 0.5
```

Der Parameter beschreibt die maximale Dauer eines Checkpoints. Der Wert kann von 0.0–1.0 eingestellt werden. Mit einem Wert von 1.0 wird das Schreiben der Datenänderungen voll ausgebremst und mit 0.0 entsprechend gar nicht.

ERROR REPORTING AND LOGGING

```
log_destination = 'stderr'
```

Dieser Parameter gibt an, wohin das Log geschrieben werden soll. Die Einstellung `stderr` (Standard-Error-Ausgabe) sollten Sie übernehmen, um selbst festzulegen, wohin geloggt werden soll.

```
logging_collector = on
```

Ja, wir wollen loggen was die Datenbank so treibt.

```
log_directory = 'pg_log'
```

Hier wird bestimmt, wohin die Logdateien geschrieben werden sollen. *pg_log* ist ein bereits vorhandener Ordner innerhalb des Datenverzeichnisses unseres Clusters.

```
log_filename = 'postgresql-%Y-%m-%d_%H%M%S.log'
```

Hier geben wir an, welchen Namen das Logfile haben soll.

```
log_rotation_age = 1d
```

Wie häufig soll ein neues Logfile geschrieben werden? Standardmäßig jeden Tag. Alternativ (oder gleichzeitig) können Sie mit `log_rotation_size` angeben, ab welcher Logfilegröße (Standard 10 MByte) ein neues Logfile angelegt werden soll.

```
client_min_messages = notice
```

Dieser Parameter beschreibt, auf welchem Level geloggt werden soll. Die Werte reichen von `debug5` (alles loggen) bis `error` (nur wenn Fehler auftauchen).

AUTOVACUUM PARAMETERS

```
autovacuum = on
```

Seit der PostgreSQL 8.3 wird `VACUUM` automatisch ausgeführt. Wir raten dringend dazu, dies so zu übernehmen.

QUERY TUNING

```
effective_cache_size = 128MB
```

Dieser Parameter ist sehr wichtig und teilt dem Planner mit, wie viel Arbeitsspeicher der PostgreSQL für eine Abfrage zur Verfügung steht. Als Faustregel kann der Wert auf 50–75 % des gesamten RAM gesetzt werden (*pgtune* nimmt zum Beispiel 75 % in Anspruch). Sie sollten dabei einfach mal das Unix-Programm *free* aufrufen und den RAM betrachten, der gecached ist:

```
$ free -m
       total       used       free     shared    buffers     cached
Mem: 995         961         33          0        103        702
...
```

Wenn Sie den Wert von `total` und `cached` zueinander ins Verhältnis setzen, liegen Sie mit der Faustregel ja ziemlich gut.

Wichtig ist hier zu wissen, dass Daten aus dem RAM erheblich schneller zur Verfügung stehen als von der »langsamen« Festplatte. Je höher Sie diesen Wert setzen, desto besser wird die Performance werden. Allerdings sollten Sie die Einstellung auch nicht zu hoch wählen, da der Planner sonst falsche Entscheidungen für die Ausführung einer Anfrage vornimmt. Dieser Parameter wird übrigens ausschließlich vom Planner genutzt. (Achtung bei der Aussprache des Parameters ;-)).

7.3.3   pgtune für Linux-Systeme

Um einen automatisch erstellten Vorschlag für Einstellungen der Datei *postgresql.conf* zu erhalten, gibt es ein ganz nettes Hilfsmittel: *pgtune*. Dieses nette, in PHP geschriebene Tool erstellt eine postgresql.conf auf Grundlage der von *pgtune* ermittelten Parameter. Sobald die angepasste Datei erstellt wurde, können Sie sich mit dem Programm *diff* die Unterschiede Ihrer aktuellen und der neuen Datei ansehen.

Um das Tool nutzen zu können, laden Sie das Archiv von der Adresse *http://pgfoundry.org/projects/pgtune* herunter. Im nächsten Schritt entpacken Sie das Archiv an eine beliebige Stelle in Ihrem Dateisystem. Und das war's auch schon – Sie können sofort loslegen und das Programm nutzen. Dazu wechseln Sie in das neue Verzeichnis und sehen sich die Optionen zuerst einmal an:

```
$ cd pgtune-0.9.0
pgtune-0.9.0$ pgtune -help
Usage: pgtune [options]
```

```
Options:
  --version           show program's version number and exit
  -h, --help          show this help message and exit
  -i INPUTCONFIG, --input-config=INPUTCONFIG
                      Input configuration file
  -o OUTPUTCONFIG, --output-config=OUTPUTCONFIG
                      Output configuration file, defaults to
                      standard output
  -M TOTALMEMORY, --memory=TOTALMEMORY
                      Total system memory, will attempt to detect
                      if unspecified
  -T DBTYPE, --type=DBTYPE
                      Database type, defaults to Mixed, valid
                      options are DW, OLTP, Web, Mixed, Desktop
  -c CONNECTIONS, --connections=CONNECTIONS
                      Maximum number of expected connections,
                      default depends on database type
  -D, --debug         Enable debugging mode
```

Wichtig ist hierbei mit Sicherheit der Parameter -T und dessen Optionen. Suchen Sie eine passende aus, und starten Sie das Programm:

```
$./pgtune -i /etc/postgresql/8.4/main/postgresql.conf -o
postgresql-new.conf -T Web
```

Und nun sehen wir uns die Unterschiede an (Ausgabe bereinigt):

```
pgtune-0.9.0$ diff /etc/postgresql/8.4/main/postgresql.conf
postgresql-new.conf
> maintenance_work_mem = 60MB
> checkpoint_completion_target = 0.7
> effective_cache_size = 704MB
> work_mem = 4608kB
> wal_buffers = 4MB
> checkpoint_segments = 8
> shared_buffers = 240MB
> max_connections = 200
```

Wie Sie sehen, wurden am Ende der Datei *postgresql.conf* acht Werte eingefügt. Wenn Sie sich diese ansehen, werden Sie feststellen, dass sie wesentlich höher als die Standardwerte sind. Nutzen Sie diese Werte für Ihr System als Grundlage, um eine gute *postgresql.conf* zu erstellen.

7.4   Schlussbemerkungen

Im letzten Abschnitt haben wir für Sie die aus unserer Sicht wichtigsten Parameter beschrieben und Hinweise für deren Einstellung gegeben. Wenn Sie die Datei *postgreql.conf* (eventuell jetzt gerade) geöffnet haben, sehen Sie, dass es noch wesentlich mehr Parameter gibt – speziell für die Beeinflussung des Planners. Einen weitaus detaillierteren und tieferen Einblick in die Einstellungsmöglichkeiten erhalten Sie in dem bereits erwähnten Buch »PostgreSQL-Administration« von Peter Eisentraut und Bernd Helmle, O'Reilly, 2008.

Wir möchten Ihnen den Rat geben, mit den von uns vorgestellten Parametern zu starten und zu testen. (Legen Sie am besten auch ein Backup der Datei *postgresql.conf* an, um immer wieder zu einer funktionierenden Konfiguration zurückschrauben zu können.) Gehen Sie am besten in kleinen Schritten vor. Haben Sie eine Einstellung geändert, testen Sie die Performance mit EXPLAIN ANALYZE. Wenn Sie zu viele Parameter wild durcheinander ändern, werden Sie in 90 % der Fälle ein schlechtes Resultat erhalten. Außer Sie wissen wirklich, was Sie da tun …

7.5   Startschuss

Wenn Sie diese Zeilen lesen und alle vorherigen Einstellungen und die Installation hinter sich gebracht haben, können wir Ihnen zu einem erfolgreich aufgesetzten PostgreSQL-Datenbank-Cluster gratulieren. Sie haben nun einen lauffähigen PostgreSQL-Server und können mit der Arbeit loslegen. Wir bitten Sie zum Schluss noch darum, immer im Hinterkopf zu haben, dass die PostgreSQL gepflegt werden muss. Sie werden zu Anfang bestimmt nicht das allerletzte Quäntchen an Performance herausgekitzelt haben. Nutzen Sie unsere Empfehlungen für die Einstellungen der Datei *postgresql.conf*, und arbeiten Sie sich schrittweise an die optimalen Einstellungen heran. Jedes PostgreSQL-System erfordert andere Einstellungen. Zum Glück bietet die PostgreSQL mannigfaltige Möglichkeiten. Nutzen Sie sie, und Sie werden viel Spaß haben.

Index

= 257
1/128 373
1:n-Beziehung 51, 90
1:n-Verbindung 58

A

Abfragen
  über mehrere Tabellen 148
Abhängigkeiten 408
absteigende Reihenfolge 88
ACID 159
ADD CONSTRAINT 96
ADD MAPPING FOR 337
Administration 355
age 207
Aggregatausdruck 153
Aggregatfunktionen 123, 126, 153, 212
Alias 85, 256, 258
ALIAS FOR 258
all 371
ALTER 133
  ADD COLUMN 134
  ADD CONSTRAINT 135
  DROP COLUMN 134
  DROP CONSTRAINT 135
  RENAME COLUMN 134
  SET DEFAULT 134
ALTER MAPPING FOR 337
ALTER ROLE 360
ALTER TABLE 96
ALTER TEXT SEARCH CONFIGURATION
  337
ANALYZE 182, 344, 347, 378
Anker 166
Aptitude 408, 411
Arrays 113
ASC 87, 152
aufsteigende Reihenfolge 87
Ausgabeformatierung 215
Authentifizierung 370
autoconf 406
automake 406
autovacuum 182
AVG 127, 212, 214

B

Backup & Recovery 379
Backup-Skript 388
Bacula 381
Bedingungen 82
BEGIN 156, 250
Belastungstests 340
Benutzer 195
Benutzergruppen 195
Benutzerkonten 194
Beziehungen 61
bigint 100
bigserial 105
binäre Daten 120
Bingo 277
Bitmap Index Scan 345
Blob 375
BOOLEAN 122
Box 111
Boyce, Raymond F. 56
B-Tree 307
BYTEA 120

C

CASE 267
CASE .. WHEN .. THEN 161
case sensitive 71, 86
CASE THEN 268
CAST 179
cert 372
Chamberlin, Donald D. 56
CHAR 71
char 107
character 107
character varying 107
CHECK-Constraint 70, 400
Checkpoint 425
Chen-Diagramm 63
CIDR-ADRESS 373
Circle 111
CLI 17
Client-Server-Kommunikation 341
coalesce() 312
Codd, Edgar F. 56
COMMENT 128

COMMIT 156
composite 256
configure 406
CONST 257
Constraint
 CHECK 95
 NOT NULL 93, 97
 UNIQUE 93, 98
constraint_exclusion 403
Constraints 91, 136
 Unique Constraints 184
COPY 218
 COPY FROM 219
 COPY TO 221
CouchDB 374
COUNT 126, 212
CREATE DATABASE 65
CREATE INDEX 94, 306, 307, 352
CREATE LANGUAGE 249
CREATE OR REPLACE FUNCTION 250
CREATE ROLE 194, 355, 358
CREATE ROLE (Gruppenrollen) 361
CREATE RULE 403
CREATE TABLE 68
CREATE TABLE AS 181
CREATE TEXT SEARCH DICTIONARY
 328
createdb 67, 385
createlang 249
creatuser 363
Cron-Daemon 387
Crow's-Foot-Diagramm 64
current_date 207
current_time 207
current_timestamp 207
currval 155
Cursor 277
 ABSOLUTE 279
 BACKWARD 280
 CLOSE 281, 282
 Cursor als Referenz 282
 Cursor deklarieren 278
 Cursor-Referenz 282, 285
 FETCH 279, 280, 284
 FIRST 279
 FORWARD 280
 gebundene/ungebundene 278
 LAST 279
 MOVE 279, 280
 NEXT 279, 284
 OPEN 278, 280, 283
 OPEN CURSOR 281
 OPEN cursor FOR 279
 PRIOR 279
 RELATIVE 279
 RETURNS refcursor 283
CURVAL 179

D

Data Control Language 59
Data Definition Language 57
Data Manipulation Language 58
date 108
date_trunc 208
Datenbankdesign 338
Datenbankmodell 89
Datenbank-Werkzeuge 17
Datenimport 218
Datenintegrität 159
Datentypen 100
Datum 108
Debug-Ausgaben 253
DECLARE 250, 252, 256
default dictionary 320
default_text_search_config 336
Defaultwerte 72
DELETE 79
DELIMITER 220
DESC 88, 152
Dictionarys 327
DIFFERENCE 62
DISTINCT 151
 DISTINCT ON 154
DIVIDE 62
DO 202
DO INSTEAD 200
double precision 103
DROP DATABASE 65
DROP INDEX 94
DROP MAPPING 337
DROP TABLE 68
dropdb 385
dropuser 363, 364
Duplikate entfernen 154

E

Eigentümer 196
Einstellungsparameter 421
ELSEIF 268
END 250
END LOOP 271
Entität 60, 63, 90
Entity-Relationship-Modell 60, 63
escapen 166
EXCEPT 175

Exception 253
EXECUTE 263, 265
Executor 343
EXPLAIN 344, 347
explicit JOIN clauses 353
extract 208

F

Fallunterscheidung 161
Fließkommatypen 103
FOR IN 270, 272, 274
foreign key 51, 136
FOUND 263
FragmentDelimiter 325
Free Space Map 376, 378
FREEZE 377
Fremdschlüssel 51
Fremdschlüssel-Beziehung 137
frozenXID 378
FSM 377, 378
Funktionen 204
    Datum und Zeit 207
    Mathematische 204
    Zeichenketten 210
Funktionsindex 185

G

Ganzzahlentypen 100
Genetic Query Optimizer 343
Geometrische Typen 110
GEQO 343
german_stem 335
GIN 305
    Generalized Inverted Index 306
GiST 305, 307
    Generalized Search Tree Index 307
GNU make 407
GRANT 194, 365
    USAGE 198
GRANT ALL ON TABLESPACE 395
GROUP 151
Groups 368
Gruppenrolle 361
gss 371
GUI 17

H

Hardware 339
Hash Join 346

HAVING 151
Header-Dateien 408
Header-Dateien (C) 408
HighlightAll 325
host 371
hostnossl 371
hostssl 371

I

IBM 56
ident 371
IF 267
IF THEN ELSE 267
INDEX
    CREATE INDEX 183
    DROP INDEX 183
    Funktionsindizes 184
    Mehrspaltige 183
    Partieller Index 185
Index 93, 182
    Verwendung 182
Index Scan 345
Indizes 62
INET 119
INHERITS 397, 399
Inklusionsverknüpfung 146
InnoDB 374
INSERT 74
Installation 405
Installation (Paketmanager) 411
Installation Linux 405
Installation Windows 413
integer 100
INTERSECT 62, 175
INTERVAL 207
interval 108
IP-Adressen 373
Ipv4 371
Ipv6 371
ISO-8601 110
ispell 328
Ispell Dictionary 332

J

Java 284
JOIN 62, 143
    LEFT JOIN 145
    RIGHT JOIN 146
join_collapse_limit 354
Join-Typen 345

K

kartesisches Produkt 84
Keys 91
Kommentare 128
Kommentarzeichen 422
kompilieren 405
Konfiguration 410, 412
Konfigurationsdateien 420
Kontrollstrukturen 161, 267
Koordinaten 113
krb5 371

L

label 252
large object 375
ldap 372
length() 315
length(tsvector) 315
Lexem 301
libxml 409
LIKE 85
LIMIT 86
Linux-Distribution 412
listen_addresses 423
local 371
Locale 417
LOCK 374
LOID 375
LOOP 270, 271, 274
Löschfortpflanzung 61, 139
lower 210
LPAD 212
lpad 271
Lseg 111

M

maintenance_work_mem 308
make 407
make install 407
Makefile 407
Manpage 364
Maskierung 266
MAX 127, 214
max_connections 423
MaxFragments 325
MaxWords 325
md5 371
mehrdimensionale Datenstruktur 113

Merge Join 346
MIN 127, 214

MinWords 325
Momentaufnahme der Datenbank 156
Multiversion Concurrency Control 374
Mustersuche 164
Mustervorlage 215
MVCC 156, 345, 374
MySQL 374

N

n:m-Beziehung 54
Nachkommastellen 79
Namensraum 191
Nested Loop Join 346
Netzwerkadressen 119
NEXTVAL 179
nextval 155
NOTICE 254, 255
numeric 101

O

OFFSET 86
OID 375
ON DELETE 137
    CASCADE 138
    RESTRICT 141
One-Click-Installer 414
Operatoren 123
    Logische 123
    Mathematische 125
    Vergleichs- 124
Operatorklassen 306
Optimizer 342
Optimizer Hints 342
Oracle 56
ORDER 151
ORDER BY 87
OUT 259, 260, 262
OWNER 194

P

pam 372
Parallels 390
Parameter 258
partielle Indizes 309
password 371

PATH 413
Path 111
PERFORM 263
Performance-Tuning 337
pg_ Programme 413
pg_ctl 411
pg_default 393
pg_dump 381, 385
pg_dumpall 382, 390
pg_global 393
pg_hba.conf 370
pg_ident.conf 372
pg_restore 386, 387
pg_standby 392
PG_VERSION 395
pgAdmin III
   Abfrage ausführen, Ergebnis speichern
     29
   Abfrage zerlegen 29
   Ausgabefeld 28
   Backup und Wiederherstellen 44
   Berichte 44
   CREATE DATABASE 32
   Datenbank erstellen 33, 34
   Datenbankbenutzer 33
   Datentyp 37
   Grant Assistent 39, 40
   Gruppenrolle erstellen 40
   Historie 29
   Login-Rollen 41
   Meldungen 29
   Mitglied in 41
   Mitgliedschaft in Gruppenrolle 41
   Objektbrowser 31, 34, 35, 37
   Passwort speichern 30
   pgAdmin III 27
   Privilegien 37, 40
   Rechte für mehrere Tabellen gleichzeitig
     ändern 41
   Schema 32
   Server 30
   Server Status 44
   Skripts 44
   Spalten 37
   SQL-Editor 28
   SQL-Feld 33, 37
   Tabellen erstellen 35
   Verbindung zu Cluster 30
   Werkzeuge 43
   Werte in Tabellen einfügen 37
pgBouncer 392
pgInstaller 414

pgPool II 392
pgtune 427
PHP 284
plainto_tsquery() 304
Plan lesen 347
Planer 342
Planknoten-Typen
   HashAggregate 347
   Limit 347
   Materialize 347
   Sort 347
   Unique 347
plpgslq 253
Point 111
Polygon 111
port 423
POSIX-Standard 166
postgresql.conf 339, 355, 421
   autovacuum 426
   checkpoint_completion_target 425
   checkpoint_segments 425
   client_min_messages 426
   effective_cache_size 426
   listen_addresses 423
   log_destination 426
   log_directory 426
   log_filename 426
   log_rotation_age 426
   logging_collector 426
   maintenance_work_mem 424
   max_connections 423
   max_fsm_pages 424
   max_fsm_relations 424
   port 423
   shared_buffers 424
   wal_buffers 425
   work_mem 424
Primärschlüssel 49
   natürlicher 49
   technischer 49
   verketteten 54
PRODUCT 62
PROJECT 62
psql 17, 22, 23
   [+] 22
   [S+] 22
   \i 26
   Befehlshistorie 24
   dt 22
   psql unter auf Unix- Systemen 19
   psql unter Windows 17
   Tab-ABC completion 24

template1 25
verfügbare Hilfethemen 20
wichtige psql internen Befehle 22

Q

Quantoren 166
query 80
query @@ vector 322
Query Plan 342
Query Plan lesen 349
Query Rewriter 342
quote_ident() 266
quote_literal() 266
quote_nullable() 266

R

RAISE 253
   LOG 254
   NOTICE 254, 255
   RAISE 255
   WARNING 254
RDBMS 60
readline 408
real 103
RECORD 263
refcursor 278, 285
REFERENCES 137
referenzielle Integrität 61
regconfig 325
Regeln für gute Performance 341
Regelsystem 189
Regulärer Ausdruck 163
Reihenfolge
   absteigend 88
   aufsteigend 87
reject 371
Relation 51
Relationale Datenbanken 60
Relationale Operatoren 61
relationales Datenbanksystem 51
Relationen 60
Release-Zyklus 412
RENAME 361
REPLACE 251
RESET 360
RETURN 253, 267
RETURN NEXT 255, 275
RETURN QUERY 255, 262
RETURNING 264
RETURNS 250
RETURNS RECORD 261

RETURNS SETOF 273
RETURNS TABLE 259, 261, 262
REVOKE 194, 362, 369
Rewrite-System 201
ROLLBACK 156
Rollen Attribute 357
Rollensystem 194
RPAD 212
R-Tree 307
RULE 199

S

samerole 371
sameuser 371
scalar 256
Scan-Typen 344
Schemata 191
   CREATE SCHEMA 191
   public 191
SCP 381
searched CASE 269
searchpath 193
Selbstzählende Datentypen 105
selbstzählenden Datentypen 179
SELECT 62, 80
SELECT INTO 262, 263, 277
SELF JOIN 147
SEQUEL 56
Sequential Scan 344
Sequenz 69
Sequenzen 179
SERIAL 69
serial 27, 105
Server-Client-Kommunikation 343
SETOF 273
SETVAL 179
setweight 310
Shared Memory 423
Shell-Skript 387
ShortWord 325
SHOW 351
Sichten 186
SIMLAR TO 164
simple 328, 335
simple CASE 269
Simple Dictionary 330
skalare Variable 263
slony 392
smallint 100
snowball 328
Snowball Dictionary 333
Spaltenbezogene Rechte 196

Spaltennamen 80
SPLIT_PART 211
SQL Standards 57
sspi 371
Stack Builder 417
StartSel 325
Statement
 gruppierendes 153
Statement-Optimierung 338
Statement-Typen 263
Stop Words 330
StopSel 325
Storage Engine 374
String-Verkettung 163
Stringverkettung 178
strip() 315
strip(tsvector) 315
Structured Query Language 55
Subnetzmaske 373
Subselects 166, 214
SUBSTR 211
substring 178
SUM 127, 213
Superuser 196
synonym 328
Synonym Dictionary 330
Syntaxanalyzer 341
Syntaxparser 341
sysctl 423

TOC 386
.toc 387
TOC Entries 386
Token 300
token_type 337
Token-Klassen 300
Transaktion 58
Transaktionen 154
 parallele 158
 PHP-Klasse 160
 Sichtbarkeit 158
trust 371
ts_debug() 316, 320
ts_headline() 325
ts_lexise() 318
ts_rank() 323
ts_rank_cd() 323
ts_rewrite() 315
ts_stat() 316
tsquery 302
tsvector 302
tsvector_update_trigger() 314
Tupel 61
Typecasting 178

T

Tabellen verknüpfen 83
Tabellenpartitionierung 392, 397
Tabellenpartitionierung mit Rules 403
Tabellenpartitionierung mit Trigger 398
Table Of Contents (TOC) 386
TABLESPACE 395
Tablespaces 392
Tar-Archiv 381
tcl 409
TCP/IP 370
template0 99
template1 99
Templates 99
TEXT 72
text 107
Thesaurus Dictionary 328, 331
time 108
timestamp 108
to_char 215
to_tsquery() 302, 304
to_tsvector() 301, 302, 303

U

Umwandlung von Arrays 117
UNION 62, 175
 UNION ALL 176
Unix-Domain-Sockets 370
unscharfe Suche 163
Unterabfragen 166
UPDATE 77
UPPER 211
upper 210
User Defined Functions 286
useradd 410
Users 368
USING 266
 DETAIL 254
 ERRCODE 254
 HINT 254
 MESSAGE 254
 USING 254

V

vaccum_cost_delay 377
VACUUM 222, 340, 375
VACUUM FULL 340, 376
VACUUM VERBOSE 378
vacuum_cost_limit 377

vacuum_freeze_min_page 378
vacuumdb 375
vacuumlo 375
VARCHAR 71
varchar 107
Verarbeitungssicherheit 154
VERBOSE 377
Verknüpfung von Tabellen 138
verschachtelte Schleife 277
Views 186
   aktualisierbare 189
   CREATE VIEW 187
VirtualBox 390
VMware 390
vollständige Schreibweise 77
Volltextsuche 299, 352
   Aufbau einer Suche 309
   Gewichtung 310
   Konfiguration 334
   Oleg Bartunov 299
   Operatoren 319
   Ranking 323
   Suche starten 321
   Suchmaschine 299
   Teodor Sigaev 299
   Token 300
   Token-Klassen 300
   Trigger-Prozedur 313

Tsearch2 299
Vektorraummodell 301
Volltextsuche 299

W

Wahrheitswerte 122
WAL-Archivierung 391
WARNING 254
WHERE 82
WHILE 270, 271
Windows-Kommandozeile 420
Word Stemming 300

X

XID 374
XMAX 374
XMIN 374

Z

Zahlen beliebiger Präzision 101
Zeichenkettentypen 107
Zeit 108
zlib 408
zweidimensionale Objekte 111

Auf CD-ROM: Übungssoftware
SQL-Teacher

Inkl. SQL Syntax von MySQL, Access,
SQL Server, Oracle, PostgreSQL, DB2
und Firebird

Inkl. Referenzkarte mit SQL-Syntax

Marcus Throll, Oliver Bartosch

Einstieg in SQL

Verstehen, einsetzen, nachschlagen

Eine übersichtliche Strukturierung, zahlreiche Praxisbeispiele und die
Übungssoftware auf CD machen dieses Buch zum perfekten Lehrwerk
für Universität und beruflichen Einsatz. Alle wichtigen Themen von der
Anlage der Datenbank über Abfragen bis zur Arbeit mit
Rechteverwaltung und Automatisierung werden behandelt.

317 S., 3. Auflage 2010, mit CD und Referenzkarte, 24,90 Euro, 42,90 CHF
ISBN 978-3-8362-1442-1

>> www.galileocomputing.de/2162

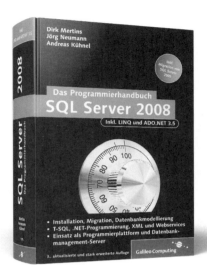

Installation, Migration, Datenbankmodellierung

T-SQL, .NET-Programmierung, XML und Webservices

Einsatz als Programmierplattform und Datenbankmanagement-Server

Dirk Mertins, Jörg Neumann, Andreas Kühnel

SQL Server 2008

Das Programmierhandbuch

Vom ersten Datenbankentwurf und den SQL-Grundlagen, der Migration von SQL Server 2000 und 2005 bis hin zu den neuen Features und konkreten Programmierbeispielen beschreiben die Autoren alles Notwendige, um den SQL Server 2008 als Programmier-Plattform und Datenmanagement-Server zu nutzen. Inkl. LINQ und ADO.NET.

1148 S., 3. Auflage 2009, 59,90 Euro, 99.90 CHF
ISBN 978-3-8362-1395-0

>> www.galileocomputing.de/2110

Grundlagen, Anwendung, Praxiswissen

Objektorientierung, Sicherheit, MVC, inkl. CakePHP

Fortgeschrittene MySQL-Techniken, Web 2.0, Datenbank-Tuning

Gunnar Thies, Stefan Reimers

PHP 5.3 und MySQL 5.1

Das umfassende Handbuch

Das Buch richtet sich an ambitionierte Einsteiger und fortgeschrittene Entwickler, die umfangreiches Grundwissen in der Datenbankentwicklung und Programmierung mit PHP erhalten möchten.
Der Autor bietet Ihnen eine praxisorientierte Einführung in Techniken, Arbeitsweisen und Werkzeuge für Ihre datenbankgestützte Webseite mit PHP und MySQL.

1051 S., 2. Auflage 2009, mit CD, 39,90 Euro, 67,90 CHF
ISBN 978-3-8362-1377-6

>> www.galileocomputing.de/2078

Design Patterns, PHPUnit, XDebug

Sicherheit, Errorhandling, Debugging

Zend Studio, Zend PDT, Frameworks, MVC-Architektur

Carsten Möhrke

Besser PHP programmieren

Handbuch professioneller PHP-Techniken

Ein Buch für diejenigen, die bereits in PHP programmieren und jetzt ihren Programmierstil verbessern möchten. Angefangen vom Aufbau von Programmen über Modularisierung, Objektorientierung und Dokumentation bis hin zu Fragen der Sicherheit und Performance.

828 S., 3. Auflage 2009, mit DVD, 39,90 Euro, 67,90 CHF
ISBN 978-3-8362-1139-0

>> www.galileocomputing.de/1670

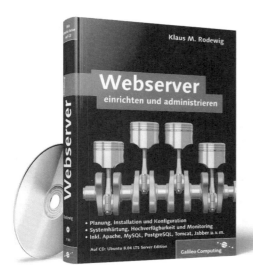

Installation, Konfiguration, Administration

Inkl. kommentierter Beispielkonfigurationen

Praxiseinsatz, Sicherheit, Performance, Logging, Erweiterungen u.v.m.

Sascha Kersken

Apache 2

Das umfassende Handbuch

Das Buch ist Lehrbuch und Referenz zugleich. Neben den Grundlagen der Konfiguration und Anwendung werden alle Optionen umfassend dargestellt. Auch bei professionellen Themen und Neuerungen von Apache 2 wie Multiprotokollsupport, Load Balancing, Entwicklung von eigenen Modulen, CGI, PHP und Tomcat lässt Sie dieses Buch nicht allein.

947 S., 3. Auflage 2009, mit DVD, 44,90 Euro, 75,90 CHF
ISBN 978-3-8362-1325-7

>> www.galileocomputing.de/1972

Planen und Einrichten von LAN und WLAN

Praxislösungen für Büro, Home Office und LAN-Party

Macs mit PCs vernetzen

Axel Schemberg, Martin Linten, Kai Surendorf

PC-Netzwerke

Mit VoIP (Voice over IP), Asterisk und Skype. Aktuell zu Windows 7, Macs mit PC vernetzen

Bewährt, praxisnah und randvoll mit wertvollen Informationen, das ist unser PC-Netzwerkbuch. Dabei erhalten Sie nicht nur umfassende Grundlagen der Vernetzung, sondern Praxis-Anleitungen mit denen Sie Ihre Computer zu Hause oder im Büro professionell vernetzen. Ob LAN, WLAN, VoIP oder Routing – kein Thema bleibt dabei unberücksichtigt. Aktuell auch zu Windows 7.

659 S., 5. Auflage, mit DVD, 29,90 Euro, 49,90 CHF
ISBN 978-3-8362-1105-5

>> www.galileocomputing.de/1618

Webdesign, PHP, MySQL, SEO, Joomla!, TYPO3, Python, Linux, Ubuntu, C/C++, UML, XML, Java, Eclipse, Visual Studio, .NET, Virtualisierung, Excel, Microsoft Netzwerke & Server, OpenOffice.org

Herbst/Winter

Katalog 2009/2010

Bücher und Video-Trainings

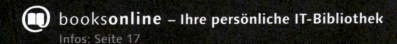

booksonline – Ihre persönliche IT-Bibliothek
Infos: Seite 17

» **www.GalileoComputing.de**

Galileo Computing
Wissen, wie's geht.

Webdesign

Inhalt

» Webdesign | S. 2
» PHP & MySQL | S. 6
» Joomla! & TYPO3 | S. 7
» Python, Webprogrammierung | S. 8
» Mac OS X Snow Leopard | S. 9
» Coding for Fun | S. 10
» C/C++, UML, OOP | S. 11
» Linux, UNIX, Ubuntu | S. 12
» Java, Eclipse, XML | S. 14
» Visual Studio | S. 16
» Microsoft, Netzwerke | S. 18
» Virtualisierung | S. 20
» Server & Sicherheit | S. 21
» Excel, OpenOffice.org | S. 22

▶ Video-Training

Neu

Bernhard Stockmann
Webseiten erstellen
Schnell und sicher zur eigenen Website

Diese Video-Trainings-DVD liefert Ihnen alles, was Sie für die Erstellung Ihrer Webseiten benötigen: einen Lernkurs, der Ihnen anschaulich zeigt, wie Sie eine Website konzipieren, gestalten und veröffentlichen, zahlreiche nützliche Tools und die Bildbearbeitung GIMP, damit Sie auch eigene Webgrafiken erstellen können.

Hier erfährt der Web-Neuling alles Wissenswerte vom Konzept bis zur Realisation.
DigitalPHOTO Photoshop

DVD, Win, Mac, Linux, 90 Lektionen, 9 Stunden Spielzeit, 29,90 €, ISBN 978-3-8362-1330-1
www.galileocomputing.de/1978
➥ **Probelektionen im Web!**

Daniel Mies
Webseiten erstellen für Einsteiger
Schritt für Schritt zur eigenen Website

In lockerer und verständlicher Sprache erklärt Daniel Mies, wie Sie die Techniken HTML, CSS, JavaScript und Suchmaschinenoptimierung nutzen. Dabei wird immer Wert auf aktuelle Standards, Techniken und modernes Design gelegt. Alle Themen werden anhand zahlreicher Praxisbeispiele veranschaulicht und fürs bessere Nachschlagen in einer Referenz übersichtlich zusammengefasst.

Das schönste Grundlagenbuch zum Thema!
photoshop-weblog

ca. 360 S., 2. Auflage, mit DVD, 19,90 €
ISBN 978-3-8362-1514-5, Januar 2010
www.galileocomputing.de/2265
Vorauflage lieferbar!

1.200 Seiten!

Mark Lubkowitz
Webseiten programmieren und gestalten – 3. Auflage
▶ Inkl. Suchmaschinen-Optimierung und Barrierefreiheit
▶ AJAX im Praxiseinsatz

Unser Bestseller vermittelt alle Grundlagen von HTML, XHTML, JavaScript, AJAX, XML, PHP oder MySQL – unser Buch antwortet umfassend auf alle Fragen der Webprogrammierung.

Durch praxisrelevante Übungsaufgaben und zahlreiche Skriptbeispiele belebt dieses Buch das sonst eher trockene Thema der Webentwicklung. Gerade für angehende Anwender ist dieses Buch eine sinnvolle Bereicherung. iX

1132 S., 3. Auflage 2007, mit DVD, 39,90 €
ISBN 978-3-89842-813-2
www.galileocomputing.de/1226

Frank Bongers
XHTML, HTML und CSS
Handbuch und Referenz
▶ Modernes Webdesign
▶ Saubere Trennung von Inhalt und Layout
▶ Usability und Barrierefreiheit
▶ Design für mobile Endgeräte

Unser Buch zeigt Ihnen, worauf Sie beim Erlernen und Vertiefen der Websprachen achten müssen und hilft mit praxistauglichen Beispielen. Die vollständige Referenz sowie Kapitel zu Usability, Accessibility, Umstieg auf CSS und mobilem Webdesign machen den Titel zum unentbehrlichen Handbuch!

1200 S., 2007, mit CD, 49,90 €
ISBN 978-3-89842-443-1
www.galileocomputing.de/669

Björn Seibert, Manuela Hoffmann
Professionelles Webdesign mit (X)HTML und CSS
▶ Standardkonformes Webdesign
▶ Accessibility und Usability
▶ Farbe, Grafik und Typografie

Die beiden Autoren zeigten Ihnen anhand eines Beispielprojekts, wie Sie Ihre Website mit (X)HTML und CSS effektiv und standardkonform umsetzen. Hier wird erklärt, wie Sie Ihre Site strukturieren, welche Elemente Sie wozu einsetzen und wie Sie professionelles Design durch abgestimmte Farbschemata erzeugen. Ein Buch voller Profi-Wissen! Die 2. Auflage ist komplett aktualisiert und erweitert zu den neuen Standards und Browser-Versionen.

366 S., 2. Auflage 2008, mit CD, 29,90 €
ISBN 978-3-8362-1104-8
www.galileocomputing.de/1389

Video-Training

Thomas Kötter

Webdesign mit CSS

Kreative Praxislösungen für moderne Webseiten

CSS-Profi Thomas Kötter zeigt Ihnen anhand praktischer Beispiele, wie Sie ein modernes Web-Layout mit CSS und HTML professionell umsetzen. Angefangen von der Navigation bis hin zu Formularen, Bildergalerien und Foren. Dabei erlernen Sie auch, wie Sie MySpace-Profile, Wordpress-Blogs und einen Magento-Shop mit CSS aufpeppen.

DVD, Win, Mac, Linux, 80 Lektionen, 9 Stunden Spielzeit, 39,90 €
ISBN 978-3-8362-1496-4
www.galileocomputing.de/2238

Corina Rudel, Ingo Chao

Fortgeschrittene CSS-Techniken

Inkl. Debugging

▸ CSS-Prinzipien verstehen und sicher anwenden
▸ Analyse und Fehlerbehebung von CSS-Layouts

In drei umfangreichen und reich illustrierten Teilen zeigen Ihnen die beiden Autoren die Vielfalt der CSS-Prinzipien anhand von vielen Kurzbeispielen, stellen kompetent den Umgang mit Inkonsistenzen in modernen Browsern dar und vermitteln professionelle Debugging-Techniken.

460 S., 2. Auflage 2009, mit DVD, 39,90 €
ISBN 978-3-8362-1426-1
www.galileocomputing.de/2148

Corina Rudel hat sich auf 3D-Visualisierung und Webdesign spezialisiert und unterrichtet an der Hochschule Rosenheim das Wahlfach Webdesign. Sie gibt in deutschsprachigen Webdesign-Foren Hilfestellung bei CSS-Problemen.

Ingo Chao ist aktives Mitglied der Mailingliste css-discuss, die sich der Hilfe bei CSS-Problemen verschrieben hat. Auf seiner Website http://satzansatz.de finden Sie eine Reihe von Artikeln zu Problemstellungen in CSS. Er ist Manager Engineering (Frontend) bei der XING AG.

Reich bebildert und mit der schon von anderen Galileo-Lehrbüchern bekannten Info-Sidebar mit Insider-Tipps und -Tricks wird dieses Werk zu einer tollen Hilfe für alle, die bereits erste Erfahrungen mit CSS gemacht haben und sich zu höheren Aufgaben berufen fühlen.
grafiker.de

»Fortgeschrittene CSS-Techniken« geben auch CSS-Profis noch den nötigen Feinschliff und schließen die letzten Wissenslücken. CSS-Wissen von Profis für Profis.
Mediavalley

Techtalks für Webentwickler » www.galileocomputing.de/techtalks/

Kai Laborenz

CSS-Praxis

Das umfassende Handbuch

▸ Grundlagen und Referenz
▸ Browserübergreifende Lösungen
▸ Barrierefreies Webdesign mit CSS

Ein moderner Klassiker! CSS-Praxis feiert mit seiner fünften Auflage Jubiläum. Für CSS-Entwickler in Deutschland ist dieses Buch ein Standardwerk, das zu jeder Fragestellung zuverlässig Auskunft gibt.

Das Buch kann mit Fug und Recht als umfassend bezeichnet werden. Wer dieses Buch als Anleitung nimmt, kann erfolgreich browserübergreifende Lösungen umsetzen.
grafiker.de

766 S., 5. Auflage 2008, mit DVD und Referenzkarte, 39,90 €, ISBN 978-3-8362-1134-5
www.galileocomputing.de/1667

Dirk Jesse

CSS-Layouts

Praxislösungen mit YAML 3.0 – Inkl. Einsatz in TYPO3

Ein Fachbuch, das von der ersten bis zur letzten Seite überzeugt.
csshilfe

CSS-Layouts ist eine ausführliche Praxisanleitung zur Verwendung des YAML-Frameworks und zur Gestaltung eines CSS-basierten Webseiten-Layouts für fortgeschrittene Webdesigner. Das Buch eignet sich bestens als Nachschlagewerk und Dokumentation zu YAML.
chip

452 S., 2. Auflage 2008, mit DVD und Referenzkarte, 34,90 €, ISBN 978-3-8362-1135-2
www.galileocomputing.de/1669

Heiko Stiegert

CSS-Design

Die Tutorials für Einsteiger

▸ Schritt-für-Schritt-Anleitungen zu allen wichtigen Anwendungen
▸ Navigationen, Layouts, Bilder, Formulare, Mikroformate
▸ DVD mit Video-Lektionen und allen Beispieldateien

Dieses komplett vierfarbige Buch zeigt Ihnen in ausführlichen Praxisworkshops, wie Sie moderne Webseiten gestalten. Inkl. zahlreicher Tipps und Tricks

Hilfreich und interessant für Anfänger und Fortgeschrittene.
Digital Production

460 S., 2008, mit DVD, 39,90 €
ISBN 978-3-8362-1155-0
www.galileodesign.de/1704

Neu

Komplett in Farbe!

Elisabeth Wetsch

Einstieg in CSS

2., aktualisierte Auflage

▸ Webseiten gestalten mit CSS
▸ Direkt einsetzbare CSS-Layoutvorlagen
▸ Kurzreferenz und Browserhacks

Nie war es anschaulicher CSS zu lernen! Elisabeth Wetsch bereitet Sie in leicht nachvollziehbaren Schritten auf den Innenausbau der Website mit Cascading Stylesheets vor. Auf der Tagesordnung stehen professionelle Layouts, universell einsetzbare und kreative Vorlagen sowie ein Referenzteil, damit Sie bei der täglichen Arbeit bei Bedarf bequem nachschlagen können.

434 S., 2. Auflage 2009, mit DVD, 19,90 €
ISBN 978-3-8362-1466-7
www.galileocomputing.de/2199

Video-Training

Suzana Kötter, Thomas Kötter

Einstieg in CSS

Webseiten layouten und gestalten

▸ Flexible Webseiten selbst erstellen
▸ Quellcode analysieren und verstehen
▸ Mit einer Einführung in YAML
▸ Zahlreiche Layoutvorlagen

Lernen Sie von CSS-Profi Thomas Kötter, wie Sie CSS für ein modernes Webdesign effizient einsetzen. Schritt für Schritt bauen Sie eine Website auf und erstellen flexible Layouts, die auf allen gängigen Browsern überzeugend aussehen.

DVD, Win, Mac, Linux, 75 Lektionen,
7 Stunden Spielzeit, 29,90 €
ISBN 978-3-8362-1212-0
www.galileocomputing.de/1822

SMASHING MAGAZINE

Vitaly Friedman

Praxisbuch Web 2.0

Von der charakteristischen Gestaltung über Barrierefreiheit und Usability bis hin zum Einsatz von AJAX, Mashups, Wikis, Blogs und Podcasts – mit diesem Buch lernen Sie, was eine Web 2.0-Site ausmacht und wie Sie diese selbst umsetzen. Zahlreiche Schritt-für-Schritt-Anleitungen unterstützen Einsteiger und Profis bei der Gestaltung einzelner Elemente oder vollständiger Web 2.0-Sites.

Eine bessere Praxisschau der gegenwärtigen Web 2.0-Technologien und Innovationen haben wir noch nicht entdecken können. Kaufempfehlung!
PSD-Tutorials

833 S., 2. Auflage 2009, mit DVD, 39,90 €
ISBN 978-3-8362-1342-4
www.galileocomputing.de/2002

Sebastian Erlhofer

Suchmaschinen-Optimierung für Webentwickler

Das umfassende Handbuch

▸ Optimierung von Web 2.0-Sites
▸ TYPO3- und WordPress-Optimierung

Das Standardwerk der Suchmaschinen-Optimierung bietet Grundlagenwissen zur Arbeitsweise von Google und Co. und zeigt Ihnen im umfangreichen Praxisteil, wie Sie Ihren Internetauftritt optimieren.

Dieses Buch war, ist und bleibt ein Standardwerk, das durch seine verständliche Sprache auch für Konzeptioner und Texter hervorragend geeignet ist.
Entwickler Magazin

504 S., 4. Auflage 2008, 34,90 €
ISBN 978-3-8362-1233-5
www.galileocomputing.de/1861

Alexander Steireif, Rouven Alexander Rieker

Webshops mit Magento

▸ Installation, Anwendung, Anpassung
▸ Schritt für Schritt zum eigenen Shopsystem

Unsere Autoren bieten Ihnen einen leichten Einstieg in die Entwicklung Ihres ersten eigenen Shops mit Magento und zeigen Ihnen praxisnah und mit vielen Beispielen Installation, Einrichtung und Erweiterung mit Modulen.

Das Buch »Webshops mit Magento« liefert einen perfekten und detaillierten Einstieg in das Thema, um mit Magento im Online-Shop-Sektor professionell Fuß zu fassen.
Mediavalley

320 S., 2009, mit DVD, 29,90 €
ISBN 978-3-8362-1378-3
www.galileocomputing.de/2085

Björn Teßmann, Astrid Zanier, Michael Seidlitz

xt:Commerce VEYTON 4

▸ xt:Commerce im professionellen Einsatz
▸ Installation, Administration, Erweiterung
▸ Integration in TYPO3, Joomla!, Warenwirtschaft

Angefangen von der professionellen Installation und Konfiguration bis hin zu Spezialthemen finden Sie in diesem Buch alles, was Sie bei der täglichen Arbeit mit xt:Commerce 4.0 benötigen. Egal, ob Sie Ihr System mit Extensions erweitern oder xt:Commerce in TYPO3 integrieren möchten: Hier finden Sie Know-how aus der Praxis.

ca. 700 S., mit CD, 49,90 €
ISBN 978-3-89842-786-9, Dezember 2009
www.galileocomputing.de/1206

Neu

Komplett in Farbe!

Komplett in Farbe!

Manuela Hoffmann

Modernes Webdesign

▶ Von der Idee bis zur fertigen Website
▶ Kreativ mit Webstandards

Ein Wegweiser für modernes Webdesign, der gleichzeitig Praxis, Anleitung und Inspiration liefert. Die Grafikerin und Webdesignerin Manuela Hoffmann (pixelgraphix.de) führt Sie von der Idee bis zur technischen Umsetzung mit HTML und CSS. Inkl. Vorlagen und Templates für Photoshop und WordPress

ca. 400 S., mit DVD, 39,90 €
ISBN 978-3-8362-1502-2, Dezember 2009
www.galileodesign.de/2244
Vorauflage lieferbar!

Philip Fuchslocher, René Schulze

Webdesign mit Photoshop
Aktuell zu CS4

An erster Stelle bei der Entwicklung eines Webdesigns steht immer der Entwurf in Photoshop. Unser Buch führt Sie von der Idee über die Gestaltung der einzelnen Bestandteile einer Website bis hin zur Umsetzung mit HTML und CSS: Farbwahl, Buttons, Navigation, Bilder, Texte und alles, was sonst noch zum Design einer Site dazugehört, wird ausführlich besprochen.

Ein umfangreiches Werk, das keine Fragen offen lässt.
Prophoto

432 S., 2009, mit DVD, 39,90 €
ISBN 978-3-8362-1242-7
www.galileodesign.de/1881

▶ *http://www.foto-podcast.de*

▶ **Video-Training**

Bernhard Stockmann

GIMP

für digitale Fotografie, Webdesign und kreative Bildgestaltung

▶ Praxisnahe Workshops
▶ Extra-Kapitel: GIMP für Web und Print

GIMP installieren, Video-Training einlegen und los geht's. Ihr Trainer zeigt, wie Sie GIMP effektiv einsetzen, um Bilder aufzuwerten oder mit Grafikeffekten auszustatten.

DVD, Win, Mac, Linux, 123 Lektionen, 11½ Stunden Spielzeit, 39,90 €
ISBN 978-3-8362-1225-0
www.galileodesign.de/1835
➥ **Probelektionen im Web!**

Jürgen Wolf

GIMP 2.6 für digitale Fotografie

▶ Schritt für Schritt zum perfekten Foto
▶ Beispielbilder zu allen Workshops
▶ Mit GIMP 2.6 für Win, Mac und Linux sowie vielen Plug-ins
▶ Referenzkarte für alle Tastenkürzel

Dieses Buch zeigt Ihnen den kompletten Foto-Workflow mit GIMP. Auf der beiliegenden DVD finden Sie die GIMP-Version 2.6 sowie alle Beispielbilder. Auch beim Installieren und Einrichten der Software bietet es Ihnen konkrete Hilfestellung.

356 S., 2009, mit DVD und Referenzkarte, 39,90 €, ISBN 978-3-8362-1184-0
www.galileodesign.de/1777

Nick Weschkalnies

Adobe Flash CS4
Das umfassende Handbuch

Von den Grundlagen über Illustration, Animation, Sound und Video bis zu Spieleentwicklung, dem Einsatz von PHP, XML und ActionScript 3 zeigt Ihnen dieses Buch alles, was Sie für moderne Flash-Anwendungen benötigen. Mit zahlreichen Workshops und Praxistipps.

Vor allem der Praxisbezug hebt das empfehlenswerte Buch angenehm aus der Masse hervor.
PSD-Tutorials

846 S., 2009, mit DVD, 39,90 €, ISBN 978-3-8362-1256-4
www.galileodesign.de/1891

Tobias Hauser, Armin Kappler, Christian Wenz

**Das Praxisbuch
ActionScript 3**
Aktuell zu Adobe Flash CS4

Mit diesem Buch lernen Sie Filmsteuerung, Animation und Interaktion kennen, binden Sound, Video und Bitmaps ein, erstellen dynamische Formulare, setzen XML, PHP und MySQL ein und nutzen die objektorientierte Programmierung – und das alles anhand von spannenden Praxisbeispielen. Schöpfen Sie ActionScript 3 bis ins Detail aus!

702 S., 2009, mit DVD, 39,90 €, ISBN 978-3-8362-1258-8
www.galileodesign.de/1893

Richard Beer, Susann Gailus

Adobe Dreamweaver CS4
Das umfassende Handbuch

Mit diesem Buch lernen Sie die Erstellung und Entwicklung moderner statischer wie dynamischer Webseiten.

692 S., 2009, mit DVD, 39,90 €, ISBN 978-3-8362-1262-5
www.galileodesign.de/1897

Manuel Bieh

Mobiles Webdesign

Dieses Buch versetzt Sie in die Lage, einen Webauftritt für mobile Endgeräte zu konzipieren und umzusetzen.

302 S., 2008, 34,90 €, ISBN 978-3-8362-1153-6
www.galileocomputing.de/1709

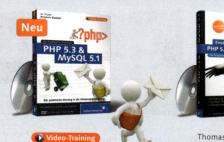

Gunnar Thies, Stefan Reimers
PHP 5.3 & MySQL 5.1
Das umfassende Handbuch

Das Buch richtet sich an ambitionierte Einsteiger und fortgeschrittene Entwickler, die umfangreiches Grundwissen in der Datenbankentwicklung und Programmierung mit PHP erhalten möchten. Der Autor bietet Ihnen eine praxisorientierte Einführung in Techniken, Arbeitsweisen und Werkzeuge für Ihre datenbankgestützte Webseite mit PHP und MySQL.

Das schwergewichtige Handbuch von Galileo Press zur aktuellen Version von PHP & MySQL ist eine verlässliche Einführung in die Entwicklung dynamischer Websites.
databasepro

1051 S., 2. Auflage 2009, mit CD, 39,90 €
ISBN 978-3-8362-1377-6
www.galileocomputing.de/2078

▶ **Video-Training**

Benjamin Bischoff
PHP 5.3 & MySQL 5.1
Das Training für Einsteiger

▶ **Ideal für Programmieranfänger**
▶ **PHP- und MySQL-Grundlagen**
▶ **Sicher programmieren von Anfang an**

Mit diesem Video-Training steigen Sie ganz leicht in die Welt der PHP-Programmierung ein. Unser Trainer Benjamin Bischoff zeigt Ihnen Schritt für Schritt, wie Sie sich in PHP ausdrücken und mit Webserver und Datenbank kommunizieren.

DVD, Win, Mac, Linux, 64 Lektionen, 8½ Stunden Spielzeit, 29,90 €
ISBN 978-3-8362-1329-5
www.galileocomputing.de/1977
➥ **Probelektionen im Web!**

Thomas Theis
Einstieg in PHP 5.3 & MySQL 5.1
Für Programmieranfänger geeignet

Wenn Sie einen praxisnahen und schnellen Einstieg in die Sprache PHP suchen, haben Sie hiermit Ihr passendes Buch gefunden. Thomas Theis zeigt Ihnen anhand leicht nachvollziehbarer und sofort einsetzbarer Programme, wie Sie die Stärken von PHP 5.3 und MySQL 5.1 effizient nutzen.

612 S., 5. Auflage 2009, mit CD, 24,90 €
ISBN 978-3-8362-1427-8
www.galileocomputing.de/2146

Techtalks für Webentwickler:
» www.galileocomputing.de/techtalks/

Mirco Müller, Jan Müller
SugarCRM
Das umfassende Handbuch

SugarCRM ist zurzeit der verbreitetste Vertreter unter den Open-Source-CRM-Systemen. SugarCRM ist webbasiert und baut auf PHP und MySQL (bzw. Oracle) auf. Mit unserem Buch haben Sie eine Schritt-für-Schritt-Anleitung an der Hand, die Sie bei der Planung und der Implementierung Ihres eigenen CRM-Systems von Anfang an begleitet. Zahlreiche Fallbeispiele helfen Ihnen, SugarCRM an Ihre Bedürfnisse anzupassen. Inkl. Integration in TYPO3-Systeme

394 S., 2009, mit CD, 59,90 €
ISBN 978-3-8362-1309-7
www.galileocomputing.de/1947

Buchtipp!

Carsten Möhrke
Besser PHP programmieren
Handbuch professioneller
PHP-Techniken

▶ **Design Patterns, PHPUnit, XDebug**
▶ **Sicherheit, Errorhandling, Debugging, Sicherheit**
▶ **Zend Studio, Eclipse, Frameworks, MVC-Architektur**

Ein Buch für diejenigen, die bereits in PHP programmieren und jetzt ihren Programmierstil verbessern möchten. Angefangen vom Aufbau von Programmen über Modularisierung, Objektorientierung und Dokumentation bis hin zu Fragen der Sicherheit und Performance.

828 S., 3. Auflage 2009, mit DVD, 39,90 €
ISBN 978-3-8362-1139-0
www.galileocomputing.de/1670

Carsten Möhrke
Zend Framework
Das Entwickler-Handbuch

Das Buch bietet eine praxisbezogene Einführung in die Entwicklung von PHP-Anwendungen mit dem Framework.

420 S., 2008, mit CD, 39,90 €
ISBN 978-3-8362-1068-3
www.galileocomputing.de/1540

Steven Broschart, Ingo Schommer
SilverStripe
Das umfassende Handbuch

Die Lernkurve zu SilverStripe wird durch dieses Buch stark verkürzt, was es für jeden an diesem CMS interessierten Entwickler unentbehrlich macht.
Digital Production

440 S., 2009, mit CD, 39,90 €
ISBN 978-3-8362-1295-3
www.galileocomputing.de/1929

Emfpehlung

▶ Video-Training

Radovan Kubani
Einstieg in Joomla!
Das Video-Training zur Version 1.5

▸ Dynamische Webseiten leicht gemacht
▸ Joomla! installieren und administrieren
▸ Templates und Extensions im
  Praxiseinsatz
▸ Mit Joomla! 1.5 und XAMPP auf DVD

DVD, Win, Mac, Linux, 66 Lektionen, 9 Stunden
Spielzeit, 29,90 €, ISBN 978-3-8362-1038-6
www.galileocomputing.de/1475
➥ **Probelektionen im Web!**

Anja Ebersbach, Markus Glaser,
Radovan Kubani
Joomla! 1.5 für Einsteiger
Leichter Einstieg ohne Vorkenntnisse

Wenn Sie bisher keine Erfahrung in der
Webentwicklung haben, sind Sie bei
diesem Buch genau richtig. Ausführlich
werden Sie durch die Installation und
die Grundlagen von Joomla! geführt.
Umfangreiche Praxisbeispiele helfen
Ihnen dabei, Gelerntes zu verstehen und
für Ihre eigene Webseite einzusetzen.

*Joomla-Einsteiger werden dieses Buch
mögen, da es sie schnell und ohne Schnörkel
in die Möglichkeiten des CMS einführt.*
forum-hilf.de

293 S., 2008, mit CD, 19,90 €,
ISBN 978-3-8362-1021-8
www.galileocomputing.de/1453

Anja Ebersbach, Markus Glaser,
Radovan Kubani
Joomla! 1.5
Das umfassende Handbuch

▸ **Praxistipps, Tricks und Troubleshooting**
▸ **Eigene Entwicklungen und
  professioneller Einsatz**

Das Buch bietet eine umfassende Einführung in Installation, Funktionsumfang
und Betrieb des CMS. Dabei werden auch
professionelle Themen wie Datenmigration,
die Erstellung eigener Erweiterungen, die
Integration neuer Funktionen oder das Backup des Systems berücksichtigt.

*Eine praxisorientierte und gut lesbare
Anleitung!*
c't

820 S., 2. Auflage 2009, mit DVD, 34,90 €
ISBN 978-3-89842-881-1
www.galileocomputing.de/1393
➥ **openbook im Web!**

ünktlich zum Release 4.3!

Neu

Frank Bongers,
Andreas Stöckl
Einstieg in TYPO3 4.3
Inkl. Einführung in
TypoScript

TYPO3-Einsteiger finden in diesem
Werk einen einfachen Zugang – von
der Installation zum ersten eigenen
Projekt und darüber hinaus. Schritt für
Schritt wird eine interaktive Webseite
realisiert. Parallel werden Designvor-
lagen und Templates, Menüerstellung
und wichtige Erweiterungen wie
TemplaVoila erläutert.

ca. 544 S., 4. Auflage, mit DVD, 29,90 €
ISBN 978-3-8362-1465-0, Dezember 2009
www.galileocomputing.de/2187

Neu **▶ Video-Training**

Thomas Kötter
Einstieg in TYPO3 4.3

▸ Von den Grundlagen zum professionellen Webauftritt – Realisierung
  eines kompletten Webprojekts
▸ Komplett-Paket inkl. TYPO3 4.3-
  Installation und Extensions

DVD, Win, Mac, Linux, ca. 89 Lektionen,
10 Stunden Spielzeit, 39,90 €
ISBN 978-3-8362-1489-6, Dezember 2009
www.galileocomputing.de/2230

Kai Laborenz et al.
TYPO3 4.0
Das Handbuch für Entwickler

Das Handbuch für Profis: von der
Installation und Administration bis hin
zu Performanceoptimierung, Migration
bestehender Projekte, Extension-Ent-
wicklung, TypoScript, Workflows sowie
der Gestaltung barrierefreier Webseiten.

*Dieses Buch ist das wohl umfassendste
Entwicklerhandbuch zum Thema TYPO3
4.0. Sämtliche für Entwickler wichtige
Aspekte des freien Content Management
Systems werden darin vermittelt.*
T3N

804 S., 2. Auflage 2006, mit CD und Referenzkarte, 44,90 €, ISBN 978-3-89842-812-5
www.galileocomputing.de/1230

▶ Video-Training

Thomas Kötter
Einstieg in TYPO3 4.0

Von den Grundlagen bis zum professionellen Webauftritt

DVD, Win, Mac, Linux, 93 Lektionen, 12 Stunden
Spielzeit, 39,90 €, ISBN 978-3-89842-856-9
www.galileocomputing.de/1352

▶ Video-Training

Thomas Kötter
**TYPO3 4.0
Fortgeschrittene
Techniken**

DVD, Win, Mac, Linux, 79 Lektionen, 11 Stunden
Spielzeit, 39,90 €, ISBN 978-3-8362-1144-4
www.galileocomputing.de/1680
➥ **Probelektionen im Web!**

Johannes Ernesti, Peter Kaiser

Python 3

Das umfassende Handbuch

▸ Einführung, Praxis, Referenz
▸ Sprachgrundlagen, Objektorientierung, Modularisierung
▸ Migration, Debugging, Interoperabilität mit C, GUIs

788 S., 2. Auflage 2009, mit CD, 39,90 €
ISBN 978-3-8362-1412-4
www.galileocomputing.de/2124

Entdecken Sie die neuen Möglichkeiten von Python 3. Egal,
ob Sie erst anfangen, mit Python
zu arbeiten oder bei ihrer Arbeit
etwas nachschlagen möchten: In
diesem Buch finden Sie alles, was
Sie zu Python wissen müssen.
Angefangen mit einer Einführung
in die Sprache bietet es eine Sprachreferenz, die Beschreibung der
Standardbibliothek und ausführliche Informationen zu professionellen Themen. Dabei wird
ausführlich auf die wesentlichen
Unterschiede zwischen Python 3
und früheren Versionen eingegangen. Wenn Sie bisher noch mit
Python 2.x arbeiten, helfen Ihnen
die Autoren zudem bei der Migration Ihrer bestehenden Projekte.

Aus dem Inhalt
» Sprachreferenz
» Standardbibliothek
» Migration von 2.6 auf 3.0
» Interoperabilität mit C
» Sofort ausführbarer Code der
Beispielprogramme auf CD

Thomas Theis

Einstieg in Python 3

▸ Für Programmieranfänger und
Umsteiger
▸ Inkl. GUI-, Datenbank- und Internet-
programmierung, OOP u.v.m.

Sie möchten Python lernen? Mit diesem
Buch schaffen Sie es! Anhand von anschaulichen Beispielen werden Sie Schritt
für Schritt mit den Grundlagen, aber
auch mit fortgeschritteneren Themen wie
Oberflächen-, Datenbank- und Internet-
programmierung vertraut gemacht. Selbst
wenn Sie noch keine Programmierkennt-
nisse haben, wird Ihnen der Einstieg in
Python im wahrsten Sinne des Wortes
spielend gelingen!

399 S., 2. Auflage 2009, mit CD, 24,90 €
ISBN 978-3-8362-1406-3
www.galileocomputing.de/2108

Peter Kaiser, Johannes Ernesti

Python

Das umfassende Handbuch

▸ Einführung, Praxis, Referenz
▸ Mit zahlreichen Praxisbeispielen
▸ Inkl. CD mit Python, Tools und
Beispielen

Dieses Buch vermittelt umfassende
Kenntnisse zu Python 2.5. Es bietet
neben einer Einführung in die Sprache
eine Sprachreferenz, die Beschreibung
der Standardbibliothek und ausführliche Informationen zu professionellen
Themen.

*Ein sehr ausführliches, verständliches
und zum Nachschlagen beziehungsweise
Erlernen geradezu ideales Werk!*
Media-Mania

819 S., 2008, mit CD, 39,90 €
ISBN 978-3-8362-1110-9
www.galileocomputing.de/1626

Thomas Pfeiffer, Andreas Wenk

PostgreSQL

Das Praxisbuch

▸ Installation, Grundlagen, Praxis
▸ Mit zahlreichen Anwendungs-
beispielen
▸ Aktuell zur Version 8.4

Für alle, die PostgreSQL kennen lernen
oder von MySQL umsteigen wollen:
Unser Buch ermöglicht Ihnen, PostgreSQL
zu verstehen und effizient einzusetzen.
Verständlich und konsequent praxisori-
entiert beschreiben unsere Autoren das
System so, dass auch Fortgeschrittene
davon profitieren.

ca. 460 S., 49,90 €, ISBN 978-3-8362-1346-2
November 2009
www.galileocomputing.de/2008

Christian Wenz

JavaScript

Das umfassende Handbuch

▸ Einstieg, Praxis, Referenz
▸ Dynamische Webseiten realisieren
▸ Für Einsteiger, Fortgeschrittene
und Profis

Neben einer gründlichen Einführung
finden Sie in diesem Buch unzählige praktische Beispiele, die Sie direkt für eigene
Projekte nutzen können. Neu in dieser
Auflage: ein Kapitel zu jQuery sowie
die Neuerungen von Silverlight 2 und
ASP.NET 3.5.

*Das Buch hat sich seine Betitelung redlich
verdient. Man erfährt schnell und einfach
den richtigen Umgang mit Javascript.*
visavis.de

847 S., 9. Auflage 2009, mit DVD, 39,90 €
ISBN 978-3-8362-1397-4
www.galileocomputing.de/2104

Hussein Morsy, Tanja Otto
Ruby on Rails 2
Das Entwickler-Handbuch

Das Buch zeigt die Möglichkeiten von Rails umfassend, bleibt aber durch zahlreiche »Realworld«-Beispiele stets praxisbezogen.

Schon durch seinen Umfang und Aufbau bietet der Band etwas für Fortgeschrittene. iX

699 S., 2008, mit DVD, 39,90 €, ISBN 978-3-89842-779-1
www.galileocomputing.de/1204

Constantin Ehrenstein
Adobe AIR
Grundlagen, Praxis, Referenz

▸ Architektur, Entwicklungstools, Praxisbeispiele
▸ Inkl. Sicherheit, Formulare, Occasionally Connected Computing

Eine umfangreiche Einführung in Adobe AIR. MACup

406 S., 2009, mit DVD, 34,90 €, ISBN 978-3-8362-1208-3
www.galileodesign.de/1817

Petra Waldminghaus
Adobe Flex 3
Rich Internet Applications erstellen

▸ Grundlagen, Werkzeuge, Frontend-Entwicklung
▸ Serviceorientierte Architekturen entwickeln
▸ MXML, ActionScript, Charts u.v.m

504 S., 2009, mit DVD, 39,90 €, ISBN 978-3-8362-1117-8
www.galileocomputing.de/1630

Neu

Klaus M. Rodewig
Entwickeln fürs iPhone
Das Praxisbuch

▸ Grundlagen der Anwendungsentwicklung mit dem SDK 3.0
▸ Entwickeln, testen, veröffentlichen
▸ Inkl. Xcode, Debugging, Versionierung, zahlreiche Praxisbeispiele

ca. 500 S., mit CD, 39,90 €, ISBN 978-3-8362-1463-6, Dez. 2009
www.galileodesign.de/2191

Mac OS X Snow Leopard

Kai Surendorf ist Fachautor und Experte für die Themen Mac OS X, UNIX und Webtechnologien. Seine Bücher »Das umfassende Handbuch Mac OS X« und »Mac OS X Leopard und UNIX« sind bereits in mehreren erfolgreichen Auflagen erschienen.

Buchempfehlung! Schritt für Schritt erklärt Surendorf alle wichtigen Themen wie zum Beispiel die Netzwerk-Administration oder die Einrichtung eines Druckers. c't 02/2009

Neu

Note 1,1
Macwelt

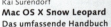

ct Empfehlung

Kai Surendorf
Mac OS X Snow Leopard
Das umfassende Handbuch

▸ Der Bestseller komplett aktualisiert und erweitert zu Mac OS X Snow Leopard
▸ Mit Boot Camp, Time Machine und allen Neuerungen
▸ Mit Automator, Terminal, AppleScript und Netzwerken

ca. 800 S., 2009, mit DVD, 39,90 €, ISBN 978-3-8362-1475-9, Dez. 2009
www.galileodesign.de/2213

Neu

Kai Surendorf
Mac OS X Snow Leopard und UNIX
Automatisierung, Administration, Netzwerke

▸ Erste Schritte mit UNIX und dem Terminal
▸ UNIX in Mac OS X produktiv einsetzen
▸ Einrichten, administrieren und automatisieren

ca. 582 S., 2009, mit DVD, 39,90 €, ISBN 978-3-8362-1476-6, Dez. 2009
www.galileodesign.de/2214

Neu

Kai Surendorf, Markus Hardt
Einstieg in Objective-C 2.0 und Cocoa
inkl. iPhone-Programmierung mit dem SDK 3.0

▸ Programmieren für das iPhone SDK
▸ Arbeit mit XCode und dem Interface Builder
▸ Für Einsteiger und Umsteiger

Lernen Sie praxisnah, wie man eigene Anwendungen für den Mac und das iPhone programmiert. Das Buch bietet einen zuverlässigen und übersichtlichen Einstieg in die Entwicklung.

516 S., 2009, mit DVD, 29,90 €, ISBN 978-3-8362-1310-3
www.galileodesign.de/1948

Tipp: 11 kostenlose Video-Lektionen von Kai Surendorf und Thomas Kuhn zu Snow Leopard unter:

» www.galileodesign.de/mac

Arnold Willemer

Coding for Fun mit C++

▸ Nachtfahrt, Frosch und Eichhörnchen, Eliza, Labyrinth, Navis u.v.m.

▸ Grundkenntnisse in C++ vorausgesetzt

Das Ü-Ei für C++-Programmierer! Wenn Sie Spiel und Spaß mögen, ist dieses Buch genau das Richtige für Sie! Angesichts von schrägen Jump'n'Run-Abenteuern oder komplett größenwahnsinnigen Programmen bleibt garantiert kein Auge trocken. Schokolade können wir Ihnen zwar leider nicht bieten, aber dafür immerhin ein überfahrenes Eichhörnchen.

ca. 350 S., mit CD, 24,90 €
ISBN 978-3-8362-1512-1, Dezember 2009
www.galileocomputing.de/2259

Lars Heppert

Coding for Fun mit Python

▸ Spiderman, Snake, Kryptologie, Evolution u.v.m.

▸ Grundkenntnisse in Python vorausgesetzt

Haben Sie Lust, künstliches Leben zu erschaffen, Snake nachzuprogrammieren oder einen eigenen Webcrawler zu entwickeln? Wenn Sie sich mit Python auskennen, wartet in diesem Buch eine Menge spannender Programme nur darauf, von Ihnen geschrieben zu werden. Wenn Sie bislang nicht wussten, was Python alles kann, dann lesen Sie dieses Buch!

ca. 350 S., mit CD, 24,90 €
ISBN 978-3-8362-1513-8, Dezember 2009
www.galileocomputing.de/2260

Uwe Klappert

Coding for Fun mit C#

▸ Sternenhimmel, Poker, Labyrinth oder Börsenbarometer

▸ Grundkenntnisse in C# vorausgesetzt

Sternenhimmel, Poker, Labyrinth oder Börsenbarometer haben nichts miteinander zu tun? Doch! Sie können sie in C# programmieren und eine Menge Spaß dabei haben. Trockene Referenzen und langweilige Beispiele waren einmal. Dieses Buch zeigt Ihnen, was alles in C# steckt. Suchen Sie sich die spannendsten Kapitel raus und programmieren Sie einfach nach.

ca. 350 S., mit DVD, 24,90 €
ISBN 978-3-8362-1484-1, März 2010
www.galileocomputing.de/2223

Gottfried Wolmeringer

Coding for Fun

IT-Geschichte zum Nachprogrammieren

▸ Große Namen, geniale Ideen, spannende Programme

▸ Ping Pong, Chaos und Agenten

▸ Alle Sprachen und Beispiele auf DVD

Dieses unterhaltsam geschriebene Buch führt Sie spielerisch durch die spektakuläre Geschichte unserer Blechkollegen.

Coding for Fun ist eine rundum gelungene, anspruchsvolle, lehrreiche und Spaß machende Ze treise durch die Geschichte der Programmierung, die durchwegs durch großen Praxisbezug glänzen kann.
PC-Welt

573 S., 2008, mit DVD, 24,90 €
ISBN 978-3-8362-1116-1
www.galileocomputing.de/1628

Bernhard Wurm

Programmieren lernen!

Schritt für Schritt zum ersten Programm

▸ Eine leichte Einführung in die Programmierung

▸ Keine Vorkenntnisse erforderlich

▸ Mit Hilfe der Entwicklungsumgebung Visual C# Express

Sie wünschen sich einen leichten Einstieg in die Programmierung? Sie wollen kleine Programme schreiben und das Erfolgserlebnis haben, dass alles fehlerfrei läuft? Hier lernen Sie, wie ein Programm wirklich funktioniert. Erstellen Sie eigene Logarithmen in C#. So macht Programmieren Spaß!

ca. 350 S., mit DVD, 24,90 €
ISBN 978-3-8362-1462-9, November 2009
www.galileocomputing.de/2197

André Willms

Spielend C++ lernen –

oder wie man Käfern Beine macht

▸ Erste eigene Programme schreiben

▸ Mit einer spannenden Geschichte und kniffligen Aufgaben

▸ Sofort loslegen mit dem Startpaket auf DVD

Programmieren lernen kann auch Spaß machen – das beweist dieses Buch! Im Rahmen einer spannenden Geschichte müssen die angehenden Programmierer knifflige Aufgaben lösen und lernen dabei fast nebenbei alle Grundlagen von Visual C++. Geeignet für alle Programmieranfänger von 12 bis 99 Jahren

ca. 400 S., mit DVD, 24,90 €
ISBN 978-3-8362-1441-4, Dezember 2009
www.galileocomputing.de/2160

Neu

`<openbook>`

Ulrich Kaiser, Christoph Kecher
C/C++
Das umfassende Lehrbuch

▸ Von den Grundlagen zur professionellen Programmierung
▸ Inkl. ausführlich kommentierter Lösungen

*Dieses Buch ist nicht nur ein umfangreiches
Nachschlagewerk, sondern auch für das
Selbststudium hervorragend geeignet. Es ist
mit einem deutlichen ›Sehr Gut‹ zu bewerten.*
dotnetpro

*Ein wunderbares Nachschlagewerk, wel-
ches solides Basiswissen zu C/C++ schafft
und darüber hinaus einige Grundlagen der
Informatik vermittelt.*
Media-Mania

Literaturempfehlung an zahlreichen Unis
und FHs!

1344 S., 4. Auflage 2008, mit CD, 39,90 €
ISBN 978-3-89842-839-2
www.galileocomputing.de/1299

Jürgen Wolf
C++ von A bis Z
Das umfassende Handbuch

Dieses Buch bietet einen sehr ausführlichen Einstieg in die Sprache C++
und die Objektorientierung. Darüber
hinaus enthält es umfangreiche Kapitel
zu professionellen Themen, wie etwa
Socket- und Cross-Plattform-Entwicklung
oder GUI- und Multimedia-Entwicklung
in C++. Das didaktische Konzept und die
herausragende fachliche Qualität machen
es zu einem unentbehrlichen Begleiter in
Studium und Beruf.

Gesamtnote: sehr gut!
dotnetpro

1247 S., 2. Auflage 2009, mit CD, 39,90 €
ISBN 978-3-8362-1429-2
www.galileocomputing.de/2156

Jürgen Wolf
C von A bis Z
Das umfassende Handbuch

Dieses Buch bietet Programmiereinstei-
gern und Studenten einen umfassenden
Einstieg in C. Auch für fortgeschrittene
C-Programmierer ist das Buch eine aus-
gezeichnete Fundgrube. Die Website zum
Buch (www.pronix.de) bietet ein Forum
und jede Menge zusätzliches Know-how.

*Der klare und verständliche Schreibstil
und eine sehr gute Strukturierung machen
das Buch gleichermaßen für Einsteiger und
Fortgeschrittene geeignet.*
3sat/Nano

1190 S., 3. Auflage 2009, mit CD und Referenzkarte, 39,90 €, ISBN 978-3-8362-1411-7
www.galileocomputing.de/2132

Bernhard Lahres,
Gregor Rayman
Objektorientierte
Programmierung
Das umfassende Handbuch

▸ Praxisorientierter Einstieg
▸ Zahlreiche Beispiele in UML, Java,
C#, C++, JavaScript, PHP u. v. m.

Ganz klar ein Muss in der Hausbibliothek!
dotnetpro

656 S., 2. Auflage 2009, 49,90 €
ISBN 978-3-8362-1401-8
www.galileocomputing.de/2103

Christoph Kecher
UML 2
Das umfassende Handbuch

Erfolgreiche Softwareentwicklung: von den
Grundlagen bis zum professionellen Einsatz

*Ein sehr guter und verständlicher Einstieg
in die nicht ganz einfache Welt der UML-
Diagramme*
wintotal

424 S., 3. Auflage 2009, mit CD und Poster,
29,90 €, ISBN 978-3-8362-1419-3
www.galileocomputing.de/2134

Arnold Willemer
Einstieg in C++
4. Auflage

Praxisnahe Beispiele und Übungen beglei-
ten Sie bei Ihren ersten Schritten in die
Programmierung mit C++. Kenntnisse in C
oder einer anderen Sprache werden nicht
vorausgesetzt. Das Buch behandelt alle
wichtigen Themen wie Vererbung, Objektorientierung, Polymorphie, Exceptions
und Templates. Darüber hinaus finden Sie
einen leichten Einstieg in die STL.

507 S., 4. Auflage 2009, mit CD, 24,90 €
ISBN 978-3-8362-1385-1
www.galileocomputing.de/2083

Jürgen Wolf
Qt 4 – GUI-Entwicklung mit C++
Das umfassende Handbuch zu Qt

Ob Skype, Google Earth oder Opera –
viele professionelle GUI-Anwendungen
werden mit Qt entwickelt. Dieses Werk
ist als umfassendes Handbuch konzipiert.
Alle Themen werden praxisnah und
verständlich beschrieben; C++-Entwickler
kommen bei diesem Buch voll auf ihre
Kosten. Aus dem Inhalt: Einstieg in Qt,
Dialog-Fenster, Ereignisbehandlung,
Layout-Management, Netzwerk-Module,
Multithreading, OpenGL, XML, Widgets
u. v. m.

794 S., 2007, mit CD, 49,90 €
ISBN 978-3-8362-1030-0
www.galileocomputing.de/1460

Johannes Plötner, Steffen Wendzel

Linux

Das umfassende Handbuch

▸ Installation, Konfiguration,
   Administration und Anwendung
▸ Über 1.100 Seiten kompaktes
   Linux-Know-how
▸ Gnome, KDE, Programmierung,
   X11, Office, Multimedia, LaTeX

Dieses umfassende Handbuch bietet Ihnen nahezu vollständiges Linux-Wissen: Vom Kernel und der Shell über die Administration des Systems bis hin zu Netzwerkkonfiguration, Sicherheitsthemen und Multimedia werden Sie nichts missen. Das Buch ist geeignet für Nutzer aller gängigen Linux-Distributionen. Die beiden Multiboot-DVDs enthalten eine große Auswahl an Linux-Systemen (openSUSE, Ubuntu u. v. m.) sowie OpenBSD.

Großen Wert legen die Autoren auf die Vermittlung von Konzepten und Philosophien. Das ist toll, denn diese Informationen kann der Linuxer nur schwer in den Manpages und Howtos nachlesen. Gut gefällt, dass Plötner und Wendzel oft über den Tellerrand auf die freien BSD-Derivate blicken.
Linux Magazin

1166 S., 3. Auflage, mit 2 DVDs, 39,90 €, ISBN 978-3-8362-1483-4
www.galileocomputing.de/2224

Steffen Wendzel, Johannes Plötner
Einstieg in Linux
Die distributionsunabhängige Einführung

Wendzel und Plötner bieten neben einer umfassenden und unterhaltsamen Einführung eine wahre Fundgrube an Tipps und Kniffen für Ihren Linux-Alltag.

Ein hervorragend aufgebautes Einsteiger-Buch.
WCM – Die Computerzeitung

448 S., 3. Auflage 2008, mit DVD, 24,90 €
ISBN 978-3-8362-1089-8
www.galileocomputing.de/1578

Marcus Fischer
Einstieg in Ubuntu 9.10
»Karmic Koala«

▸ Ausprobieren, einsteigen, umsteigen
▸ Installation, Hardware-Konfiguration,
   Netbook
▸ Internet, E-Mail, Office, Fotos,
   Videos, MP3s u. v. m.

Lernen Sie das erfolgreiche und beliebte System kennen und schätzen. Hier finden Sie den optimalen Einstieg: von der Installation über die Arbeit mit Internet-, Office- und Multimedia-Programmen bis hin zur Netzwerk-Administration. Auch langjährigen Windows-Nutzern wird der Wechsel mit diesem Buch leicht gemacht.

ca. 424 S., 3. Auflage, mit DVD, 19,90 €
ISBN 973-3-8362-1518-3, November 2009
www.galileocomputing.de/2270

Marcus Fischer
Ubuntu GNU/Linux
Das umfassende Handbuch

▸ Grundlagen, Anwendung, Administration
▸ Mit über 200 Praxistipps für
   Einsteiger und Profis

Hier erfahren Sie, was man mit Ubuntu alles anstellen kann. Von der Installation, der Paketverwaltung über Optimierung, Programmierung, Migration und Kernelkompilierung bis hin zur Virtualisierung und Netzwerktechnik finden Sie alle wichtigen Fragen zu Ubuntu Linux in diesem Buch beantwortet.

Die Ubuntu-Bibel!
Media-Mania

1120 S., 4. Auflage 2009, mit 2 DVDs, 39,90 €
ISBN 978-3-8362-1439-1
www.galileocomputing.de/2165

Heike Jurzik
Debian GNU/Linux
Das umfassende Handbuch

Falls Sie sich mit Linux oder Windows bereits auskennen, aber den Umstieg auf Debian noch nicht gewagt haben, finden Sie in diesem Buch die nötige Hilfe. Von der Installation über die Anwendung bis hin zur Administration werden alle wichtigen Aspekte behandelt. Debian-Anwender finden geballtes Fachwissen zur Distribution, zur Paketverwaltung, zum grafischen System, der Konfiguration, zum Arbeiten mit der Shell und den Editoren Vi und Emacs.

826 S., 3. Auflage 2009, mit DVD, 39,90 €
ISBN 978-3-8362-1386-8
www.galileocomputing.de/2084

Jürgen Wolf

Shell-Programmierung

Das umfassende Handbuch

In den ersten zehn Kapiteln erfahren Sie alles, was Sie zur Shell-Programmierung wissen müssen (Bourne-, Korn- und Bourne-Again-Shell). Weitere Kapitel gehen auf die unverzichtbaren Tools grep, sed und awk ein. Das ganze Buch enthält zahlreiche Praxisbeispiele, ist modular zu lesen und hervorragend als Nachschlagewerk geeignet. Ganz neu ist ein Kapitel zu Tcl/Tk.

Als Lehrbuch für den tiefen Einstieg in die Materie ist das Werk sehr gut geeignet.
Linux Magazin

804 S., 2. Auflage 2008, mit DVD, 39,90 €
ISBN 978-3-8362-1157-4
www.galileocomputing.de/1712

Jürgen Wolf

Linux-UNIX-Programmierung

Das umfassende Handbuch

‣ Grundlagen, Praxisbeispiele, Referenzen
‣ System-, Netzwerk- und Shell-programmierung
‣ Datenbanken, GUI-Bibliotheken, Werkzeuge, Sicherheit

Dieses Buch bietet einen umfassenden Einblick in die Systemprogrammierung unter Linux und UNIX.

Als Lehrbuch wie als Referenz für die Programmierung unter Linux und UNIX ist dieses Buch kaum zu übertreffen.
maandiko.de

1247 S., 3. Auflage 2009, mit CD, 49,90 €
ISBN 978-3-8362-1366-0
www.galileocomputing.de/2049

Arnold Willemer

UNIX

Das umfassende Handbuch

‣ Grundlagen, Administration, System-Programmierung
‣ Inkl. Python für Systemadministratoren

Angefangen bei der grafischen Oberfläche bis hin zu fortgeschrittenen Themen wie Shell- und UNIX-Programmierung – dieses Buch wird jede Ihrer Fragen umfassend beantworten. Arnold Willemer berücksichtigt die wichtigsten Einsatzszenarien eines UNIX-Systems.

Ein kompetentes Nachschlagewerk. Ein augenzwinkernder Schreibstil sorgt dafür, dass keine Langeweile aufkommt.
Linux User

1027 S., 2008, 59,90 €, ISBN 978-3-8362-1071-3
www.galileocomputing.de/1546

Alles Wissenswerte rund um SUSE!
linux-kommunale.de

Harald Maaßen

LPIC-1

Sicher zur erfolgreichen Linux-Zertifizierung

‣ Vorbereitung auf die Prüfungen 101 und 102
‣ Kommentierte Testfragen für beide Prüfungen
‣ Prüfungssimulator mit sofortiger Auswertung

Mit diesem Buch sind Sie bestens gerüstet für die Prüfungen des LPI. Sie finden die konkreten Anforderungen zu allen Prüfungsthemen und testen Ihren Kenntnisstand mit prüfungsähnlichen Fragen. Mit dem Prüfungssimulator können Sie eine Testprüfung unter prüfungsähnlichen Bedingungen ablegen.

519 S., 2. Auflage 2009, mit DVD, 34,90 €
ISBN 978-3-8362-1451-3
www.galileocomputing.de/2181

Sascha Kersken

openSUSE 11

Das umfassende Handbuch

In diesem Buch zeigt Sascha Kersken Ihnen, was Sie alles mit Ihrem System anstellen können: angefangen bei der Installation und Konfiguration über die Netzwerkeinrichtung und Administration bis hin zu Serverdiensten. Egal, ob Sie noch ganz am Anfang stehen oder schon fortgeschrittener Nutzer sind – dieses umfassende Handbuch wird Ihre Fragen beantworten! Inkl. openSUSE auf DVD.

1046 S., 2. Auflage 2008, mit 2 DVDs, 49,90 €,
ISBN 978-3-8362-1174-1
www.galileocomputing.de/1753

In Vorbereitung:
Neuauflage zu openSUSE 11.2

Galileo **<openbook>**

Auf unserer Website finden Sie zahlreiche <openbooks> zu aktuellen Titeln – komplette Bücher als HTML-Aufbereitung. Kostenlos!

» **www.galileocomputing.de/openbooks**

Neu

Das komplette
SAP-Programm
finden Sie auf:

» www.sap-press.de

Helmut Vonhoegen
Einstieg in XML
Grundlagen, Praxis, Referenz

Das Buch richtet sich an alle, die mit
XML und den damit verbundenen
Sprachen und Werkzeugen arbeiten
oder sie erlernen wollen. Es bietet
eine kompetente Grundlage für Ihre
Aktivitäten rund um XML – immer
praxisnah und verständlich aufbereitet.

XML auf solide und praxisnahe Weise.
Der Leser wird Schritt für Schritt in
die Materie eingeführt.
Entwickler Magazin

582 S., 5. Auflage 2009, mit CD, 34,90 €
ISBN 978-3-8362-1367-7
www.galileocomputing.de/2051

Michael Scholz, Stephan Niedermeier
Java und XML
Grundlagen, Einsatz, Referenz

Java und XML bilden das ideale Gespann
für die Entwicklung plattformunabhän-
giger Anwendungen. Als Java-Program-
mierer finden Sie in diesem Buch alles,
was Sie dafür benötigen: Neben den
allgemeinen Grundlagen lernen Sie die
entscheidenden APIs kennen, wie SAX,
JAXP oder StAX. Natürlich werden auch
das Binding mit JAXB oder Themen wie
Webservices und Publishing ausführlich
behandelt.

Ein rundum empfehlenswertes Buch
Entwickler Magazin

702 S., 2. Auflage 2009, mit CD, 49,90 €
ISBN 978-3-8362-1308-0
www.galileocomputing.de/1949

Nancy Muir, Ian Kimbell
Discover SAP
Entdecke die Welt von SAP

Sie wollen ins SAP-Umfeld einsteigen und
möchten mehr über das Softwareunter-
nehmen und seine Produkte wissen? Oder
sind Sie Entscheider und brauchen schnell
einen umfassenden Überblick über SAP? Mit
diesem Buch erhalten Sie einen kompakten
und leicht verständlichen Einstieg in SAPs
Produkte, Geschichte und Strategie. Sie
erfahren, was sich hinter der technischen
Plattform SAP NetWeaver verbirgt, was serviceorientierte Architektur (SOA) bedeutet
und welche Lösungen SAP für die Bereiche
Personalwesen, Finanzen und Logistik
anbietet.

420 S., 2. Auflage 2009, 29,90 €
ISBN 978-3-8362-1381-3
www.sap-press.de/2071

Frank Budszuhn
Subversion 1.5

Das Praxisbuch

▸ Inkl. Merge-Tracking-Tool und
  Migration von CVS
▸ Referenzkarte mit Subversion-
  Befehlen und Shortcuts

394 S., 3. Auflage 2009, mit Referenzkarte,
34,90 €, ISBN 978-3-8362-1328-8
www.galileocomputing.de/1976

Heiko Böck
NetBeans Platform 6

Rich-Client-Entwicklung mit Java

I highly recommend this book, even if you
don't understand German. You understand
Java, don't you?
Geertjan Wielenga – blogs.sun.com/geertjan/

445 S., 2008, mit CD, 39,90 €
ISBN 978-3-8362-1066-9
www.galileocomputing.de/1542

Frank Bongers
XSLT 2.0 und XPath 2.0
2. Auflage

Das Buch bietet eine umfassende Ein-
führung in die komplexe Materie der
Transformation von XML-Dateien mittels
XSLT. Dabei werden die Sprachelemente
und Instruktionen von XSLT sowie die
Elemente und Funktionen der Pfadbe-
schreibungssprache XPath beschrieben.
Aktuell zu XSLT 2.0.

1151 S., 2. Auflage 2008, mit CD, 59,90 €
ISBN 978-3-89842-694-7
www.galileocomputing.de/1085

Sebastian Hennebrüder
Hibernate

Das Praxisbuch für Entwickler

▸ Integration in JSF, MyFaces, Struts,
  Spring, EJB 3
▸ Performance und Best Practices

370 S., 2007, mit Referenzkarte, 34,90 €
ISBN 978-3-89842-635-0
www.galileocomputing.de/978

▸ **Video-Training**

Ulrich Cuber
Eclipse 3 für
Java-Entwickler

DVD, Win, Mac, Linux, 123 Lektionen, 11 Stunden Spielzeit, 39,90 €, ISBN 978-3-89842-868-2
www.galileocomputing.de/1368
➥ **Probelektionen im Web!**

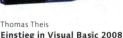

Thomas Theis

Einstieg in Visual Basic 2008

‣ Für Programmiereinsteiger

Hier finden Sie alles, was Sie zum Programmieren mit VB wissen müssen, angefangen bei den Grundlagen zu Variablen, Operatoren, Schleifen und Co. über Fehlerbehandlung, objektorientierte Programmierung bis hir zu Datenbankanwendungen mit ADC.NET und Internetanwendungen mit ASP.NET.

Durch die zahlreichen Schritt-für-Schritt-Anleitungen eignet sich das Buch sehr gut zum Selbststudium.
dotnetpro

442 S., 2008, mit DVD, 24,90 €
ISBN 978-3-8362-1192-5
www.galileocomputing.de/1780

Bernhard Volz

Einstieg in Visual C# 2008

‣ Für Programmiereinsteiger
‣ Objektorientierung leicht verständlich
‣ Mit zahlreichen Beispielen und Übungen

Dieses Buch bringt alles mit, was Sie für den sofortigen Start benötigen: eine Schritt-für-Schritt-Anleitung in die Programmierung von Visual C#, zahlreiche Beispiele und Übungsaufgaben und die Entwicklungsumgebung Visual C# 2008 Express Edition für die komfortable Erstellung von Visual C#-Programmen.

538 S., 2008, mit DVD, 24,90 €
ISBN 978-3-8362-1191-8
www.galileocomputing.de/1783

André Willms

Einstieg in Visual C++ 2008

‣ Aktuell zu Visual Studio 2008: LINQ, WPF u. v. m.

Dieses Buch ist der ideale Einstieg in die Programmierung mit Visual C++ 2008. Der erste Teil behandelt alle Sprachgrundlagen von C++, während im zweiten Teil auf die Erweiterungen und Änderungen der Sprache unter .NET eingegangen wird. Selbstverständlich kommt auch die Oberflächenprogrammierung nicht zu kurz. Auch Einsteiger ohne Vorkenntnisse werden nach dem Durcharbeiten eigenständig erste Anwendungen in VC++ programmieren können.

642 S., 2. Auflage 2008, mit DVD, 29,90 €
ISBN 978-3-8362-1193-2
www.galileocomputing.de/1787

Marc Engelhardt

Spieleprogrammierung mit XNA
Eigene Spiele für PC und Xbox entwickeln

Mit dem .NET-Framework XNA wird die Spieleprogrammierung deutlich vereinfacht. Dieses Buch zeigt Ihnen, wie Sie alle Möglichkeiten von XNA effizient zur Entwicklung Ihrer eigenen 2D- und 3D-Spiele einsetzen. Zur Orientierung dient dabei ein umfassendes Beispielprojekt, das Sie natürlich, genausc wie XNA Game Studio 3.0, auf der beiliegenden DVD finden. Sofern Sie also über Vorkenntnisse in Visual C# verfügen, können Sie sofort durchstarten!

ca. 450 S., mit DVD, 34,90 €
ISBN 978-3-8362-1400-1, Dezember 2009
www.galileocomputing.de/2101

Andreas Kühnel, Stephan Leibbrandt

Visual Basic 2008
Das umfassende Handbuch

‣ Grundlagen, Praxis, Referenz
‣ Objektorientierung, Programmiertechniken, Windows-Programmierung
‣ Alle neuen Features von Visual Studio 2008

Das ist bereits die 3. Auflage des erfolgreichen VB.NET-Kompendiums zu Visual Studio 2008. Dieses Buch richtet sich sowohl an Programmiereinsteiger als auch an Umsteiger von anderen Programmiersprachen. Die Fülle der behandelten Themen lässt kaum eine Frage zum Programmieren mit Visual Basic offen.

1323 S., 3. Auflage 2009, mit DVD, 49,90 €
ISBN 978-3-8362-1171-0
www.galileocomputing.de/1746

Thomas Claudius Huber

Windows Presentation Foundation
Das umfassende Handbuch

Dieses Handbuch liefert Ihnen umfassendes Wissen zu XAML, zu den Konzepten der Datenbindung der WPF sowie zur Audio-/Video-Unterstützung. Kurz, alles was Sie brauchen, um auch komplexe Anwendungen mit der WPF zu entwickeln. Ein Extra-Kapitel zeigt Ihnen, wie Sie in Windows Forms, ActiveX oder Win32 entwickelte Anwendungen in Ihre WPF-Projekte integrieren können.

1125 S., 2008, mit DVD und Referenzkarte, 49,90 €
ISBN 978-3-8362-1108-6
www.galileocomputing.de/1615

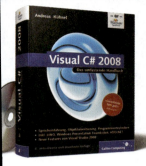

Andreas Kühnel
Visual C# 2008
Das umfassende Handbuch

Dieses Buch bietet Ihnen einen gründlichen und umfassenden Einstieg in die C#-Programmierung. Der erste Teil enthält eine Einführung in .NET, Visual Studio 2008, C# und die objektorientierte Programmierung. Im zweiten Teil werden elementare Klassen und Programmiertechniken vorgestellt. Großen Raum nimmt die Entwicklung von grafischen Benutzerschnittstellen mit der neuen Windows Presentation Foundation, kurz WPF, ein. Auch ADO.NET und LINQ sind wichtige Themen des Buches.

Gesamtnote: Sehr gut!
dotnetpro

1366 S., 4. Auflage 2008, mit DVD, 49,90 €
ISBN 978-3-8362-1172-7
www.galileocomputing.de/1747

Neu

Marcus Throll, Oliver Bartosch
Einstieg in SQL
Verstehen, einsetzen, nachschlagen

▸ Inkl. Übungssoftware SQL-Teacher
▸ SQL Syntax von MySQL, Access, SQL
  Server, Oracle, PostgreSQL, DB2
  und Firebird

Eine übersichtliche Strukturierung, zahlreiche Praxisbeispiele und die Übungssoftware auf CD machen dieses Buch zum perfekten Lehrwerk für Universität und beruflichen Einsatz. Alle wichtigen Themen von der Anlage der Datenbank über Abfragen bis zur Arbeit mit Rechteverwaltung und Automatisierung werden behandelt.

320 S., 3. Auflage 2009, mit CD und Referenzkarte, 24,90 €, ISBN 978-3-8362-1442-1
www.galileocomputing.de/2162

Dirk Mertins, Jörg Neumann,
Andreas Kühnel
SQL Server 2008
Das Programmierhandbuch

▸ Installation, Migration, Datenbankmodellierung
▸ T-SQL, .NET-Programmierung, XML und Webservices
▸ Einsatz als Programmierplattform und Datenbankmanagement-Server

Vom ersten Datenbankentwurf und den SQL-Grundlagen, der Migration von SQL Server 2000 und 2005 bis hin zu den neuen Features und konkreten Programmierbeispielen beschreiben die Autoren alles Notwendige, um den SQL Server 2008 als Programmier-Plattform und Datenmanagement-Server zu nutzen. Inkl. LINQ und ADO.NET.

1148 S., 3. Auflage 2009, 59,90 €
ISBN 978-3-8362-1395-0
www.galileocomputing.de/2110

Ulrich B. Boddenberg
Windows Server 2008
Das umfassende Handbuch

‣ Planung, Installation, Konfiguration, Migration
‣ Technologien und praxisrelevante Lösungen
‣ Inkl. zahlreicher Anwendungsszenarien

Ulrich B. Boddenberg ist Senior Consultant und Software Architect. Er beschäftigt sich mit der Konzeption und dem Design von komplexen IT-Lösungen im Microsoft-Umfeld für mittlere und große Unternehmen. In seinen Büchern versteht er es, einen umfassenden Überblick über die jeweilige Technologie mit einem hohen Nutzen für die Umsetzung in der Praxis zu verbinden. Seine Bücher bieten daher nicht nur wertvolles Beraterwissen, sondern immer auch ganz konkrete Hilfestellungen und Problemlösungen für den Alltag.

Hier erfahren Sie vom Experten alles - von der Installation und Migration über Interoperabilität und Vista im Netz bis hin zur Hochverfügbarkeit –, was ein Profi wissen muss. Ulrich B. Boddenberg legt sehr überzeugend dar, was sich hinter Windows Server 2008 verbirgt. Die Note für das Buch lautet somit »Sehr gut«, und wir freuen uns auf das Einarbeiten der Neuerungen von R2 noch in diesem Jahr.
dotnetpro

Würde die Windows IT Pro Sternchen vergeben, so bekäme dieses Buch sicher fünf von fünf Sternen verliehen.
Windows IT Pro

1195 S., 2. Auflage 2009, mit CD, 59,90 €, ISBN 978-3-8362-1327-1
www.galileocomputing.de/1975

Ulrich B. Boddenberg
Konzepte und Lösungen für Microsoft-Netzwerke

Dieses Buch behandelt den Aufbau einer IT-Umgebung. Es ist ein Buch für alle, die sich einen ganzheitlichen Überblick über die Möglichkeiten der aktuellen Serverprodukte machen und dabei technische Hintergründe und Planungsdetails kennenlernen möchten.

Boddenberg behandelt alle Bereiche, mit denen sich Server-Administratoren und Netzwerkspezialisten im Windows-Bereich konfrontiert sehen dürften. Wer sich professionell mit Microsoft-Servern und -Netzwerken beschäftigt, liegt mit diesem Buch richtig.
PC-WELT – Business IT

1307 S. 2. Auflage 2009, 69,90 €
ISBN 978-3-8362-1356-1
www.galileocomputing.de/1304

Neu

Ulrich B. Boddenberg
Windows 7 für Administratoren
Das umfassende Handbuch

‣ Konzepte und Lösungen für den Einsatz von Windows 7
‣ Deployment von System und Applikation
‣ Gruppenrichtlinien, Sicherheit, mobile Clients u.v.m.

Das Buch liefert erprobte Konzepte und Lösungswege für die erfolgreiche Implementierung und den Betrieb von Windows 7 als Clientsystem. Es vermittelt Administratoren und Beratern praxisnahes Wissen zu Grundlagen, Windows Server 2008-Technologien, Client-Management, mobilen Clients, Sicherheit, Automatisierung u.v.m. Ein echtes Lösungsbuch mit viel Hintergrundwissen.

900 S., 2009, 49,90 €, ISBN 978-3-8362-1501-5
www.galileocomputing.de/2242

Neu

Ulrich B. Boddenberg
Windows Server 2008 R2
Das umfassende Handbuch

‣ Konzeption, Installation und Konfiguration
‣ Technologien und praxisrelevante Lösungen
‣ Inkl. zahlreicher Anwendungsszenarien

Hier erfahren Sie vom Experten alles über den Windows Server 2008 R2, was ein Profi wissen muss: von der Installation und Migration über Interoperabilität und Vista im Netz bis hin zur Hochverfügbarkeit.

ca. 1200 S., 3. Auflage, mit DVD, 59,90 €
ISBN 978-3-8362-1528-2, Dezember 2009
www.galileocomputing.de/2286

Ulrich B. Boddenberg

Office SharePoint Server 2007 und Windows SharePoint Services 3.0

Das Lösungsbuch für Administratoren und Entwickler

▸ Office, Informationskonsolidierung, Workflow

▸ Entwickeln für SharePoint

Mit SharePoint können intelligente webbasierte Collaboration-Lösungen für Arbeitsgruppen und Unternehmen realisiert werden. Dieses Buch vermittelt das notwendige Wissen, um Lösungen zu evaluieren, zu planen und umzusetzen.

Boddenberg gelingt es, einen umfassenden Überblick über die Technologie mit einem hohen Praxisnutzen zu verbinden.
InfoWeek

1095 S., 2008, mit CD, 49,90 €,
ISBN 978-3-89842-783-8
www.galileocomputing.de/1087

Ulrich B. Boddenberg

Exchange Server 2007 und Office Communications Server 2007

Das Integrations- und Lösungsbuch

▸ Unified Communications, ISA Server, Outlook, Office Communicator, Windows Mobile

Dieses Buch zeichnet ein vollständiges Bild der Technologien und unterstützt bei Planung, Konzeption und Integration. Zwei Schwerpunkte sind die Themen Unified Communications/Unified Messaging und Mobilität.

Ein Buch, das wirklich viele wichtige Informationen vor allem verständlich liefert!
Mediavalley

1362 S., 2. Auflage 2008, mit CD, 49,90 €,
ISBN 978-3-8362-1196-3
www.galileocomputing.de/1786

Axel Schemberg, Martin Linten, Kai Surendorf

PC-Netzwerke

Mit VoIP (Voice over IP), Asterisk und Skype. Aktuell zu Windows 7, Macs mit PC vernetzen

Bewährt, praxisnah und randvoll mit wertvollen Informationen, das ist unser PC-Netzwerkbuch. Dabei erhalten Sie nicht nur umfassendes Basiswissen zur Vernetzung, sondern auch Praxis-Anleitungen, mit denen Sie Ihre Computer zu Hause oder im Büro professionell vernetzen. Ob LAN, WLAN, VoIP oder Routing – kein Thema bleibt dabei unberücksichtigt. Aktuell auch zu Windows 7.

650 S., 5. Auflage 2009, mit DVD, 29,90 €
ISBN 978-3-8362-1105-5
www.galileocomputing.de/1618

Sascha Kersken

IT-Handbuch für Fachinformatiker

▸ EDV-Grundlagen, Programmierung, Mediengestaltung

▸ Praxisorientiertes Lehr- und Nachschlagewerk

▸ Für Fachinformatiker der Bereiche Anwendungsentwicklung und Systemintegration

Der Ausbildungsbegleiter – 4., aktualisierte und erweiterte Auflage

Das Buch vermittelt alle Grundlagen der Informationstechnik wie sie Fachinformatiker in Ihrer Ausbildung benötigen: Computerhardware, Betriebssysteme, Netzwerktechnik, -protokolle und -anwendungen sowie Grundlagen der Programmierung werden ebenso wie die Themen Datenbanken und Multimedia berücksichtigt.

Mit vielen sehr praxisnahen Tipps und Tricks, hilft Zusammenhänge zu verstehen und offene Fragen zu klären.
EasyLinux

1125 S., 4. Auflage 2009, 34,90 €, ISBN 978-3-8362-1420-9
www.galileocomputing.de/2138

Dirk Otto

Recht für Software- und Webentwickler

Checklisten, Musterverträge, Steuern, Urheberrecht, Selbstständigkeit

Ein lesenswerter Titel für alle Programmierer, die eine Selbstständigkeit anstreben.
IT-Director

478 S., 3. Auflage 2008, 49,90 €
ISBN 978-3-8362-1158-1
www.galileocomputing.de/1718

Jürgen Wolf

Playstation 3

Das umfassende Handbuch

▸ Filme, Musik, Fotos, Internet, Spiele

▸ PS3 mit Linux, Datenaustausch mit PC, Hardware

▸ Linux auf der PS3, Datenaustausch mit dem PC, Hardware

404 S., 2009, mit DVD und Referenzkarte, 29,90 €
ISBN 978-3-8362-1219-9
www.galileocomputing.de/1831

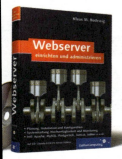

Klaus M. Rodewig
Webserver einrichten und administrieren

‣ Serverhärtung, Hochverfügbarkeit und Sicherheit. Inkl. ISO 27001
‣ Monitoring, Snort, Virtualisierung mit Xen

Endlich ein praxisorientiertes, umfassendes Handbuch zur Planung, Installation und Konfiguration Ihres eigenen Webservers auf der Basis von Linux. Sie folgen dabei dem Autor bei der Installation und Konfiguration verschiedener Serverdienste wie z. B. Web-, Mail-, Jabber-, VPN- und Datenbankserver.

420 S., 2009, mit DVD, 39,90 €
ISBN 978-3-8362-1180-2
www.galileocomputing.de/1763

Mario Heiderich, Christian Matthies, Johannes Dahse, fukami
Sichere Webanwendungen
Das Praxisbuch

‣ PHP-, JavaScript- und Flash-Anwendungen
‣ Cross Site Scripting, Session-Hijacking, SQL-Injection
‣ Web 2.0-Sicherheit, Software-Tests mit Fuzzing

Mit unserem umfassenden Handbuch haben Sie einen Überblick der wichtigsten Angriffsszenarien. Es zeigt Ihnen, wo Sie aufpassen müssen, und wie Sie die wichtigsten Sicherheitslücken vermeiden.

Sucht man Hilfe zu geeigneten Schutzmaßnahmen, so wird man in diesem Werk fündig!
IT Director

644 S., 2009, 39,90 €, ISBN 978-3-8362-1194-9
www.galileocomputing.de/1784

Sascha Kersken
Apache 2
Das umfassende Handbuch

‣ Installation, Konfiguration, Administration
‣ Zahlreiche kommentierte Beispielkonfigurationen

Das Buch ist Lehrbuch und Referenz zugleich. Neben den Grundlagen der Konfiguration und Anwendung werden alle Optionen umfassend dargestellt. Auch bei professionellen Themen und Neuerungen von Apache 2 wie Multiprotokollsupport, Load Balancing, Entwicklung von eigenen Modulen, CGI, PHP und Tomcat finden Sie hier wertvolles Praxiswissen.

947 S., 3. Auflage 2009, mit DVD, 44,90 €
ISBN 978-3-8362-1325-7
www.galileocomputing.de/1972

Yasushi Kono
Check Point VPN-1 Power

Dieses Buch bietet Ihnen eine umfassende und praxisorientierte Darstellung der Check Point-Firewall. Anhand zahlreicher Szenarien erlernen Sie, wie Sie Check Point-Firewalls in einem professionellen und sicherheitskritischen Umfeld optimal einsetzen.

1076 S., 2007, 69,90 €,
ISBN 978-3-89842-897-2
www.galileocomputing.de/1424

Bock, Macek, Oberndorfer, Pumsenberger
Praxisbuch ITIL

Dieses Buch zeigt, wie Sie zeitoptimiert und unkompliziert ITIL in Ihrem Unternehmen einführen und das ISO 20.000-Zertifikat erhalten.

348 S., 2. Auflage 2008, 39,90 €
ISBN 978-3-8362-1168-0
www.galileocomputing.de/1731

Dirk Becker
OpenVPN
Das Praxisbuch

‣ Installation, Konfiguration, Administration
‣ Authentisierung und Verschlüsselung
‣ Optionen, Tipps und Praxisbeispiele

Dieses Buch beschreibt, wie ein VPN-Netzwerk aufgebaut, konfiguriert und verwaltet wird, welche Software dazu nötig ist, welche Verschlüsselungsarten es gibt und wie sie funktionieren. Dabei geht der Autor auf Windows, Linux und Mac OS X ein. Inkl. PocketPC-Verbindungen und Absicherung des WLANs.

284 S., 2008, 34,90 €
ISBN 978-3-8362-1197-0
www.galileocomputing.de/1802

Oliver Liebel, John Martin Ungar
OpenLDAP 2.4
Das Praxisbuch

‣ Grundlagen, Installation, Konfiguration und Verwaltung
‣ Mit zahlreichen Beispielskripten

In diesem Buch finden Sie alles über LDAP-Grundlagen, die Installation, Inbetriebnahme und den Einsatz von OpenLDAP. Konfiguration, Konsole, Schemata, Authentifizierung: Hier wird kein Profi-Thema ausgelassen. Beispielskripte und Übungen helfen beim Verständnis und erleichtern den praktischen Einstieg.

569 S., 2. Auflage 2009, 39,90 €
ISBN 978-3-8362-1198-1
www.galileocomputing.de/1801

Helmut Vonhoegen
Excel 2007
Das umfassende Handbuch

Übersichtlich strukturiert und anschaulich. Mit einer Fülle aussagekräftiger Beispiele, Screenshots, hilfreichen Tipps sowie vorangestellten Grundlagenkapiteln lässt das Buch auch didaktisch keine Wünsche offen. Ein ideales Buch für das Training »on-the-job«.
Ex Libris

Buchtipp!
IT – Moderne Informationstechnik

1012 S., 3. Auflage 2007, mit CD, 39,90 €
ISBN 978-3-89842-854-4
www.galileocomputing.de/1364

▶ **Video-Training**

Christian Friedrich
Einstieg in VBA mit Excel
Das Video-Training auf DVD
▸ Direkt vom VBA-Experten lernen
▸ Grundlagen, Einsatz, Praxislösungen
▸ Direkt einsetzbare Beispiele

Angefangen beim Umgang mit dem Visual Basic Editor bis hin zur Erstellung von komplexen Abläufen lernen Sie die Möglichkeiten von Excel richtig kennen. Die jahrelange Schulungserfahrung von Christian Friedrich garantiert einen effektiven didaktischen Aufbau.

DVD, Windows und Mac, 89 Lektionen,
über 8 Stunden Spielzeit, 29,90 €
ISBN 978-3-89842-843-9
www.galileocomputing.de/1333

▶ **Video-Training**

Stephan Nelles
Excel 2007 professionell einsetzen
Für Controlling, Finanzplanung, Personalplanung, Büroeinsatz und Projektmanagement

Der erfahrene IT-Berater, Microsoft-Dozent und Fachautor Stephan Nelles zeigt Ihnen, wie Sie Excel noch effektiver einsetzen und Ihre Arbeit entscheidend optimieren. Anhand vieler Praxisbeispiele aus dem betriebswirtschaftlichen Alltag lernen Sie, fortgeschrittene Funktionen einzusetzen und Ihre Aufgaben noch besser zu lösen.

DVD, Windows und Mac, 80 Lektionen,
14 Stunden Spielzeit, 39,90 €
ISBN 978-3-8362-1331-8
www.galileocomputing.de/1993
➥ **Probelektionen im Web!**

Helmut Vonhoegen
Excel 2007 –
Formeln und Funktionen
▸ Verständliche und praktische Anleitungen
▸ Über 400 Beispiele und Lösungen

Mit diesem Buch meistern Sie spielend alle Probleme Ihres Excel-Alltags. Alle Funktionen des Tabellenkalkulationsprogramms werden erklärt und in der Praxisanwendung gezeigt. Das Layout und die Praxisbeispiele, die sich an realen Beispielen orientieren, machen das Buch zu einer unverzichtbaren Hilfe.

654 S., 2. Auflage 2009, mit DVD, 19,90 €
ISBN 978-3-8362-1402-5
www.galileocomputing.de/2107

Thomas Theis
Einstieg in VBA mit Excel
▸ Kein Vorwissen erforderlich
▸ Excel automatisieren mit Makros
▸ Sofort einsetzbare Beispiele aus der Praxis

In diesem Buch erfahren Sie, wie Sie Ihre eigenen Funktionen für Excel entwickeln. Die Grundlagen der VBA-Programmierung werden Ihnen dabei leicht verständlich und anhand typischer Anwendungsbeispiele vermittelt, so dass Sie schnell Ihre ersten Makros schreiben werden!

Dank der verständlichen und klaren Ausführungen macht der Autor blutigen Anfängern den Einstieg in die VBA-Programmierung sehr leicht.
Mediavalley

394 S., 2009, mit DVD, 19,90 €
ISBN 978-3-8362-1299-1
www.galileocomputing.de/1937

▶ **Video-Training**

Eleonore Grimm
Excel 2007

▸ Neue Funktionen in Excel 2007
▸ Tabellen, Listen, Diagramme, Formeln

Ein anschaulicher Einstieg zum Mit- und Nachmachen. Intuitiv lernen Benutzer, wie sie mit Excel 2007 Daten eingeben, formatieren, analysieren bzw. berechnen.
Controllerverein

DVD, Windows und Mac, 87 Lektionen,
8 Stunden Spielzeit, mit Booklet, 24,90 €
ISBN 978-3-8362-1028-7
www.galileocomputing.de/1461

Stephan Nelles
Praxislösungen
mit Excel

Adressdaten, Rechnungen, Statistiken, Diagramme, Warenlager, Kalkulationen, Trends u. v. m.

454 S., 2006, mit CD, 39,90 €
ISBN 978-3-89842-767-8
www.galileocomputing.de/1178

Jacqueline Rahemipour

Textverarbeitung mit OpenOffice.org 3 Writer

Umstieg von MS Word, Praxiswissen, Tipps und Tricks

Sie möchten effizient und professionell mit dem Textverarbeitungsprogramm Writer arbeiten? Dann wird Sie dieses Buch perfekt unterstützen. Es werden darin sowohl grundlegende als auch fortgeschrittene Themen aus dem Büroalltag behandelt.

Wer viel mit Writer arbeitet, wird dieses Buch zu schätzen wissen.
akademie.de

633 S., 3. Auflage 2009, mit DVD, 34,90 €
ISBN 978-3-8362-1302-8
www.galileocomputing.de/1940

Jörg Schmidt

Tabellenkalkulation mit OpenOffice.org 3 Calc

▸ **Formeln und Funktionen umfassend erklärt**
▸ **Inkl. zahlreicher Makrobeispiele und Extensions**

Dieses Buch bietet Ihnen eine kompakte Einführung in Calc und ist sowohl für Einsteiger in die Tabellenkalkulation als auch für Umsteiger von MS Excel bestens geeignet.

Insgesamt findet der Leser ein gut strukturiertes Buch, das mit einer umfangreichen Formelreferenz glänzt, reichlich mit Praxisbezügen gespickt ist und auch die Referenz für den Formeleditor bietet.
Wintotal

570 S., 3. Auflage 2009, mit DVD, 34,90 €
ISBN 978-3-8362-1303-5
www.galileocomputing.de/1941

Thomas Krumbein

Datenbanken mit OpenOffice.org 3 Base und HSQLDB

Das Buch gibt praktische Hinweise zum Einsatz des Datenbank-Moduls Base sowie der mitgelieferten HSQLDB. Neben einer allgemeinen Einführung in die Datenbanktechnik werden detailliert die Möglichkeiten der Zusammenstellung von Formularen und Abfragen sowie der Bearbeitung direkt in der Tabellenansicht dargestellt.

569 S., 3. Auflage 2009, mit DVD, 39,90 €
ISBN 978-3-8362-1301-1
www.galileocomputing.de/1939

OpenOffice.org 3 – Die offizielle Bibliothek

Neu

Thomas Krumbein

Makros in OpenOffice.org 3 – Basic/StarBasic

▸ **Grundlagen, Praxislösungen, Referenz**
▸ **Beispiele aus der beruflichen Praxis**
▸ **Für Umsteiger von Microsoft VB und VBA**

Neben einer allgemeinen Einführung in die Sprache »Basic« werden detailliert die Möglichkeiten der Automatisierung und der Programmierung anhand vieler praktischer Beispiele vorgestellt.

823 S., 3. Auflage 2009, mit DVD, 44,90 €
ISBN 978-3-8362-1438-4
www.galileocomputing.de/2158

Thomas Krumbein

OpenOffice.org 3 Einstieg und Umstieg

▸ **Inkl. Writer, Calc, Impress, Draw und Base**
▸ **Für Umsteiger von Microsoft Office geeignet**

Ein gelungenes Buch, leicht geschrieben, lesbar strukturiert und mit umfangreicher Software ergänzt.
maandiko.de

Dieses Buch behandelt alle wichtigen Module von OpenOffice.org 3.0. Neben der Beschreibung der wichtigen Funktionen erfahren Sie, wie ein Umstieg ohne Daten- und Makroverlust reibungslos funktioniert. Wer eine Alternative zu MS Office sucht, dem kann dieses Buch ans Herz gelegt werden. Der Umstieg von MS Office wird durch dieses Buch deutlich erleichtert.
MACup

Der Aufbau ist übersichtlich und logisch. Viele Bilder mit anschaulichen Beispielen helfen beim Nachvollziehen der Arbeitsschritte.
Linux User

639 S., 4. Auflage 2009, mit DVD, 29,90 €, ISBN 978-3-8362-1300-4
www.galileocomputing.de/1938

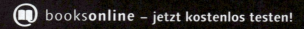